内容提要

本教材吸收了旅游规划行业实践的最新理念和方法,阐述了旅游规划的内容和程序,是一本系统全面的旅游规划与开发的学习用书和辅导教材。全书共十三章,第一章介绍了旅游规划的内涵、内容和原则;第二章详细介绍了旅游规划与开发的相关理论与方法;第三章详细介绍了旅游资源的调查与评价;第四章介绍了旅游规划的编制;第五章至第十一章以规划主题的形式,对旅游规划的市场分析和营销对策、主题定位和发展战略、空间布局、产品开发、项目创新、服务设施、保障体系等方面介绍了旅游专题规划内容;第十二章和第十三章阐述了旅游规划效益评估和规划图件的编制。课程思政是本教材的特色,在阐述专业知识的同时,有机融入了思政元素,达到润物无声的育人效果。

图书在版编目(CIP)数据

旅游规划与开发:课程思政版/邓爱民,李鹏主编.—武汉:华中科技大学出版社,2023.7
ISBN 978-7-5680-9751-2

Ⅰ.①旅… Ⅱ.①邓… ②李… Ⅲ.①旅游规划-高等学校-教材 ②旅游资源抢救开发-高等学校-教材 Ⅳ.①F590.1 ②F590.31

中国国家版本馆 CIP 数据核字(2023)第 135346 号

旅游规划与开发(课程思政版) 邓爱民 李 鹏 主编
Lǚyou Guihua yu Kaifa(Kecheng Sizheng Ban)

策划编辑:	李 欢 王 乾
责任编辑:	刘 烨 张 琳
封面设计:	原色设计
责任监印:	周治超

出版发行:华中科技大学出版社(中国·武汉)　　电话:(027)81321913
　　　　　武汉市东湖新技术开发区华工科技园　　邮编:430223

录　排:华中科技大学惠友文印中心
印　刷:武汉科源印刷设计有限公司
开　本:787mm×1092mm　1/16
印　张:18.75
字　数:437千字
版　次:2023年7月第1版第1次印刷
定　价:59.80元

本书若有印装质量问题,请向出版社营销中心调换
全国免费服务热线:400-6679-118　竭诚为您服务
版权所有　侵权必究

总序
Introduction

2014年5月,习近平总书记在北京大学师生座谈会上的讲话中指出,全国高等院校要走在教育改革前列,紧紧围绕立德树人的根本任务,加快构建充满活力、富有效率、更加开放、有利于学校科学发展的体制机制,当好教育改革排头兵。为了实现立德树人的根本任务,中央和国家有关部门出台了多项文件政策。2019年,中共中央办公厅、国务院办公厅印发了《关于深化新时代学校思想政治理论课改革创新的若干意见》,强调要整体推进高校课程思政建设,使各类课程与思政课同向同行,形成协同效应。2020年,教育部印发《高等学校课程思政建设指导纲要》,强调课程思政是高校落实立德树人根本任务的战略举措。因此,高校落实立德树人根本任务,不仅要突出思政课程的地位,更要强化专业课程的思政建设,共同构筑良好的育人课程体系,引导学生塑造正确的世界观、人生观、价值观。

教材建设是课程思政建设的重要内容,对于落实立德树人的根本任务具有重要意义。以往的教材编写,主要侧重于专业知识的讲解,忽略了思政育人作用。即使有较好的育人素材,也没有进行很好的挖掘。基于此,为落实立德树人根本任务,进一步强化国家级一流本科专业(旅游管理)建设,中南财经政法大学旅游管理系筹划了旅游管理专业课程思政系列教材的编写。本系列教材由教育部高等学校旅游管理类专业教学指导委员会委员、湖北名师邓爱民教授担任总主编和总策划。本系列教材从结构到内容,均实现了较大的创新和突破,具有以下特点。

一、突出课程思政主题

本系列教材在编写过程中注重将习近平新时代中国特色社会主义思想"基因式"地融入,推进专业教育和思政教育的有机结合,用"双轮驱动"打破思政教育与专业教育相互隔绝的"孤岛效应",将价值塑造、知识传授和能力培养三者融为一体,培养学生的家国情怀、职业责任和科学精神。

二、结构新颖

为落实立德树人根本任务,突出课程思政教材的主题,本系列教材在结构安排上实现了创新。例如,《现代旅游发展导论》在每个章节前面列出了本章的"思政元素",在章节正文部分,无论是案例引用,还是内容介绍,都有机融入了课程思政元素。在每章结束部分,单列了"本章思政总结",对本章涉及的思政元素进行总结、提炼和升华,强化对学生的思政教育。

三、配套全面

本系列教材案例丰富,内容翔实,不仅有利于教师授课,也方便学生自主学习。为适应新时代高校教育模式改革,本系列教材将不断丰富配套资源,建设网络资源平台,方便旅游管理课程思政教学与经验交流。

在编写和出版过程中,本系列教材得到了华中科技大学出版社的大力支持,得到了全国旅游学界和旅游业界的大力帮助,在此一并表示感谢。希望本系列教材能够丰富课程思政教材建设,促进高素质旅游人才培养。

总主编　邓爱民
2021 年 9 月 3 日

前言
Preface

  党的十八大以来,中央先后出台关于进一步加强和改进未成年人思想道德建设和大学生思想政治教育工作的文件,强调了课程思政在立德树人方面的重要作用。课程思政是以构建全员、全程、全课程育人格局的形式将各类课程与思想政治理论课同向同行,形成协同效应,把"立德树人"作为教育的根本任务的一种综合教育理念。2019年3月18日,习近平主持召开学校思想政治理论课教师座谈会并发表重要讲话,肯定了新时代学校思想政治理论课建设的重要意义,并对办好思政课提出了新的要求——"办好思想政治理论课,最根本的是要全面贯彻党的教育方针,解决好培养什么人、怎样培养人、为谁培养人这个根本问题。"由此,我们也意识到,加强高校思想政治教育工作,必须从高等教育"育人"本质要求出发,从国家意识形态战略高度出发,不能就"思政课"谈"思政课"建设,而应抓住课程改革的核心环节,充分发掘专业课程思想政治教育资源,将思政教育和专业教育有机融合,落实于课堂教学的主渠道之中,贯穿于学校教育教学的全过程。因此,为了能够更好地推动高校旅游管理专业课程思政建设,我们精心编写了一套适用于高校旅游管理专业学生的课程思政系列教材。

  "旅游规划与开发"是高校旅游管理专业的核心课程之一,课程开设的目的是帮助学生掌握现代旅游规划理论与方法。本教材的编写紧跟时代,紧跟国家政策与旅游发展的大趋势,紧扣党的二十大精神,扎实落实立德树人根本任务。教材每章以案例的形式引入,将国家的政策方针、新时代社会主义核心价值观以及对二十大报告的解读有机融合到课程内容和专业知识中,每个章节的开头和结尾还设置了思政元素和思政总结等相关内容,以期更好地指导学生站在国家意识形态的战略高度理解和运用专业知识。本教材在章节安排和结构设计上逻辑清晰、循序渐进,既突出了思政教育的特点又考虑到了教师授课和学生学习的进程。每章前设计有"学习目标""思政元素"和"章前引例",章节内容中涵盖有"思政要点",章节内容结束以后设有"思政案例""本章课程思政总结"和"复习思考题",结构上更有利于学生系统地掌握各章节的内容和知识点,也可以让教师在备课时更精准地把握思政元素和思政要点。教材中选取的案例紧跟国家政策与思政要点,方便教师在授课过程中自然流畅地将思政教育融入专业教育中,有效实现"育德""育人"的目标。本教材坚持"思想性、学术性、实践性和创新性"的特色定位,旨在落实立德树人的根本任务，强化对学生进行专业实践能力与职业素养的科学训练，使其牢固掌握旅游规划发展特点和发展趋势，具备分析专业问题的能力，掌握旅游规划理念和实践技能，进一步提高旅游人才培养质量。

  本教材主要由中南财经政法大学旅游研究院院长邓爱民教授和平顶山学院副教授李鹏合作完成，另外青年学者郭海荣、连笑、易倩妮等参与了部分章节的撰写工作。各章分工为：第一章，李鹏；第二章，邓爱民、郭海荣；第三章，李鹏；第四章，邓爱民、郭海荣；第五章，邓爱民、连笑；第六章，邓爱民、连笑；第七章，邓爱民、孙晓洋；第八章，邓爱民、王涓；第九章，邓爱民、严嘉靖；第十章，李鹏、华美晨；第十一章，李鹏、王潇涵；第十二章，李鹏、易倩妮；第十三章，李鹏、司曼婷。在本教材编写过程中，编者参阅和引用了国内外大量著作、论文等研究成果，在此向相关作者表示衷心的感谢和深深的敬意！

  本教材的编写凝结了团队成员共同的心血，在此感谢所有为本教材付出努力的团队成员，同时也感谢对本教材的编写提供各种帮助的专家学者以及华中科技大学出版社的工作人员。

邓爱民

2022 年 11 月 23 日

目录
Contents

第一章　旅游规划与开发概述　/001

第一节　旅游规划的内涵　/002
一、旅游规划的概念　/003
二、旅游规划的特征　/003

第二节　旅游规划的类型　/005
一、根据旅游规划的时间维度划分　/005
二、根据旅游规划的空间范围划分　/005
三、根据旅游规划的性质划分　/006
四、根据旅游发展的阶段划分　/008
五、根据旅游规划的内容和层次划分　/008
六、根据国家标准划分　/009

第三节　旅游规划的内容与意义　/009
一、旅游规划的内容　/009
二、旅游规划的原则　/012
三、旅游规划的步骤　/013
四、旅游规划的意义　/014

第四节　旅游开发的内容和原则　/015
一、旅游开发的概念　/015
二、旅游开发的内容　/015
三、旅游开发的步骤　/016
四、旅游开发的原则　/016

第二章　旅游规划的理论与方法　/019

第一节　旅游规划与开发的基础理论　/020
一、规划哲学层次的理论　/021
二、规划基础层次的理论　/025
三、技术操作层次的理论　/026

第二节　旅游规划与开发的方法　/031
一、遥感技术　/031
二、地理信息系统　/032
三、全球定位系统　/032
四、虚拟现实和增强现实技术　/032
五、信息网络技术　/033

第三章　旅游资源调查与评价　/034

第一节　旅游资源分类　/035
一、旅游资源的概念　/035
二、旅游资源的内涵　/037
三、旅游资源的属性　/039
四、旅游资源的特点　/040
五、旅游资源分类的意义　/041
六、旅游资源分类的原则　/042
七、旅游资源分类的依据　/042
八、旅游资源分类的方案　/043

第二节　旅游资源调查　/050
一、旅游资源调查的方法　/050
二、旅游资源调查的程序　/051

第三节　旅游资源评价　/054
一、旅游资源评价的原则　/054
二、旅游资源评价的方法　/055
三、旅游资源评价的内容　/060

第四章　旅游规划的编制　/067

第一节　旅游规划与开发的可行性分析　/068
一、旅游规划与开发可行性分析的概念、功能和特征　/068
二、旅游规划与开发可行性分析的原则　/070

三、旅游规划与开发可行性分析的内容 /071
四、旅游规划与开发可行性分析的步骤 /072
第二节　旅游规划编制的技术要求 /073
一、注重多方要求相协调 /074
二、坚持市场、资源、产品一体化发展 /074
三、注重特色化、区域协同发展 /075
四、采用先进的技术和方法 /075
第三节　旅游规划编制的体系与程序 /076
一、旅游规划编制的体系 /076
二、旅游规划的编制程序 /080

第五章　旅游规划与开发的市场分析与营销对策 /084

第一节　旅游市场调研分析 /085
一、旅游市场分析 /085
二、旅游市场调研 /091
第二节　旅游市场定位与旅游目标市场 /096
一、旅游细分市场 /096
二、旅游目标市场定位 /100
三、旅游目标市场选择 /101
第三节　旅游市场营销策略与创新 /103
一、旅游市场营销策略 /103
二、旅游市场营销策略创新 /106

第六章　旅游规划与开发的主题定位和发展战略 /110

第一节　旅游规划与开发的主题定位 /111
一、旅游主题定位 /111
二、旅游形象设计 /115
第二节　旅游规划与开发的发展目标 /121
一、旅游发展目标概念 /121
二、旅游发展目标的分类 /121
三、旅游发展目标的特点 /122
四、《"十四五"旅游业发展规划》发展目标 /123
第三节　旅游规划与开发的发展战略 /123
一、旅游发展战略概述 /123

二、旅游战略环境分析　　　　　　　　　/124
三、旅游发展战略模式　　　　　　　　　/125
四、旅游发展战略的制定　　　　　　　　/127
五、旅游发展战略的实施　　　　　　　　/128

第七章　旅游规划与开发的空间布局　/132

第一节　旅游规划功能分区的原则、原理和方法　/133

一、旅游规划功能分区的原则　　　　　　/134
二、旅游规划功能分区的原理　　　　　　/135
三、旅游规划功能分区的方法　　　　　　/140

第二节　旅游规划功能分区的模式　/141

一、单核式空间布局模式　　　　　　　　/141
二、双核式空间布局模式　　　　　　　　/143
三、三区旅游空间布局模式　　　　　　　/143
四、旅游空间布局的实践模式　　　　　　/144
五、专项旅游区空间布局模式　　　　　　/146
六、我国旅游空间布局的特定模式　　　　/147

第三节　旅游规划的空间布局与功能分区　/148

一、旅游规划空间布局与功能分区的内涵　/148
二、旅游规划空间布局的原则　　　　　　/150
三、旅游规划空间布局的影响因素　　　　/151

第八章　旅游产品开发规划　/155

第一节　旅游产品的概念与特征　/156

一、产品的概念　　　　　　　　　　　　/157
二、旅游产品的概念　　　　　　　　　　/158
三、旅游产品的特征　　　　　　　　　　/159
四、旅游产品的分类　　　　　　　　　　/161
五、旅游产品的生命周期　　　　　　　　/163

第二节　旅游产品开发与规划　/164

一、旅游产品开发的含义　　　　　　　　/164
二、旅游产品开发的原则　　　　　　　　/165
三、旅游产品开发策略　　　　　　　　　/166
四、旅游产品组合策略　　　　　　　　　/166
五、旅游产品规划　　　　　　　　　　　/167

六、旅游商品策划　　/169
第三节　旅游线路设计　　/172
　　一、明确旅游线路的类型　　/172
　　二、创新旅游线路的名称　　/173
　　三、选择旅游节点　　/173
　　四、选择交通线路与方式　　/173
　　五、选择住宿、餐饮、购物、娱乐　　/173
　　六、编制旅游线路　　/174

第九章　旅游项目创新设计　/176

第一节　旅游项目的概念与分类　　/177
　　一、旅游项目的概念　　/177
　　二、旅游项目的分类　　/179
第二节　旅游项目设计的原则与程序　　/182
　　一、旅游项目设计的基本原则　　/182
　　二、旅游项目设计的内容　　/184
　　三、旅游项目设计的程序　　/187
第三节　旅游项目创新设计的方法　　/189
　　一、旅游项目创新设计的影响因素　　/189
　　二、旅游项目创新设计的特征　　/190
　　三、旅游项目创新设计的灵感来源　　/192
　　四、旅游项目创新设计的方法　　/193

第十章　旅游基础设施及公共服务设施规划　/196

第一节　旅游基础设施规划　　/197
　　一、旅游交通系统规划　　/197
　　二、给排水设施规划　　/202
　　三、电力电信设施规划　　/204
　　四、供热供暖设施规划　　/205
　　五、环卫设施规划　　/206
　　六、安全设施规划　　/208
第二节　旅游公共服务设施规划　　/209
　　一、旅游接待设施规划　　/209
　　二、旅游标识设施规划　　/211
　　三、旅游文娱服务设施规划　　/213
　　四、旅游购物服务设施规划　　/215

第十一章 旅游保障体系规划 /217

第一节 政策保障体系规划 /218
一、建立政策保障体系的重要性 /219
二、政策保障体系规划的内容 /219
三、政策保障体系的特点 /222

第二节 资金保障体系规划 /223
一、建立资金保障体系的重要性 /223
二、资金保障体系规划的内容 /223
三、资金保障体系规划的特点 /225

第三节 土地保障体系规划 /226
一、建立土地保障体系规划的重要性 /226
二、土地保障体系规划程序 /227
三、土地保障体系规划内容 /227
四、土地保障体系规划原则 /228

第四节 人才保障体系规划 /230
一、建立人才保障体系规划的重要性 /230
二、人才保障体系建设目标 /230
三、人才保障体系规划的内容 /231
四、人才保障体系规划的特点 /233

第五节 旅游安全保障体系规划 /235
一、旅游企业安全管理工作职责 /236
二、旅游安全保障体系规划的内容 /237

第十二章 旅游资源开发与规划效益评估 /242

第一节 旅游资源开发与规划效益评估的内容 /244
一、旅游资源开发与规划效益评估的原则 /244
二、旅游资源开发与规划效益评估的内容体系 /246

第二节 旅游资源开发与规划效益评估的方法 /248
一、旅游资源开发与规划的经济效益评估 /249
二、旅游资源开发与规划的社会效益评估 /252
三、旅游资源开发与规划的环境效益评估 /255

第十三章　旅游资源开发与规划图件编制　/257

第一节　旅游资源开发与规划图件概述　/258
  一、旅游规划图件的概念　/258
  二、旅游规划图件的发展　/259
  三、旅游规划图件的特点　/259
  四、旅游规划图件的功能　/261
  五、旅游规划图件的编制原则　/261
  六、旅游规划图件的分类　/262

第二节　旅游资源开发与规划图件的编制　/263
  一、《旅游规划通则》与旅游规划图件　/263
  二、旅游规划图件的主要图件　/264
  三、旅游规划图件的内容体系　/266
  四、旅游规划图件的编制流程　/270
  五、计算机辅助下的旅游规划图件　/271

参考文献　/277

第一章
旅游规划与开发概述

学习目标

1. 深刻理解新发展理念。
2. 掌握旅游规划的科学内涵。
3. 熟悉旅游规划的类型。
4. 深刻理解旅游规划的内容和意义。
5. 掌握旅游开发的内容和步骤。

思政元素

1. 2015年10月29日,习近平在党的十八届五中全会第二次全体会议上提出要坚持创新、协调、绿色、开放、共享的发展理念。
2. 规划先行,是既要"金山银山"又要"绿水青山"的前提,也是让"绿水青山变成金山银山"的顶层设计。
3. 在进行旅游规划时,要更加关注旅游目的地居民的利益,使其在旅游开发中持续受益。

章前引例

做美绿水青山　做大金山银山

安吉县是习近平总书记"绿水青山就是金山银山"理念的诞生地。浙江省安吉县以绿色发展为引领、以农业产业为支撑、以美丽乡村为依托,探索"三产联动"、城乡融合、农民富裕、生态和谐的科学发展道路,打通了"绿水青山"和"金山银山"的转化通道,打造了宜居、宜业、宜游的美丽安吉。2020年,安吉县休闲农业与乡村旅游总产值达46.6亿元,游客接待量1056万人次,营业收入达21.48亿元。

一、科学规划,创新休闲农业与乡村旅游的安吉模式

坚持一张蓝图绘到底,"统一规划,统一品牌,统一运营"。

一是在精准规划上发力。编制了《安吉县休闲旅游业规划(2011—2020年)》《安吉县休闲农业与乡村旅游规划》《安吉县乡村旅游发展专项规划》,初步形成三大中心

十个聚集地的乡村休闲旅游格局。涌现出鲁家村"家庭农场＋村＋企业"、目莲坞"农户＋村＋企业"、刘家塘村"慢生活体验区"等创新模式。

二是在精准管理上用力。率先出台《乡村民宿行业的服务质量通用要求》等地方标准,规范服务。因地制宜地制定了《地方消防治安管理办法》。

三是在精准扶持上聚力,每年投入超3000万元财政资金,支持乡村旅游基础设施建设、农家乐(民宿)提升、乡村人才引进等,其中对民宿村落项目按当年开业运营数给予所在乡镇(街道)50万元/个的奖励。

二、多业融合,夯实休闲农业与乡村旅游的产业基础

因地制宜赋能"休闲农业＋",推动乡村休闲旅游与农业产业交叉融合、互促互融。

一是打造美丽乡村。深化"千万工程",大力推进"三大革命",实现全县美丽乡村建设,实现全覆盖,打造县域大景区。

二是厚植文化底蕴。注重农耕文明、田园风光、村落建筑、乡村生活等乡土元素保护,强化经营乡愁、经营文化理念,建立了26个村落文化博物馆,丰富乡村休闲旅游的内涵和人文体验。

三是强化产业融合。依托农业产业资源和山水风光,延伸乡村旅游产业链,大力发展涵盖研学旅行、农事体验等分享经济、体验经济,唱响"春赏花、夏嬉鱼、秋品果、冬食笋"的休闲农业四季歌。

三、创新突破,充实休闲农业与乡村旅游的要素供给

加强政策引导,激发产业发展的内动力。

一是创新要素供给。在全国率先创新推出农业产业融合项目建设"标准地"以及农业标准地抵押贷款等举措,县内农业"标准地"实施主体整体授信额度达5亿元。

二是加强人才保障。组织大咖公开课,鼓励参加行业技能比赛,提升从业者归属感和荣誉感。广招贤才,开辟专项条款用以奖补旅游人才。

三是丰富载体建设。每年举办"过个安吉年""畲村三月三"等系列特色乡村节庆活动,以"一乡一节"推动本地特色文化活动进入旅游市场。在原生态特色基础上,立足村情,推出乡村品质游内容。如报福镇以"福"文化为主题,在全镇各村打造"休闲报福""山水统里""民俗中张"等十大不同景致。

资料来源 《做美绿水青山 做大金山银山》,https://www.ndrc.gov.cn/fggz/nyncjj/xczx/202209/t20220916_1335581.html,国家发展和改革委员会官网。

思考题:旅游规划在促进乡村发展中起到什么作用?

第一节 旅游规划的内涵

规划就是个人或组织制定的比较全面、长远的发展计划,是对未来整体性、长期性、基本性问题进行考量,设计未来整套行动的方案。规划是融合多要素、多人士看法的某

一特定领域的发展愿景。规划是人们以思考为依据,安排其行为的过程。

一般来说,规划包括以下内涵:一是规划的对象是未来的状态;二是规划要对实现某种目标设计出恰当的路径;三是规划是一个过程。

简单来说,规划是对未来状态进行设计、部署和安排的过程。

一、旅游规划的概念

一个区域想要发展旅游产业,首先需要做的事情就是进行科学合理的旅游规划,以确保该区域的旅游产业能够持续健康发展。

关于旅游规划的概念,许多学者都提出了自己的认识。墨菲认为旅游规划是预测与调节系统内的变化,以促进有序开发,从而扩大开发过程的社会、经济与环境效益。甘恩则认为旅游规划是经过一系列选择决定合适的未来行动的动态的、反馈的过程。陈泽安指出旅游规划是旅游未来状态的设想,或者发展旅游事业的长远、全面的计划。吴人韦认为旅游规划是旅游资源优化配置与旅游系统合理发展的结构性筹划过程。马勇指出旅游规划在旅游资源调查评价的基础上,针对旅游资源的属性、特色和旅游地的发展规律,根据社会、经济和文化发展趋势,对旅游资源进行总体布局、项目技术方案设计和具体实施。

综合各位学者对旅游规划的界定,结合我国发展实际,本书将旅游规划定义为,依托规划区域的旅游资源及内外部条件,对区域的旅游业要素进行优化配置和对旅游业的未来发展进行科学谋划及部署的过程。其实质就是根据市场环境的变化情况和可持续发展的要求,对与区域旅游业发展有关的生产要素进行科学合理的优化配置的方案。旅游规划经政府相关部门批准后,成为该区域进行旅游开发、建设的依据。

二、旅游规划的特征

(一) 主题性

旅游产品要有一定的主题和特色才能吸引游客,而且只有围绕主题才能合理配置各种资源。通过开发,使旅游资源本身所具有的特征充分显现出来,形成一个鲜明的旅游主题,并对旅游者产生强烈的吸引力。主题性的特征要求旅游规划必须做到以下几点:

(1) 尽可能是"原始的",即自然的、历史形成的。
(2) 利用特殊资源,形成自己特有的面貌。
(3) 各种景观要相互适应、协调,最好不要形成多个主题,同时要求能反映当地特色。
(4) 各项设施要尽可能使用当地的材料和技术,各地均有自己的小主题。

(二) 协调性

旅游规划从纵向上看,是属于区域旅游业发展规划中的一部分;从横向上看,旅游规划与城镇规划、交通规划、水利规划、电力规划、农业规划、土地规划都有着千丝万缕的联系,并具有一定的互补性。因此,旅游规划与其他产业的规划具有协调发展的特点。

"五大发展理念"把协调发展放在我国发展全局的重要位置,坚持统筹兼顾、综合平衡,正确处理发展中的重大关系,补齐短板、缩小差距,努力推动形成各区域各领域欣欣向荣、全面发展的景象。协调发展理念是对马克思主义关于协调发展理论的创造性运用,是我们党对经济社会发展规律认识的深化和升华,为理顺发展关系、拓展发展空间、提升发展效能提供了根本遵循。

(三)目的性

旅游规划立足于对现实旅游资源的科学分析和对未来旅游资源开发过程的合理安排,因而规划的目的性非常明确。旅游规划的目的是对旅游资源的持续有效利用和对未来旅游资源开发利用最优结构与最优发展方向的合理安排。一般而言,旅游规划的最优化目标是多重的,包括整个区域旅游资源得到充分合理的利用、旅游景点建设空间布局合理、重大旅游资源开发规划应同经济效益和旅游资源生态环境保持良性循环等。

(四)战略性

把握现实和未来的关系是旅游规划的核心。战略性反映了旅游规划的目的和作用。它表明旅游规划应立足于现实,从未来着眼,从宏观上制定旅游规划战略,实现旅游资源合理利用和可持续发展。

(五)技术性

旅游规划是具体开发规划的蓝本,包括各个主体和层次规划的具体设计方案,为使旅游资源开发能对游客产生强烈的吸引力,应有相应的美学技术指导;为使旅游资源开发后能获得较高且持续的经济效益和生态环境效益,旅游规划应有具体的经济环境保护、社会环境保护和生态环境保护的技术指标。

(六)综合性

旅游规划的综合性表现为多目标、多因素、多层次、多部门的特点。旅游资源是一个高度综合的概念。因而,旅游规划无论在发挥旅游资源的特色上,还是在满足游客的需求上都应做综合考虑与安排。一个地区旅游资源的开发,除了重点开发资源外,还应注重其他配套设施的建设和开发。在具体开发时,为满足游客的各种旅游需求,应围绕游览中心的开发,全面规划食、住、行、游、购、娱的各种服务设施,使旅游业能适应不断变化的市场需求。

综上所述,旅游规划的核心问题是要优化旅游资源的配置,寻求旅游资源对人类的幸福和环境质量的最优化贡献。同时，旅游规划的目的是增强旅游资源可持续开发与利用的能力，使旅游业发展获得最佳的经济效益、社会效益和生态环境效益。

第二节　旅游规划的类型

按照不同的划分标准，旅游规划有不同的分类结果和分类体系。

一、根据旅游规划的时间维度划分

（一）远期旅游规划

远期旅游规划一般是指规划期限在 10 年以上，具有战略性、预见性和纲领性的旅游规划。远期旅游规划不确定的因素较多，对中短期旅游规划具有指导作用。

（二）中期旅游规划

中期旅游规划的规划期限一般为 6—10 年，相对远期旅游规划，内容更具体、更详尽，其主要任务是解决旅游发展中的一些重大问题，如发展战略、发展速度、旅游布局、发展目标等。

（三）近期旅游规划

近期旅游规划的规划期限为 1—5 年，是中期旅游规划的具体化。近期旅游规划的不确定因素比较少，可以比较准确地预测规划期限内各种因素的变动及影响。近期旅游规划需要对中远期旅游规划的各项任务予以具体的数量表现，并针对实现规划目标的各项措施做出具体的安排。

有时候也将规划期限为 1 年的旅游规划称为年度旅游计划，其内容更加详细和准确，是实现近期旅游规划目标的具体执行计划。

二、根据旅游规划的空间范围划分

旅游规划的空间范围常常以行政区划为界限，具体来说有以下几个层次：

（一）国际旅游规划

国际旅游规划是由两个以上国家或洲共同协作制定的旅游发展规划。规划的目的在于联合进行市场营销和宣传促销，强化地区旅游的整体形象，更深入地开拓市场，协调旅游业的发展。国际旅游规划往往是由一些国际旅游组织和国家之间联合进行的。

（二）国家旅游规划

国家旅游规划是由国家旅游主管部门组织制定的。国家旅游规划是国家社会经济发展总体规划的一个有机组成部分，服务于国家旅游业的整体有效运作和完善，对国家旅游业的发展起宏观调控作用。国家旅游规划在强调国际旅游和国内旅游的基础上，着重于旅游接待量、旅游收入、旅游增长速度，以及旅游基础设施的建设、宣传促销、旅游政策等内容。国家旅游规划应从国家整体利益出发，根据国家不同时期国民经济的发展计划，确定相应的国家旅游业发展规模、增长速度，以及主要客源国市场的选择和促销、旅游商品的生产、基础设施建设、重点旅游区的开发和建设等，协调和促进旅游相关行业的发展，确保全国各地旅游业的均衡发展。其根本目的在于增加收入、创造就业机会、满足人们的物质文化需求。这一层次的旅游规划是全国各级规划的指导。

（三）省级旅游规划

省级旅游规划是指省、自治区和直辖市旅游发展规划，是在省级旅游主管部门的组织下编制的。省级旅游规划是根据国家旅游规划和本地区实际情况而制定的，不仅具有地方特点，还与全国旅游发展相衔接，是国家旅游规划的延伸。省级旅游规划的重点在于本省（自治区、直辖市）旅游发展战略和产业政策的制定，主要内容包括旅游资源的开发和保护、重点旅游地的建设、旅游市场的开拓与促销、宾馆饭店建设、交通及基础设施建设、旅游商品开发、旅游人才培养、旅游文化建设、旅游发展的保障与政策等。

（四）地县级旅游规划

地县级旅游规划是在省级旅游规划指导下进行的，对一个地区（市）或一个县（区）的旅游发展做出的构想。地县级旅游规划一般以县级旅游为规划对象，但许多有重点旅游地的地区、州、市等也编制旅游规划。地县级旅游规划是从本地旅游资源和旅游市场的特色出发，结合社会经济发展水平，确定旅游地的建设和有关旅游设施的配套等内容，往往把规划的重点放在主要旅游地和旅游项目的开发与建设上，规划的内容比较详细。一些乡、镇甚至村也在编制旅游规划，但往往与旅游地旅游规划相结合。

（五）旅游地旅游规划

这一规划层次的类型最为丰富多样，它是在上一级旅游规划的指导下编制的，内容具体详细，其中还有更小的层次划分。旅游地的旅游规划主要针对旅游地，根据旅游资源的特点，进行旅游发展规划、项目规划和用地规划。这些旅游地可以是风景区、风景名胜区、国家公园、历史文化名城，也可以是进行旅游开发的森林公园、自然保护区等。

（六）景区景点规划

景区景点规划指旅游地内景区和景点的用地规划、设施布局、建筑及景观设计等，其规划内容可以直接用来指导具体的建设，是内容最详细的一个规划层次，它涉及的内容较少，考虑问题的角度也较少。

三、根据旅游规划的性质划分

（一）旅游发展战略规划

从更加宏观的视角来指导旅游的发展，综合考虑整体利益，解决旅游业发展的方向性问题,如战略目标、发展速度、发展规模、客源市场、人才培养、基础设施建设、重点旅游资源的开发、旅游资源和环境的保护、旅游服务、旅游管理等。

(二) 概念性旅游规划

概念性规划注重构思、研讨或理论化、理想化的规划设计。概念性规划最早出现于建筑规划中,是指不以实际建造为目的,不受或较少受到实际建造的客观条件限制,不受原则或纲领约束的纯研究或探讨性的规划设计。

概念性规划在近些年也逐渐被运用到旅游规划中,出现了概念性旅游规划。对于概念性旅游规划的定义,学术界内有不同的侧重和释义。有学者认为,概念性旅游规划是指编制旅游规划早期的一种研讨性规划手段,是一种在理想状态下对旅游开发地旅游业发展未来的前瞻性和创造性构思,内容以结构上、整体上的概要性谋划为主。所谓理想状态是指旅游规划编制较少受到规划具体实施的主观条件(如学术分歧、本位原则、既定方针、习惯意识等)及客观条件(如交通条件、资金条件、技术条件、时间条件等)的限制。所谓"结构上、整体上的概要性谋划",是指该类规划仅包含旅游规划所应有的主要结构和关键性规划内容,仅要求从整体上把握核心项目的创意策划,以及这些项目的时空布局与景观环境的统一和整合过程,只需概要说明,不需要细节。有学者认为,概念性旅游规划是在结合规划地各项规划以及旅游总体规划的前提下,通过综合分析规划地的资源、环境、市场、社会等层面的优劣势等基础要素,以一种超前的眼光、创造性的思维,对规划地的旅游业发展模式、发展方向、发展战略、发展目标、市场定位,以及总体布局与功能分区整体把握基础上的创新性、纲领性、概念性的策划。旅游概念规划是在编制旅游规划早期,以未来学和发展观为基础,根据旅游地资源、社会、经济、文化等旅游业发展条件,对旅游地未来发展的宏观目标和长远问题做出的概要性谋划和创造性构思,是旅游规划的一种新的规划编制手段。

1. 概念性旅游规划的内涵

总体来说,概念性规划具有如下内涵:

(1) 是一个区域早期编制的旅游规划,是编制其他类型旅游规划的基础。

(2) 仅解决旅游发展中的重点问题,规划内容不需要面面俱到。

(3) 规划具有创造性,要有新的创意。

2. 概念性旅游规划的优越性

概念性旅游规划强调的是创新性、前瞻性和指导性这几大特性,是对旅游宏观发展思路的研讨手段,在实践中表现出较大的优越性:

(1) 更具想象空间和创造性思维,更具前瞻性和生命力。

(2) 讲究结构上、整体上的谋划,抓主要矛盾。

(3) 运用模糊论证,允许存在偏差。

(4) 少数旅游规划人员即可完成,不需要复杂的技术流程。

(5) 快速灵活,低成本,高效率,便于及时编制、及时修订、及时更新资料,适应现代旅游市场竞争的需要,应用范围广。

(三) 旅游建设规划

旅游建设规划是指导具体旅游建设活动的规划,基本不考虑旅游发展的战略性问题。这类规划的重点是旅游设施的地址选择和规划设计，包括项目设计和建筑设计等具体规划内容。

四、根据旅游发展的阶段划分

（一）开放性旅游规划

开放性旅游规划主要针对还没有开发旅游资源的地区，是旅游发展初期的规划。所要解决的问题是如何开发旅游资源，涉及的内容非常多，需要的投资很大，考虑的问题比较全面。

（二）发展性旅游规划

发展性旅游规划是在旅游规划发展过程中进行的旅游规划，主要解决旅游发展的战略、协调和保障等问题。

（三）调整性旅游规划

调整性旅游规划是旅游发展中期的规划，是在旅游发展具有一定规模和基础的前提下所进行的旅游规划。此类旅游规划主要是对过去的旅游开发进行调整，以适应新的旅游发展的需要。

五、根据旅游规划的内容和层次划分

（一）旅游综合规划

旅游综合规划是一个区域的规划概念，它指按照国家和地方旅游业发展纲要精神，结合国家旅游产业布局的要求，提出合理开发利用区域内旅游资源，促进旅游业可持续发展的总体设想。在该总体设想中不仅要有长远发展的目标，还应包括在综合分析了影响该区域旅游发展的国际国内旅游业形势及相关因素的基础上所提出的实施方案。它需要对区内旅游资源的赋存状况及特征进行系统分析和定性定量评价，对影响区域发展的区位条件、区内外旅游因子及相关因素做全面的研究，对区域旅游的结构和功能进行深入的剖析，最后提出区域旅游发展的方向规模和发展目标。

旅游综合规划还包括区域旅游发展战略的研究和制定。它主要研究该区域未来旅游发展的总体构想和战略布局。区域旅游发展战略的提出对于制定旅游区的综合规划，促进旅游业的持续发展及合理布局旅游生产力具有十分重要的意义。旅游综合规划具有控制全局，统一认识，决定旅游区专题规划的内容、规模、性质、措施、实施步骤等重大作用。

（二）旅游专题规划

专题规划又被称为部门规划，是在区域综合规划基本思想的指导下，针对旅游开发过程中的各个部门而提出的专题计划，主要是基础设施建设计划。

旅游基础设施建设主要包括旅游饭店、旅行社、旅游交通以及供电、供水、能源、通信等，基本上涵盖了旅游业的六大要素。旅游饭店、旅行社、旅游交通和旅游景点是构成现代旅游业的四大支柱，是区域旅游业发展赖以生存的基本物质条件。必须根据区域旅游发展的地域分工，区域旅游的发展方向、发展规模，结合客源层次类型、游客的消费水平对各项基础设施建设进行科学定位，确定其建设的数量、规模、档次和时间。

六、根据国家标准划分

根据《旅游规划通则》的精神，旅游规划可以分为两大类：旅游发展规划和旅游区规划。

（一）旅游发展规划

按规划的范围和政府管理层次，旅游发展规划分为全国旅游业发展规划、区域旅游业发展规划和地方旅游业发展规划。地方旅游业发展规划又可以分为省级旅游业发展规划、地(市)级旅游业发展规划和县(市)级旅游业发展规划等。

（二）旅游区规划

按规划层次，旅游区规划分为旅游区总体规划、旅游区控制性详细规划、旅游区修建性详细规划。旅游区规划的这种分类是由宏观到微观、由浅到深、由粗到细、由抽象到具体、由概念到表象的过程。不同层次的旅游规划要解决的问题是不一样的，不可能期望一个旅游规划解决旅游地开发的所有问题。例如，对于景区游客中心的规划，在总体规划中，只是用文字简要描述游客中心的风格、大概位置等，没有游客中心的图纸。在控制性详细规划中，会具体说明游客中心的位置、高度、容积率、后退红线位置、道路开口等，并制作游客中心轮廓示意图。在修建性详细规划中，游客中心的细节，如平面、里面、剖面等都要涉及。《旅游规划通则》对旅游规划的分类和我国旅游规划的编制与管理具有很强的现实指导意义。

第三节　旅游规划的内容与意义

一、旅游规划的内容

（一）当地的自然社会状况

自然状况包括当地的自然条件、环境质量、自然灾害、气候、植被等。社会状况包括历史变革、社会经济、民风民俗等。在规划中应对其主要特征加以详细阐述，甚至提供非常具体的材料，例如社会状况，最基本的要素是历史情况、民族情况、经济发展状况，还必须有各个民族具体的人口数量、人均消费水平等资料，特别是对有独特民风民俗的地区,应对生活习俗、历史变革加以必要的介绍。只有对规划区域内的自然社会状况有深度了解和把握,才能做出切合实际的旅游规划方案。

(二) 同行业的状况

旅游开发规划应考虑本地区正在兴建或已经建成的项目经营状况,包括基础设施的档次、规模、安全性、方便性、服务水平的高低,便于分析将来可能出现的竞争情况。如果本区域已经有了同类的旅游项目产品,在规划时必须考虑如何实现差异化。

(三) 规划范围

范围包括被规划区的占地面积和边界等。规划范围的大小一般由委托方提出,必要时受托方可以与委托方协商,提出合理的规划范围。明确规划范围和边界,是进行旅游规划的前提条件。

(四) 规划依据和原则

规划依据包括中央及地方制定的各种有关的法律、政策、决定,特别是与该地区旅游开发规划有关的政策。规划者应充分考虑中央和地方政府的有关要求,最后确定规划原则,一般有环保原则、特色原则、协调原则、效益原则等。

(五) 旅游资源状况和评价

分析评估旅游资源的种类、数量、品级和分布等,从而确定当地旅游资源的优势以及开发方向和开发顺序。旅游资源状况和评价是衡量规划地是否具有开发价值的重要评判依据。如果当地旅游资源的开发有一定的基础设施,通常从旅游资源开发的角度进行评价;如果当地没有基础设施,通常是从旅游资源自身特色的角度进行评价,否则评价的结果将出现差错。

(六) 客源市场分析

客源市场分析主要根据旅游资源的特点、旅游项目创意和对旅游业竞争态势的分析,确定该旅游项目的主要客源市场,包括客源市场范围、客源地、客源规模及结构和消费水平。客源市场的分析将直接涉及旅游接待设施和旅游服务项目的规划,同时对旅游项目的创意产生影响,所以有时必须根据客源市场分析的结果对规划的各个方面做出必要的调整。

(七) 旅游项目创意

首先,根据本地旅游资源状况、客源市场预测、旅游业竞争态势、规划原则和规划目标,明确旅游规划方向,突出地区旅游特色,避免重复建设。然后对能够充分发挥资源优势的旅游项目进行重点规划创意,使得旅游项目集观赏性、参与性、娱乐性于一体,提高其文化品位。旅游项目是旅游地的核心竞争力,因此,在旅游规划中,必须突出旅游项目的创意性,提升其对旅游者的吸引力。

（八）旅游环境保护

环境保护是当今世界发展的主题。投资任何项目，生产任何产品，只有在保护好环境的基础上才能保持生命力。旅游开发规划时要注意环境保护，不仅可以保护当地的旅游资源，提高其价值、品位及吸引力，而且可以实现旅游业的可持续发展。优美的自然环境是发展旅游业的必然要求，因此，环境保护规划是旅游规划中的重要内容。

（九）基础设施规划

旅游地的基础设施，如食、住、行和商品供应、供电、邮电通信、医疗卫生等，要同旅游业的发展相配套。另外，旅游地的建筑在式样上也应具有特色，布局合理，防止旅游区建设出现城市化的倾向。

（十）交通规划

交通规划包括对外交通系统和区内交通系统。对外交通系统一般依靠原有的交通条件，故不是规划的重点，但应保证游客在景区能够"进得来、散得开、出得去"。

区内交通系统规划包括游览线路布局和交通方式。景区的游览线路应尽量避免平直，避免走垂直路线，要充分利用小山、河流等景物，使得道路适当弯曲，让游客产生移步换景的感觉。交通方式要力争多样化，并相互配合，步行道、登山道、索道、缆车、游船、自行车等方式均可以采用，让游客有尽可能大的选择余地。当然，保证安全畅通也应和保护环境相协调，要对旅游线路进行绿化与美化。

（十一）绿化规划

绿化规划应做好以下几个方面的内容：
一是选用的植物品种应突出地方特色，使用本地植物。
二是植物品种应注意季节的搭配，适当增加常绿树种。
三是植物品种要兼顾观赏性以及花卉和果品的供应。
四是要尽量避免种植花期有大量飞絮的植物品种，以免引起游客身体不适。

（十二）服务项目规划

服务项目包括服务种类、服务方式。服务种类应当丰富多样，具有地方民族特色。服务方式要唯我独有，给游客留下深刻的印象。

（十三）效益分析

旅游资源开发规划效益分析包括社会效益、经济效益和生态效益分析，其中经济效益分析，即旅游资源开发的投入产出分析。但也不能仅考虑经济效益，还要综合衡量社会效益和生态效益。

（十四）规划图件

规划图件一般包括地理区位及客源市场分析图、土地利用现状图或旅游资源分布图、旅游景点分布图、综合规划图、交通规划图、绿化规划图、景观效果图等。

二、旅游规划的原则

旅游规划是对已科学评价过的各类旅游资源做出全面系统的安排,其目的是更加合理、有效地开发利用旅游资源,使潜在的旅游资源转化为旅游业可利用的现实旅游景观和产品。开展旅游规划必须重点考虑两个方面的问题:一方面是旅游者的需求。另一方面是旅游资源本身的特点及其所处的环境条件。旅游规划要确保旅游资源开发后能实现经济、社会、生态环境三个效益的统一。

(一)形象原则

通过开发,创造出鲜明的旅游形象,这是旅游规划的基本要求。旅游形象要有自己的特色,鲜明的主题、无穷的魅力,才能吸引众多的旅游者,增强旅游地的竞争力。在旅游规划中,切忌模仿、抄袭,否则就没有新意,不能引起游客的兴趣。

(二)市场原则

市场条件是进行旅游规划所要考虑的主要问题之一。有源源不断的游客前来观赏,旅游景点才能长盛不衰。而旅游市场客源受许多因素制约,如游客的动机和需求、风景的吸引力、旅游资源的种类、性质、数量、地理位置,旅游地的自然环境、交通条件、社会文化以及旅游企业的经营水平和服务质量等。这就要求我们在对旅游资源进行综合开发时必须灵活地适应旅游市场和旅游地的发展需要。

(三)美学原则

旅游资源之所以具有吸引旅游者的功能,其重要原因就在于它自身具有美学魅力,因而旅游规划应尽量体现旅游资源的美学特征。在开发中,任何人工建筑物的体量、造型、风格、色彩等都应与相应的自然环境和旅游气氛融为一体,体现自然美与人工美的和谐统一,展现旅游资源的时空结构特色,合理发挥旅游资源的神韵美。

(四)效益原则

旅游资源开发的目的是充分挖掘旅游者的潜在价值,追求经济、社会和环境三方面最大的综合效益。在规划中要选准突破口,尽快收回投资,获取利润。在取得经济效益的同时,还要注意社会效益,更应注意生态环境的保护和建设,从而使旅游区能够真正实现可持续发展。

(五)保护原则

凡具有价值的旅游资源都必须加以妥善保护。某些自然景观如山岩、溶洞、古木,往往位于高山深谷、人烟稀少的脆弱生态带,一旦遭到破坏便不能再生,即使付出巨大代价予以恢复,如仿造,其意义也大不相同,所以,可以说旅游资源是不可替代的。因此,在进行旅游规划时应坚持"保护第一"的原则,并划出相应的保护区域、类别和等级,切实采取有效措施,将旅游资源的保护工作落到实处。

2022年7月，习近平总书记在新疆考察时强调，要正确处理经济社会发展和生态环境保护的关系，推动文化和旅游融合发展，打造富民产业。

三、旅游规划的步骤

任何一类旅游资源都具有鲜明的特色，与所处的地理环境和人文环境联系密切。因此，在对旅游资源进行规划时，要结合自身的特点及所处的环境条件，着眼于它固有的生存规律，有计划、有步骤地稳步推进。

（一）旅游资源调查

旅游规划首先要做的工作是对旅游资源进行调查。要开发旅游资源，就必须对旅游资源的历史状况、赋存状况和结构特征进行了解。如果对资源缺乏了解或了解不全面，就不可能做出科学、合理的规划。旅游资源调查的内容，涉及面很广，但主要包括两个方面：

(1)对旅游资源种类、特色、成因、结构与分布的调查。
(2)对旅游资源所在地的区位条件、社会环境、经济结构、历史沿革等的调查。

（二）旅游资源评价

旅游资源评价是根据旅游资源调查的结果，对该地旅游资源的质量、品位、等级、价值、开发等做出全面的综合评价，然后提出评价报告，为旅游规划提供依据。通过对旅游资源的定性和定量评价，判断规划区是否具有旅游开发的潜力。

（三）旅游开发可行性研究

一个企业或政府部门在兴建旅游项目之前，须首先进行可行性研究，可行性研究的实质是论证开发项目能否取得较好的经济效益和社会效益。可行性研究的内容包括以下几个方面：

(1)对旅游资源评价结果进行全方位的再研究。
(2)对开发项目的客源市场需求和发展趋势以及项目所在地的经济发展状况等外部条件做出科学预测与调查分析。
(3)对开发规划项目的经济效益和社会效益做出综合评价。

（四）旅游规划的制定

在旅游开发的可行性确定后，关键问题就是制定旅游开发规划。规划可以由一个规划机构或专家小组承担，也可以同时或先后由几个规划机构或专家小组推进，分别提出规划的方案，从中选出最优方案。规划承担者应及时与项目的投资或主管部门沟通，征求各方的意见建议，不断修改和完善规划，最后提出规划文本和必需的图件资料。

（五）旅游规划的评审

制定出旅游规划之后，由规划委托者聘请有关专家组成规划评审委员会，对规划进行评审。若方案被通过，应根据评审委员会的建议加工修改，以形成最终的规划；若未通过，则应责成原规划组或聘请新的规划小组重新规划。

若规划方案不止一个，在选定一个方案，以其为基本框架的同时，吸取其他方案的长处，博采众长，形成最为理想的方案。

四、旅游规划的意义

旅游资源是旅游活动的客体和旅游业的发展基础。它同其他资源一样，必须经过开发才能为人所识、为人所用。旅游资源的价值直接受到开发是否合理、利用是否充分的影响，由此可见，旅游规划对旅游地的建设乃至整个旅游业的发展都具有十分重要的意义。

（一）旅游规划是提供旅游资源吸引力的必要手段

一方面，旅游资源的吸引力来源于其自身的"美、古、名、奇、特、用"，但这种吸引力往往带有隐藏性和原始性，因而必须通过一定的开发予以发掘，加以修饰，才能突出其个性特征。

另一方面，旅游资源的吸引力在很大程度上受游客心理的影响。然而，随着旅游业的快速发展，旅游者的需求品位越来越高，旅游资源要保持吸引力，就必须常变常新，因而旅游资源的规划显得很有必要。

（二）旅游规划是形成良好旅游目的地的有效途径

一个良好的旅游目的地，除其自身资源优势外，还必须有良好的可进入性，以保证旅游规模和开发深度适宜，充分体现旅游资源的意义和价值。对区域内各种旅游资源的适当组合，可以和谐地体现各种资源的美学价值。注重环境保护，以确保旅游业的可持续发展。总之，一个良好的旅游目的地要使旅游资源优势得到充分的转化和利用，使游客游有所值，游有所得。切实可行的规划，不仅能让旅游资源身价百倍，而且能协调好旅游业内部以及旅游业与其他行业之间的关系，从而达到建设良好旅游目的地的目标。

（三）旅游规划是促进旅游业三大效益协调发展的重要保证

在旅游开发中，普遍存在未尽认真考察和科学分析便匆匆实施开发的现象，这是对旅游资源的破坏性开发。同时，由于缺乏对旅游容量的限制，旅游资源的超负荷利用以及管理工作中的一次失误，也会严重破坏旅游资源，降低环境质量。因此，要使旅游业的经济、社会和生态环境三大效益协调发展，就要认真做好旅游规划。

(四)旅游规划是推动旅游业可持续发展的有力措施

旅游规划,首先应明确旅游资源的开发方向和客源市场,并且对地区旅游业的发展阶段、规模等做出总体规划,从而指导旅游业的有序发展。所涉及的行业和部门,包括交通、通信、能源、信息、教育、科研、工农业生产、对外贸易、环境保护等,可以有力地推动整个地区旅游业的可持续发展。

第四节 旅游开发的内容和原则

一、旅游开发的概念

"开发"一词是经济学中的概念,最初为垦殖土地之意,随着近代工业的发展,除土地外,动物、水体、煤炭、石油都可被利用,变成财富,这种将资源转变为产业的社会劳动过程就是开发。

开发的概念重点在于挖掘和实现资源的价值以及改变资源所处的状态。对于旅游资源而言,要实现蕴含其中的各类价值就需要对其实施相应的开发。

因此,旅游开发一般是指发挥、提升旅游资源对游客的吸引力,使潜在的旅游资源优势转化为现实的经济效益,并使旅游活动得以实现的技术经济行为。旅游开发的实质,是以旅游资源为对象,通过一定形式的挖掘和加工,达到满足旅游者的各种需求,实现资源经济、社会和生态价值的目的。

二、旅游开发的内容

(一)旅游资源的开发利用

旅游资源的开发利用就是将资源吸引力显性化的过程,例如,将旅游资源转化为各式旅游吸引物。应该注意的是,这里的资源开发必须将可持续发展的思想贯彻在实际工作中。

(二)旅游地的交通安排

旅游地的交通安排主要指旅游开发过程中,对进出旅游地的交通条件和设施进行资金投入,对旅游地内部的旅游交通环境进行改善和优化的工作。一般旅游交通的开发包括交通线路的设计、旅游交通设施的配套、交通工具的选择等。

(三)旅游辅助设施的建设

旅游辅助设施包括的范围很广,涉及旅游的食、住、行、游、购、娱各个方面。这些设施不仅能提升旅游者的感受,还对当地社会的发展和人们生活质量的改善有极大的帮助。因此，旅游开发还包括对旅游所需的旅游辅助设施进行统筹规划和建设，完善旅游地的硬件环境。

（四）旅游市场的开拓

旅游开发要取得预期的经济效益、社会效益和环境效益，还应密切关注旅游市场的需求及其变化。因此，旅游开发应该依据本地旅游资源的特色和优势确定其开发的目标市场，同时依靠有针对性的开发和市场营销活动，努力扩大客源和开拓旅游市场。

三、旅游开发的步骤

（一）旅游资源的调查

旅游资源的调查是旅游开发的基础工作。其目的是了解该地区旅游资源的类型、数量、规模、布局情况和开发利用现状，交通、水、电等基础设施现状，以及与旅游相关的配套服务设施情况（如住宿、通信、娱乐、购物等）。通过调查，了解该地区旅游资源的优势、劣势和潜力。

（二）旅游资源的评估

旅游资源是否有开发价值，能否将某区域打造成为旅游区，要根据资源调查的情况加以分析和评估。一般需要对旅游资源的自然条件、可进入性条件、客源市场条件、基础设施条件、服务设施条件、投资条件等六个基本条件进行分析和评估。

（三）制定旅游规划

根据旅游市场的最新动态和当地开发旅游的基本条件，确定该区旅游开发的总体规划。并在总体规划的指导下编制控制性详细规划和修建性详细规划。通过合理科学的规划，为旅游地带来经济、环境、交流等方面的正面效应，并为旅游开发的工程项目做准备。

（四）具体实施计划

进入开发阶段，最重要的是制订好开发的具体实施计划，它包括的内容有：确定开发范围和目标；提出项目的开发模式、土地使用要求等；确定资金来源及财务预算；进行项目具体设计，提供施工图纸；进行项目投资招标及施工；开展市场营销和策划宣传；反馈和评估；完善管理和服务。

四、旅游开发的原则

（一）特色原则

特色是构成旅游产品核心竞争力的关键要素，也是旅游规划制定和实施过程中的基本出发点，要在旅游规划中保持特色，实现差异化，就必须坚持创新的理念，避免简单重复及模仿雷同,打造真正有特色的旅游产品,实现"人无我有,人有我优,人优我新,人新我转"。

(二) 系统原则

旅游活动所涉及的部门和行业众多,具有极强的综合性。旅游规划需要对旅游活动所涉及的所有流程和内容进行调整协调。在这个协调的过程中,就需要坚持系统原则,如同齿轮啮合传动,使旅游的各个子系统围绕旅游这个大系统正常运转,才能保证旅游活动的正常运转,进而实现旅游规划的基本作用。

(三) 实事求是原则

旅游规划的编制会受到各种因素的影响,在规划的编制过程中,如何排除干扰因素,做到实事求是,能否做出真实、客观的规划就成为评判旅游规划质量高低的关键。在旅游规划中坚持实事求是原则,就是要站在客观的立场上分析各种条件。分析优势时要看劣势,分析机遇时不回避困难和挑战。在旅游规划中,如果要求一些既定的但不可实施操作的项目,规划者应当保持客观和理性,对这些项目进行深入调研、认真分析,如果确实不科学、不可行,规划编制者要敢于说"不"。

(四) 资源与市场相结合原则

旅游资源是区域旅游业发展的根基,对区域旅游资源进行深入分析对于旅游发展会产生事半功倍的效果,而其中的客源市场是旅游资源不可忽视的一部分,如果市场的需求潜力没有被发现,一些可以开发成产品的资源没有被发掘,那么旅游业的发展也不会取得理想的效果。因此,在旅游规划过程中,不仅要认真分析资源优势,而且要分析市场需求和潜力,根据具有竞争优势的资源和市场的实际需求规划出有效的产品。在旅游规划中,不能只强调旅游资源的专业价值,还必须考虑它能否为市场所接受,不能只看重资源而轻视市场。

当然,只追求市场也是不正确的,为遵循市场原则,也不能完全不顾及资源情况,不能放弃有发展潜力的资源,而去造一些只有短期发展前景的人造景观,这也是很多区域在旅游开发时容易犯的错误,完全跟风赶潮流,因此,在旅游规划中不能片面强调资源导向或市场导向。尽管在我国的旅游规划发展过程中,这两种理念的旅游规划都有取得成功的先例,但有其特定的历史背景,在今后的旅游规划中未必能行得通。单纯的资源导向或市场导向都是不可取的,应当将两者结合起来编制旅游规划。

(五) 可持续发展原则

世界旅游组织的规划专家因斯克谱在《旅游规划:一种综合性的可持续的开发方法》中指出,可持续发展作为一种不损耗自然和文化资源、不破坏环境而达到发展目标的重要方法,如今正逐渐为人们所认识。可持续发展是人类经过长时间思考后得出的未来发展理念,旅游业的发展也不能例外,必须坚持这一原则。可持续发展的精髓在于,既能满足当代人的需求,又不影响后人的需求。在旅游规划中,必须科学地利用土地,保护水源,节约能源及其他资源,充分考虑环境的可持续性因素。

习近平总书记指出,坚持绿色发展,就是要坚持节约资源和保护环境的基本国策,坚持可持续发展,形成人与自然和谐发展现代化建设新格局,为全球生态安全作出新贡献。

(六)可操作性原则

旅游规划应当注重具体方案的实施,不能成为理论概念的解释或探讨。目前,我国许多旅游规划在理论阐释上占据较大的比重,但在具体如何做的部分却显得苍白无力。这样的旅游规划显然不是委托方需要的。世界旅游组织编写的《地方旅游规划指南》中指出,不付诸实施且不具备可操作性的规划是没有价值的。在规划的制定过程中应始终考虑采取什么措施去实现规划目标,并在规划大纲中分别予以说明。因此,在编制旅游规划时,对一些近期要实施的活动计划、方案,应当有具体步骤、具体目标和时间安排。

(七)利益相关原则

利益相关者理论认为,组织的利益相关者是指那些能够影响组织目标的实施或被组织目标的实现所影响的个人或群体。在旅游规划中,必须考虑所有利益相关者的利益,让他们充分参与讨论。所以,旅游规划不仅要考虑开发商、投资商的利益,考虑旅游者的利益,还必须考虑当地人的利益。在编制旅游规划的过程中,要尽量通过多种途径征求各个利益相关者的意见和建议,让利益相关者参与旅游决策。

在进行旅游规划时,要更加关注旅游目的地居民的利益。

复习思考题

1. 旅游规划的特征有哪些?
2. 简述旅游规划的分类体系。
3. 旅游规划的内容包括哪些?
4. 简述旅游规划的意义。
5. 旅游开发的内容包括哪些?
6. 旅游开发的原则有哪些?

第二章
旅游规划的理论与方法

学习目标

1. 全面树立旅游可持续发展的理念。
2. 掌握旅游规划的基础理论。
3. 理解旅游规划基本理论在旅游规划与开发中的应用。
4. 熟练运用旅游规划与开发的方法。

思政元素

1. 贯彻落实可持续发展理念,在旅游规划过程中就必须实现生态效益、经济效益和社会效益的三效合一。在旅游发展中融入可持续发展的观念,是保持旅游业高质量发展的必要前提。

2. 学习旅游规划与开发中的基础理论,深入探究旅游规划与开发中的创新理论,发扬勇于探索的科学精神,培养尊重事实的科学思维方式。

3. 学习旅游规划与开发中的基础理论,并将其灵活应用到旅游规划与开发的实践中,理论联系实际,做知行合一的社会主义建设者和接班人。

乐清市中雁荡山景区旧貌换新颜

"郊野微度假,亲子慢生活",从山水观光型到沉浸体验式,乐清市中雁荡山景区正以一派崭新面貌,悄然走来……

以《浙江省旅游业"微改造、精提升"五年行动计划(2021—2025)》为契机,乐清市文化和广电旅游体育局参照国家5A级景区标准,对中雁荡山未来景区(一期)建设、平田民宿建设、龙山湖房车营地建设、中雁荡山游客驿站、自由旷野星空露营基地等项目进行改造提升。

心往西漈景,一览龙山湖。建地9亩,房车12辆,一个坐落于龙山湖畔的国家4C级旅居车营地在如火如荼的打造中。目前,该项目已与中国房车协会完成星级评定的对接事宜,预计2022年10月投入试运营。

环湖步道蜿蜒曲折，依山傍水，抬首便望玉甑峰。在这里可以散步、慢跑、骑行、放风筝等，如今它已经成为来乐清游客和本地市民感受慢生活、慢旅行的必选体验地。被修葺一新的步道，正以全新的姿态迎接着游客的到来。景区将在原有的3处自行车站点和2个零排污厕所基础上，再建设了功能各异的4个游客驿站和4个景观平台。

位于钟前湖巡防步道上的自由旷野星空露营基地是一枚炙手可热的户外新星，许多市民在假期会选择来此露营，放松身心。为此，景区启动微改精提工程、设计研发游乐装置，双管齐下提升其可赏性和可游性。休憩吧台、景观农田，亲子游、情侣游等一系列游乐项目，使露营地更融玩趣、情趣、农趣及景趣于一体。

交通堵塞历来是制约景区发展的一道难题。中雁景区特将新景区环线作为当前提升旅游品质的一项重点工作，旨在实现白石街道建成区到景区的交通分流，形成交通微循环，既可解决景区行车难的问题，又可缓解旅游旺季时的交通压力。目前该环线已完成测绘工作，预计2022年9月完成初步设计。

资料来源：《浙江乐清中雁荡山景区旧貌换新颜》, https://m.gmw.cn/baijia/2022-09/13/36020532.html, 中国新闻网, 2022年9月13日。

思考题：请根据上述案例进行思考，乐清市中雁荡山景区在规划和开发中运用了哪些基础理论？

第一节　旅游规划与开发的基础理论

作为一门交叉应用性学科，旅游规划与开发从不同学科中吸取了成果，形成了规划哲学、规划基础和技术操作等三个层次的理论支撑体系，涉及旅游基础学、地理学、经济学、社会学、系统学、生态学、可持续发展等七大理论板块。本节将从规划哲学、规划基础和技术操作这三个层面出发，对旅游规划的基础理论进行系统分析和整理。旅游规划与开发基础理论架构如表2-1所示。

表2-1　旅游规划与开发基础理论架构

层次	规划哲学	规划基础	技术操作			
理论板块	系统学理论板块	可持续发展理论板块	旅游基础学理论板块	社会学理论板块	地理学理论板块	经济学理论板块	生态学理论板块
主要基础理论	系统论	可持续发展理论	旅游资源学、旅游美学、旅游心理学、闲暇游憩理论、旅游地理学等	人类学、文史学、旅游政策等	地域分异规律理论、区位理论、区域科学、增长极理论等	经济学理论、市场学理论、市场营销学理论等	生态学、景观生态学、生态环境学等

一、规划哲学层次的理论

规划哲学层次的理论为旅游规划与开发实践提供了根本方法和理性认识,主要包括系统学理论和可持续发展理论。

(一)系统学理论

1. 核心思想

作为一门科学,系统学理论是由美籍奥地利人、理论生物学家 L. V. 贝塔朗菲(L. Von. Bertalanffy)创立。1932年,他在发表的"抗体系统论"中提出了系统论的思想。1937年,他提出的一般系统论原理奠定了这门科学的理论基础。系统论认为,开放性、自组织性、复杂性、整体性、关联性、等级结构性、动态平衡性、时序性等是所有系统的共同的基本特征。这些既是系统论的基本思想观点,也是系统方法的基本原则。

2. 基本原理

(1)整体性原理。

系统是由若干要素组成的具有独立要素所没有的性质和功能的有机整体,表现出整体的性质和功能不等于各个要素性质和功能的简单叠加。

(2)层次性原理。

由于组成系统的各个要素存在各种差异,系统组织在地位和作用、结构和功能上表现出具有质的差异的等级秩序性即层次性。

(3)开放性原理。

系统具有不断与外界环境进行物质交换、能量交换、信息交换的性质和功能,开放性是系统演化的前提,也是系统稳定的条件。

(4)目的性原理。

系统在与环境相互作用的过程中,在一定范围内,系统的发展和变化几乎不受条件和途径的影响,表现出某种趋向预定状态的特性。

(5)突变性原理。

系统失稳而发生状态变化是一个突变过程,是系统质变的一种基本形式。系统发展过程中存在分叉而且突变方式很多,使系统质变和发展也具有多样性。

(6)稳定性原理。

开放系统能够在一定的范围内进行自我调节,保持和恢复系统原有的有序状态、功能结构,具有一定自我稳定的能力。

(7)自组织原理。

开放系统由于其复杂的非线性作用,其涨落得以放大,从而产生更大范围、更强烈的相关,系统内部各个要素自发地组织起来,系统从无序向有序,从低级有序向高级有序发展。

(8)相似性原理。

系统的结构功能、存在方式和演化过程具有差异的共性,是系统统一性的一种表示,系统表现出同构和同态特点。系统论的基本规律是关于系统存在的基本状态和演化趋势的、稳定的、必然的、普遍的规律。

3. 基本规律

（1）结构功能相关律。

结构功能相关律，即关于结构和功能相互关联、相互转化的规律。一定的结构必然具有一定的功能并制约着随机涨落的范围，随机涨落可以引起局部功能的改变，当涨落突破系统内部调节机制的作用范围，涨落得到系统整体的响应而放大，造成系统整体结构的改变，而新的结构又制约新的随机涨落的范围。这样结构和功能动态地相互作用，系统不断地演化。

（2）信息反馈律。

信息反馈律，即信息反馈的调控作用影响系统稳定性的内在机理。负反馈强化系统的稳定性，正反馈使系统远离稳定状态，但正反馈可以推动系统的演化，因为在一定条件下，涨落通过正反馈得以放大，破坏系统的原有稳定性，使系统进入新的稳定状态。

（3）竞争协同律。

竞争协同律，即系统的要素之间，系统与环境之间存在整体统一性和个体差异性，通过竞争和协同推动系统的演化发展。自组织理论认识到在竞争基础上的协同对于系统演化的重大意义。非线性相互作用构成竞争和协同辩证关系的自然科学基础。系统中普遍存在的涨落，说明系统要素之间总是处于竞争状态；涨落得到系统的响应而得以放大，说明协同在发挥作用。竞争是系统演化的创造性因素，协同是系统演化的确定性、目的性因素。

（4）涨落有序律。

涨落有序律，即系统通过涨落，实现系统从无序向有序，从低级有序向高级有序发展。这种转变与对称紧密相关。系统演化过程中的分叉通过涨落实现，说明必然性通过偶然性表现出来。

（5）优化演化律。

优化演化律，即系统不断演化，优化通过演化实现，表现系统的进化发展。耗散结构理论阐述了系统优化的一些基本前提，协同学着重讨论了系统优化的内部机制，超循环理论说明超循环组织形成就是系统优化的一种形式。系统优化最重要的是整体优化，"形态越高，发展越快"是系统优化的一条基本法则。系统优化是系统演化的目的。随着系统形态的发展，复杂系统的稳定性可以通过通信能力的改善和优化来保证。

系统论既是认识论，也是方法论，将系统理论运用于旅游规划与开发实践之中，可以启发新的思路。规划区从本质上来看就是一个旅游资源系统，有其固有的本质和属性。因此，规划者应当从系统的角度来审视资源，综合考虑旅游资源的规模、价值、质量、功能、空间布局、市场状况、社区状况、产权等诸多因素与旅游资源保护性开发系统的关系，对子系统、次一级子系统及各因素进行科学、合理的配置，做到目标系统、开发系统、保护系统及方法系统四大系统有规律地、合理地运行，最终实现良好的综合效益。

习近平总书记在深入推动黄河流域生态保护和高质量发展座谈会中指出,要提高战略思维能力,把系统观念贯穿到生态保护和高质量发展全过程。把握好全局和局部关系,增强一盘棋意识,在重大问题上以全局利益为重。要把握好当前和长远的关系,放眼长远认真研究,克服急功近利、急于求成的思想。

(二)可持续发展理论

1. 基本概念

1987年,世界环境与发展委员会在报告《我们共同的未来》中,正式提出了可持续发展的概念,并以此为主题对人类共同关心的环境与发展问题进行了探讨,受到世界各国政府组织和舆论的极大重视。迄今为止,人们广泛认可的可持续发展的概念是由挪威前首相 Gro Harlem Brundt land(布伦特兰)提出,即可持续发展是指既满足当代人的需要,又不对后人满足其需要的能力构成危害的发展。该概念主要以公平性、持续性、共同性等为基本原则,最终达到共同、协调、公平、高效、多维的发展目的。

习近平总书记在中共中央政治局第六次集体学习时强调:"要清醒认识保护生态环境、治理环境污染的紧迫性和艰巨性,清醒认识加强生态文明建设的重要性和必要性,以对人民群众、对子孙后代高度负责的态度和责任,真正下决心把环境污染治理好、把生态环境建设好,努力走向社会主义生态文明新时代,为人民创造良好生产生活环境。"

2. 主要内容

可持续发展主要包含生态可持续发展、经济可持续发展和社会可持续发展等三个方面的内容。

(1)生态可持续发展。

可持续发展要求经济建设和社会发展与自然承载能力相协调。发展的同时必须保护和改善地球生态环境,保证以可持续的方式使用自然资源和环境成本,使人类的发展控制在地球承载能力之内。因此,可持续发展强调发展是有限制的,没有限制就没有发展的持续。生态可持续发展同样强调环境保护,但不同于以往将环境保护与社会发展对立的做法,可持续发展要求通过转变发展模式,从人类发展的源头、从根本上解决环境问题。

(2)经济可持续发展。

可持续发展鼓励经济增长而不是以环境保护为名取消经济增长,因为经济发展是国家实力和社会财富的基础。但可持续发展不仅重视经济增长的数量,更追求经济发展的质量。可持续发展要求改变传统的以"高投入、高消耗、高污染"为特征的生产模式和消费模式,实施清洁生产和文明消费,以提高经济活动中的效益、节约资源和减少废物。从某种角度上,可以说集约型的经济增长方式就是可持续发展在经济方面的体现。

(3) 社会可持续发展。

可持续发展强调社会公平是环境保护得以实现的机制和目标。可持续发展指出世界各国的发展阶段可以不同,发展的具体目标也各不相同,但发展的本质应包括改善人类生活质量,提高人类健康水平,创造一个保障人们平等、自由、受教育权利、人权和免受暴力的社会环境。这意味着,在人类可持续发展系统中,生态可持续是基础,经济可持续是条件,社会可持续才是目的。人类应该共同追求的是以人为本位的自然—经济—社会复合系统的持续、稳定、健康发展。

3. 基本原则

(1) 公平性。

所谓公平是指机会选择的平等性。可持续发展的公平性原则包括两个方面:一方面是本代人的公平即代内的横向公平;另一方面是指代际公平性,即世代之间的纵向公平性。

(2) 持续性。

所谓持续性是指生态系统受到某种干扰时能保持其生产力的能力。资源环境是人类生存与发展的基础和条件,资源的持续利用和生态系统的可持续性是保持人类社会可持续发展的首要条件。

(3) 共同性。

可持续发展关系到全球的发展。要实现可持续发展的总目标,必须争取全球共同的配合行动,这是由地球整体性和相互依存性所决定的。

可持续发展理论为旅游规划与开发提供了指导思想:

一是在旅游规划与开发中,规划者要贯彻总体规划和科学决策思想。

二是规划者在进行旅游资源开发时要注重保护生态环境。

三是规划者在旅游规划与开发中要注重资源的优化配置,从而提高资源的配置效率。

四是规划者在旅游规划与开发中要协调好旅游者满意、社区发展、旅游地获利等利益相关者利益的平衡关系。

五是规划者要积极探索可持续旅游发展的实现途径,发展多样化的旅游形式,提高旅游者的旅游体验质量。

习近平总书记在上海合作组织成员国元首理事会第二十次会议上的讲话强调,大家一起发展才是真发展,可持续发展才是好发展。我们要秉持创新、协调、绿色、开放、共享的发展理念,拓展务实合作空间,助力经济复苏、民生改善。

二、规划基础层次的理论

规划基础层次的理论为旅游规划与开发实践中基本概念、主要内容和形式逻辑结构等提供了理性认识,主要包括旅游学、旅游资源学、旅游地理学、旅游美学、旅游文化学、旅游心理学等。

旅游学旨在探讨旅游活动的产生与发展;旅游资源学旨在探讨旅游资源的调查、开发和评价;旅游地理学对旅游地域和空间是如何产生和保持的提供了基础性解读;旅游美学为旅游者对旅游景观的美学观赏、体验和评价;旅游文化学主要研究旅游文化要素的组合和发展;旅游心理学为旅游者行为的研究提供了科学指导等。

旅游基础学理论板块与其他学科密切相关,涵盖哲学、文化、心理学、艺术等各个方面,本书主要从旅游规划的角度出发,重点介绍旅游资源学、旅游美学和旅游心理学等三个方面的理论,为规划区旅游资源的开发、项目设计和市场营销提供理论指导。

习近平总书记关于东北振兴作出系列重要讲话和指示批示,"自觉运用理论指导实践,使各方面工作更符合客观规律、科学规律的要求"。

(一)旅游资源学

旅游资源学是专门研究旅游资源的形成、特点、分类、分区、开发利用和保护的一门综合性的学科。旅游资源的研究源起于国外专家关于地学的研究,如 Tanner 的《水资源与旅游》(1973)、Goodall 的《植被环境与资源》(1975)等。在国外旅游地学研究中,对旅游资源开发和利用是从旅游吸引物的角度加以考虑。我国旅游地学研究开拓者郭来喜、陈传康、陈安泽、卢云亭等,则运用地学的理论与方法,为旅游资源调查、评价、规划和开发初步构建了旅游资源学的框架。

旅游资源学研究的核心是旅游资源,研究的重点包括:

(1)评价旅游资源的显性吸引力,即客观评价旅游资源的密度、丰度、知名度等,评估旅游资源的吸引力、开发潜力和在旅游开发中的地位等。

(2)评价旅游资源的隐性吸引力,即客观评价旅游资源的开发潜力、市场潜力和发展潜力等。

旅游资源学对规划区旅游资源的开发提供科学指导,在充分发挥旅游资源效益功能的同时,对规划区的旅游资源进行合理开发和保护,保证规划区生态效益、社会效益和经济效益的齐头并进,实现规划区的可持续发展。

(二)旅游美学

旅游美学作为一门交叉学科,从出现便与美学、旅游学以及旅游业紧密联系在一起。

旅游美学的研究内容主要包括旅游文化研究、自然美学研究、环境美学研究、生态美学研究、景观美学研究、艺术美学研究等多个方面。

1. 旅游文化研究

旅游文化研究以旅游文化主体（文化本身）、客体（文化载体）和媒体（文化的传播者）为研究对象，对旅游文化起源、继承和发展进行探讨。

2. 自然美学研究

自然美学研究是以自然美、人与自然的关系为研究对象，探讨自然主体的美感以及人产生的情感和思想体验。

3. 环境美学研究

环境美学以自然环境和人文环境为出发点，研究欣赏环境美的经验和创造环境美的法则。

4. 生态美学研究

生态美学是生态学和美学的交叉融合，重在研究人类与其生存环境之间的相互关系。

5. 景观美学研究

景观美学重点研究自然美的保护和加工，探讨自然美的成因、特征、种类以及开发、利用和装饰自然美的方法、途径等。

6. 艺术美学研究

艺术美学则是探讨艺术的美学本质、艺术的价值、艺术的审美价值、艺术的审美经验等。

旅游美学为旅游规划与开发提供新的视角，即从美学的角度对规划区的旅游资源进行开发，对规划区各个功能分区进行规划，对文创产品进行设计等，进一步提升旅游资源的品位和特色，提高规划区布局的合理性和美观程度，增强旅游文创产品的艺术性，促进规划区经济的可持续发展。

（三）旅游心理学

旅游心理学是在社会实践中产生和发展起来的一门新兴学科，主要研究旅游者和旅游从业人员在旅游活动过程中的心理现象及其规律，包括旅游者心理、旅游工作者心理、旅游服务心理、旅游管理心理、旅游地居民心理和旅游资源开发及旅游设施建造过程中的心理问题等。

旅游心理学的产生为研究旅游者的出游动机及其心理需求、提高旅游从业者的工作积极性和工作效率、协调旅游开发区与当地居民的关系提供科学指南。

在旅游规划与开发中，掌握旅游者心理，制定有效的营销策略，有助于规划区打开旅游市场，提高自身知名度；掌握旅游从业者的心理，制定科学的考核制度，有助于提高旅游从业人员工作积极性，从而提升规划区的服务质量和水平；掌握规划区当地居民的心理，有助于协调规划区当地居民的关系，平衡规划区与当地居民的利益，从而提高规划区的社会效益。

三、技术操作层次的理论

在旅游规划与开发中，技术操作层次的理论提供了把握旅游发展的实践原则和路径,其具体内容包括人类学、文史学、旅游政策等社会学理论板块,地域分异规律理论、区位理论、区域科学、增长极理论等地理学理论板块,经济学理论、市场学理论、市场营销学理论等经济学理论板块,生态学、景观生态学、生态环境学等生态学理论板块等。

社会学理论板块在旅游规划与开发中的运用主要是以旅游业为着眼点,通过社会整体论、社会互动等来研究旅游业各个组成部分良性运行和协调发展的条件与机制。

经济学理论板块在旅游规划与开发中的运用主要涉及规划区资源配置、市场预测、投资效益预测、市场营销等方面。生态学理论板块在旅游规划与开发中的运用主要体现在旅游资源的开发和保护、景观的设计、规划区域的生态协调等。技术操作层次的理论涉及的学科范围广,学科交叉融合程度深,学科专业体系健全,本书将以旅游规划与开发的关键方法为出发点,重点介绍区位理论、增长极理论、旅游地生命周期理论、利益相关者理论等。

(一)区位理论

十九世纪二三十年代,德国经济学家杜能对农业区位论进行定义,之后区位理论开始快速发展。目前,区位理论体系已经基本形成,从本质上看,区位理论主要研究布局,即研究地域因素对人类经济活动空间的分布影响,或为克服地域约束而找到最佳区位,以实现经济最优决策。在旅游业中,区位理论主要用于研究旅游目的地、旅游交通和旅游客源地之间的空间布局、地域组织形式的相互关系及旅游地场所位置与经济效益关系。

在旅游规划与开发中,区位理论的运用主要体现在指导旅游地在进行规划和开发时要秉持"因地制宜"的思想,合理划定规划区的功能分区,使得规划区功能完善、科学;界定规划区的市场范围,从而采取有针对性的市场营销策略;规划旅游交通、路线布局,集中规划区的人力、财力和物力打造精品路线,突出规划区特色;调整规划区和周围产业布局,提高规划区的经济效益,实现区域产业差异化协同发展。

各地区要结合实际情况,因地制宜、扬长补短,走出适合本地区实际的高质量发展之路。

(二)增长极理论

"增长极"这个概念最早是由法国的经济学家弗朗索瓦·佩鲁于20世纪50年代初提出来的,他认为经济空间是不平衡的,其发展中存在着极化作用,即经济空间中会有一些中心(或极)。目前,我国学者对于增长极理论的研究已经趋于成熟,其核心思想是经济增长不是在每个区域都以相同的速度增加,在一定时期增长的势头往往集中于起主导作用的经济部门和有创新能力的行业,而这些部门和行业一般向最佳区位聚集。增长极理论的发展为优先发展旅游业提供了依据和支持,旅游业作为旅游地的经济增长点可以通过其聚集和扩散作用,带动整个区域经济的快速发展。

增长极理论示意图见图 2-1。

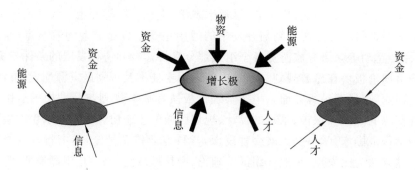

图 2-1　增长极理论示意图

旅游规划与开发的本质就是依托当地优势旅游资源,将潜在经济效益现实化,以促进当地经济的高速发展。增长极理论则为当地开发优势旅游资源、规划优势产业提供了支撑,通过将规划区自身优势发挥出来,带动规划区经济乃至整个区域经济的协同发展。

(三)旅游地生命周期理论

旅游地生命周期理论由 W. Christaller 提出,他将旅游地生命周期划分为发现、成长和衰落三个阶段。1980 年加拿大学者巴特勒将产品的生命周期引入到旅游地发展演化中,得出生命周期分为探索、起步、发展、稳固、停滞、衰落或复兴六个阶段。

巴特勒旅游地生命周期示意图见图 2-2。

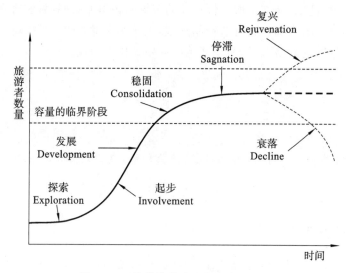

图 2-2　巴特勒旅游地生命周期示意图

1. 旅游地探索阶段

旅游地探索阶段(Exploration Stage)是旅游地发展的初级阶段。此时旅游地接待以零散、自发的游客为主,数量有限。南极洲的部分地区、拉丁美洲和加拿大的北冰洋地区就处于该阶段。

2. 旅游地起步阶段

旅游地起步阶段（Involvement Stage）是指随着旅游地逐渐为人们所认知，到该地旅游的旅游者日益增多，当地居民开始逐步为旅游者提供一些简易的设施和基本的服务。目前太平洋和加勒比海一些规模较小、发展较晚的岛屿正处于该阶段。

3. 旅游地发展阶段

当旅游地进入发展阶段（Development Stage），该地已经吸引了大批旅游者，旅游市场的发育初具规模。旅游高峰季节时，旅游者人数甚至超过当地居民的人数。有大量外来资金投入到旅游地的建设中，旅游地的基础设施已经得到大大优化。当地居民已经积极参与到了旅游接待活动中，甚至将旅游接待作为其重要职业。

4. 旅游地稳固阶段

当旅游地处于稳固阶段（Consolidation Stage）时，旅游地经济发展与旅游业息息相关，虽然旅游者的增长速度变慢，但是旅游者的人数仍然十分可观。规模巨大的旅游者已经对当地居民的生活造成了一定的影响，当地居民对旅游者表现出一种仇视情绪。

5. 旅游地停滞阶段

旅游地进入停滞阶段（Stagnation Stage）时，旅游者数量已经大大超过了旅游地的环境容量，产生了一系列的经济、社会、环境问题，旅游业的发展受到来自诸多方面的阻力。

6. 旅游地衰落或复兴阶段

在旅游地衰落或复兴阶段（Decline/Rejuvenation Stage），旅游者受到其他新兴旅游吸引物的影响，到该旅游地旅游的频率降低，旅游业在当地国民经济发展中的重要性日益降低。若旅游地积极进行旅游开发创新，如新建一系列人造旅游景观或开发新的旅游资源，则有可能会在停滞阶段后进入复兴阶段，掀起新一轮的旅游发展浪潮。

旅游目的生命周期理论认为，在旅游地发展的不同阶段，旅游者需求、旅游者、旅游产品的供给数量、旅游产品的内涵、外来资本、当地环境等旅游地系统要素，随着旅游业发展呈现出规律性的变迁，旅游的发展为研究旅游目的地演化进程、预测旅游目的地的发展以及指导旅游目的地的营销和规划提供了重要支撑。

旅游地生命周期理论在旅游规划与开发中的运用主要表现在预测旅游地的市场规模、提供旅游规划调整依据和旅游产品创新开发三个方面。

第一，在市场规模预测上，通过分析旅游地各发展阶段的特征，规划者可以有针对性地推出旅游产品和调整营销策略。

第二，生命周期理论对编制调整型规划具有较大的启示意义，在规划实施一段时间后，针对旅游地发展的实际情况对原有规划进行调整，促进区域旅游的调整—扩大—深入—发展。

第三，在旅游产品创新开发上，规划者应根据消费者的不同需求，按时间、品种、消费水平和线路等要素进行产品组合和配套服务，延长旅游产品的生命周期，减缓变化趋势。

（四）利益相关者理论

利益相关者理论起源于企业管理学，于 20 世纪 60 年代左右在西方国家逐步发展起来,并逐渐引起学者们的重视。利益相关者理论以整体利益最大化为目的,综合平衡各利益相关者的需求,在有序的市场环境中形成团体的竞争优势。旅游行业相较于其他行业而言,涉及的利益相关者更多,各利益相关者之间的关系更复杂,利益相关者理论的引入则为协调各利益相关者之间的关系提供了科学指导。

在旅游规划与开发中,利益相关者理论可以为协调各方利益提供指导,包括旅游者、外来投资者、政府、当地居民等多方面人员,从而最大限度地实现规划区各方的共同发展。在对旅游形象营销中,利益相关者理论可以指导规划者有效地权衡和协调其中各方利益点,提升整体营销效率和效果;在空间布局和产业发展布局上,可以指导规划者优化发展布局,提升资源配置效率,实现区域整体利益的最大化。

(五)体验经济理论

体验经济是社会发展的一个必经阶段,是人民生活水平提高的主要标志,也是人民对美好生活向往的具体体现。在社会发展过程中,体验经济相较于产品经济、商品经济和服务经济,更加侧重于满足消费者的感受和自我体验度,从消费者的生活情境出发,塑造感官体验及思维认同感,以此抓住顾客的注意力,改变消费行为,并为商品找到新的生存价值与空间。

在体验经济中,企业不仅仅生产"商品",还要满足消费者的体验需求,抓住他们的内心需求,激发他们对于体验的渴望。在体验经济中,劳动不再是单纯地体力消耗,而是自我表达和体验创造的机会。例如,当父母带领孩子在陶艺馆制作自己的陶器时,他们不仅可以让孩子了解和掌握陶艺生产的基本知识和过程,还可以充分发挥他们在艺术上的探索精神,亲身体验生产的乐趣。因此,体验经济是以商品为支撑,以服务为舞台,以体验为经济供给。

在旅游规划与开发中,体验经济理论的运用主要体现在旅游产品的开发上,一是要打造全体验产品,规划者要根据目标市场的主要特点设计多元化的体验产品,为其提供不同的体验方式,给其留下难以忘怀的体验;二是提升旅游产品的娱乐性、互动性等多种感官特性,为旅游者提供全方位、沉浸式体验;三是要营造规划区的文化氛围,设计出能够传达文化气息的体验产品,满足旅游者精神层面的需求。

(六)景观生态学

景观生态学是生态学的一个重要分支,主要研究同一个区域内不同系统组成的整体的相互作用、空间结构、功能协调和动态变化。景观生态学将景观空间抽象成三种基本单元,即斑块、廊道和基质,简称斑廊基结构。

1. 斑块

斑块(Patch)是景观格局的基本组成单元,是指不同于周围背景的、相对均质的非线性区域。就旅游地而言,旅游斑块指由景点及其周围环境形成的以自然景观或人文景观为主的地域,代表着旅游产品单元即游客游赏和旅游消费场所,如旅馆、宿营地、景点等。

2. 廊道

廊道(Corridor)是指不同于周围景观基质的线状或带状的景观要素,一般可分为线状廊道、带状廊道和河流廊道。从旅游角度分析,廊道主要表现为旅游功能区之间或功能区内部的狭长林带、交通线及周边带状或线状的树木、草地、河流等自然组成部分。

3. 基质

基质(Matrix)是斑块镶嵌内的背景生态系统或土地利用类型,是宏观背景结构,它一般呈面状,对景观功能起着重要作用。从旅游地角度看,它一般指斑块镶嵌内的背景生态系统即旅游地的地理环境类型,如森林公园、自然风景名胜区等类型。

在旅游规划与开发中,景观生态学理论要求规划者要重视适当调整景观格局和功能设计,从而减少旅游活动对环境的破坏。在旅游规划与开发初期,景观生态学理论可以科学地指导规划者进行景观诊断、景观预测、景观规划等。以景观生态学理论为基础,规划者在规划过程中要注重景观生态安全范围的划定,从而保护环境安全。

习近平总书记在省部级主要领导干部"学习习近平总书记重要讲话精神,迎接党的十九大"专题研讨班开班式上发表重要讲话:我们党是高度重视理论建设和理论指导的党,强调理论必须同实践相统一。我们坚持和发展中国特色社会主义,必须高度重视理论的作用,增强理论自信和战略定力。

第二节 旅游规划与开发的方法

旅游规划与开发的技术方法主要表现在遥感技术、地理信息系统、全球定位系统、虚拟现实和增强现实技术,以及信息网络技术的广泛应用上。

一、遥感技术

遥感技术是 20 世纪 60 年代兴起的一种探测技术,是根据电磁波的理论,应用各种传感仪器对远距离目标所辐射和反射的电磁波信息,进行收集、处理,并最后成像,从而对地面各种景物进行探测和识别的一种综合技术。遥感技术具有观察范围广、直观性强,以及能实时客观获取信息、反映物体动态变化的特点。遥感技术可应用于探查依靠人力或其他技术难以进行的资源调查和目标捕捉。可应用于军事、林业和旅游等多个领域。

在旅游规划与开发方面,遥感技术的应用主要表现在以下三个方面:

一是对旅游资源的探查。遥感图片可以辨别出很多信息,如水体、植被、土地、山地等,在旅游规划与开发前期,遥感技术的应用可以帮助规划者摸清规划区资源的基本状况。

二是可以为旅游规划提供现状图,并作为规划图的底图。

三是可以用于对旅游地实施动态规划管理。

遥感图片具有实时动态的特点,通过不同时期遥感图片的叠加可以清晰地观察到旅游地的发展状况,从而对旅游规划与开发进行动态反馈和修正。

二、地理信息系统

地理信息系统是采集、存储、管理、描述和分析空间地理数据的信息系统。它以计算机软硬件环境为支持,采用地理模型分析方法,以地理坐标和高程确定三维空间,将各种地学要素分别叠置于其上,组成图形数据库,是针对空间数据具有有效输入、存储、更新、加工、检索查询、运算、分析、模拟、现实和输出等功能的技术系统。

地理信息系统在旅游规划与开发中的作用主要表现在:

一是通过构建旅游地理信息系统,将各种规划管理数据录入该系统中,从而为旅游地的开发和管理提供相关信息。

二是充分利用计算机多媒体的技术方法构造求知型和互动型导游系统,为游客提供个性化游览咨询服务。

三、全球定位系统

全球定位系统是美国国防部部署的一个卫星无线电定位、导航与报时系统,由导航星座、地面台站和用户定位设备三部分组成。该系统在军事、商业、测量及日常消费中都有广泛的应用,其在旅游规划与开发中的应用主要表现为以下几个方面:

一是定点,即在野外考察时,通过利用GPS手持机确定某个旅游景点的精确位置,包括其三维坐标和地理空间坐标。

二是定线,即为旅游者的游线设计提供指导。

三是定面,即通过该技术精确计算出规划范围内某个区域的面积大小。

四是对旅游空间行为进行分析,即通过分析旅游者的GPS数据,对游客时空行为规律、景区线路设计和旅游者活动节奏等进行评价。我国北斗卫星导航系统(BDS)已逐渐完善,可在多领域代替GPS,实现相关功能。

四、虚拟现实和增强现实技术

1. 虚拟现实技术

虚拟现实技术(简称VR),又称虚拟环境、灵境或人工环境,是指利用计算机生成一种可对参与者直接施加视觉、听觉和触觉感受,并允许其交互地观察和操作的虚拟世界的技术。

虚拟现实技术具有超越现实的虚拟性,它是伴随多媒体技术发展起来的计算机新技术,利用三维图形生成技术、多传感交互技术以及高分辨率显示技术,生成三维逼真的虚拟环境,用户需要通过特殊的交互设备才能进入虚拟环境中。这是一门崭新的综合性信息技术,它融合了数字图像处理、计算机图形学、多媒体技术、传感器技术等信息技术,大大推进了计算机技术的发展。

2. 增强现实技术

增强现实技术(简称 AR)是一种将虚拟信息与真实世界巧妙融合的技术,它广泛运用了多媒体、三维建模、实时跟踪及注册、智能交互、传感等多种技术手段,将计算机生成的文字、图像、三维模型、音乐、视频等虚拟信息模拟后,应用到真实世界中,两种信息互为补充,从而实现对真实世界的"增强"。

在旅游规划与开发中,虚拟现实和增强现实技术能够较好地运用于旅游项目的策划、资源环境保护、历史场景再现,以及在汇报规划内容时,创新展示规划内容等方面。

五、信息网络技术

网络技术是 20 世纪 90 年代中期发展起来的新技术,它把互联网上分散的资源融为有机整体,实现资源的全面共享和有机协作,使人们能够透明地使用资源的整体能力并按需获取信息。近年来,随着信息网络技术的高速发展,人们的消费方式、交流方式和信息获取方式发生了极大的变化。旅游业在信息技术的支持下也逐渐走向"数字化",主要的表现形式有票务信息化、旅游网站建设、景区数字化管理、OTA 在线服务平台建设等。

在旅游规划与开发中,信息网络技术的应用主要表现为以下几个方面:

第一,通过抓取旅游者信息,进行客户画像,从而进行个性化的营销策略。

第二,进行规划区的引流,扩大和提高规划区的影响力和知名度。

第三,信息网络技术的发展催生了酒店管理系统、景区智慧管理系统、票务系统等,为规划区的运营管理提供了便捷的工具。

要发展数字经济,加快推动数字产业化,依靠信息技术创新驱动,不断催生新产业、新业态、新模式,用新动能推动新发展。要推动产业数字化,利用互联网新技术、新应用对传统产业进行全方位、全角度、全链条的改造,提高全要素生产率,释放数字对经济发展的放大、叠加、倍增作用。要推动互联网、大数据、人工智能和实体经济深度融合,加快制造业、农业、服务业数字化、网络化、智能化。

复习思考题

1. 简述旅游规划与开发中的相关理论。
2. 可持续发展理论在旅游规划与开发中有哪些运用?
3. 旅游规划与开发的主要技术方法有哪些?
4. 如何理解旅游规划与开发中的"知行合一"?

思政案例

本章课程思政总结

第三章
旅游资源调查与评价

1. 深刻理解习近平总书记的资源观。
2. 掌握旅游资源的调查方法。
3. 熟悉旅游资源的分类体系。
4. 熟练运用旅游资源的评价方法。

思政元素

1. 绿水青山就是金山银山。良好生态环境既是自然财富,也是经济财富,关系着经济社会发展的潜力和后劲。

2. 红色旅游资源是中国共产党艰辛而辉煌奋斗历程的见证,是最宝贵的精神财富,是党史学习教育的重要载体。

3. 非物质文化遗产是中华优秀传统文化的重要组成部分,是中华文明绵延传承的生动见证,是连结民族情感、维系国家统一的重要基础。

河南省试点"非遗助力乡村振兴"

2022年8月15日,在洛阳市栾川县举行的"河南DOU是好风光"暨乡村康养旅游推进会上,河南省文化和旅游厅发布了河南省首批"非遗助力乡村振兴"试点市、县(市、区)名单,8个试点分别为鹤壁市、栾川县、宝丰县、长垣市、辉县市、温县、林州市、信阳市浉河区。

河南是非遗资源大省,大部分非遗项目都在乡村。近年来通过持续发展非遗工坊,非遗产业化赋能乡村振兴的优势不断显现,不仅保护弘扬了传统文化,还在助力百姓增收致富方面起到了积极作用。截至目前,河南省拥有人类非物质文化遗产代表作名录项目3个,国家级代表性项目125个,省级代表性项目1030个。2022年7月,文化和旅游部非物质文化遗产司确定河南省为全国"非遗助力乡村振兴"试点省份。

按照"突出重点、先行先试、示范引领、整体推进"的思路,河南省在全省范围内启动"非遗助力乡村振兴"试点工作,遴选鹤壁市等8个首批"非遗助力乡村振兴"试点地区,支持其开展试点工作,试点期限为1年。

据了解,"非遗助力乡村振兴"试点地区将围绕非遗赋能乡村振兴,在"非遗进景区""非遗进民宿"及非遗研学旅游基地建设、非遗主题旅游线路打造等方面下功夫,探索"非遗+旅游"发展新路径。继续做好非遗工坊建设,会同相关部门共同认定非遗工坊,开展技能培训,广泛吸纳就业人员。推动传统工艺振兴,融入创意,推出一批体现本地特色、多元一体的非遗系列文化IP,实现传统工艺创造性转化、创新性发展。此外,持续做好"非遗点亮计划",引入优质团队,以当地非遗元素为内容,开展创意设计,提升乡土文化内涵。

河南省文化和旅游厅相关负责人表示,接下来,将从政策、资金、人才等方面加大对试点地区的支持力度。对推动"非遗助力乡村振兴"工作较好的其他地区,也将分批择优纳入试点范围,不断加强非遗保护,推动非遗在促进就业增收、助力乡村振兴方面持续发挥作用,让非遗产业成果更多惠及人民群众。

资料来源 https://www.henan.gov.cn/2022/08-16/2561425.html,河南省人民政府网。

思考题:请根据上述案例进行思考,非物质文化遗产在助推乡村振兴中的起到怎样的作用?

第一节 旅游资源分类

旅游资源是发展旅游产业的基础,也是旅游规划与开发的对象要素。对于旅游资源进行合理分类,有利于旅游规划与开发的科学有序进行。在介绍旅游资源分类之前,有必要先了解一下什么是旅游资源。本节首先会介绍旅游资源的概念和内涵,然后介绍旅游资源的分类体系,其中融入习近平总书记的资源观。

一、旅游资源的概念

旅游资源属于资源的一种,要对旅游资源下定义,首先有必要了解一下什么是资源。从词义本源看,"资源"为"生产资料或生活资料的天然来源",并引用了"地下资源""水力资源""旅游资源"作为运用实例。《牛津高阶英语词典》将"resource"界定为:①能为一个国家或个人带来财富的原材料;②可利用的;③应变能力,智力。自然资源、人类自身的智力、信息被当今世界公认为三大类资源,恰好对应于《牛津高阶英语词典》所列的三个义项。在经济学中,"资源"是能够用来获取财富各种要素的总称。

根据经济学关于"资源"的定义,吸引旅游者的各种要素可总称为"旅游资源"。事实上,由于旅游业是一项新兴产业,而旅游资源相对于其他单一的传统资源,在内容和构成上都要复杂得多,因此对旅游资源的确切定义,目前国内外尚未形成统一的表述。西方学者常使用旅游吸引物(Tourist Attraction)的概念,旅游吸引物是指旅游地吸引旅游者的所有因素的总和,包括旅游资源、适宜的接待设施和优良的服务,甚至还包括便捷舒适的旅游交通条件。在国内,虽然许多学者对旅游资源的概念进行了大量研究,但由于对旅游资源的内涵与外延的理解不同,至今还没有一个统一的认识。其中有代表性的观点有:

(1) 旅游资源是构成吸引旅游者的自然和社会因素。

(2) 旅游资源是在现实条件下,能够吸引人们,使其产生旅游动机并进行旅游活动的各种因素的总和。

(3) 凡能为旅游者提供观光游览、知识乐趣、度假疗养、娱乐休息、探险猎奇、考察研究、寻根访祖、宗教朝拜、商务交往以及人民友好往来的客体与劳务等,并具有开发价值者,均可称为旅游资源。

(4) 旅游资源是指在自然界或人类社会中凡能对旅游者产生吸引向性、有可能被用来规划开发成旅游消费对象的各种事与物(因素)的总和。

(5) 旅游资源是指对旅游者具有吸引力的自然存在和历史文化遗产,以及直接用于旅游目的的人工创造物。

(6) 能够造就对旅游者具有吸引力的自然事物、文化事物、社会事物或其他任何客观事物,都可构成旅游资源。

(7) 我国国家标准《旅游资源分类、调查与评价》(GB/T 18972—2017)将旅游资源定义为:自然界和人类社会凡能对旅游者产生吸引力,可以为旅游业开发利用,并可产生经济效益、社会效益和环境效益的各种事物和现象。

大体上可以将各种不同的旅游资源定义归纳为四种旅游资源观:

观点1:旅游资源=吸引旅游者前往旅游的各因素=旅游对象

观点2:旅游资源=旅游对象的原材料

观点3:旅游资源=旅游对象的原材料+效益产出功能

观点4:旅游资源=旅游对象+旅游经营资源

归类发现,观点1的采纳者最多,其次是观点3,再次为观点2,最后是观点4。用这一归类法去验证其他文献中提到的10种以上的旅游资源的定义,排序结果基本一致。

综合分析相关观点,国内学者对旅游资源的含义(内涵与外延)既有共识也有分歧。

学者们达成共识的有以下两点:

(1) 旅游资源是对旅游者具有吸引力的事物(因素)。

(2) 这些因素包括自然和人文两大类。

学者在以下四个方面存在分歧:

(1) 旅游资源是否只是吸引物的"原材料",必须"能为旅游业所利用",并将此作为概念界定的必要条件。

(2) "可产生经济、社会、环境效益"是否应成为界定旅游资源的必要条件。

(3) 旅游资源仅指天然资源,还是包括专为吸引旅游者而建设的人造景观(主题公园)。

(4) 旅游资源是仅指吸引旅游者前往观赏、停留的吸引物资源,还是包括各种服务和设施要素。

从另一个角度观察,以上四种分歧其实聚集在一个问题上:是将旅游资源理解成旅游者活动的对象,还是旅游业活动的对象?换言之,旅游资源是可以为旅游者所用的吸引物,还是可以为旅游业所用的吸引物乃至综合物?

可以看出,观点1以旅游者视角为基点看待资源问题,属于"旅游活动资源观";观点2、观点3、观点4以旅游业视角为基点看待资源问题,总体属于"旅游业资源观"。

此外,国家标准《旅游资源分类、调查与评价》(GB/T 18972—2017)中将旅游资源定义为"自然界和人类社会凡能对旅游者产生吸引力,可以为旅游业开发利用,并可产生经济效益、社会效益和环境效益的各种事物和现象"。逻辑和事实证明,旅游资源的定义中不应该附加"为旅游业所用""产生经济、社会、环境效益",以及"财富形态"等限定。

同时,经验表明,"能对旅游者产生吸引力"的事物和因素未必"可以为旅游业开发利用",而"可以为旅游业开发利用"的事物和因素未必"能对旅游者产生吸引力",自然也就不产生效益了。如果是从旅游行为属性出发,则"可以为旅游业开发利用"的规定多余;如果是从旅游业属性出发,则"能对旅游者产生吸引力"的规定多余。

考虑到"旅游"的各种含义,当旅游资源指的是"旅游业资源"时,它的含义应该是"能为旅游业所利用的事物和因素",这就是杨开忠、吴必虎曾经提出的"不妨将一切参与或有利于旅游生产过程的要素与条件视为旅游资源。它们包括自然资本资源、物质资本、人才资源、金融资本、制度资本、市场资本等"。当然,由于从宽泛意义上界定的"旅游业资源"和"旅游业生产要素"没有多大区别,因此创造"旅游业资源"一词从这个角度讲并无必要。

由此,结合经济学中对资源的定义,并借鉴国家标准《旅游资源分类、调查与评价》(GB/T 18972—2017)中对旅游资源的界定,本书从旅游者的角度(旅游行为属性)来定义旅游资源,即"自然界和人类社会凡能对旅游者产生吸引力,能使其产生旅游动机并进行旅游活动的事物和因素,都可称为旅游资源"。

二、旅游资源的内涵

旅游资源的概念由内涵与外延两部分构成。其中,旅游资源的外延随着时代的发展不断扩大,较为宽泛,而旅游资源的内涵相对明确。本书从旅游资源的本质出发,帮助读者理解其内涵。

(一)旅游资源必须具有吸引功能

吸引功能是旅游资源的最大特点,也是旅游资源理论的核心。无论是自然旅游资源,还是人文旅游资源,其共同的属性都是必须对旅游者具有吸引力,能够激发旅游者产生旅游动机。

旅游资源要能向旅游者提供一定的审美和阅历,吸引旅游者到异地进行旅游观赏、休憩疗养、文化交流等旅游活动,以此来陶冶性情,丰富自己的精神文化生活。其吸引功能是针对一定的旅游者而言的,具有定向性,并且在不同的历史时期,旅游资源的吸引力也各不相同。

具体来说，自然界赋予的或者人工创造的、历史遗存的客观实体复杂多样，那些不具备物质形态的文化、艺术、思想等因素，其表现形式更是名目繁多。上述内容并非都是旅游资源，只有那些对游客有一定吸引力，有可能被旅游业所利用的内容才算旅游资源。例如，优美的山、川、河、湖，奇特的虫、鱼、鸟、兽，珍贵的历史文物，淳朴、浓郁的民俗风情，优良的社会风尚，精湛的艺术表演，神奇的自然现象……它们都能对游客产生一定的吸引力，成为游客游览、参与体验、学习提高的对象。

绿水青山就是金山银山。

（二）旅游资源必须能够被欣赏、被消遣

随着人类科学技术的不断发展，几乎地球的每一个角落都留下了人类的足迹。极具特色的地方文化随着人们审美意识的提高也逐渐被人们当作旅游资源加以开发，由此产生的作为旅游配套支持系统的旅游业也风生水起，如酒店、旅馆、旅游购物、旅游饭店、旅游交通、旅游目的地配套基础设施的建立。但这些因素只是为了满足人们旅游活动中的基本生活需要，帮助人们实现一次旅游活动的客观载体。它们并不构成旅游资源，因为人们最开始的旅游动机并不是由某地的旅游接待系统激发的。

中华优秀传统文化是中华文明的智慧结晶和精华所在，是中华民族的根和魂，是我们在世界文化激荡中站稳脚跟的根基。

（三）旅游资源是动态发展的概念

旅游资源是一个不断发展的概念，随着社会的进步、经济的发展、科学技术水平的提高，人们旅游需求的多样化、个性化，对旅游资源的界定范围在不断扩大。那些尚未被开发利用的且对人们具有吸引力的资源，一经开发，便会成为旅游资源；已经被开发的旅游资源经过进一步的开发和提升，仍然可视为旅游资源，并焕发新的生机。

物质化的（有形的）旅游资源是有限的，随着人们对资源的开发，物质化旅游资源会越来越少，人们将更多致力于非物质化（无形的）旅游资源的开发，如文化艺术、神话故事、民俗风情等，这增加了传统旅游的内容。

随着旅游业的不断发展，旅游资源的界定范围还将继续扩大，某些现在看来不是旅游资源的客体或因素，以后很可能会成为新的旅游资源。

非遗进景区,文化和旅游的深度融合,不仅让"人民的非遗,人民共享"成为可能,更让中华优秀传统文化以新姿态、新方式融入大众生活。

三、旅游资源的属性

(一) 社会属性

旅游是人类社会经济发展的产物,作为旅游核心要素之一的旅游资源必然也深深地打上了社会属性的烙印。随着人们审美能力的提高、精神追求的变化,不同领域、各具特色的资源被纳入旅游资源的范畴并衍生了相应的旅游产品,如养老旅游、影视旅游、太空旅游、保健旅游等。人类对旅游资源进行有效的整合和创造性的利用(如都市旅游、微缩景观旅游、体育旅游),正是人类进步的反映。自然旅游资源和人文旅游资源都在一定程度上反映了当时人们的意识、精神状态以及社会发展的水平。

(二) 文化属性

文化内涵是旅游资源的灵魂。旅游资源是一定社会文化的体现,是一定社会文化环境的产物。

一般而言,旅游资源都具有与之相对应的文化内涵(文化背景),或蕴藏着一定的科学性和哲理性。正因为如此,旅游活动本身才能成为一种文化交流活动。人们通过观光、游览、参与、体验,可以获得各种美的享受,丰富知识和见闻,提高智力水平,充实人生的经历。旅游资源的文化内涵虽是其吸引旅游者的一个重要方面,但是要获得这种文化享受,往往需要旅游者具备较高的文化修养,达到较高的精神境界。

旅游开发者不仅要深入研究旅游资源的文化内涵,而且应该采取合理的措施使其文化内涵能充分展现在旅游者的面前,让旅游者获得更多的文化享受,增加旅游资源的吸引力。

文化产业和旅游产业密不可分,要坚持以文塑旅、以旅彰文,推动文化和旅游融合发展,让人们在领略自然之美中感悟文化之美、陶冶心灵之美。

(三) 休闲属性

旅游的最终目的是通过各种娱乐和消遣性活动达到生理和心理的审美与愉悦,区别于为谋生而进行的劳动,也不同于为维持生计而必须从事的活动,如操持家务、烹饪等，与出于社交目的的应酬交往也有区别，在旅游的整个过程中，都表现出自然、随兴、轻松、娱乐的特点，表现出与一切休闲行为相一致的品性。旅游资源的休闲属性就在于给旅游者提供一个集观赏、休闲、体验、娱乐于一体的综合空间和活动对象。

人们可以通过旅游，完全地与日常生活环境隔离开，从而使身心得以调整，达到陶冶性情、愉悦身心的目的。

（四）消费属性

旅游行为是一种消费行为，是有别于生存需要的一种高级消费形式。旅游资源作为旅游的客体和对象，只有被旅游者观赏和体验，才能实现其价值。人们观赏和体验过程的实现，是以一定价格购买旅游核心产品（以旅游资源为原型包装而成）为外在表现形式的。个人流连山水，陶醉于大自然的美的恩赐，也是在消磨本可以用于创造财富的生产时间。只不过这种消费有别于日常消费，更加重视精神内容、追求审美体验和感受。

四、旅游资源的特点

（一）区域性

区域性即地域性、区位性，是旅游资源的一个重要特征属性。旅游资源的形成、发展、空间分布均受到地域环境的影响，呈现出鲜明的区域特色。我国幅员辽阔，由于区域环境不同，旅游资源也存在一定的区域差异，如热带风光、高山冰雪、沙漠驼铃、椰林竹楼、林海雪原、海市蜃楼等景象均与地理环境有关。不仅自然旅游资源如此，人文旅游资源的分布也同样受到地理环境的影响。

中国自古以来就是一个农业大国，在长期的生存发展中，人们为了求得更好的发展，从最初的顺应自然、适应自然到现在的改造自然、与自然和谐相处，在这个过程中，人类创造出了灿烂的文化和各种人文景观。区域地理环境的不同，以及地域之间历史、社会环境的差异，使历代所沉淀和传承的文化也就有所差异。例如，北方豪迈热情、坦率仗义的群体文化，南方温婉隽秀、独立勇敢的江南情怀，这种文化上的差异性体现在社会生活的方方面面，包括建筑、园林、历史古迹、社会风情等。正是这些区域差异特征使旅游资源丰富多样。

（二）不可转移性

旅游资源的区域性特征决定了旅游资源的不可转移性。旅游资源都分布在与之相适应的地理环境和区域环境中，具有强烈的地方色彩和区域特征。离开了旅游资源自身存在的环境，它们的个性、特殊内涵及吸引力就会大大降低甚至消失。

事实上，自然旅游资源本身不能迁移，如大自然中的山山水水；因人文旅游资源具有历史性、文化性，旅游资源硬件虽易仿造，可是与文化的历史真实感的构建就相去甚远了。它们带给旅游者的感受毕竟不如原物，旅游意义自然也不如原地原物那么深远。

（三）重复使用性

旅游资源是构成旅游产品的核心部分。旅游活动除了为旅游者提供一个异质、舒适、享受的旅游空间，还为其提供了一次特殊的体验经历。旅游者只能带走各种印象、记忆和美感，但不能把这些旅游资源带走。因此它们可以长期供人们开发、利用、欣赏和体验。

在旅游资源中，除了少部分内容在旅游活动中会被旅游者所消耗、损坏，需要通过自然繁殖、人工饲养、栽培和再生产来补充，绝大多数旅游资源都能长期重复使用，如山水风光、城镇风貌、文物古迹、园林建筑、宗教文化、社会风情等旅游资源所形成的旅游产品。但应意识到长期重复使用是相对的，在开发利用的过程中，要处理好旅游资源开发和保护的关系，重视进行有保护的规划和开发。

习近平在深入推动黄河流域生态保护和高质量发展座谈会上强调，要坚持正确政绩观，准确把握保护和发展关系。

（四）吸引力的定向性

旅游资源吸引力是指旅游者对旅游资源的认知程度和向往程度，从某种程度上来说，旅游资源吸引力是比较主观的。只有当人们通过自身的渠道得知旅游地的吸引物确能满足其好奇心和欲望时，才有被吸引前往的可能性，否则便是对其毫无吸引力的资源。就某项具体的旅游资源而言，它可能对某些旅游者吸引力颇大，而对另外一些旅游者则吸引力较小甚至根本没有吸引力。因此，任何一项旅游资源都有吸引力定向的特点，只能吸引某个细分市场，而不可能对全部旅游市场都具有吸引力。

在旅游资源开发中，吸引力的定向性在专项旅游产品的开发中体现得格外明显。一般来说，特色越明显、内容越丰富、影响越广泛的旅游资源就越为旅游者所向往。

五、旅游资源分类的意义

（一）使众多繁杂的旅游资源条理化

由于旅游资源极为丰富，旅游资源具有广域性、多样性、重叠性等特点，通过比较、认识、归纳和划分，形成一个旅游资源的分类系统，它可以为人们从整体上认识旅游资源创造有利条件。反之，如果不进行旅游资源的分类，名目繁多的旅游资源个体就很难被人们所认识和利用，从而影响旅游资源开发和利用的效率。

（二）加深对旅游资源属性的认识

分类是在搜集和分析大量旅游资源属性的共性和差异性的基础上，将旅游资源分为不同级别的过程。通过不断学习其他地区的、不同要求的旅游资源分类系统，可以从不同角度加深对旅游资源特征和属性的认识，从而不断推动旅游资源新的分类系统的产生，促进相关理论水平的提高，为人们更科学、全面地认识各种旅游资源提供理论依据。

（三）更深层次地认识和评价、开发和保护旅游资源

随着旅游业的迅速发展，人们对旅游资源资料的需求量正在迅速扩大，如何对这些资料进行评估、排序、储存和运用，是当前十分迫切的任务。然而大多数旅游决策层还不能深刻认识旅游资源的真正价值，造成一些旅游资源开发决策的失误，导致旅游资源开发程度不高、运作水平较低。

对旅游资源进行科学有效的分类，可以帮助旅游工作者顺利完成旅游资源的调查任务，进行合理的资源评价，为其后续的开发、利用和保护工作的开展提供便利条件。

综上所述，旅游资源分类的意义在于通过建立各种分类系统并对其补充和完善，加深人们对整体旅游资源或区域旅游资源属性的认识，为进一步开发、利用和保护旅游资源，科学研究旅游资源服务，从而有效地指导人们的实际工作。

六、旅游资源分类的原则

（一）共同性与排他性原则

划分出的同一级同一类型旅游资源必须具有共同性，不同类型之间应具有一定的排他性。

（二）标准的统一性原则

划分类型所采用的标准必须统一、保持一致，只有这样，区分类型才能合理。

（三）严格系统原则

旅游资源是一个复杂的系统，分类时应逐级进行，避免出现越级划分的逻辑性错误。

七、旅游资源分类的依据

可以根据不同的目的和要求，选取不同的标准（依据）对旅游资源进行分类。

（一）按成因分类

旅游资源的成因是指旅游资源形成的基本原因。旅游资源形成的原因有自然形成、人为改造和人为创造等。由此可将旅游资源分为天然赋存型旅游资源和人工创造型旅游资源。

（二）按属性分类

旅游资源的属性是指旅游资源的性质、特点、状态、形态、具体存在形式，如人文旅

游资源中的历史古迹资源、陵墓资源、园林资源、宗教文化资源、社会风情资源、文学艺术资源等,单体人文旅游资源应当从属于上述人文资源形态中的一种具体存在形式。

(三) 按功能分类

旅游资源的功能是指能够满足开展旅游活动需求的作用。依据旅游资源的功能进行归类和划分,可将旅游资源分为观光游览型、参与体验型、保健疗养型、购物型、文化型、感情型、休闲度假型等。这种分类有利于突出旅游资源的特性,从而有针对性地开发旅游产品及旅游市场。

(四) 按时间分类

依据旅游资源形成的时间,可将旅游资源分为古代旅游资源与现代旅游资源。这是一种对旅游资源进行的比较简单的归类方法,达不到旅游资源分类的目的。

(五) 按其他分类

分类的目的和要求不同,分类的依据也不同。

按旅游资源价值和管理级别,旅游资源可分为国家级旅游资源、省级旅游资源和市(县)级旅游资源。

按旅游动机,旅游资源可分为心理方面的(如宗教圣地、探亲等)、精神方面的(科学知识、消遣娱乐等)、健身方面的(如运动设施、疗养院等)、经济方面的(如土特产、购物品、商务等)、政治方面的(如革命纪念地等),以及其他方面的。

按旅游资源开发利用现状,旅游资源可分为开发的旅游资源(已开发或即将开发的旅游资源)和尚未开发的旅游资源。

按旅游资源可持续利用潜力,旅游资源可分为可再生性旅游资源(如动植物旅游资源)、不可再生性旅游资源(如地质地貌类旅游资源)以及可更新性旅游资源(如某些人文资源)。

八、旅游资源分类的方案

(一) 国外旅游资源分类方案

20世纪50年代以来,全球旅游经济活动蓬勃发展,人们对旅游资源的认识不断取得新的进展,学者们对旅游资源分类的研究亦随着旅游业、旅游研究的发展而不断推进。但由于旅游资源具有多样性和延展性,目前,世界各国对旅游资源尚没有统一的分类标准和分类方法。

1. 西方主要分类方案

西方对旅游资源的分类富于人本主义色彩。克劳森和尼奇在1966年提出的按照旅游资源特征与游客体验的分类方案影响深远。

(1) 利用者导向型游憩资源。

以利用者需求为导向,靠近利用者集中的人口中心(城镇),通常满足的是人们的日常休闲需求,如球场、动物园、一般性公园,通常由地方政府(市、县)或私人经营管理。

(2) 资源基础型游憩资源。

这类资源可以使游客获得亲近自然的体验,其与客源地的距离不确定,主要是旅游者在中长期度假中得以利用的资源,如风景、历史遗迹,以及远足、露营、垂钓等所用资源,主要是国家公园、国家森林公园、州立公园以及某些私人领地。

(3) 中间型游憩资源。

特性介于上述两者之间,主要为短期(一日游或周末度假)游憩活动所利用,旅游者的体验比利用者导向型游憩资源更接近自然,但比资源基础型游憩资源要更接近城市。

2. 世界旅游组织推荐的分类方案

世界旅游组织于1997年推荐了全国性和区域性旅游规划的理论方法,其中提出的资源类别确定为3类9组。3类指潜在供给类、现实供给类和技术资源类,其中潜在供给类包括文化景点、自然景点和旅游娱乐项目3组,现实供给类包括途径、设施、整体形象3组,技术资源类包括旅游活动的可能性、手段和地区潜力3组。

(二) 我国旅游资源分类方案

我国主要的旅游资源分类方案有传统的"两分法"和国家标准《旅游资源分类、调查与评价》(GB/T 18972—2017)方案。

1. "两分法"

所谓"两分法",是指把旅游资源从整体上分为自然旅游资源与人文旅游资源这两大类的一种分类系统。这是目前最常见、应用最广泛的一种分类方案。该分类系统包括2大类14个基本类型62个类型。详见表3-1。

表3-1 旅游资源分类表

大 类	基 本 类 型	类 型
(一) 自然旅游资源	1. 地质	(1) 岩石; (2) 化石; (3) 地层; (4) 构造遗址; (5) 地震灾害遗迹
	2. 地貌	(1) 山地; (2) 峡谷; (3) 喀斯特地貌; (4) 风蚀风积景观; (5) 冰川遗迹; (6) 火山熔岩; (7) 黄土景观; (8) 丹霞地貌; (9) 海岸与岛礁; (10) 其他地貌

续表

大　类	基 本 类 型	类　　型
（一）自然旅游资源	3. 水域风光类	（1）河段景观； （2）湖泊与沼泽景观； （3）瀑布景观； （4）泉水景观； （5）海洋景观； （6）冰雪景观； （7）其他水体
	4. 气象气候类	（1）气象； （2）天象景观； （3）旅游气候
	5. 生物景观类	（1）植物景观； （2）动物景观； （3）动植物园
	6. 综合自然景观类	（1）自然保护区； （2）田园风光； （3）其他综合景观
（二）人文旅游资源	7. 历史遗址类旅游资源	（1）古人类遗址； （2）古战场遗址； （3）名人遗址； （4）重要史迹； （5）其他史迹
	8. 古建筑	（1）宫殿与坛庙建筑； （2）城防与军事建筑； （3）交通与水利建筑； （4）著名景观建筑； （5）起居建筑； （6）其他建筑
	9. 古典园林类	（1）皇家园林； （2）私家园林； （3）寺观园林； （4）公共游憩园林

续表

大　类	基本类型	类　型
（二）人文旅游资源	10. 宗教文化	（1）佛教文化； （2）道教文化； （3）伊斯兰文化； （4）基督教文化
	11. 古代陵墓类	（1）中外帝王陵墓； （2）历史名人陵墓
	12. 城镇	（1）历史文化名城； （2）现代都市； （3）特色城镇
	13. 社会风情	（1）民俗； （2）购物
	14. 文学艺术	（1）游记、诗词； （2）楹联、题刻； （3）神话传说； （4）影视、戏曲； （5）书法、绘画

2. 国家标准《旅游资源分类、调查与评价》中的分类方案

国家标准《旅游资源分类、调查与评价》（GB/T 18972—2017）中提出了一种以旅游资源调查评价为主要目的，主要依据旅游资源的性状、形态、特性、特征进行分类，并适用于旅游资源开发、保护、管理等方面的应用性分类方案。该分类系统包括主类、亚类、基本类型三个层次，共划分为 8 个主类 23 个亚类 110 个基本类型。详见表 3-2。

从具体分类情况看，相较于之前的分类体系，自然旅游资源的分类变化不大，而人文旅游资源的分类有了明显的调整，主要表现在两个方面：

一是首先将"旅游商品"单列为一类旅游资源。

二是将"人文活动"作为一种区域社会活动的抽象，单列为一类旅游资源。

国标中对旅游资源的分类还具有以下特点：

第一，国标突出了普遍性和实用性，调查者可根据调查的具体情况自行增加基本类型，加强了对实际旅游资源调查工作的指导性。

第二，国标注重旅游资源的观赏属性，强调了现存状况、形态、特征等因素在资源分类划分中的作用与意义。

第三，分类体系中分别增加了综合自然旅游地和综合人文旅游地亚类，使得对旅游资源单体的区分更符合实际情况。如综合自然旅游地包括山丘型旅游地、谷地型旅游地等。这类旅游资源由多种要素和多个景点共同构成，内部联系紧密，并且在旅游资源开发与保护方向上具有相对一致性，因此，如果将其归入某一要素类型都不能真实反映该类资源的特征。

表 3-2 《旅游资源分类、调查与评价》(GB/T 18972—2017)中的分类方案

主 类	亚 类	基本类型
A 地文景观	AA 自然景观综合体	AAA 山丘型景观
		AAB 台地型景观
		AAC 沟谷型景观
		AAD 滩地型景观
	AB 地质与构造形迹	ABA 断裂景观
		ABB 褶曲景观
		ABC 地层剖面
		ABD 生物化石点
	AC 地表形态	ACA 台丘状地景
		ACB 峰柱状地景
		ACC 垄岗状地景
		ACD 沟壑与洞穴
		ACE 奇特与象形山石
		ACF 岩土圈灾变遗迹
	AD 自然标记与自然现象	ADA 奇异自然现象
		ADB 自然标志地
		ADC 垂直自然带
B 水域景观	BA 河系	BAA 游憩河段
		BAB 瀑布
		BAC 古河道段落
	BB 湖沼	BBA 游憩湖区
		BBB 潭池
		BBC 湿地
	BC 地下水	BCA 泉
		BCB 埋藏水体
	BD 冰雪地	BDA 积雪地
		BDB 现代冰川
	BE 海面	BEA 游憩海域
		BEB 涌潮与击浪现象
		BEC 小型岛礁
C 生物景观	CA 植被景观	CAA 林地
		CAB 独树与丛树
		CAC 草地
		CAD 花卉地

续表

主 类	亚 类	基本类型
C 生物景观	CB 野生动物栖息地	CBA 水生动物栖息地
		CBB 陆生动物栖息地
		CBC 鸟类栖息地
		CBD 蝶类栖息地
D 天象与气候景观	DA 天象景观	DAA 太空景象观赏地
		DAB 地表光现象
	DB 天气与气候现象	DBA 云雾多发区
		DBB 极端与特殊气候显示地
		DBC 物候景象
E 建筑与设施	EA 人文景观综合体	EAA 社会与商贸活动场所
		EAB 军事遗址与古战场
		EAC 教学科研实验场所
		EAD 建设工程与生产地
		EAE 文化活动场所
		EAF 康体游乐休闲度假地
		EAG 宗教与祭祀活动场所
		EAH 交通运输场站
		EAI 纪念地与纪念活动场所
	EB 实用建筑与核心设施	EBA 特色街区
		EBB 特色屋舍
		EBC 独立厅、室、馆
		EBD 独立场、所
		EBE 桥梁
		EBF 渠道、运河段落
		EBG 堤坝段落
		EBH 港口、渡口与码头
		EBI 洞窟
		EBJ 陵墓
		EBK 景观农田
		EBL 景观牧场
		EBM 景观林场
		EBN 景观养殖场
		EBO 特色店铺
		EBP 特色市场

续表

主　类	亚　类	基本类型
E 建筑与设施	EC 景观与小品建筑	ECA 形象标志物
		ECB 观景点
		ECC 亭、台、楼、阁
		ECD 书画作
		ECE 雕塑
		ECF 碑碣、碑林、经幢
		ECG 牌坊牌楼、影壁
		ECH 门廊、廊道
		ECI 塔形建筑
		ECJ 景观步道、甬道
		ECK 花草坪
		ECL 水井
		ECM 喷泉
		ECN 堆石
F 历史遗迹	FA 物质类文化遗存	FAA 建筑遗迹
		FAB 可移动文物
	FB 非物质类文化遗存	FBA 民间文学艺术
		FBB 地方习俗
		FBC 传统服饰装饰
		FBD 传统演艺
		FBE 传统医药
		FBF 传统体育赛事
G 旅游购品	GA 农业产品	GAA 种植业产品及制品
		GAB 林业产品与制品
		GAC 畜牧业产品与制品
		GAD 水产品及制品
		GAE 养殖业产品与制品
	GB 工业产品	GBA 日用工业品
		GBB 旅游装备产品
	GC 手工工艺品	GCA 文房用品
		GCB 织品、染织
		GCC 家具
		GCD 陶瓷
		GCE 金石雕刻、雕刻制品

续表

主　类	亚　类	基　本　类　型
G 旅游购品	GC 手工工艺品	GCF 金石器
		GCG 纸艺与灯艺
		GCH 画作
H 人文活动	HA 人事活动记录	HAA 地方人物
		HAB 地方事件
	HB 岁时节令	HBA 宗教活动与庙会
		HBB 农时节日
		HBC 现代节庆

第二节　旅游资源调查

旅游资源调查是旅游资源开发与规划的基础，是对旅游资源进行考察、测量、分析、整理的一个综合过程。

通过旅游调查可以了解旅游资源的赋存状况，掌握旅游资源的开发现状，挖掘其开发潜力；可以为旅游主管部门和规划部门制定旅游规划、进行旅游宣传提供支撑材料；可以建立旅游资源档案资料，便于进行旅游资源管理和保护。

一、旅游资源调查的方法

（一）文献分析法

旅游资源调查是一项系统、复杂、工作量巨大的工作，为了节省调查时间和费用，明确调查重点，首先应该收集现有资料，并进行统计、分析、整理，有选择地使用，以避免不必要的重复劳动和盲目调查。现有旅游资源资料的收集主要包括两个方面的内容。

1. 本区和邻区旅游资源方面的资料

本区和邻区旅游资源方面的资料包括相关调查报告、各种报道、经济发展规划、报刊上发表的论文、统计年鉴、经济年鉴、统计报表、地方志、文学作品以及各类影像等资料。

2. 本区和邻区地理环境、社会环境、经济状况方面的资料

本区和邻区地理环境、社会环境、经济状况方面的资料主要包括地质、地貌、水文、气候、生物、生态环境及有关经济状况等方面的文字、图表、图像和统计数据。对收集的资料应采用统计分析法进行归类，并对其权威性、准确性、可利用性进行评价，并依此对旅游资源的分布状况进行必要的预测，拟出实地调查提纲，编写包括下一步具体调查的工作部署、人员配备、考察方法等内容的计划书，为实地调查做好准备工作。

（二）实地调查法

只有进行实地调查，才能获得第一手资料，核实、补充各种相关资料，从而获得对旅游资源全面、系统的认识。实地调查应分三个步骤进行：

1. 全面普查

为了对当地旅游资源有个全面的了解，初步调查时应尽量做到覆盖面广，充分利用有关部门现有资料，广泛组织熟悉当地情况的各界人士召开座谈会，掌握旅游资源分布和聚集情况。

2. 系统调查

在"面上"普查的基础上，采用"线路"调查法，对旅游线路和旅游点进行系统调查，全面掌握旅游资源的位置、数量、类型、结构、质量、特色及客源状况。

3. 详细勘查

在"面"和"线"调查的基础上，进行筛选，初步拟定出具有开发价值的重点资源类型和重点资源区，并对其进行深入的调查，分析旅游资源的成因、现状、历史演变、类型结构、空间组合特点、发展趋势，以及在同类旅游资源中的地位、与周边旅游资源的比较优势。同时，还需要明确该旅游资源的自然、社会、经济和环境条件，并对投资、客源、市场、效益和旅游业的发展可能对地区经济带来的乘数效应，以及给社会、生态带来的影响，做合理预测，从而确定该区旅游发展的重点项目和方向，最终提出可行性研究报告。

（三）遥感调查法

对于较大区域旅游资源的调查，采用遥感调查法既可以节约人力、物力，提高工作效率，又可以通过遥感图像全面掌握调查区现状，判读各景点的空间分布和组合关系，发现一些野外调查不易发现的潜在旅游资源，从而获取该地区全面、准确的资料。在人迹罕至、山高林密、坡陡谷深的地区，采用遥感调查法具有更明显的优势。

（四）区域比较法

不同的旅游资源，其景观美感等各具特色，所以无论采用哪种调查法得到的资料，都需进行比较、评价和分析，得出其景观美感的特征，为其后的资源开发提供便利条件。

（五）资源图表法

将调查到的资料描绘在图件上或用一定分类方法列表表示出来，既一目了然，又便于比较。如旅游资源分布图、利用现状图，能使人们直观地看出重点资源分布状况或各种类型旅游资源的分布状况，再与其他各种图件（如工业、农业、交通、城镇分布图）重叠使用，进行综合评价比较，就可发现哪些资源应重点开发，哪些资源暂不具备开发条件等。

二、旅游资源调查的程序

旅游资源调查工作分三个阶段，即调研准备阶段、资料搜集阶段和文本编制阶段。

(一) 调研准备阶段

1. 成立调查小组

调查小组由承担旅游资源调查工作的部门或单位如旅游局、科研机构、调查机构等负责,同时吸收不同管理部门的工作人员、不同学科方向的专业人员及普通调查人员。

2. 制订工作计划

调查的工作计划和方案,由调查小组负责人拟定。工作计划的内容包括调查的目的、调查范围、调查对象、主要调查方式、调查工作时间表、调查精度要求、调查小组内的人员分工、调查成果的表达方式、投入的人力与财力的预算等内容。

3. 拟定旅游资源调查表及调查问卷

依据相关文件,结合调查区域的旅游资源分布、类型、数量的情况,设计旅游资源调查表和社会调查问卷,并将填表要求及调查工作中的注意事项,编制成兼有表格和问卷的书面文件。

4. 资料搜集与整理分析

首先要对二手资料(包括各种书籍、报刊、宣传材料等)进行搜集、整理和分析,这样可以对调查区域内的基本情况有一个大体的印象,同时将调查区域划分为若干调查小区,选定调查目标及重点,选取比例尺适中的地图编制与调查工作计划相配套的野外考察路线图。一般,根据调查对象的范围选取地图的比例尺,范围大的可以选取较小比例尺的地图,范围小的可以选取较大比例尺的地图。同时,对于二手资料中介绍详尽的旅游资源,可直接填写旅游资源调查表,便于野外考察时查缺补漏。

(二) 资料搜集阶段

这一阶段的主要任务是准备工作,特别是在对二手资料搜集分析的基础上,由调查人员通过各种调查方法获得调查区域内旅游资源的详尽资料。

1. 调查方式

根据这一阶段工作的详略程度,旅游资源调查分为概查、普查和详查三种方式。

(1) 概查。

概查是指由于受时间、资金、人力、物力等因素的限制,在二手资料分析整理的基础上进行的一般状况调查。概查的主要任务是对已知点进行调查、核实、校正或根据其他专业资料对潜在旅游资源进行预测的验证。可在大范围内进行调查,确定资源的基本状况,也可在较小范围内,对指定区域做现状调查。这种方式周期短、收效快,但信息损失大,容易对区域内旅游资源的评价造成偏差,所以在条件允许的情况下可进行普查或详查。

(2) 普查。

普查是指对特定区域所进行的详细、全面的调查。开展普查工作的基本条件包括:已成立正式旅游管理或开发机构,并有一定实际工作经验和资料积累;关于普查区内旅游资源有较丰富的相关资料和数据;有可以承担普查任务的专业人员;有实施普查及成果处理所需要的物资、设备和资金。普查工作既可以行政区(如省、市或县)为普查单元,也可选自然区、人文区为普查单元,范围可大可小。总之,旅游资源的普查工作是一项周期长、耗资大、技术水平高的基础性工作。

(3) 详查。

详查是指带有研究目的的或规划任务的调查,通常调查范围较小,可使用大比例尺地形图(1∶5000 或 1∶10000)进行。调查中通过直接测量、校核搜集的基础资料,对重点问题和地段进行专题研究,并对旅游开发所需要的外部条件进行系统调查,同时针对关键性问题提出规划性建议。这种方式目标明确、调查深入,但应以概查或普查的成果为基础,避免脱离区域背景下的单一景点的静态描述。

2. 调查方法

概查、普查和详查三种调查方式,只是在调查范围的大小、内容的详略、投入的多少上存在差异,在实际工作中,需要调查人员进行实地考察和踏勘,通过测量等手段获得具体详细的资料,以自身的专业素养对调查对象做出感性认识和理性评价,并通过与当地居民交流,深入了解与当地旅游资源密切相关的地域文化背景。在资料搜集阶段,通常使用野外实地踏勘、访问座谈和问卷调查三种调查方法。

(1) 野外实地踏勘。

野外实地踏勘是最基本的调查方法。调查人员可以通过观察、踏勘、测量、填绘、摄像等形式,获得宝贵的一手资料及较为客观的感性认识。旅游资源调查表、旅游资源分布图的草图,均要求在这一阶段完成。因此,要求调查者勤于观察、善于发现,及时摄录和总结。

(2) 访问座谈。

访问座谈是旅游资源调查的一种辅助方法,它可以有效弥补由于时间短、人力不足、资金有限等因素而无法全面、深入了解旅游资源的缺陷。通过走访当地居民或开座谈会等方式,增加信息搜集渠道,为实地勘察提供线索、确定重点,提高勘查的质量和效率。一方面,要求预先精心设计询问或讨论的问题,便于在尽可能短的时间内引导调查对象讲述有关信息,达到调查目的;另一方面,调查对象应具有代表性,如行政人员、老年人、青年及学生、文化馆工作人员,以及当地从事地质、历史、水文、环保等研究的人员。

(3) 问卷调查法。

问卷调查是指通过行政渠道将问卷分发给各有关部门或个人填写,然后集中收回,或采取在踏勘现场由游客或当地居民填写、分散收回的方式收集有关信息。要求问卷设计合理,分发收回的程序符合问卷调查的规定,以保证调查结果的有效性、合理性。

(三) 文本编制阶段

在文本编制阶段,要将搜集到的资料和野外考察记录进行系统的整理总结,包括:将野外考察的现场调查表格归纳整理为调查汇总表;将野外所填的草图进一步复核、分析、整理,并与原有地图和资料进行对比,做到内容与界线准确无误,形成正式图件;将野外拍摄的照片进行归类,附上文字说明;将野外摄制的录像进行剪辑、配音。总之,要将室内外搜集和考察获得的全部资料进行分析整理,形成调查报告。旅游资源调查报告一般应包括以下内容:

1. 前言

前言主要包括:调查工作的目的、要求,调查区位置、行政区划与归属、范围、面积,调查人员组成、工作期限、主要资料及其成果等。

2. 调查区旅游环境

调查区旅游环境主要包括：调查区的自然、社会和经济环境状况，周边地区经济、社会环境和旅游区（点）发展状况。

3. 调查区旅游资源状况

调查区旅游资源状况主要包括旅游资源的类型、分布、成因、特色、功能、结构、开发现状等，要附上旅游资源分布图、旅游资源分区图、旅游资源功能结构图、交通区位图、自然旅游资源一览表、人文旅游资源一览表、主要珍稀动植物名录、名胜古迹保护名录及保护级别、重要景观照片及与之密切相关的重大历史事件、名人活动以及文化艺术作品等资料。

4. 旅游资源评价

旅游资源评价是对旅游资源进行定性和定量评价，评定旅游资源的级别。要附上旅游资源类型评价图、旅游资源分区评价图和旅游资源开发效益预测图。

5. 旅游资源的开发途径、步骤和保障措施

旅游资源的开发途径、步骤和保障措施主要阐明调查区旅游资源开发利用的现有条件、存在问题及开发利用的指导思想、战略策略、开发重点、相应措施、开发步骤等。必要时还应做出旅游资源利用区划，明确各分区的资源优势、开发利用的主导方向、重点开发的特色旅游产品和精品旅游线路等，同时要附上旅游资源开发规划设计图。

除以上内容，旅游资源调查报告还应写明主要参考文献与资料。

第三节　旅游资源评价

一、旅游资源评价的原则

旅游资源评价涉及面广，目前还没有形成统一的认识基础和评价标准。但为了在评价旅游资源时做到公正、客观，以及评价的结果准确、可靠，一般应遵循以下基本原则。

（一）全面系统的原则

旅游资源多种多样，其价值和功能也是多层次、多内容的。这要求在进行旅游资源评价时，不仅要注重对旅游资源本身的成因、特色、质量、数量等因素的评价，还要把该旅游资源所处区域的区位、环境、客源、交通、经济发展水平、建设水平等外部条件纳入评价的范畴，全面完整地进行系统评价，以能够准确地反映旅游资源的整体价值。

（二）动态发展的原则

旅游资源自身特征以及开发的外部社会经济条件，是在不断变化和发展的。这就要求旅游资源评价工作不能囿于现状,而必须遵循动态发展的原则,用发展的眼光看待变化趋势,从而对旅游资源及其开发利用前景做出积极、全面和正确的评价,但同时要注意避免夸大其词、盲目拔高。

(三)尊重事实的原则

旅游资源评价要从客观实际出发,即在旅游资源调查的基础上,运用地理学、历史学、经济学、美学、建筑学等相关理论和知识,对旅游资源的形成、本质、属性、价值等核心内容,做实事求是的评价。

(四)综合效益的原则

旅游资源评价是为其开发利用所服务的,而开发利用的目的是既要取得经济效益,也要取得社会效益和环境效益。因此,在旅游资源开发利用效益评价时,要兼顾经济效益、环境效益和社会效益,既要保证促进当地经济发展,又要为旅游地提供文明、健康的生活环境和蓬勃发展的社会环境,做到人与自然和谐相处。

旅游业可以为国家和社会带来巨大的经济收入,推动乡村振兴战略;合理和优化产业结构部门,带动其他的相关产业;跨国旅游的飞速发展对本国的外汇收入也起到了积极作用。保存和发扬了当地特有的文化,对本地文化的发展起到了积极作用。

(五)定性与定量相结合的原则

旅游资源评价可分为定性评价和定量评价。旅游资源评价必须坚持定性与定量相结合的原则,既要从理论方面进行深入全面的论证分析,又要根据一定的评价标准和评价模型,将各种评价因素予以客观量化,把定性描述用定量关系表示,使评价工作更具有操作性。

二、旅游资源评价的方法

(一)定性评价方法

定性评价主要凭借评价者的知识和经验,根据一定的评价体系对旅游资源做出主观色彩较浓厚的结论性描述。

定性评价方法的优点有:能从客观上把握旅游资源的特色,工作量较小。

定性评价方法的缺点有:带有较强的主观性,缺乏科学性,操作不便。

具有代表性的定性评价方法主要有以下几种:

1. "三三六"评价法

"三三六"评价法是指卢云亭提出的有关旅游资源三大价值、三大效益、六个条件的评价体系。三大价值指旅游资源的艺术观赏价值、历史文化价值和科学考察价值;三大效益指旅游资源开发后带来的经济效益、社会效益和环境效益。六个条件指旅游资源所在地的地理位置和交通条件、景物或景类的地域组合条件,以及旅游景区(点)旅游容量条件、投资条件、施工条件和旅游客源市场条件。

2."六字七标准"评价法

黄辉实提出根据资源本身美(具有美感)、古(具有悠久的历史)、名(具有名声或与名人有关)、特(具有特色)、奇(具有新奇感)、用(具有实际开发价值)六个方面和资源所处环境的季节性、环境的质量、与其他旅游资源之间的联系性、可进入性、基础结构、社会经济和市场环境七项标准进行评价。

3. 综合评价法

综合评价法是指魏小安提出的旅游资源综合评价体系,主要包括以下六个方面:

一是旅游地的资源构成要素种类的多少。

二是要素的单项评价。

三是要素的组合情况。

四是可能容纳的游客量。

五是人文资源的比较。

六是开发的难易程度。

4. 美感质量评价法

美感质量评价法是国外学者总结出来的,目前公认的四个学派:专家学派、心理物理学派、认知学派(亦称心理学派)和经验学派(亦称现象学派)。

(1) 专家学派。

专家学派认为凡符合形式美原则的风景就具有较高的风景质量。风景分析的内容包括线条、形体、色彩和质地四个因素。评价工作由少数训练有素的专业人员完成,评价方法突出地表现为一系列的分级分类过程。

(2) 心理物理学派。

心理物理学派的主要思想是把风景与风景审美的关系理解为刺激/反应的关系,认为风景审美是风景和人之间共同作用的过程。该派承认人类具有普遍一致的风景审美观,相信人们对风景的审美评判是可以通过风景的自然要素来预测和定量的,于是将心理物理学的信号检测方法应用到风景评价中,通过测量公众对风景的审美态度得到一个反映风景质量的量表,然后将该量表与各风景成分建立起数量关系。

其评价过程分四个步骤进行:

一是以照片或幻灯作为工具获得公众对所展示风景的美感评价,测量公众的整体审美态度。

二是确定所展示风景的基本要素。

三是建立风景质量与风景的基本成分间的相关模型。

四是将建立的数学模型用于同类风景的质量评估。

(3) 认知学派。

认知学派把风景作为人的认识空间来评价,强调风景对人的认识及情感反应上的意义,试图用人的进化过程及功能需要解释人对风景的审美过程。例如,环境心理学家卡普兰夫妇以进化论为前提,从人的生存需要出发,提出了风景信息的观点。他们认为人在风景审美过程中,既注意了风景中那些易于辨识和理解的特性,又对风景中蕴藏的具有神秘感的信息感兴趣,而同时具有这两种特性的风景的质量往往比较高。

(4)经验学派。

经验学派把人对风景审美评判看作人的个性及志向与情趣的表现。故其研究方法一般通过考证文学艺术家关于风景审美的文学艺术作品、考察名人的日记等方式来分析人与风景的相互作用及某种审美评判所产生的背景。同时也通过心理测量、调查访问等记述现代人对具体风景的感受和评价,这些心理调查不是简单地评判风景的优劣,而是详细描述个人经历体会及关于某风景的感受等,从而为分析某些风景价值所产生的背景和环境提供条件。

(二)定量评价方法

旅游资源的定量评价是指采用某种确定的评价模式,通过对有关数据进行加工和计算,以此对旅游资源进行量化的评价。定量评价较之定性评价,结果更直观、准确,但有一定的操作难度,且需具备对材料进行量化和对数据进行加工、计算的能力,比较费时费力。

1. 单因子评价

单因子评价是指评价者在进行旅游资源评价时,针对旅游资源的旅游功能,集中考虑某些起决定作用的典型因子,并对这些因子进行适宜性评价或优劣评判。例如:对登山运动而言,地形和海拔就是决定因子;一个海滨浴场要想成为旅游胜地,就必须具备海滩、细沙、平潮,以及阳光充足、气候宜人等几个条件。大量技术性指标的运用是单因子评价的基本特点,这种方法一般只局限于对自然资源的评价,它对专项旅游尤为适宜,如对风景湖泊的评价、溶洞的资源评价、对滑雪旅游资源的评价、对地形或气候适宜性的评价等。

2. 综合多因子评价

综合多因子评价是指在考虑多个因子的基础上用一定的数学模型,对旅游资源整体价值进行综合的评价。

(1)指数表示法。

旅游资源评价指数表示法可以分为三步进行。

第一步,调查分析旅游资源或旅游资源所在地的开发利用现状、吸引能力及外部区域环境。要求调查所获得的资料是准确和量化的资料,从而为旅游资源评价结果的量化提供数据资料。

第二步,调查旅游需求。具体内容包括旅游需求量、旅游者的构成、旅游者的平均逗留时间、旅游消费需求结构及节律性等要素。

第三步,总评价的拟定。在前两步工作的基础上,建立表达旅游资源特质、旅游需求与旅游资源之间关系的量化模型。可采用如下公式:

$$E = \sum_{i=1}^{n} F_i W_i V_i$$

式中:E——旅游资源的评价指数;

F_i——第i项旅游资源在全体旅游资源中的权重；

W_i——第i项旅游资源的规模指数；

V_i——旅游者对第i项旅游资源的需求指数；

n——旅游资源的总项数。

最后可以通过调查结果和评价指数确定旅游资源的旅游容量、密度、节律性和开发序位。将需求指数和旅游供给（游客可得性程度）结合起来，最终得到旅游资源的总价值。旅游点的潜在引力程度称为旅游资源的潜力指数，其计算公式为：

$$I = \frac{A+B}{2}$$

式中：I——旅游资源潜力指数；

A——旅游需求值；

B——旅游供给值。

I 表示一个旅游点的实际可利用程度，代表了该旅游点所具有的旅游吸引力，但要计算出这一旅游潜力指数，就必须对 B（旅游供给）进行合理的量化。B（旅游供给）的量化是根据人们的一般感受、观察和体验，选择季节性、可进入性、准许性、重要性、脆弱性和普及性六个标准，由相关方面的专家学者对这六个标准进行评价和比较，以数字的形式决定各自的相对贡献值，并按等级由优到差排出顺序。

（2）综合评分法。

综合评分法是将评价对象分解为若干评价项目，然后将评价项目进一步细分为若干因子，根据每个项目和因子的重要性赋以权重，将全部因子评价赋值分数相加，从而获得旅游资源总得分。

魏小安是国内运用此方法较早的学者，他把评价对象分解成六个评价项目：旅游资源构成要素种类、各种要素单项评价、要素组成情况、可能容纳的游客量、人文资源的比较、开发的难易程度。然后，通过以下两种方法对各个项目进行评分。

一种是等分制评价法。等分制评价法将各项目视为同等重要，即每个项目所占的分数相等，均为总分的 1/6。每一项目又分解为若干评价要素，根据各要素对相应项目的贡献程度，按 100、80、60、40、20 五个等级打分，最后将六个项目的得分加总即得出资源综合评价值，其公式为：

$$F\sum\nolimits_i = \sum_{P=1}^{P} PF$$

式中：$F\sum\nolimits_i$——各项目得分之和；

F——各项目的平均分；

P——每项得分；

i——被评价的游览地数量。

另一种方法为差分制评价法，该方法根据各评价项目的相对重要性给出各自的权重，在评分时将各项得分乘以对应的权重后求和，即可得到评价总分，其公式为：

$$F\sum\nolimits_i = \sum_{P=1}^{P} X_P F_{Pi}$$

式中：X_P——各自的权重；

$F\sum_i$ ——各项目得分之和；

F——各项目的平均分；

F_{Pi}——每项得分；

i——被评价的游览地数量。

显然，总分越高，旅游价值就越大。

《旅游资源分类、调查与评价》(GB/T 18972-2017)采用综合评价法，利用旅游资源共有因子综合评价体系对旅游资源的单体进行评价，其评价项目有三项：资源要素价值、资源影响力和附加值。

旅游资源评价赋分标准见表3-3。

表3-3 旅游资源评价赋分标准

评价项目	评价因子	评价依据	赋值
资源要素价值（85分）	观赏游憩使用价值（30分）	全部或其中一项具有极高的观赏价值、游憩价值、使用价值	22—30
		全部或其中一项具有很高的观赏价值、游憩价值、使用价值	13—21
		全部或其中一项具有较高的观赏价值、游憩价值、使用价值	6—12
		全部或其中一项具有一般观赏价值、游憩价值、使用价值	1—5
	历史文化科学艺术价值（25分）	同时或其中一项具有世界意义的历史价值、文化价值、科学价值、艺术价值	20—25
		同时或其中一项具有全国意义的历史价值、文化价值、科学价值、艺术价值	13—19
		同时或其中一项具有省级意义的历史价值、文化价值、科学价值、艺术价值	6—12
		历史价值，或文化价值，或科学价值，或艺术价值具有地区意义	1—5
	珍稀奇特程度（15分）	有大量珍稀物种，或景观异常奇特，或此类现象在其他地区罕见	13—15
		有较多珍稀物种，或景观奇特，或此类现象在其他地区很少见	9—12
		有少量珍稀物种，或景观突出，或此类现象在其他地区少见	4—8
		有个别珍稀物种，或景观比较突出，或此类现象在其他地区较多见	1—3
	规模、丰度与概率（10分）	独立型旅游资源单体规模、体量巨大；集合型旅游资源单体结构完美、疏密度优良级；自然景象和人文活动周期性发生或频率极高	8—10
		独立型旅游资源单体规模、体量较大；集合型旅游资源单体结构很和谐、疏密度良好；自然景象和人文活动周期性发生或频率很高	5—7
		独立型旅游资源单体规模、体量中等；集合型旅游资源单体结构和谐、疏密度较好；自然景象和人文活动周期性发生或频率较高	3—4
		独立型旅游资源单体规模、体量较小；集合型旅游资源单体结构较和谐、疏密度一般；自然景象和人文活动周期性发生或频率较小	1—2

续表

评价项目	评价因子	评价依据	赋值
资源要素价值（85分）	完整性（5分）	形态与结构保持完整	4—5
		形态与结构有少量变化，但不明显	3
		形态与结构有明显变化	2
		形态与结构有重大变化	1
资源影响力（15分）	知名度和影响力（10分）	在世界范围内知名，或构成世界承认的名牌	8—10
		在全国范围内知名，或构成全国性的名牌	5—7
		在本省范围内知名，或构成省内的名牌	3—4
		在本地区范围内知名，或构成本地区名牌	1—2
	适游期或使用范围（5分）	适宜游览的日期每年超过300天，或适宜于所有游客使用和参与	4—5
		适宜游览的日期每年超过250天，或适宜于80%左右游客使用和参与	3
		适宜游览的日期每年超过150天，或适宜于60%左右游客使用和参与	2
		适宜游览的日期每年超过100天，或适宜于40%左右游客使用和参与	1
附加值	环境保护与环境安全	已受到严重污染，或存在严重安全隐患	—5
		已受到中度污染，或存在明显安全隐患	—4
		已受到轻度污染，或存在一定安全隐患	—3
		已有工程保护措施，环境安全得到保证	3

三、旅游资源评价的内容

旅游资源是发展旅游业的先决条件，旅游资源吸引力的强弱是决定旅游资源开发序位的主要依据。旅游资源吸引力评价是旅游开发和规划的基本前提，从系统科学理论的角度来看，旅游资源评价的主要内容包括旅游资源单体品质评价、旅游资源系统综合评价和旅游资源开发条件评价。

（一）旅游资源单体品质评价

区域旅游资源评价，首先要对旅游资源单体品质进行评价，主要对其四大价值进行评价。

1. 观赏价值

观赏价值评价主要包括以下三方面的内容：

（1）形式美。

重点评价景物的形态美、韵律美、动态美、色彩美、奇特美等。

(2)意蕴美。

重点分析评价风景美蕴含的社会文化内涵,即其所表现出来的人类文明程度。这种程度越丰厚,风景美的独特价值也就越大,如我国"五岳"名山之所以为世人推崇,除了它们有各具特色的天然胜景外,更由于其千年文化的积淀。经过前人鉴赏、加工、艺术化了的风景美,能给旅游者观赏游览增加丰富的内容、情趣和启迪。

(3)意境美。

重点分析评价景物形象或意境的象征性。旅游资源不仅要能给游客以感官和心理上的满足,还应能使游客在思想、情感上得到启迪、实现升华,以达到借景抒怀、陶冶情操的更高目的,这就决定了旅游资源评价中需要深层次地挖掘其意境美。

2. 历史价值

历史价值评价主要评价旅游资源(如历史文化古迹及其风景名胜区中的楹联、诗画、匾额、题记、碑刻等)的历史久远性、独特性、保存完好性等。评价旅游资源历史价值时要特别注意以下两个问题:

一是旅游资源是否与重大历史事件、历史人物及其遗存文物古迹的数量与质量有关。

二是旅游资源是否具有或体现了某种文化特征,或者是否与某种文化活动有密切关系。

一般说来,旅游资源类型越多,产生年代越久远,保存越完好,就越珍贵,其历史价值就越大。

习近平总书记指出,要加强古代遗址的有效保护,有重点地进行系统考古发掘,不断加深对中华文明悠久历史和宝贵价值的认识。

3. 科考价值

科考价值评价主要分析评价旅游资源具有的自然科学或社会科学研究价值、科学知识普及与教育功能和所反映的现代科学技术成就,及其被不同专业科教工作者进行研究考察的价值。

针对自然保护区、特殊自然环境区域、地质地貌旅游资源、历史古迹类旅游资源、历史文化名城类旅游资源、古典园林类旅游资源、宗教文化类旅游资源、民族民俗风情类旅游资源,要特别注意对其科考价值进行评价。

在敦煌研究院同有关专家、学者和文化单位代表座谈时,习近平总书记提出具体要求:"要揭示蕴含其中的中华民族的文化精神、文化胸怀和文化自信,为新时代坚持和发展中国特色社会主义提供精神支撑。"

4. 社会文化价值

社会文化价值评价主要分析评价旅游资源在体现社会发展状况、独特的民族文化和生产、生活方式上的价值。这一价值在人文旅游资源中广泛存在（如人类历史文化遗产、古代建筑、古代陵墓、历史文物、历史文化名城、民族民俗风情），在许多自然旅游资源中也同样存在。

（二）旅游资源系统综合评价

旅游资源系统综合评价仅仅对旅游资源单体品质进行评价，还难以考察各种旅游资源在整个区域的组合关系，所以必须进行旅游资源系统评价。旅游资源系统评价，主要分析评价旅游资源单体在区域旅游资源系统中的地位（资源个体与区域内同类资源相比所具有的重要程度）、类型组合（资源单体同区域内其他资源单体的关联性与功能互补性）与地域组合的级别配置关系（资源单体在区域内的空间配置关系，如空间的集中性、分散性与交通联系的便捷性等）。

在旅游资源四大价值评价中，主要涉及六个条件：

其一是地理区位与可进入性（因为区位优劣直接影响客源市场）。

其二是景象景点地域组合度（资源分布的集群性、配合性和结构上的协调性影响开发的价值）。

其三是旅游环境结构（社会经济环境结构和投资环境直接影响资源的现实性价值）。

其四是自然条件（土地负荷能力和气候条件制约环境容量及景区游客容量条件，决定资源价值的发挥程度）。

其五是市场客源条件（客源数量是维持和提高旅游景区经济效益的重要因素）。

其六是旅游地基础设施（内部基础设施与外部联系基础设施影响游客的心理感应）。

对旅游资源四大价值的评价，必须始终围绕经济效益、社会效益和环境效益这三个中心。因此，在旅游资源的评价过程中，只有通过对旅游客体物理特性的显性吸引力和旅游主体行动特性、心理特性的隐性吸引力的客观评价，才能较好地反映区域旅游客体价值与旅游主体感应的综合性，体现旅游资源供求双方的关系，全面衡量区域旅游资源的吸引功能，旅游资源的双向评价可以通过旅游资源的显性吸引力和隐性吸引力的评价加以实现。

1. 旅游资源显性吸引力评价

对旅游资源显性吸引力的评价，旨在揭示旅游资源物理特性在区域空间上的向量集，深刻理解自然旅游资源（地文景观、水文景观、气候生物景观和其他自然景观）和人文旅游资源（历史古迹景观、现代建筑景观、人文景观）的内涵（物质形态方面的客观物质性因素和超物质形态方面的主观感应性因素）与外延（基本因素和推进因素），客观评价旅游资源的容量、密度、丰度、知名度、魅力度和交通畅达度，评估资源吸引力、开发潜力及在旅游景区开发中的地位，拟定旅游景区中旅游资源的结构（主次关系）和新的旅游资源的开发计划,明晰区域旅游资源开发意识,规范区域旅游开发行为。

区域旅游资源的显性吸引力评价系统是一个复杂的系统,宜采用多目标决策分析中的层次分析法,并借助判断矩阵,通过两两比较的方式确定层次中诸因素的相对重要性,同时综合决策者的判断,确定方案相对重要性的总排序。首先,应确定旅游资源评价单元和指标体系,通过对区域旅游资源的全面考虑,从众多影响因子中提炼出反映旅游资源物理特性的主要因素,使各因子都具有独立性,构成显性吸引力评价的指标体系。然后对指标体系进行处理,采用德尔菲法对各指标间的相对重要性进行评定,得出各指标的权重值。

旅游资源显性吸引力的评价,主要从以下五个方面进行:

(1) 旅游容量评价。

旅游开发规模必须以旅游容量为依据,因为任何一个旅游景区在一定的时间条件下和一定空间范围内所能承受的游客数量和旅游活动容纳能力都是有限的。旅游业的综合性规定着旅游极限容量受资源容量(旅游地实际容纳游客的数量)、生态环境容量(旅游地在其生态资源免受破坏的条件下所能容纳游客的数量)、心理容量(当地居民心理上所能接受游客的数量和游客在心理上所能容忍一定拥挤程度的游客数量)、经济发展容量和社会地域容量等多种因素的影响,因此旅游开发必须充分考虑旅游资源的极限容量和不同群体对极限容量的感知的差异。有些地区的旅游开发者有意识或无意识总是期望能接待尽可能多的游客,忽视了高密度的游客和近距离导致的狭小的个人空间会使游客因对旅游资源享受程度的降低而产生不满意心理,以及单位面积内游客密度过高对旅游资源可能造成的破坏等问题。这种超规模的接待,不但会破坏旅游业的自然生态平衡体系,而且会使游客对该旅游景区的好奇心荡然无存,影响旅游业的长远发展。

(2) 旅游丰度、密度和观赏时量度评价。

一定地域里旅游资源的集中程度和不同类型资源组合的优化程度,反映出旅游密度、丰度和观赏时量度。旅游密度是度量旅游资源特性、规模和旅游接待的社会经济条件的重要指标之一。按其内容可分为资源密度(在一定地域上旅游资源的集中程度)、空间密度(在一定时间内旅游地所能接待或可能接待的游客量与其空间面积的比值)、人口密度(在一定时间内旅游地所能接待或可能接待的游客量与其接待地人口的比值)和经济密度(接待游客活动量与接待地社会经济条件和旅游开发水平之间的比值)。

一定地域空间上旅游资源密度越大,游客在单位时间内所能游览的景区就越多,景区对游客的吸引力就越大,景区开发的价值也就越高。区域旅游资源密度越大,其观赏时量和容量也就越大,游客滞留的时间就越长,旅游消费量也越多。旅游资源密度、丰度大及观赏时量度大的景区应该优先开发,但不可盲目开发。

(3) 资源知名度和魅力度评价。

旅游资源开发的等级和序位,要以资源知名度和魅力度为标尺。旅游资源的知名度和魅力度,在很大程度上决定着景区对游客的吸引力。旅游资源在游客心理的感知欲望和力度越大,自然旅游景观和人文旅游景观的兼容性、互补性越好,核心资源与其他资源集群性、协调性、地域性组合越好的旅游资源,其魅力度就越高。资源的独特性、稀有性、无可替代性和游客认同感越高,其知名度就越大。只有具有一定知名度和魅力度的旅游资源才具有开发的价值。

(4) 资源区位畅达度评价。

旅游资源开发能否带来兴旺发达的旅游市场,不仅取决于资源本身,还取决于其空间位置与邻近区域资源的组合结构和交通区位状况。旅游资源区位优劣主要依据现代旅游交通的畅达程度来反映,地理区位的优劣、旅途里程的远近、旅途滞留时间的长短和旅途舒适安全程度,直接影响旅游市场的大小和游客数量的多寡。区位优良,与其他旅游区联系度高的资源,即使魅力度小一些,也可借助旅游热线和重点景区的连带效应加以适度开发;而有些旅游资源虽然魅力度高,但可进入性差,与周边旅游市场联系度低,则不宜开发。

(5) 感知距离评价。

感知距离(包括空间距离、时间距离、价格距离、心理距离)是旅游者行为决策的依据。空间距离越短,旅游者对旅游目的地的信息了解越清楚,对目的地的情况也会越清楚,由此会产生一种旅游地比实际距离更近的感觉。一般说来,由于经济能力、休闲时段和精力体力不同,在大尺度的空间范围内,旅游者对目的地的选择主要遵循就近原则、高级别旅游目的地原则和个人欲望原则。

在中小尺度的空间范围内游客并不总是就近选择旅游目的地。如果旅游客源地与旅游目的地之间的距离大于吸引距离(旅游者与目的地之间足以形成旅游吸引的距离),旅游者行为空间将随距离衰减,游客对景区的兴趣也随之衰减。

时间距离(有效时间和无效时间)的度量(客源地到目的地过程所耗费的时间)包括游客在交通工具上花费的时间、中转停留的时间和旅行手续办理所花费的时间。

价格距离指旅游者接近旅游目的地所需支付的费用,即旅游的交通费用。它是旅游花费中较大的一项支出,直接影响旅游者对出游目的地的选择。

心理距离受政治环境、政策因素、文化关系、亲缘关系和旅游环境氛围的影响,游客在其他各项距离选择的基础上,更多地考虑各种关系和各种环境好的旅游目的地。

2. 旅游资源隐性吸引力评价

对旅游资源隐性吸引力的评价,旨在揭示旅游者对旅游资源空间偏好和环境感应的空间分布规律。主要通过旅游者对一个地区旅游资源的真实行为表现及心理感应程度,来反映旅游资源的行为特性和心理特性,从而评价区域旅游资源的开发潜力。

对旅游资源隐性吸引力的评价,主要包括以下两个方面的内容:

(1) 旅游者的旅游环境感应。

旅游环境感应是旅游者对旅游环境的自然景观和人文景观、旅游信息的处理与感觉、知觉、思维、判断等的认识过程。旅游者对旅游环境感应程度是旅游者对旅游资源的心理特性的直接反映,通过旅游者对旅游环境感应满意程度的评价,可以揭示旅游资源的开发价值。但是,受年龄、性别、职业、性格、文化程度、民族风俗等方面的影响,旅游者对旅游环境感应是有所不同的,因此应借助问卷调查法,找出不同旅游者对区域旅游资源的共同感知点和差异性。

(2) 旅游者的旅游空间偏好。

旅游空间偏好是旅游者空间行动趋向的反映,也是旅游者对旅游资源行为特性的一种表征,主要表现在旅游者对旅游景区出游的次数上。旅游者对旅游资源的空间偏好,主要受旅游资源质量、区位条件等资源显性吸引力和旅游者对旅游资源所拥有的信息量的影响,旅游资源的显性吸引力越大,旅游者对旅游资源所拥有的信息量越多,旅游者对其空间偏好度就越高。

分析旅游者的旅游空间偏好,可以借用消费者空间决策行为模型。根据该模型,旅游者对旅游资源的空间偏好与资源显性吸引力和信息量成正比,与距离成反比。

(三) 旅游资源开发条件评价

旅游资源开发条件评价,主要是对旅游资源系统以外的制约和影响开发、利用旅游资源的全部要素的分析评价。重点对旅游资源的地理区位环境、自然环境、经济环境、客源环境、政治环境及交通通信便捷程度、城市依托关系、社会基础设施条件、开发环境容量等要素进行综合分析和动态分析,从而为区域旅游资源开发过程中旅游产品的定位和开发战略的选择提供科学依据。

1. 区位环境评价

旅游资源所处的地理区位、交通区位和客源区位的优劣,往往影响到旅游资源的吸引力、开发规模、线路设置和利用方向。一般情况下,旅游资源开发能否带来兴旺发达的旅游市场,不仅取决于资源本身,还取决于其空间位置与邻近区域资源的组合结构和交通区位状况。如果旅游资源与其所在区域其他旅游资源和周边地区旅游资源形成互补关系,产生聚集效应,就能够吸引更多的旅游者。反之,则会造成游客分流,从而影响旅游市场。

2. 自然环境评价

旅游资源所处地区的地形、地貌、气温、降水、植被、水文、土壤等环境要素,对资源的质量、时间节律和开发利用有着直接的影响。气候条件不但影响旅游资源的开发程度、规模、利用季节,而且影响自然景观概貌和观赏性动植物的类型,从而影响旅游的淡旺季。

地形、地貌、水文、气候等自然条件会影响施工环境,从而影响开发的难易程度、开发成本和受益时间。没有良好的自然环境,旅游资源价值再大,旅游市场也会受到影响。因此,在进行旅游资源评价时,必须对自然环境及其要素进行综合分析,并根据自然环境要素的作用机理和影响范围、深度等,全面弄清气候的舒适度、空气水质的优良度、地质地貌的稳定度和灾害性气候的影响程度,预测旅游资源的演化状况和后果。

3. 经济环境评价

旅游开发实质上就是经济开发。资金是旅游资源开发的必要条件,资金来源是否充裕、财力是否雄厚,直接关系到旅游开发的深度、广度、进度和开发的可能性。基础设施(交通、水、电、通信、邮政等公共设施)条件的完善程度和先进程度,直接影响旅游资源的可进入性和旅游服务质量。城镇发展水平,直接影响旅游业发展的依托条件、旅游服务设施布置的凭借条件和旅游产品提供的保证程度。居民收入水平则直接影响居民出游的条件和出游的频率,从而影响旅游市场规模的大小。

4. 社会环境评价

旅游资源所在地的改革开放程度、居民开放意识、政府及当地居民对发展旅游业的态度、地方经济发展战略、社会风俗习惯、社会治安状况、卫生保健状况、居民文化素质等因素，都直接影响旅游资源开发利用的需求、速度、质量和总体规模，应该作为评价时重点考虑的内容。

5. 客源环境评价

客源状况是决定旅游资源开发规模和开发程度的重要因素之一，没有一定规模（最低限度数量）的游客量，旅游资源开发就不可能产生良好的效益。因此，对旅游资源开发后所能吸引的客源范围、客源层次、客源特点的分析研究十分必要。只有通过客源环境评价，才能揭示主要客源市场，与主要客源地的距离及交通条件，以及主要客源地人口特征、消费水平、旅游爱好和出游时间。

复习思考题

1. 简述旅游资源评价的原则及意义。
2. 旅游资源评价有哪些定性评价方法？
3. 影响旅游资源评价的主要因素有哪些？
4. 如何全面理解非物质文化遗产所具有的旅游资源价值？

第四章
旅游规划的编制

学习目标

1. 深刻理解坚持实事求是、理论与实践相统一的思想。
2. 掌握旅游规划编制的技术要求和体系。
3. 熟悉旅游规划与开发的可行性分析步骤。
4. 熟练运用旅游规划编制的程序方法。

思政元素

1. 旅游规划与开发的可行性分析要坚持实事求是,以严谨的态度、科学的方法进行规旅游资源调查、市场分析、投资分析等,为旅游规划与开发决策提供重要依据。

2. 旅游规划的编制要树立全局观、系统观和可持续发展的理念,在进行项目开发和产品设计时要以市场为导向,积极探索,敢于创新,开发出生命周期长、吸引力大的项目和产品。

3. 旅游规划的编制工作要遵循科学的流程,前期工作有扎实的理论依据,后期开发有科学的理论指导,这样才能保证整个旅游规划编制流程的顺畅。

曾经的光棍村　如今最美乡村

2012年以前,海南省芭蕉村还是一个远近闻名的"贫困村"。全村120户,几乎都住老旧瓦房和茅草房,环境卫生脏乱差,农民收入低于全镇平均水平。"全村119户人,以前竟然有40多个单身汉,'光棍村'的说法曾让村民和村干部都倍感头疼。不是醉醺醺地打牌,就是冲突不断,外人连村子都不敢进。"曾在芭蕉村任村民小组长的南班村党支部书记高勇坦言。村民发展动力缺失、没有上进心,以低效产业为主的芭蕉村,迟迟没有富起来的迹象。

改变发生在2012年。这一年,白沙将芭蕉村纳入"美丽乡村"打造计划之列,采取"农户出一点、政府出一点、银行贷一点、集体补一点、企业出一点"的方式,共投入3000万余元进行整村大改造,让家家户户都住上了143平方米的二层楼房。纵横有序的林荫村道取代了泥泞土路，告别了每到雨季，村里泥泞遍地、污水横流的日子。

美了村庄环境，也美了村民的心。随着"美丽乡村"建设活动的启动，村民们开始主动外出打工，村民的精神面貌变了，接触的人多了，40多位新媳妇一个接一个地娶过来——"光棍村"成为历史。

芭蕉村村民们借着邦溪镇整体开发的机遇，纷纷做起了民宿生意，还成立了芭蕉村休闲观光农业合作社，发动全体村民入股，吃上了"旅游饭"。

依托芭蕉村的区位优势和生态优势，村里成立了芭蕉村休闲观光农业合作社，引导村民参与旅游发展。此外，芭蕉村还整合1460万元资金启动休闲农庄建设，打造集民宿、餐饮、自驾、度假等为一体的综合农业休闲乐园，让全村实现了旅游增收15万元。

经过4年多的打造，2015年10月中旬，农业部揭晓2015年"中国最美休闲乡村"榜单，芭蕉村以"特色民俗村"跻身其中，成为海南西部年度唯一入选者。

资料来源：《昔日贫困落后 今朝"最美"闻名》，《海南日报》，2017-04-21。

思考题：请根据上述案例进行思考，芭蕉村的成功转型带给我们哪些启示？如果你是一名投资者，你会投资芭蕉村吗？你会如何评价这个项目的可行性？

第一节 旅游规划与开发的可行性分析

在旅游规划与开发前期，我们要进行一项重要的准备工作——可行性分析，它为项目的建设决策、吸引融资以及落地实施提供了重要依据。本节将会首先介绍旅游规划与开发可行性分析的概念、功能和特征，然后介绍旅游规划与开发可行性分析的原则、内容和步骤等。

一、旅游规划与开发可行性分析的概念、功能和特征

（一）可行性分析的概念

可行性分析是项目前期研究的重要环节和基本程序，它以预测为基础，以投资效果为目的，从系统的整体视角出发，从技术、经济、环境、社会等多方面对项目进行综合分析研究，以评估项目的可行性，为投资决策提供科学依据。

旅游规划与开发是对区域旅游开发和发展的总体安排，从区域经济的角度来看，其影响的产业部门多、涉及的投资金额大，因此需要在项目投资建设阶段进行可行性分析，从而判断其是否符合投资主体的发展目标，建设是否可行，技术是否可行，预期效益是否合理，对多种方案进行比较，从中选优，确定资源有效分配的最佳途径。

（二）可行性分析的功能

可行性分析是进行项目决策的重要基础。在旅游规划与开发前期，对项目进行可

行性研究是一项十分重要的工作,它通过对项目进行全面分析和评估,判断项目是否可行,是否具有建设价值,因此它的分析结果也直接关系到投资者的投资决策。从这个层面上看,可行性分析是旅游规划与开发工作的重要基础。

可行性分析是争取项目投资的重要依据。旅游规划与开发涉及的上下游部门较多,项目投资的金额较大,因此属于重要的投资项目。无论是前期的规划,还是中期的建设,抑或后期的落地,均需要投入充足的资金,而绝大多数的投资主体在选择项目时都要求申请融资者提供相应的项目论证材料和评估文件,在这些文件中,可行性分析报告是重要的文件,报告结果的好坏直接影响投资主体是否投资和投资额度的大小。从这个角度来说,可行性分析是吸引项目投资的重要依据。

可行性分析是保证旅游规划质量的重要手段。在旅游规划与开发中,可行性分析往往是从项目整体布局出发,对其进行全面的研究,因此,可行性分析可以避免因追求短期利益而盲目开发、重视部分而忽略整体、上下位规划不衔接等现象的发生,这一定程度上保证了旅游规划的质量。

习近平总书记指出,系统观念是具有基础性的思想和工作方法。

(三) 可行性分析的特征

从旅游规划与开发可行性分析的内容和方法上看,可行性分析的特征主要表现为以下四个方面:

1. 支持性

无论旅游规划与开发处于哪个阶段,可行性分析都对旅游规划与开发决策有支持作用。

2. 比较性

在项目的可行性分析中,规划者需要对开发项目在各种可能情形下的投入产出进行分析比较,以确定最优的方案。

3. 假设性

在旅游规划与开发中,可行性分析侧重于项目实施后的效益和投入成本的比较,因此其必然离不开对未来发展的假设和预测。

4. 全程性

旅游规划与开发的可行性分析包含了规划与开发前的预分析、规划与开发前项目设计的可行性分析、规划与开发后项目实施落地的分析等。

从这个角度看,可行性分析涉及旅游规划与开发的全过程,因此具有全程性的特点。

二、旅游规划与开发可行性分析的原则

（一）科学性原则

在旅游规划与开发中，可行性分析是一项十分重要的工作，它产生的作用是巨大的。因此，在进行旅游规划与开发可行性分析时要求科学、正确，这既包含了在评估过程中要收集客观、准确、最新的资料作为依据，以科学的分析理论作为指导，还包括评估者自身要有科学严谨、实事求是的态度。

（二）责任细分原则

责任细分原则是指在进行旅游规划与开发可行性分析时，评估者要将评估的具体内容分配到具体的专家手中，并由该专家对该部分的可行性分析承担责任。旅游规划与开发的可行性分析是一项重要的基础工作，它的质量高低直接决定了整个项目的好坏，因此整个分析过程必须是建立在高度责任制的基础上，一方面专项部分由专项专家负责，可以保证内容的专业性和科学性；另一方面具体任务落实到具体责任人，可以有效杜绝"出现问题后找不到负责人"的现象出现。

习近平总书记在十八届中央纪委三次全会上，深刻阐述了党委落实党风廉政建设主体责任的重大意义和丰富内涵，强调要强化责任追究，不能让制度成为纸老虎、稻草人。

（三）客观公正原则

客观公正原则是可行性分析的基本准则之一，它要求评估者在进行旅游规划与开发可行性分析时要尊重客观事实，不能过于主观和随意。例如在进行财务分析时，要以真实的财务数据为依据进行分析，不能为追求项目的高效益而对财务数据作假。

（四）成本效益原则

成本效益原则是指在对旅游规划与开发可行性进行分析时，评估者要从成本和收益两个角度对项目进行分析和评价，只有获得效益高于投入成本的项目才具有现实的可行性。因此，如果单方面追求高效益或者低成本，都会给区域旅游规划和开发带来风险。

（五）系统分析原则

系统分析原则是指旅游规划与开发的可行性分析要在坚持成本效益原则的基础上，全面系统地评价和分析旅游规划与开发的各方面内容，最终给规划与开发项目一个

综合性的评价。旅游规划与开发项目涉及的部门多、产业广、空间范围大,对于相关利益群体、市场空间的分析等,评估者应该秉持系统分析的观念,协调他们之间的关系,平衡他们之间的利益。

思政要点

习近平总书记强调,完整、准确、全面贯彻新发展理念,必须坚持系统观念,统筹国内国际两个大局,统筹"五位一体"总体布局和"四个全面"战略布局,加强前瞻性思考、全局性谋划、战略性布局、整体性推进。

(六) 规范化原则

旅游规划与开发可行性分析的规范化原则主要体现在评估者在进行分析时所使用的方法和程序应该符合相关规范。这里的相关规范主要有以下含义:

第一,分析的过程、方法和形式等要符合国家的相关标准以及法律法规。

第二,分析过程中所使用的评价指标要符合相关产业和行业的惯例和标准。

第三,分析的内容和方法要符合相关产业和行业的特点。

三、旅游规划与开发可行性分析的内容

旅游规划与开发可行性分析主要包含以下四个方面的内容:

(一) 旅游规划与开发的生命力分析

旅游规划与开发的生命力分析是从旅游规划与开发项目本身出发,分析该项目是否有发展前途,包括生命周期分析、市场环境分析、社会环境分析和技术条件分析四个方面的内容。

1. 旅游规划项目的生命周期分析

旅游规划项目的生命周期是指一个项目从概念到完成所经过的所有阶段。旅游规划项目生命周期分析是对项目从投入市场到退出市场整个过程中吸引力变化的预测与评价。生命周期越长的旅游项目往往越能创造较大的效益,开发的可行性也越高。

2. 旅游规划的市场环境分析

旅游规划的市场环境分析是指对旅游开发地目标市场中消费者的行为模式以及竞争者的经营行为的综合分析。市场环境分析,一方面是对目前该目标市场内旅游产品竞争态势和游客需求特征的分析;另一方面则从发展的角度对其发展趋势给予预测,并据此判断旅游项目是否与发展趋势一致。

3. 旅游规划的社会环境分析

旅游规划的社会环境分析是指对旅游地所在区域的国民经济发展态势、文化特征以及政策法规环境的综合分析与评估。这些社会环境因子能对投资者、游客等旅游规划与开发的主体产生影响。

4. 旅游规划的技术条件分析

旅游规划的技术条件分析是指从项目开发和建设的技术可行性方面对旅游规划进行评价。创意独特、市场反响热烈且在技术上可行的规划项目才具有可行性。

（二）旅游规划与开发的财务分析

旅游规划与开发的财务分析是以会计核算、报表资料以及其他相关资料为依据，采用一系列专门的分析技术和方法，对项目规划、建设以及经营管理全过程中货币流动的成本和收益情况的评估，并将计算得到的数值和相关标准值进行比较，从而得出项目在财务上是否可行的结论。

（三）旅游规划与开发的效益评估

旅游规划与开发的效益评估主要是从经济效益、社会效益和生态环境效益的角度对旅游规划与开发产生的区域影响进行预测和评价。

（四）旅游规划与开发的不确定性分析

不确定性分析是对项目建设、运营过程中各种事前无法控制的外部因素变化与影响所进行的估计和研究，是影响旅游规划与开发可行性的重要因素，同时也是旅游规划与开发可行性分析的重点内容之一。

四、旅游规划与开发可行性分析的步骤

旅游规划与开发的可行性分析主要从以下步骤着手：

（一）尽可能地收集资料

旅游规划与开发的可行性分析要遵循科学性和客观公正的原则，这要求分析人员要尽可能多地收集与该旅游地及其目标市场相关的信息和数据。此外，如果有与该地类似的旅游地，也应对其信息进行收集以便做出借鉴与对比。

（二）对旅游地的资源和特色进行分析

旅游资源的赋存状况和特色将决定其开发的潜力，即开发的可能性。一般来说，旅游资源数量越多，空间上集中度越高，文化底蕴越深厚，特色越明显，则旅游资源所具有的开发潜力就越大。因此，对旅游资源及其特色的研究是分析规划与开发项目可能性的重要步骤。

（三）分析目标市场的需求和竞争态势

目标市场的需求和竞争决定了项目的发展潜力。通过对目标市场的需求规模、特征及竞争态势的预测分析来评价规划项目与市场需求之间的契合度。如果规划项目存在明显的市场机遇且具有较强的生命力，则该规划项目具有较强的可行性。

（四）分析旅游规划与开发的环境可行性

对旅游开发地的宏观经济状况、政策和法规、基础设施、生产资料等环境要素应进行综合评价。这些条件越优越，则旅游规划与开发的风险和成本就越低，其可行性就越高。

（五）研究旅游规划与开发的技术可行性

技术可行性的分析对象是旅游项目，主要就旅游项目设计中较为关注的区位、主题选择、项目设计、保障体系等技术含量较高的规划内容进行分析和判断，看其是否具有成功的可能性和操作性。

（六）研究旅游规划与开发的融资可行性

融资是旅游规划和开发实施过程中的重点环节。融资途径和方法不适宜，则无法筹措到旅游开发所需资金，旅游规划和开发的宏伟蓝图也无法实施。因此，要对旅游开发过程中所需的资金数额及其来源或筹措方式进行可能性评估。

（七）研究旅游规划与开发的外部影响

该步骤是以前面确认的旅游项目及其开发方式为基础，分析旅游规划和开发的实施将给周边的社会、经济、环境等带来的影响。具有显著正向作用的规划方案可行性较强。

（八）研究旅游规划与开发的财务可行性

当前面内容都确认之后，可行性研究人员可以对旅游规划与开发全过程中的财务数据进行预测和计算，利用财务分析的结果来评价该旅游规划与开发项目是否可行。

（九）编写可行性研究报告

可行性研究报告是旅游规划与开发可行性分析的主要成果形式。地方政府的旅游主管部门以及旅游开发的投资方都以可行性研究报告作为决策的依据。

在可行性研究报告中，编制者应对旅游规划与开发项目的背景条件、发展目标、市场预测、风险因素分析以及财务衡量指标等内容进行系统说明。

第二节　旅游规划编制的技术要求

为提高我国旅游规划的总体水平，使旅游规划更具科学性、前瞻性和可操作性，促进旅游业可持续发展，2003年，国家旅游局颁布了《旅游规划通则》（GB/T18971—2003）（以下简称为《通则》）。《通则》中明确指出旅游规划编制应该遵循以下技术要求：

一、注重多方要求相协调

旅游规划编制要以国家和地区社会经济发展战略为依据,以旅游业发展方针、政策及法规为基础,与城市总体规划、土地利用规划相适应,与其他相关规划相协调;根据国民经济形势,对上述旅游规划提出改进的要求。

在旅游规划和开发中,规划者要注重与上位规划相协调,认真学习并深刻把握上一级关于当地旅游业发展的方针政策、法律法规等,并将其融入规划区的规划中,保证规划区的旅游规划与开发有理有据。

旅游规划在城市规划中有机协调发展,是城市化建设的重点内容,因此规划者在旅游规划与开发时,要注重旅游业发展与城市发展目标相适应,旅游规划与城市规划的要求相适应。

土地利用规划是根据国家社会经济可持续发展的要求和当地自然、经济、社会条件对土地开发、利用、治理、保护在空间上、时间上所做的总体战略性布局和统筹安排。在旅游规划与开发中,项目的开发往往要涉及用地问题,因此规划者应当根据土地利用规划确定的基本原则开展规划工作,保证旅游用地需求和建设用地指标之间的协调。

要学会运用辩证法,善于"弹钢琴",处理好局部和全局、当前和长远、重点和非重点的关系,着力推动区域协调发展、城乡协调发展、物质文明和精神文明协调发展,推动经济建设和国防建设融合发展。

二、坚持市场、资源、产品一体化发展

旅游规划编制要坚持以旅游市场为导向,以旅游资源为基础,以旅游产品为主体,经济效益、社会效益和环境效益可持续发展的指导方针。

客源是旅游业发展的原动力,客源市场的潜力与规划区的发展潜力密切相关,是旅游规划与开发成功的关键。规划者在进行项目设计和产品开发之前要进行充分的市场调研,了解目标市场的偏好,只有以市场为导向开发出来的产品和服务才能有效延长产品和服务的生命周期,从而促进规划区旅游业的持续发展。

旅游资源是旅游规划与开发的核心所在,规划者在进行旅游规划与开发时要秉持因地制宜、可持续发展的理念对规划区的旅游资源进行开发和设计,充分体现旅游资源的特色,提高旅游资源的吸引力和生命活力。

旅游产品是旅游开发的终极表现形式,是旅游目的地出售给旅游者的对象,也是衡量旅游地经济效益的重要指标。在旅游规划与开发中,规划者对旅游产品的规划设计要始终坚持特色化、品牌化、系列化等原则,形成特色鲜明、品牌突出、规模化的旅游产品,提升旅游产品的核心竞争力。

第四章　旅游规划的编制

各地区要结合实际情况，因地制宜、扬长补短，走出适合本地区实际的高质量发展之路。

三、注重特色化、区域协同发展

旅游规划编制要突出地方特色，注重区域协同，强调空间一体化发展，避免近距离不合理重复建设，加强对旅游资源的保护，减少对旅游资源的浪费。

特色是旅游地市场竞争力的关键性因素，只有具备了特色，才能在激烈的市场竞争中占据有利地位。在旅游规划与开发中，规划者在进行景观、旅游项目、旅游产品、基础设施规划时，要始终把握特色化原则，增强旅游地的市场竞争力。

旅游规划的编制要将可持续、系统化的发展思想贯穿始终，实现规划区的分区功能完善，空间布局科学合理，产业融合发展，减少旅游资源的浪费，提升旅游资源的规划与开发效率。

习近平总书记指出，产业振兴是乡村振兴的重中之重，要坚持精准发力，立足特色资源，关注市场需求，发展优势产业，促进一二三产业融合发展，更多更好惠及农村农民。

四、采用先进的技术和方法

旅游规划编制鼓励采用先进方法和技术。编制过程中应当进行多方案的比较，并征求各有关行政管理部门的意见，尤其是当地居民的意见。

在旅游规划编制前，规划者可以采用遥感技术、全球定位系统技术等对规划区进行踏勘，充分了解规划范围、规划区旅游资源分布和开发现状等，为旅游规划的编制做好扎实的基础工作。

在旅游规划编制过程中，规划者在进行项目设计时也可以考虑融入先进的技术，例如采用 VR 和 AR 技术为旅游者打造沉浸式体验等。

习近平总书记在中国科学院第二十次院士大会、中国工程院第十五次院士大会和中国科学技术协会第十次全国代表大会上强调,坚持把科技自立自强作为国家发展的战略支撑,立足新发展阶段、贯彻新发展理念、构建新发展格局、推动高质量发展,面向世界科技前沿、面向经济主战场、面向国家重大需求、面向人民生命健康。

旅游规划编制工作所采用的勘查、测量方法与图件、资料,要符合相关国家标准和技术规范。旅游规划技术指标,应当适应旅游业发展的长远需要,具有适度超前性。旅游规划编制人员应有比较广泛的专业构成,如在旅游、经济、资源、环境、城市规划、建筑等方面。

第三节　旅游规划编制的体系与程序

一、旅游规划编制的体系

旅游规划体系包括法规体系、编制体系和运作体系三大部分,其中编制体系由各个层次的规划形式共同组成。《通则》中将旅游规划分为旅游发展规划与旅游区规划。

1. 旅游发展规划

旅游发展规划按规划的范围和政府管理层次分为全国旅游业发展规划、区域旅游业发展规划和地方旅游业发展规划。地方旅游业发展规划又可分为省级旅游业发展规划、地市级旅游业发展规划和县级旅游业发展规划等。

2. 旅游区规划

旅游区规划包括总体规划、控制性详细规划、修建性详细规划,以及项目开发规划、旅游线路规划和旅游地建设规划、旅游营销规划、旅游区保护规划等功能性专项规划。

旅游规划编制体系见图4-1。

(一)旅游发展规划

1. 旅游发展规划的概念和任务

(1)旅游发展规划的概念。

旅游发展是指根据旅游业的发展历史、现状和市场要素的变化所制定的目标体系,以及为实现目标体系在特定的发展条件下对旅游发展的要素所做的安排。

(2)旅游发展规划的任务。

旅游发展规划的任务是明确旅游业在国民经济和社会发展中的地位与作用,提出旅游业发展目标,优化旅游业发展的要素结构与空间布局,安排旅游业发展优先项目,促进旅游业持续、健康、稳定发展。

2. 旅游发展规划的主要内容

全面分析规划区旅游业发展历史与现状、优势与制约因素,以及与相关规划的衔接。通过对规划区旅游业发展的历史和现状进行总结,可以准确把握规划区旅游业发

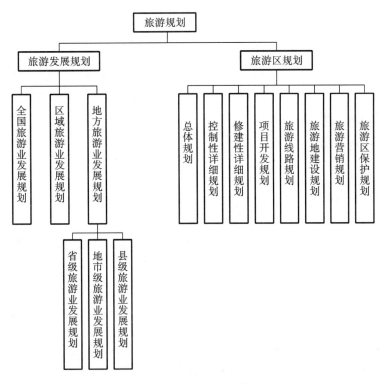

图 4-1 旅游规划编制体系

展的脉络和态势。

分析规划区的客源市场需求总量、地域结构、消费结构及其他结构，预测规划期内客源市场需求总量、地域结构、消费结构及其他结构。通过对规划区客源市场进行分析和预测，可以初步判断规划区的目标市场方向，制定精准的市场营销策略。

提出规划区的旅游主题形象和发展战略。主题形象是规划区规划的灵魂，也是规划区的特色所在。通过把握规划区的主题形象，制定科学的发展战略，可以大大提高规划区的吸引力，延长规划区的生命周期。

提出旅游业发展目标及其依据。目标是旅游发展规划首要解决的问题，是整个旅游发展规划的核心。规划区目标体系的制定要科学合理，要体现规划区的可持续发展的思想。

明确旅游产品开发的方向、特色与主要内容。旅游产品规划的核心是特色，只有具有特色的旅游才有生命力。因此规划者设计规划区的旅游产品时，要充分体现规划区的资源特色。

提出旅游发展重点项目，对其空间及时序做出安排。

提出要素结构、空间布局及供给要素的原则和办法。旅游发展要素除了旅游资源外，还包括旅游接待设施、旅游交通设施、旅游保障与供给、旅游人力资源等。在各要素的空间布局上，要根据旅游资源的组合优势，突出各区域的主题和功能。

按照可持续发展原则，注重保护开发利用的关系，提出合理的措施。

提出规划实施的保障措施，包括政策法规的配套完善、对资金筹集和旅游投入的建议、加强行业管理等。

对规划实施的总体投资分析,主要包括旅游设施建设、配套基础设施建设、旅游市场开发、人力资源开发等方面的投入与产出方面的分析。

3. 旅游发展规划成果

旅游发展规划成果包括规划文本、规划图表及附件。规划图表包括区位分析图、旅游资源分析图、旅游客源市场分析图、旅游业发展目标图表、旅游产业发展规划图等。附件包括规划说明和基础资料等。

(二)旅游区规划

1. 旅游区规划的概念

旅游区规划是指为了保护、开发、利用和经营管理旅游区,使其发挥多种功能和作用而进行的各项旅游要素的统筹部署和具体安排。

旅游区规划按照规划层次可以分为总体规划、控制性详细规划、修建性详细规划等。旅游区也可根据实际需要,分为编制项目开发规划、旅游线路规划和旅游地建设规划、旅游营销规划、旅游区保护规划等功能性专项规划。

2. 旅游区总体规划

(1)规划期限。

旅游区总体规划的期限一般为10至20年,同时可根据需要对旅游区的远景发展做出轮廓性的规划安排。对于旅游区近期的发展布局和主要建设项目,亦应做出近期规划,期限一般为3至5年。

(2)主要任务。

旅游区总体规划的主要任务是分析旅游区客源市场,确定旅游区的主题形象,划定旅游区的用地范围及空间布局,安排旅游区基础设施建设内容,提出开发措施。

(3)规划内容。

对旅游区的客源市场的需求总量、地域结构、消费结构等进行全面分析与预测。遵循市场和资源的双导向原则,根据旅游区所处的地理位置和资源属性,实事求是地进行市场调研和预测,细分并选出适合本区域旅游产品的目标市场。

界定旅游区范围,进行现状调查和分析,对旅游资源进行科学评价。现状调查是确定规划思路的基础性工作,主要包括区域特征调查、政策法规调查、资源调查等。

确定旅游区的性质和主题形象。旅游区的性质通常包括旅游区的资源特色、旅游服务功能和旅游区类型等级等。

确定规划旅游区的功能分区和土地利用,提出规划期内的旅游容量。功能分区主要是在旅游区范围内合理安排旅游基础设施、旅游专门设施,确定用地,规划范围,并限定各类设施建筑的体量、风格、高度、容量、用途及其他要求。

规划旅游区的对外交通系统的布局和主要交通设施的规模、位置;规划旅游区内部的其他道路系统的走向、断面和交叉形式。

规划旅游区的景观系统和绿地系统的总体布局。景观系统规划一是要注意景观的廊道设计与保护;二是景观的培育;三是景观设施的规划。绿地系统规划主要包括绿地系统的面积、位置、类型和展现的特色等。

规划旅游区其他基础设施、服务设施和附属设施的总体布局。

规划旅游区的防灾系统和安全系统的总体布局。防灾系统的规划既要考虑灾害对游客、当地居民和旅游区工作人员的危害,也要考虑灾害对旅游资源和环境的破坏。旅游安全规划应该坚持"安全第一,预防为主"的方针,将规划的重点放在安全事故的预防上,但同时也应加强旅游救援体系落实旅游保险等措施的规划。

研究并确定旅游区资源的保护范围和保护措施。通常将旅游区划分为核心保护区、重点保护区和外围保护地带。核心保护区是旅游资源的精华所在,要实行绝对保护,不允许布局各类旅游服务设施。重点保护区是旅游区范围内除了核心保护区以外的地域,主要保护植被、自然景观和原生态风貌。外围保护地带是旅游区周边的地区,主要保护自然植被、避免景观建筑的破坏以及控制建设有污染的厂矿企业等。

规划旅游区的环境卫生系统布局,提出预防和治理污染的措施。

提出旅游区近期建设规划,进行重点项目策划。

提出总体规划的实施步骤、措施和方法,以及规划、建设、运营中的管理意见。

对旅游区开发建设进行总体投资分析。投资分析主要是从投资总规模和收支平衡两大角度来论证旅游规划方案的经济可行性,包括投资概算、经营成本概算、接待能力与营业量估算、投资收益分析等内容。

(4) 成果要求。

成果要求主要包括以下内容:

①规划文本。

②图件,包括旅游区区位图、综合现状图、旅游市场分析图、旅游资源评价图、总体规划图、道路交通规划图、功能分区图等其他专业规划图、近期建设规划图等。

③附件,包括规划说明和其他基础资料等。

④图纸比例,可根据功能需要与可能确定。

3. 旅游区控制性详细规划

(1) 适用范围。

在旅游区总体规划的指导下,为了近期建设的需要,可编制旅游区控制性详细规划。

(2) 主要任务。

旅游区控制性详细规划的主要任务是以总体规划为依据,详细规定区内建设用地的各项控制指标和其他规划管理要求,为区内一切开发建设活动提供指导。

(3) 主要内容。

详细划定所规划范围内各类不同性质用地的界线。规定各类用地内适建、不适建或者有条件允许建设的建筑类型。

规划分地块,规定建筑高度、建筑密度、容积率、绿地率等控制指标,并根据各类用地的性质增加其他必要的控制指标。

规定交通出入口方位、停车泊位、建筑后退红线、建筑间距等要求。

提出对各地块的建筑体量、尺度、色彩、风格等要求。

确定各级道路的红线位置、控制点坐标和标高。

(4) 成果要求。

成果要求主要包括以下内容:

①规划文本。

②图件,包括旅游区综合现状图、各地块的控制性详细规划图、各项工程管线规划图等。
③附件,包括规划说明及基础资料。
④图纸比例一般为1∶1000—1∶2000。

4. 旅游区修建性详细规划
(1) 适用范围。
对于旅游区当前要建设的地段,应编制修建性详细规划。
(2) 主要任务。
旅游区修建性详细规划的主要任务是在总体规划或控制性详细规划的基础上,进一步深化和细化,用以指导各项建筑和工程设施的设计和施工。
(3) 主要内容。
①综合现状与建设条件分析。
②用地布局。
③景观系统规划设计。
④道路交通系统规划设计。
⑤绿地系统规划设计。
⑥旅游服务设施及附属设施系统规划设计。
⑦工程管线系统规划设计。
⑧竖向规划设计。
⑨环境保护和环境卫生系统规划设计。
(4) 成果要求
成果要求主要包括以下内容:
①规划设计说明书。
②图件,包括综合现状图、修建性详细规划总图、道路及绿地系统规划设计图、工程管网综合规划设计图、竖向规划设计图、鸟瞰或透视等效果图等。
③图纸比例一般为1∶500—1∶2000。

二、旅游规划的编制程序

(一) 确定编制单位和任务

1. 确定编制单位
委托方在确定编制单位时应着重考察:
(1) 是否具有国家旅游行政主管部门审批的旅游规划设计单位资质。
(2) 已经承担的游规划数量及质量,特别是专家评价和社会评价情况。
(3) 编制人员的专业背景、职称、学历等。
我国目前在确定旅游规划编制单位时通常采用公开招标、邀请招标、直接委托等形式。

2. 制定项目计划书
委托方应根据甲方要求制定项目计划书,对规划区的概况、资源条件、市场、投资效益等进行分析,为后续项目的编制做准备。

3. 签订规划编制合同

旅游规划编制合同应符合《中华人民共和国民法典》的相关规定,由规划委托方和编制方协商拟定,经双方认可后签字生效。

旅游规划编制合同的内容主要包括:

(1)基本条款,当事人的权利和义务、承接方式等。

(2)主要条款,规划任务、内容,规划编制的总经费及支付方式,规划要求等。

(3)保证条款,保证金、延误罚款等。

(4)法律条款,合同的生效和终止,合同的变更与中止,合同的废除,不可抗力因素的确定等。

(5)其他条款。

(二) 组建规划编制团队

旅游业的综合性、关联性和依托性特点,要求在组织旅游规划编制团队时,要注意处理好各种关系,实现各部门、各方面专业技术人员的最佳组合。旅游规划编制团队可分为领导小组和课题组两个团队。

1. 旅游规划领导小组

(1)人员组成。

由编制旅游规划所在地政府主要或分管领导担任组长,政府相关部门的负责人为成员。相关部门一般包括旅游、城建、规划、土地、交通、文化、环保、林业、水利等部门。不同地区、不同的规划,包括的相关部门不完全一样。

(2)主要任务。

确定旅游规划编制的基本原则和要求,审议规划大纲、文本和图件,征求相关部门对规划编制的意见,协调规划编制过程出现的问题。

2. 旅游规划课题组

课题组应以旅游规划专家为主组成。在我国旅游规划编制的实际工作中,课题组的组建应处理好以下几个方面的关系。

(1)旅游规划专家与当地旅游管理干部相结合。

关于规划地旅游业的发展情况,当地的旅游管理干部最熟悉,他们对影响旅游业发展的主要问题有切身的感受。旅游规划专家熟悉编制规划的一般规范和常规技术,对国内外旅游发展的趋势有较深入的研究,但对当地历史和现状了解的深度和广度不如当地干部。因此,在规划编制的全过程,从调查研究、确定规划思路、审议初稿,到反复修改、定稿,都需要旅游规划专家和当地旅游管理干部密切配合。在专家中,最好有本地的,也有外地的,相互结合,取长补短,相得益彰。

(2)旅游专家与相关学科专家相结合。

除旅游专家外,还应包括市场营销、区域规划、环保、城市规划、建筑、道路交通、地理、考古、文物、民族等方面的专家。一个较大地区(如省级或跨省区)的旅游发展规划,编制团队更不宜清一色由单一学科专业人员组成,而应该由多学科的专业人员组成。在编制旅游规划的过程中,各学科的专家应扬长避短、优势互补。

(3) 本国专家与外国专家相结合。

外国专家进入旅游规划领域,可以引入国际上编制旅游规划的理念和方法,可以取其在市场意识、产业意识、服务意识和可持续发展意识等方面之所长。当然,直接聘请外国专家也存在一些问题,如他们对中国国情和历史文化了解不深,并且需要支付的费用较高等。我国旅游规划编制的大量实践证明,中外专家合作,以中国专家为主的模式效果最为理想。此外,采用国际研讨会的方式,或聘请外国专家当编制顾问,也是一种既节省经费又有实效性的方式。

(三) 旅游规划的编制

1. 前期准备阶段

(1) 政策法规研究。

对旅游规划编制区域的旅游及相关政策、法规进行系统研究,全面评估规划所涉及的社会、经济、文化、环境及政府行为等方面的影响。

不同类型的旅游规划对政策法规的研究并不完全相同。但一般应研究城市总体规划及上级主管部门的批复;当地党政领导关于发展经济和旅游的讲话;当地国民经济和社会发展五年计划及长期发展规划;当地交通、土地、水利、文化、文物、园林、森林、环保、绿化等方面的规划;当地的社会发展公报和统计年鉴;地方史志、文史资料、民俗物产等。

(2) 旅游资源调查与评价。

对规划区内旅游资源的类别、品位进行全面调查,编制规划区内旅游资源分类明细表,绘制旅游资源分析图,也可根据需要建立旅游资源数据库。调查方法可参照《旅游资源分类、调查与评价》(GB/T 18972—2017)的相关规定执行。

在对规划区域旅游资源调查的基础上,对旅游资源单体进行评价,确定每一个旅游资源单体的等级。同时,也要对规划区的旅游资源进行开发评价。

习近平总书记在河南省兰考县调研期间与干部群众座谈时讲道:"科学求实就是实事求是、调查研究,坚持一切从实际出发的求实精神。实事求是是党的思想路线的核心内容,也是焦裕禄精神的灵魂。"

(3) 旅游客源市场分析。

在对规划区的旅游者的数量和结构、地理分布、出游方式、旅游目的、旅游偏好、停留时间、消费水平等进行全面调查分析的基础上,预测规划区旅游客源市场未来的数量、结构和水平等。

(4) 旅游资源综合评价。

对规划区旅游业发展进行竞争性分析,确立规划区在交通可进入性、基础设施、景点现状、服务设施、广告宣传等各方面的区域比较优势,综合分析和评价各种制约因素及机遇。

2. 规划编制阶段

(1) 在前期准备工作的基础上,确立规划区旅游主题,包括主要功能、主打产品和主题形象。

(2) 确立规划分期及各分期目标。

(3) 提出旅游产品及设施的开发思路和空间布局。

(4) 确立重点旅游开发项目,确定投资规模,进行经济、社会和环境评价。

(5) 形成规划区的旅游发展战略,提出规划实施的措施、方案和步骤,包括政策支持、经营管理体制、市场营销、融资方式、教育培训等。

(6) 撰写规划文本、说明和附件的草案。

3. 征求意见阶段

旅游规划初稿(也称"征求意见稿")形成后,应广泛征求各方意见,并在此基础上,对规划草案进行修改、充实和完善。

首先,应反复征求上级主管部门和本地各相关部门的意见。

其次,召开有相关学科的专业人士参加的研讨会、座谈会,听取他们对规划的意见和建议。

最后,征求规划地利益相关者(旅游企业、社区居民等)的意见。

4. 规划成果定稿阶段

将征集到的关于旅游规划的各方意见和建议进行梳理、归纳,吸收合理部分,修改完善文本、图件和附件,形成旅游规划,送审。

(四) 旅游规划的完善与实施阶段

旅游规划送审稿提交评审会评审,针对评审会的意见,再进行修改完善,形成旅游规划终稿。

终稿由旅游规划委托方按规定的程序报批,经过批准后的旅游规划具有地方性法规的性质,成为指导旅游地开发的文件。

复习思考题

1. 简述旅游规划编制的体系和程序。
2. 旅游规划与开发的可行性分析包含哪些内容?
3. 旅游规划编制的技术要求有哪些?
4. 如何全面理解旅游规划编制对旅游地发展的作用?

思政案例

本章课程
思政总结

第五章
旅游规划与开发的市场分析与营销对策

学习目标

1. 深刻理解《"十四五"旅游业发展规划》中对旅游市场发展的设想。
2. 掌握旅游市场分析和调研的相关内容。
3. 熟悉旅游市场细分的依据。
4. 熟悉并掌握旅游市场营销方法。

思政元素

1. 要充分发挥各类市场主体投资旅游和创业创新的积极性，推动市场在旅游资源配置中起决定性作用，并更好地发挥政府作用。

2. 围绕构建新发展格局，坚持扩大内需战略基点，推进需求侧管理，改善旅游消费体验，畅通国内大循环，做强做优做大国内旅游市场，推动旅游消费提质扩容，健全旅游基础设施和公共服务体系，更好地满足人民群众多层次、多样化需求。

3. 要巩固依法整治旅游市场乱象的成果，推动旅游产业持续健康发展。要树牢"绿水青山就是金山银山"的理念，驰而不息地打好蓝天、碧水、净土三大保卫战。

吉林：夜游成国庆旅游新时尚

灯光秀、烟花秀、行进式演出……每当夜幕降临，吉林各个景区流光溢彩，成为照亮城市的点点星火，热烈的氛围吸引了大量游客。这个国庆假期，夜游吉林成为一种新时尚。

"五星红旗迎风飘扬，胜利歌声多么响亮……"夜色渐浓，梅河口东北不夜城红歌主题演出正式开始。璀璨的红色灯光与月色交相辉映，商业街上游人如织，人们挥舞着五星红旗，一派欢乐氛围。假日期间，梅河口东北不夜城为游客准备了丰富多彩的活动，佤族木鼓迎宾、木鼓表演、万人火把狂欢让这里成为真正的"不夜城"。不仅如此，抢消费券、梅河招婿红包雨等福利活动也备受游人关注，沿街叫卖的各类小吃让人们流连忘返。"国庆当晚真是太震撼了，红歌演唱会、篝火晚会、烟花表演，每一个活动都拉起了满满的氛围感,我和朋友拿着小红旗一路走一路玩,这样的夜游真的很奇妙。"去梅河口东北不夜城游玩的吉林市民魏先生说。

入园能得到小红旗,白天参与情景剧互动,晚上看一场旅游演艺。国庆假期,长春莲花岛影视休闲文化园精心编排了节目演艺时间表,为游客准备了怀旧歌舞剧、实景探案互动、电音秀等白天、夜晚不停歇的精彩活动。在灯光的点缀下,置身于复古的建筑,在步行街上走走停停,在"皮影戏小剧场"看看戏,在"和平饭店"找找回忆,让游客对夜晚出游有了新的体验。游客李女士说:"这里的夜间节目丰富,在灯光下和复古建筑合影也很有趣,而且距离长春市区不远,可以当天往返。"

此外,延吉不夜城(中国朝鲜族民俗园)在国庆假期安排了充满市井烟火气的微秋市集、演出活动,将风情展示、文化演艺、特色餐饮等融合,并运用灯光秀、主题水秀等营造梦幻夜景,让游客白天游园品文化,晚上逛街尝美食。电影主题沉浸式文化创意街区长春电影嘉年华围绕科幻、国潮等主题开展演艺活动,备好风味美食,并于每日 17 时开启精彩演艺。《人世间》《长津湖》等影视作品相关主题陈列,《哪吒传奇》《功夫熊猫》等影视主题定制商亭吸引众多游客拍照打卡,夜晚的沉浸式舞台表演让游客大饱眼福。在敦化市渤海湖夜经济集聚区,配合着音乐上演的水秀、灯光秀、投影秀、激光秀等营造了浓厚的节日氛围,受到好评。

资料来源 《吉林:夜游成国庆出行新时尚》,中国旅游新闻网,http://www.ctnews.com.cn/news/content/2022-10/05/content_131206.html。

思考题:请根据上述案例进行思考,吉林夜间旅游市场繁荣的原因有哪些?

第一节 旅游市场调研分析

一、旅游市场分析

旅游市场的定义有广义和狭义之分。广义的旅游市场指旅游产品交换过程中所反映的各种经济现象和经济关系,其生成条件包括:可提供的一定数量的旅游产品或旅游服务能力、对旅游产品或服务的需求、旅游产品或服务的价格,以及有政府及相关组织参与的管理。狭义的旅游市场指买卖旅游产品的场所或旅游供给市场。

在市场营销学意义上,按照菲利普·科特勒(Philip Kotler)的解释,旅游市场即是对某一特定旅游产品或旅游服务项目具有购买意愿并具备支付能力的旅游消费者集合,在旅游业经营和管理实务中通常称客源市场。鉴于现实中购买或预订旅游产品的顾客并非都是该产品的终极消费者,也被称作"旅游购买者集合"。

从时空角度来说,旅游市场是旅游产品交换的场所,是旅游产品购买者分布的地域。从经济学角度来说,旅游市场是旅游产品交换过程中各种经济行为与经济关系的总和。从营销学角度来说,旅游市场是一定时间和空间内,旅游产品的现实与潜在购买者的集合。

由于旅游活动和旅游产业的独特属性，旅游市场还具有季节性、多样性、波动性、全球性的特征。旅游产业的经济属性决定了其对市场具有极大的依赖性，离开了市场的依托，旅游产业难以实现经济效益，因此，对旅游市场进行分析和调研，制定合理的市场营销策略是进行旅游规划开发、实现旅游产业发展的关键步骤。

旅游市场分析是指系统地收集、处理、分析和解释旅游劳务销售在旅游市场中所占地位的各种资料的技术经济加工过程。它是科学地编制旅游企业发展和旅游市场经营规划的基础，有助于旅游企业对旅游市场经营策略进行合理决策。

旅游市场分析的数据收集、处理、分析要有广泛性、系统性和客观性。一般旅游市场分析有六个步骤：确定分析的目的；设计分析方案并确定分析资料的来源；设计搜集和处理数据的方式和方法；样本设计和确定数据误差；数据和情况的整理和分析；编写分析报告。

市场在资源配置中起决定性作用，这一论断更加符合社会主义市场经济体制的本质。发挥政府宏观调控作用，建设统一开放、竞争有序的市场体系。"十四五"时期我国文化和旅游市场发展面临新的机遇与挑战，需要坚持问题导向，加强全局性谋划，不断深化改革，实施系统治理、依法治理、综合治理、源头治理，努力开创文化和旅游市场发展新局面。

（一）旅游市场分析的内容

1. 市场环境分析

（1）人口环境。

人口是形成市场的先决条件，市场包含了人，人构成了市场。因此，明悉人口状况，意味着了解到可供开发的潜在市场的规模。人口环境分析主要是分析其规模、增长速度、职业构成、年龄构成、受教育程度、消费特点等。

一般来说，人口的规模、增长速度与可供开发利用的市场之间，呈正向关系。人口规模越大，社会购买力越大，市场规模越大。这是一个静态指标，而人口增长速度则是一个动态指标，根据人口增长的动态性及时调整和分析市场动向，是市场分析的关键点。

人口职业构成分析的主要内容是分析旅游开发地人口的就业情况，不同的旅游者有不同的职业，这会导致他们的收入产生差异，进而使其消费能力、消费偏好和消费习惯显著不同。高收入职业的消费者，往往具有更高的消费能力，更加追求多样化和个性化的高质量产品，消费水平较高。而低收入的消费者，则更加追求性价比高的产品。

人的受教育水平对于旅游市场分析也有重要影响。一般来说，受教育程度高的旅游者，其旅游需求更强，但是受教育程度高的旅游者并不是对所有的旅游项目都有需求，他们可能更为关注旅游产品的精神内涵。

（2）经济环境。

经济环境是指构成企业生存和发展的社会经济状况和国家经济政策。社会经济状况包括经济要素的性质、水平、结构、变动趋势等多方面内容，涉及国家、社会、市场及自然等多个领域。国家经济发展政策是国家履行经济管理职能、调控国家宏观经济水平和结构、实施国家经济发展战略的指导方针，对企业经济环境有着重要的影响。

经济环境主要由社会经济结构、经济发展水平、经济体制和宏观经济政策四个要素构成。

社会经济结构指国民经济结构中不同的经济成分、不同的产业部门以及社会再生产各个方面在组成国民经济整体时相互的适应性、比例和关联情况。社会经济结构主要包括产业结构、分配结构、交换结构、消费结构和技术结构五个方面。

经济发展水平是指一个国家经济发展的规模、速度和所达到的水准。反映一个国家经济发展水平的常用指标有国民生产总值、国民收入、人均国民收入、经济发展速度、经济增长速度。

经济体制是指国家经济组织的形式。经济体制规定了国家与企业、企业与企业、企业与各经济部门的关系，并通过一定的管理手段和方法，调控或影响社会经济流动的范围、内容和方式等。

宏观经济政策是指国家、政党制定的一定时期国家经济发展目标实现的战略与策略，它包括综合性的全国经济发展战略和产业政策、国民收入分配政策、价格政策、物资流通政策、金融货币政策、劳动工资政策、对外贸易政策等。

（3）政治环境。

任何经济活动必然受到政治与法律环境的约束，旅游市场的分析不仅要考虑客源地的政治环境，也要考虑旅游目的地的政治环境。古典经济理论认为，市场是完美的，有一只"看不见的手"在自动调节市场的生产、交换和消费，使市场实现出清。新古典经济理论也认为，只有当市场失灵时才需要政府干预。然而，现实世界却超出了传统经济理论的界线，政府出于宏观经济发展的需要，为了保护消费者、保障工人的利益、促进市场竞争的公平、保护环境等，对企业产生了越来越多的影响。

政策的稳定性是决定客源地市场的关键因素。旅游产业发展也受到政策和法律的约束和影响，国家出台的旅游服务质量标准、景区管理标准、市场管理规范等规章条例，调节着旅游市场的发展方向。

（4）自然环境。

自然环境和旅游紧密相关，因为旅游业属于资源依托型产业，自然环境直接影响可供开发的旅游资源的量。同时，自然环境还决定着旅游的承载力，任何旅游活动都离不开良好的环境，没有良好的环境就没有旅游活动。此外，旅游目的地的规划与开发，给自然资源环境的可持续发展带来了潜在的威胁，也对环境提出了更高的要求。

所以，在旅游规划开发过程中，对于旅游目的地和市场的选择应该符合国家社会的环境要求，依照生态的观点更应强调环境中各因素和系统的相互依赖性。例如：旅游景区在规划设计、产品开发和对外宣传时一定要考虑到对自然环境的影响；旅行社设计线路时要保持高度环保意识，积极开发、科学组织生态旅游、探险旅游等特色旅游，同时考虑到旅游景区的承载力和环保需求,强化绿色营销观念。

(5)社会和文化环境。

社会文化是指一个国家或地区的民族特征、文化传统、价值观、宗教信仰、教育水平、社会结构、风俗习惯、伦理和语言文字的总和。文化对个人有暗示、提醒、制约的力量,以及潜移默化的作用,人们在不同的社会中成长,受不同社会文化的影响,必然形成不同的价值观念、行为偏好及认识事物的方法等。这些因素既规定了一个人的行为方向等,又就决定了一个人旅游购买的频率、档次、种类和方式等。这些社会文化因素包括社会阶层、家庭、民俗宗教等。

社会阶层是根据人们的地位、声望、价值观以及生活方式等划分的相对稳定的人群,同一社会阶层的人的行为具有较大的相似性。旅游购买行为往往能显示一个人的社会地位与生活品位,因此,对个体旅游购买者而言,处在怎样的社会阶层之中将直接影响其购买行为。一般而言,社会阶层较高的人更加愿意接受新鲜事物,对旅游有基本相同的积极态度,也更愿意购买一些具有文化内涵的高质量产品。

每个家庭都具有其特有的家庭文化,一般体现在消费观、消费倾向、偏好等方面。家庭中每个成员的消费决策会受到其他家庭成员和家庭文化的影响。同时,家庭发展阶段也往往会影响旅游者的旅游决策。例如,未婚的旅游群体更加倾向于旅游,这一群体是旅游规划开发的巨大潜在市场;针对处于新婚期的旅游者,可以考虑开发情侣游、蜜月游产品;针对处于生育期的家庭,可以考虑开发亲子游。

风俗习惯是人们长期自发形成的习惯性的行为模式,是一个社会大多数人共同遵守的行为规范。风俗习惯遍及社会生活的各个方面,包括婚丧习俗、饮食习惯、节日习俗、商业习俗等。宗教直接影响人们的生活态度、价值观念和风俗习惯,从而影响人们的消费行为。旅游企业要进入某一个目标市场就必须了解当地的教规,尊重当地的宗教信仰,并适当地加以利用。

社群是指借助信息通信技术的社交平台,以共同利益或目标为驱动,进行信息与知识的分享、关系的发展与建立等社会活动的,具有统一价值观与文化底色的共同体。信息通信技术的快速发展与时代赋予现代人的异质化需求,作为催生剂唤起了社群并不断推动着社群经济的发展。每一个社群都拥有自己的消费模式和消费偏好,对于社群的分析也是旅游市场分析的重要方面。

坚持以社会主义核心价值观为引领,贯彻新发展理念,扩大优质产品和服务供给,推动文化和旅游市场向高品质和多样化发展,切实增强人民群众的获得感、幸福感、安全感。

2. 竞争者分析

竞争者是指,为满足某种旅游产品或服务的所有现实和潜在的购买者的需求,旅游开发地通过降价销售、产品创新、广告宣传、营业推广或公共关系等手段,不断追求优于竞争者经营业绩的一种市场行为。识别与评估旅游开发地的市场竞争者是开发地市场分析的重要内容，其中，确定开发地面临的市场机会和发展限制因素最为关键。为了准确判断旅游开发地及主要竞争者所处的市场地位，旅游规划开发人员需要深入、详细地对开发地的市场竞争者进行细致、准确的研究。

首先，识别竞争者。识别竞争者是进行竞争者分析的第一步。因为只有明确了竞争者的优劣势，旅游开发地才能找准自己的市场地位，进而才能采取有效的开发策略，在竞争中占据主动。在旅游市场竞争中，拥有不同规模和实力的竞争者对旅游开发地发展的影响是不同的，应着重针对主要竞争者进行分析，并将其与本地旅游进行全方位的比较评价，比较的重点应放在市场定位、产品设计和分销渠道等方面。对旅游开发者而言，其主要竞争者一般为同种产品或同类产品竞争者。不同的旅游目的地可以提供相同或相似的旅游产品，但是选择权在旅游者手中，因而旅游市场竞争的结果主要看谁更能展示自己的特色和更能有效满足消费者的需求。而且，当旅游者对同类产品进行选择时，旅游目的地之间的竞争显得更为突出和激烈。

其次，识别竞争者战略。识别竞争者战略就是要明白竞争者在干什么以及能干什么。根据竞争者的表面言论和行为，往往难以清楚地判断其当前所制定的战略。要正确识别竞争者的现行战略，最有用的办法就是把其战略看作在该开发地的各个职能领域内的主要经营策略以及把这些职能互相联系起来的途径。为此，应通过积极的努力去收集相关竞争者的详细资料，这样才能对竞争者做出较为准确的评价。

最后，判断竞争者的目标。在市场竞争者识别过程中，还需要判断和评价竞争者的目标。判断竞争者的目标并根据这些目标来预测市场变化情况，是十分重要的。了解主要竞争者在未来一段时期的规划开发目标，有助于分析竞争者是否对其目前的地位和经营业绩感到满意，并由此推断该竞争者改变战略的可能性。此外，还可以预测竞争者对于本旅游地进入市场反应的程度。

3. 旅游者需求分析

影响旅游者旅游需求的因素是多方面的，主要包括旅游产品的供给状况、旅游产品的价格、旅游产品的销售渠道和促销等。一般来说这些因素不是决定旅游者旅游动机的根本因素，它只是在一定程度上对旅游者旅游的时间和方式产生影响。

（1）旅游产品的供给状况。

旅游产品的供给是旅游者产生旅游需求的前提，旅游产品的供给越丰富，旅游者所能选择的空间也就越大，旅游者的需求得到满足的可能性也越大。旅游产品供给的多样性包括旅游产品类型的多样性和旅游产品数量的多样性。种类繁多的旅游产品必然会激起旅游者的旅游欲望，因此，在分析旅游者需求的时候，要注意旅游产品所产生的旅游者的潜在需求。

在习近平新时代中国特色社会主义思想引领下，不忘初心、牢记使命、踔厉奋发、勇毅前行，深化文化和旅游融合发展，坚持为民、惠民、富民理念，为人民群众提供更多优质文化和旅游产品，推进文化自信自强，铸就社会主义文化新辉煌。

(2) 旅游产品的价格。

根据微观经济学中的经济人假设,人都是掌握了完全信息的理性经济人,他们所追求的目标是自身利益的最大化。因此,旅游产品的价格对人们的旅游需求有较大影响。根据需求规律,旅游产品的价格低,人们就会相应增加对旅游产品的需求;旅游产品的价格高,人们对旅游的消费就会多加考虑,甚至减少需求。但是在某些情况下,价格低的旅游产品反而不会增加人们对它的需求量,而价格高的旅游产品则供不应求。这是由旅游产品的特殊性质所决定的,旅游产品的消费必须在目的地进行,而人们在购买旅游产品时往往并不在旅游目的地,而是通过旅游中间商和经销商进行购买,这就会导致双方信息不对等。但随着OTA平台的产生和发展,获取信息来源丰富多样,旅游者更加倾向于线上购买旅游产品,进行价格比对,也更倾向于自主选择符合自身心理预期的旅游产品。

(3) 旅游产品的销售渠道和促销。

充分利用现有的各种媒体,针对不同的旅游者采取最为有效的宣传和促销方式,必定会在一定程度上增加人们对旅游产品的需求。进行有效的旅游市场营销,有助于刺激旅游消费;有助于认识和把握旅游市场,增强旅游市场的竞争优势;有利于促进旅游供给平衡,指导旅游目的地的经营活动。

高举中国特色社会主义伟大旗帜,坚持以马克思列宁主义、毛泽东思想、邓小平理论、"三个代表"重要思想、科学发展观、习近平新时代中国特色社会主义思想为指导,立足新发展阶段,贯彻新发展理念,构建新发展格局,以制度化建设为牵引,以改革创新为根本动力,以建设高标准现代文化和旅游市场体系为目标,以推动文化和旅游市场高质量发展为主题,坚持以人民为中心,统筹发展和安全,坚决维护意识形态安全和国家文化安全,持续深化"放管服"改革,优化市场环境,畅通市场循环,激发市场主体活力,培育发展新动能,全面深化文化市场综合执法改革,创新监管理念和方式,提升文化和旅游市场治理体系和治理能力现代化水平,促进文化和旅游市场繁荣发展,为建设社会主义文化强国做出积极贡献。

(二) 旅游市场分析的作用

旅游市场分析的作用主要表现在两个方面:

一是有利于旅游目的地正确制定营销战略,营销战略决策只有建立在扎实的市场分析的基础上,才能减少失误,提高决策的科学性和正确性,从而将经营风险降到最低。

二是实施营销战略计划的保障。企业在实施营销战略计划的过程中,可以根据市场分析取得的最新信息资料,检验和判断营销战略计划是否需要修改,如何修改以适应新出现的或事先未掌握的情况,从而保证营销战略计划顺利实施。只有利用科学的方法去分析和研究市场,才能为旅游目的地的正确决策提供可靠的保障。市场分析可以帮助企业解决重大的经营决策问题,比如通过市场分析,旅游目的地可以知道自己在某个市场有无经营机会或能否在另一个市场将已经获得的市场份额扩大。

市场分析也可以帮助解决一些较小的问题,例如公司是否应该立即对价格进行适当的调整,以适应顾客在节日期间的消费行为;或是公司是否应该增加营业推广所发放的奖品,以加强促销工作的力度。

市场分析在企业经营决策中的重要作用主要有以下几个方面:

第一,市场分析可以帮助企业发现市场机会并为企业的发展创造条件。企业若想在一个新的市场开辟自己的业务,除了要了解这个市场的需要,还要了解该市场商业上的竞争对手,这些工作都要通过各种分析手段来完成。只有通过细致的市场调查和分析,企业才有可能在营销策略方面做出正确的决策,就这一点而言,公司的规模越大,市场分析工作就越重要,也就越需要在市场分析方面进行大量的投资。

第二,市场分析可以加强企业控制销售的手段。促销活动是企业在推销产品过程中的主题活动,然而企业如何进行促销活动和选择什么样的促销手段,则要以市场分析工作为前提。

二、旅游市场调研

(一) 旅游市场调研的概念

旅游市场调研是指运用科学的方法和手段,有目的、有系统地收集、记录、整理、分析和总结与旅游市场变化有关的各种旅游消费需求以及旅游营销活动的信息、资料,以了解现实旅游市场和潜在旅游市场,并为旅游规划者与经营决策者提供客观决策的依据。

旅游市场调研是了解旅游者需求的有效办法,是旅游地进行市场预测和决策的前提,是旅游规划中的基础性工作。

进行旅游市场调研,可以使旅游营销人员对企业的运行状况进行测定和评价,了解旅游企业促销的效果,进一步提高企业的大众信誉,有助于在决策层引起反响,从而使营销人员赢得决策层的支持。调研结果还可以作为一种系统而客观的信息,帮助营销人员和管理人员杜绝凭直觉决策。同时,营销调研所获得的有关竞争状况的信息也可以使旅游企业处于有利的竞争地位。

(二) 旅游市场调研的内容

1. 客源地的市场环境

客源地市场环境是指对旅游市场产生直接和间接影响的各种外在因素。通过对客源地旅游市场的环境调查,可以发现各种机会、风险和约束条件。

客源地的市场环境主要包括自然地理环境、社会经济环境、社会文化环境、政策法律环境几个方面。

(1) 自然地理环境。

自然地理环境包括与旅游市场的距离、旅游市场的地理情况和旅游资源开发利用情况等内容。

(2) 社会经济环境。

由于经济支付能力是实现旅游活动的重要外部条件,因此决定游客收入水平的经济环境对旅游市场的旅游需求结构与需求量会产生巨大的影响。社会经济环境主要包括国民生产总值/人均国民生产总值、个人(或家庭)收入/个人可自由支配收入、居民储蓄存款情况、消费水平/消费结构、物价水平/物价指数、城市化水平等内容。

(3) 社会文化环境。

社会文化环境主要包括客源地的人口数量、人口素质、人口自然结构、人口职业和行业结构、民族分布与构成、宗教信仰、风俗习惯、语言、审美观与价值观等内容。

(3) 政策法律环境。

政策法律环境主要包括与旅游业发展有关的方针政策、对外经济贸易政策、环境保护法、保险法等内容。

2. 客源地旅游市场需求调查

旅游市场需求,是指客源地旅游市场愿意付出一定的代价来换取旅游商品的实际要求。其特点是,游客不仅愿意按一定价格购买旅游产品,还要为此付出时间,其所购买的是一种旅游体验。旅游需求是决定旅游市场购买力和市场规模大小的重要因素。针对旅游者进行的需求调查是旅游市场调查内容中最基本的部分。

旅游市场需求调查主要包括旅游市场总体状况和游客消费行为两个方面。

(1) 旅游市场总体状况。

旅游市场总体状况的调查内容主要包括旅游市场现有和潜在的购买人数、销售量、购买原因等。

(2) 游客消费行为。

游客消费行为的调查内容主要包括游客的数量、类别、结构、地理和季节性分布、旅游方式、旅游目的、旅游偏好、停留时间、消费水平、旅游期望等。

3. 客源地旅游市场潜在需求调查

客源地旅游市场的潜在需求主要通过出游率、重游率、开支率等指标来衡量。出游率指一定时期内一个地区的出游人次与总人口的比率;重游率指来旅游地的旅游人次与旅游人数之比,即旅游者来目的地旅游次数的算术平均值;开支率指旅游开支与其年均收入之比。

4. 客源地旅游产品组合调查

旅游市场营销学角度的旅游产品组合,是通过生产不同规格、不同档次的旅游产品,使一个旅游区所生产的产品更为科学、合理,旅游产品结构更能适应市场的需求,从而以最小的投入,最大限度地占领市场,实现旅游区的最大经济效益。当地区内实施旅游规划开发行为,推出新的旅游产品时,必然要考虑产品组合问题,达到弥补市场空缺、使地区内产品组合最优的目的,从而占领市场,推动地区旅游业进一步发展。因此,对客源地旅游市场内产品组合现状的调查必不可少。

对产品组合的考察主要集中在三个方面:

(1) 产品组合的广度。

产品组合的广度指客源地市场现有的旅游线路的多少。

(2) 产品组合的深度。

产品组合的深度指某一旅游线路中旅游活动项目的多少。如果某一旅游线路中旅游活动项目多,旅游者逗留时间长,则谓之产品组合较深;反之,产品组合较浅。

（3）产品组合的相关性。

产品组合的相关性指现有旅游产品的生产对旅游生产设备——饭店、宾馆、交通、旅游景点、娱乐、旅游购物等方面的一致性。一致程度高则产品相关性较大;反之,相关性较小。

5. 客源地旅游者评价调查

旅游者对旅游产品或旅游目的地的评价和态度直接影响其购买决策。因此,进行新的旅游开发活动时,要调查收集客源地旅游者对市场内旅游产品现状的意见和评价,从而有针对性地实施开发。客源地旅游者评价调查包括旅游者对旅游产品的评价和接受程度;旅游者购买或接受产品的频率;旅游者对旅游产品还有哪些要求和意见;旅游者的心理价格等。

（三）旅游市场调研的分类

按照不同的方法和标准,旅游市场调研可分为不同的类型。

1. 按调查目的划分

按调查目的,旅游市场调研可以分为探索性调查、描述性调查、因果性调查。（见表5-1）

表 5-1 按调查目的划分的旅游市场调研类型

类型名称	形 式	特 点	主 要 用 途	缺 点
探索性调查	有限访谈或查找资料	简便初步	用于了解现状,发现问题,制定调查方案	准确性低
描述性调查	对对象基本情况的调查	客观性	广泛收集基础性信息,准备深入研究工作	工作量大
因果性调查	设定和控制变量,调查因变量	因果性	基于描述性调查,针对特殊问题证明因果关系	调查环境难以完全控制

2. 按选择对象的方法划分

按选择对象的方法,旅游市场调研可以分为全面调查、典型调查、抽样调查。（见表5-2）

表 5-2 按选择对象划分的旅游市场调研类型

类型名称	形 式	特 点	主 要 用 途	缺 点
全面调查	对所有对象进行调查	全面精确	用于对人口、车辆等的调查。多用于全国普查	工作量非常大
典型调查	选择典型代表	工作量较小	适用于对象庞大,且对该调查对象较为熟悉的情况	难以准确选择典型

续表

类型名称		形式	特点	主要用途	缺点
抽样调查	系统抽样	排列对象,等距抽样	等距,简单易行	适于对同类对象做一般分析	对异质分析不宜深入
	随机抽样 简单随机抽样	安全随机地抽取样本	随机性	适用于对象总体均质性较高的情况	受条件制约,可能沦为任意抽样
	随机抽样 分层随机抽样	先按质归类,再在各同质层简单随机抽样	能增强代表性,工作量大	用于异质分组差异明显的场合,如按年龄段分层再研究各段分列特性	取决于分层的准确性
	随机抽样 分群随机抽样	先按空间分群,再在各样本群简单随机抽样	空间针对性强	常用于客源地抽样调查	异质分析不易深入
	非随机抽样 任意抽样	视条件方便取样本	任意性	对象同质性较高时	偏差
	非随机抽样 判断抽样	按专业人员的判断选择	取决于专业人员	对象个体极不相同,为避免误差而删除极端样本	受调查人员素质影响很大
	非随机抽样 配额抽样	划分群体,规定每个群体的样本数,再任意抽样	工作量小,信度效度较高	适用于一般性、小规模的调查	调查人员素质对结果有一定的影响

3. 按资料来源划分

按资料来源,旅游市场调研可以分为第二手资料调查、第一手资料调查、观察调查法。(见表5-3)

表5-3 按资料来源划分旅游市场调查类型

类型名称		形式	特点	主要用途	缺点
第二手资料调查	外部资料	政府和专业出版物	较简便	宏观调查、背景调查	时效低,难以满足专业性要求
	内部资料	档案、文件等	简便	历史、内部情况调查	
第一手资料调查		有计划地调查专门信息	时效性好,针对性强	调查本地特定问题	成本高
观察调查法		旁观或借助仪器观察	间接性、客观性	调查游客的行为规律及其隐含态度	靠主观推测

4. 按交流方式划分

按交流方式,旅游市场调研可以分为询问调查、实验调查。(见表 5-4)

表 5-4　按交流方式划分的旅游市场调查类型

类型名称		形　式	特　点	主　要　用　途	缺　点
询问调查	面谈	面谈,可简短询问、启发判断	灵活、亲切,较为准确	常用于小组访谈、专题访谈	成本较高,受调查人员主观意识影响
	电话询问	通过电话征询意见	成本低、灵活性	用于长途、小样本或大范围较简单问题调查	复杂问题不易配合
	邮寄调查	问卷邮寄	较客观	常用于问题多、不便面谈,或者受调查者影响的问题	返回率低,受问卷设计质量影响
	留置问卷	面交问卷,回家填写	较明确、客观性	可用于对问题多且须仔细思考的问题的调查	周期长,返回率较低
实验调查		控制变量,了解变量间的关系	科学性、客观性	小规模实验,为推广做准备	难以完全控制实验条件

(四)旅游市场调研的主要程序

旅游市场调研的主要程序包括以下几个方面。

1. 确定问题和调研目标

每一次调研工作的目标是不一样的,在调研工作开展前,每一位参加调研工作的人员必须明确本次调查的目标。

2. 制订市场调研计划

制订市场调研计划主要是对旅游市场调研工作的时间、地点、人员和经费使用等做出计划和安排。

3. 实施调研计划

这一阶段的主要任务是按计划系统搜集各种资料数据,包括第一手数据和第二手数据,发放问卷,实施调查,对调查过程实施监督,平衡调查样本,编辑、检查调查资料。

4. 解释并汇报调查结果

借助一定的统计分析技术,将整理后的资料和数据进行分析、解释,得出结论,提出合理化建议。撰写调查报告,为旅游规划与开发的决策提供依据。

第二节 旅游市场定位与旅游目标市场

一、旅游细分市场

（一）旅游细分市场的概念

旅游市场细分是指旅游营销者通过市场调研，依据旅游者的需要和欲望、购买行为和购买习惯等方面的差异，把某旅游产品的市场整体划分为若干旅游者群的市场分类过程。每一个旅游者群就是一个细分市场，每一个细分市场都是由具有类似需求倾向的旅游者构成的群体。

（二）旅游市场细分的作用

由于旅游市场需求存在明显的差异性，旅游企业通常不可能有足够的精力和实力面向国际或整个国内市场，满足所有旅游者的需求。因此，为了充分利用自己的有限资源，充分发挥自己的优势，提供能满足顾客需求的产品和服务，旅游企业需要进行旅游市场细分。旅游市场细分的意义主要体现在以下几个方面。

第一，有利于目的地或旅游企业发现新的市场机会，形成新的目标市场。

通过旅游市场细分，旅游企业可以对每个细分市场需求状况进行了解，掌握不同消费者群体的需求特点和需求的满足程度，发现哪些消费者群体的需求得到了满足、哪些消费者群体的需求未得到满足或未完全满足。旅游企业还可以分析和比较不同细分市场中竞争者的营销状况。因此，那些未得到满足或未得到充分满足的需求而竞争对手又较弱的细分市场，可能就是企业新的市场机会。

第二，有利于目的地或旅游企业深入掌握市场动态，提高其市场应变能力。

在旅游市场细分的基础上，企业可以集中人力、物力、财力、技术和信息等各种资源，投入目标市场，使有限的资源集中使用在"刀刃"上，通过集中兵力打歼灭战的办法，取得理想的经济效益，这一点对中小企业来说尤为重要。中小企业整体实力较弱，无法与强大的竞争对手在整个市场上展开全面较量，但如果将其全部力量集中于某一个或某几个分市场，则可以把自己的劣势转变为局部市场的优势，从而提高企业的对抗能力，取得投入少、产出高的良好经济效益。

第三，有利于目的地或旅游企业根据不同市场的特点制定相应的市场营销策略。

旅游市场细分后，各细分市场都变得小而具体，从而有利于旅游企业了解和把握消费者的需求。在细分市场上，信息反馈快，一旦消费者需求发生变化，企业就可以迅速改变原有的营销策略，制定相应的对策，满足变化了的消费需求。

(三) 旅游市场细分的基本原则

1. 可衡量性

可衡量性原则要求旅游企业在进行市场细分时,旅游市场能够被清晰地划分开,分市场能够被界定和度量,这包括三层含义:

一是各细分市场之间旅游需求具有明显的差异性。

二是各细分市场要有明确的组成成员,成员之间有相近的旅游消费特征。

三是各细分市场的规模和购买力等要能被具体测定。

要达到以上对旅游市场细分的要求,应注意选择恰当的旅游市场细分标准。首先,旅游企业所选择的细分标准要与消费者的旅游需求有必然的联系,这样才能使各细分市场的需求特征明显地区分开。其次,旅游企业所选择的细分标准必须清楚明确,容易辨认,能被定量测定,从而能够明确划分各细分市场的界线。

2. 可占领性

可占领性原则是指细分出的市场是企业利用现有的资源,通过一定的营销活动,可以通达的市场,也就是说,细分市场是企业可以进入并有所作为的,不是可望而不可即的。这要求细分市场必须具备两个条件:

一是旅游企业与细分市场之间能进行有效的信息沟通。

二是旅游企业与细分市场之间能建立畅通的销售渠道。对无法进入或难以进入的市场进行细分是没有意义的。

3. 收益性

收益性原则要求细分出的市场在旅游人数和购买力上达到一定的规模,从而使企业能从中获利,不但保证企业的短期利润,还要有一定的发展潜力。收益性原则具体包括三个要点:

一是虽然市场细分有使整体大市场小型化的趋向,但又绝不能过度细分到失去一定规模经济效益的程度。

二是应注意某些细分市场,虽然其在整体市场中比重很小,但其绝对规模或购买力足以达到赢利的水平,因而具有很大的开发价值。

三是在旅游市场细分时,还应考虑开发的成本。当由于外界条件的变化或者通过主观努力而使开发成本得以降低时,就可能使一些原本无利可图的市场变得有利可图。

4. 稳定性

旅游市场细分是一项复杂而又细致的工作,因此,要求细分后的市场具有相对稳定性。如果细分市场变化太快、太大,会使制定的营销策略快速失效,导致营销资源必须重新调整,还会造成企业市场营销活动的前后脱节和被动局面。

(四) 旅游市场细分的依据

1. 地理细分

地理细分就是将市场划分为不同的地理单元,如国家、省、市、县、乡(镇)等,然后选择其中的一个或几个作为市场营销的目标市场。常见的地理细分变量有所在地区、城市规模和气候等。

按照所处不同的地理位置细分,即以旅游客源产生的地理区域和行政区域为标准对旅游市场进行划分。对于出入境旅游,常以大洲、国家或地区为单位进行市场划分。对于国内旅游,经常根据省、市、县等行政区划来划分市场。

根据距离目的地的远近不同,将市场划分为短程市场和远程市场。短程市场旅游也被称为周边游,一般被认为是指空间距离在 250 千米以内的区域,远程市场则是指空间距离在 1000 千米之外的区域。

根据气候的不同,可将旅游市场分为冬季市场和夏季市场,一般适用于旅游季节性突出的旅游目的地,如海南三亚和东北地区。

2. 人口细分

人口细分是按照旅游者的年龄、性别、家庭人口、家庭类型、收入、职业、受教育程度、宗教、种族等人口变量来对客源市场进行划分。

人口年龄因子是细分旅游市场的主要因子之一。根据旅游者的年龄,一般将旅游市场细分为老年市场、中年市场、少儿市场等,也可以根据研究工作的需要按照不同的年龄段来划分,一般将旅游者分为 14 岁及以下、15—24 岁、25—44 岁、45—64 岁、65 岁及以上等年龄段。市场调查表明,各个年龄阶段的消费者,对旅游行为、价格政策、旅游产品特色和参观游览的需求有很明显的区别。一般认为,年轻群体对于旅游的需求更为旺盛,愿意尝试新奇刺激的旅游体验,而老年群体有着更多的闲暇时间并且有更强的经济支付能力。

在进行旅游市场的人口细分时,单一人口因素的有效性往往不太理想。在这种情况下,更好的方式是采取多因素联合的人口细分方式,即将性别、年龄、职业、受教育程度等因素综合起来进行考虑和分析。

(1) 按性别细分。

按性别将旅游市场分为男性市场和女性市场。男女旅游者需求有区别,一般而言男性旅游者独立性较强,更倾向于知识性、运动性、刺激性较强的旅游活动;而女性旅游者更重视旅游目的地的选择,喜欢结伴出游,注重自尊和人身与财产安全因素,喜欢购物,对价格敏感。

(2) 按家庭结构细分。

家庭结构就是指家庭成员的构成、组合和搭配形式。一般分为主干家庭(两代以上夫妻组成,每代不超过一对夫妻且无断代的家庭)、核心家庭(父母及未婚子女组成的家庭)、联合家庭(一代中含有两对夫妻的家庭)、单亲家庭(夫妻离异,且有小孩的家庭)、丁克家庭(没有小孩的家庭)。在这些不同的家庭结构中,较容易产生旅游动机的是丁克家庭、核心家庭,不容易产生旅游动机的是联合家庭。

(3) 按家庭生命周期。

家庭生命周期是指家庭从组建到消亡的整个过程。一般可以分为单身期、新婚期、满巢期(家庭中有小孩)、空巢期(小孩长大成人,离开家庭独立生活)、丧偶独居期等,也有研究者将其细分为单身期、初婚期、生育期、满巢期、离巢期、空巢期、鳏寡期等。在这些不同的家庭生命周期阶段中,单身期、新婚期、空巢期较容易产生旅游动机,满巢期不容易产生旅游动机。旅游企业可根据不同的家庭对旅游的不同需求来细分市场,并进行有针对性的营销工作。

(4) 按受教育程度。

按受教育程度可将旅游市场细分为小学及以下、初中、高中、大学、研究生等文化程度市场。人们受教育程度不同,在旅游需求上也各有特点,从而影响其出游目的、出游方式、出游频率和消费水平等。一般来说,受教育程度越高,旅游的兴趣、需求层次和品位也越高。

(5) 根据经济收入细分。

根据经济收入将旅游市场细分为高收入家庭市场、中等收入家庭市场、低收入家庭市场。家庭经济收入和旅游支付能力之间存在正相关关系,家庭收入越高,旅游的可能性越大,支付能力也越强。

3. 心理细分

心理细分指按照旅游者的个性、兴趣、爱好等心理因素来划分旅游市场,常用的标准有社会阶层、生活方式、个性等。根据心理因素细分旅游市场比较复杂,而且多属于动态的。常见的是根据旅游者的生活方式、旅游者的性格特征等心理因素来划分旅游市场。

(1) 旅游者的生活方式。

生活方式指一个人或集团对于消费、工作和娱乐活动的特定习惯和倾向性方式。人们追求的生活方式不同,因而对产品的需求也不同。把追求某种生活方式的旅游者群作为旅游企业的经营目标市场,专项设计符合这些旅游者需求的产品,对提高旅游经济效益极为重要。生活方式与旅游者的社会经济地位、文化程度等的关系较密切。生活方式还与年龄、性别、居住地区及平时生活习惯等密切相关。

(2) 旅游者的性格特征。

性格特征是决定一个人生活方式的基础性因素,也是影响旅游动机的重要因素之一。一般来说,性格外向的人比较好动,旅游的需求比较旺盛,需求内容也具有独特性;性格内向的人更加追求旅游生活的质量,对各种来自外部的宣传促销表现比较冷静,消费更为谨慎。

4. 行为细分

行为细分是指以旅游者选择购买旅游产品的行为方式来进行市场划分,通常采用的标准有旅游目的、组织方式、旅游活动的季节性、旅游距离等。

(1) 按旅游目的划分。

按旅游目的,旅游市场可分为观光旅游市场、度假旅游市场、商务旅游市场、探亲访友旅游市场、奖励旅游市场、探险旅游市场、宗教旅游市场、体育旅游市场等。

(2) 按组织方式划分。

按组织方式,旅游市场一般可以分为团体旅游市场和散客旅游市场。

广义的团体旅游是指由一定人数组成的团体、旅游者以有组织性的集体活动方式开展的旅游活动。

狭义的团体旅游则是指由旅行社经过事先计划、对活动进行编排、对行程进行有序安排的旅游活动项目,向旅游大众推出的包揽全部服务工作的团体旅游形式。狭义的团体旅游一般规定了旅游日程、目的地,以及行、宿、食、游等的具体地点、服务等级、活动内容等,并以总价格的形式一次性地收取费用。

散客旅游又称"自助游""自由行",它是指个人独自旅游或者同行人数较少的自行结伴旅游。目前自助散客游逐渐成为旅游活动的主流形式。

（3）根据旅游活动的季节性划分。

根据旅游活动的季节性,旅游市场可划分为旺季旅游市场、淡季旅游市场、平季旅游市场等。

按价格,旅游市场一般可分为豪华型旅游市场、经济型旅游市场、节俭型旅游市场、温和型旅游市场等。

二、旅游目标市场定位

（一）旅游市场定位的概念

旅游市场定位是指旅游目的地根据所选定目标市场的竞争状况和自身条件,确定旅游目的地和旅游产品在目标市场上特色、形象和位置的过程。

（二）旅游目标市场定位的步骤

（1）分析旅游目标市场的现状,确认目的地潜在的竞争优势。

（2）准确选择竞争优势,对旅游目标市场初步定位。

（3）显示独特的竞争优势和重新定位。

（三）旅游目标市场定位的意义

1. 有利于建立竞争优势

所谓竞争优势,是能为顾客创造价值,而这个价值大于企业本身创造这个价值时所花费的成本。顾客愿意花钱购买的就是价值,花费低于竞争对手的价格而获得等值的利益,或者得到足以抵消较高价格的独特利益（超值）,顾客均会感到满意。而旅游企业要建立竞争优势,会最大限度地让顾客满意,就必须事先明确企业在哪些方面与竞争对手不一样,在顾客心中处于什么位置,即定好位。

2. 有利于企业营销组合的精确执行

解决旅游企业市场定位问题的好处在于,它能够帮助企业解决好营销组合问题,并保证营销组合的精确执行。营销组合——产品、价格、渠道和促销——是执行定位战略的战术细节的基本手段。如果说,确定目标市场是让营销人员知道为什么要制定相应的营销组合的话,那么,准确的定位战略则是告诉营销人员如何设计营销组合的内容。

3. 避免企业间的恶性竞争

旅游企业如果不能突出自身优势,让企业与竞争对手区别开来,在争夺同样的目标旅游者时,由于客源具有有限性,必然会进一步加剧市场竞争,甚至会出现恶性竞争的局面。由于没有进行有效的市场定位,企业产品雷同,在产品品种、服务、人员、形象等方面没有明显的差异,企业间的竞争就会更多地反映在价格上。价格竞争又会进一步降低企业的利润,使企业缺乏技术改造和提高服务质量的资金,最终影响到企业和整个行业的发展。

(四) 旅游目标市场定位的方法

1. 初次定位

初次定位是指新成立的旅游企业初入市场,旅游新产品投入市场,或者旅游产品进入新市场时,企业为满足某一特定目标旅游者的需要,采用市场营销组合使其竞争优势与特色为目标旅游消费群体所接受的过程。

2. 避强定位

这是一种避开强有力的竞争对手进行市场定位的模式。当企业意识到自己无力与强大的竞争者抗衡时,则远离竞争者,根据自己的条件及相对优势,突出宣传自己的特色,满足市场上尚未被竞争对手发掘的需求,这就是避强定位。

避强定位的优点是能够迅速地在市场上站稳脚跟,并在旅游者心中尽快树立起一定形象。这种定位方式市场风险较小、成功率较高,常常为多数旅游企业所采用。

3. 迎头定位

迎头定位是一种以强对强的市场定位方法,即将本企业形象或产品形象定在与竞争者相似的位置上,与竞争者争夺同一目标市场。实行迎头定位的旅游企业应具备的条件是能比竞争对手设计出质量更好或成本更低的旅游产品。

迎头定位的市场容量大,能容纳两个或两个以上的竞争者;拥有比竞争者更多的资源和能力。这种定位存在一定风险,但能够激励企业以较高的目标要求自己奋发向上。

4. 重新定位

重新定位是指旅游企业通过改变产品特色等手段,改变目标旅游者对产品的认识,塑造新的形象。即使企业产品原有定位很恰当,但当竞争者推出的市场定位侵占了本企业品牌的部分市场,使本企业产品市场占有率下降或者旅游者偏好发生变化,从喜爱本企业品牌转移到喜爱竞争对手的品牌等情况时,也需要重新考虑定位。所以,一般来说,重新定位是企业为了摆脱经营困境,寻求重新获得竞争力的手段。当然,重新定位也可作为一种战术手段,并不一定是因为陷入了困境,相反可能是因为发现了新的产品市场范围。

三、旅游目标市场选择

旅游目标市场的选择是指旅游地根据自身优势、竞争状况、旅游者偏好等主客观条件,从各个细分市场中,确定其中一个或几个细分市场,作为本旅游地的目标市场,并使本旅游地的定位策略和经营组合策略适应目标市场需要的过程。

(一) 旅游目标市场的分类

1. 按空间距离来确定目标市场

从空间方位上选择旅游区的目标市场,将细分市场划分为近程市场、中程市场和远程市场。选择的依据是距离旅游目的地的空间距离和时间距离,尤其应考虑时间距离。

2. 按接待量来确定目标市场

据旅游目的地可能接待量,将其划分为主要市场、次要市场和机会市场。旅游目的地应重点发展主要市场,积极争取次要市场,机会市场则是今后开发的对象。

3. 按旅游动机来确定目标市场

根据旅游动机来确定目标市场，如观光市场、度假市场、休闲市场。

4. 按年龄来确定目标市场

旅游区的产品不一样，从年龄的角度选择的目标市场也是不一样的。比如，运动型旅游区主要将年轻人群确定为自己的目标市场，文化观光型旅游地应将中老年人群确定为自己的目标市场。

5. 按收入情况来确定目标市场

目标市场与收入水平直接相关。比如，度假型旅游区主要以中高收入人群为目标市场，很难将没有直接收入的学生作为目标市场。

（二）目标市场的选择步骤

1. 评估细分市场

在评估各个细分市场的过程中，需要对每个细分市场的规模、增长程度、细分市场的结构性吸引力以及旅游目的地的现实条件进行评估。

在评估细分市场的规模和增长程度时，必须首先收集并分析各类细分市场的现行消费量、增长率和预期利润量。一般旅游目的地会把销售量大、增长率和利润额高的市场作为目标市场，但此种市场往往具有更多的竞争者，如果未具备足够的技能和资源，或者竞争过于激烈，则难以在此种市场上占据较大的市场份额。

在评估细分市场结构吸引力的过程中，有些细分市场可能具备理想的规模和增长速度，但是在利润方面还缺乏吸引力，因此要找出影响细分市场长期吸引力的重要结构因素。例如，一个细分市场中如果已有了许多强大的竞争对手，那么其吸引力就会降低，许多实际或潜在的替代品会限制细分市场中的价格和可赚取的利润，消费者的相对购买力也会影响细分市场的吸引程度。

旅游目的地的现实状况指的是自身所具备的目标和资源。在评估细分市场的过程中，要将本身的目标和资源与其所在的细分市场的情况相结合，从中选择真正属于自己的目标市场。

2. 选择细分市场

在对每一个细分市场进行评估后，需要考虑各个方面的情况，选择综合最优细分市场。例如，有些细分市场本身较具吸引力，但是如果从环境、政治、社会责任的角度考虑，可能阻碍自身主要目标的实现，那么就不能将其作为旅游目的地的目标市场。

如果某一细分市场适合现有的目标，旅游目的地还要有高于竞争对手的技能和优于竞争对手的资源，只有这样才能在细分市场上获得可观的市场份额。换言之，只有当旅游目的地能够提供较高的价值并取得竞争优势时，才能把该细分市场当作自己的目标市场。

3. 选择市场覆盖策略

目标市场选择策略有三种：无差异市场策略、差别市场策略、集中市场策略。

（1）无差异市场策略。

无差异市场策略是把整个市场看作一个相同或近似需求的大的目标市场，并以相同的或单一的市场营销组合去满足该市场的需要。其优点是能大批量地生产产品，可降低生产成本,降低售价。但是,由于旅游者的需求差异较大,因此这种策略对大多数旅游经营者是不适用的。

(2) 差别市场策略。

差别市场策略指选择几个细分市场作为目标市场,为每个市场确定一种营销组合。这种策略较好地适应了旅游需求多样化的特点,有利于旅游经营者吸引更多的旅游者;但差别化势必增加生产和销售成本,旅游产品在价格上无优势可言。

(3) 集中市场策略。

集中市场策略是在市场细分的基础上,选择一个或少量几个作为旅游企业的目标市场,以便旅游企业能够集中全部力量,在有限的人、财、物的投入中获取较多的市场占有率。这种策略的优点是有助于企业更加专业化,对那些资源有限的中小企业尤其适用;但如果企业生存发展完全依赖于少数几个细分市场,则风险较大。

在选择市场覆盖策略时,需要考虑到许多因素,依据现实条件综合选择最佳市场覆盖策略。

需要考虑旅游目的地的资源。若资源紧缺,则应该选择集中市场策略。需要考虑产品同质程度。对于同质程度较高的产品,选择无差异市场策略比较合适。针对极具个人特色和辨识度的产品,可以选择差别市场策略或集中市场策略。需要考虑旅游目的地所处的生命周期阶段,规划开发新产品时,可以采用无差异市场策略或集中市场策略,而当产品发展成熟后,可以提升其独特性,此时选择差别市场策略较为合适。

市场的同质性也对市场覆盖策略的选择起到重要影响。如果旅游者具有相似的偏好和习惯,愿意购买相似的产品,对同样的营销策略做出同样的反应,此时应选择无差异市场策略。同时,还需要考虑竞争者策略,在竞争者选择某种策略时,可以选择与之相比有更大竞争优势的市场覆盖策略。

第三节　旅游市场营销策略与创新

一、旅游市场营销策略

旅游目的地或企业以旅游者的需要为出发点,根据经验获得旅游者需求量以及购买力的信息、旅游者的期望值,有计划地组织各项旅游活动,通过协调一致的产品策略、价格策略、渠道策略和促销策略,为旅游者提供满意的旅游产品和服务以实现旅游目的地或企业的目标的过程。

(一) 品牌营销策略

品牌营销是运用各种营销策略使目标客户形成对企业品牌和产品、服务的认知过程。与一般企业的品牌营销相比,旅游目的地品牌营销因涉及多元化的利益相关者而更加复杂,也更具挑战性。它是旅游目的地营销组织开展的一系列市场营销活动,这些活动旨在支持创造能够识别并使目的地差异化的名称、符号、标识、文字或图形标志等；一致地传达对与目的地独特相连的、值得记忆的旅游体验的期望；巩固和强化旅游者与目的地之间的情感联系；降低消费者的搜寻成本和感知风险。它们共同创造出能够积极影响消费者目的地选择行为的目的地形象。

旅游目的地品牌营销是目的地营销组织为打造目的地品牌所付出一系列努力的过程。这一过程包括以下四个主要环节，即目的地品牌定位、目的地品牌设计、目的地品牌沟通、目的地品牌监测。

1. 目的地品牌定位

目的地品牌定位是目的地在旅游消费者心目中的形象定位，它必须与目标市场需求相吻合，清晰合理的品牌定位是实施目的地品牌营销前的首要工作。

2. 目的地品牌设计

目的地品牌设计是在品牌定位的基础上，对目的地品牌进行命名、标志设计、口号设计、文化理念提炼等，从而使其区别于其他目的地的个性塑造过程，主要作用是将目的地品牌内核有形化。

3. 目的地品牌沟通

目的地品牌沟通是指目的地通过营销方案设计和策划，运用各种媒体及营销沟通手段把目的地品牌的有形要素、品牌理念等内容向旅游消费者及其他利益相关主体传播和渗透的过程。

4. 目的地品牌监测

目的地品牌监测是控制和评价目的地品牌营销绩效的重要手段，主要对以下内容进行监测：旅游消费者对目的地品牌的感知（知名度、美誉度、满意度和品牌联想等）、竞争目的地品牌、目标市场需求，目的地品牌监测能够为目的地品牌是否需要重新定位提供反馈。

（二）节事营销策略

节事营销即在节事活动举办期间，充分利用消费者的节庆消费心理，综合运用媒体宣传、广告、公共表演、线下与线上交易等营销手段，进行的产品出售、品牌宣传活动，由此提高产品的销售力，从而达到活动的营销目的。

1. 节事营销的特点

节事营销具有以下特点：

（1）节事主题、口号的重要性。节事营销的核心要素包括主题及口号，两者也是节事活动树立品牌的基础因素。

（2）活动参与者的广泛性。节事活动最主要的目的就是调动广大受众的参与度，人们的参与程度越高就意味着节事活动举办得越成功。因此，在策划营销方案时，要从旅游者的需求出发，以满足旅游者的需求为主旨，用广大受众熟知的形式丰富节事活动。

（3）营销手法的创意性。具有创意的营销手法是节事营销的助推器，有利于增强和提高节事活动的吸引力和参与度。

（4）营销手段的组合性。节事营销要充分利用一切资源，如相关行业协会、知名企业、行业专业媒体、新媒体与传统媒体、活动商的关系网、公共资源等,使节事营销效果更加显著。

2. 节事营销的实施

在举办节事活动时,需要整合各方力量,营造外部环境;削弱季节差异,扩展适游周期;培育市场品牌,强化整体营销;强化综合效益,惠及当地居民等。

城市举办节事,尤其是大型节事,是对一个城市综合能力的检阅,通过举办节事,可以创造新的旅游景点来增加城市吸引力,可以通过大规模的新闻曝光来吸引游客,可以在参与者与观众之间设置互动,增加体验感,进而推动举办地的旅游发展。

(三) 网络营销策略

网络营销指的是以网络为平台实施的一系列有计划、有目的的营销策略组合。旅游网络营销是指利用网络向市场传递有关旅游产品和服务的信息,以引发旅游者需求,唤起其购买欲望并促成购买行为的各种活动。

1. 网络营销的特点

网络营销作为旅游业重要的营销方式,它具有以下特点:

(1) 网络营销更能满足市场需求。

随着旅游设施的不断完善和旅游者自主意识的增强,以及OTA企业的飞速发展,旅游者更多是从网络获取相关信息和订购服务。

(2) 网络营销具有多媒体性。

互联网的多媒体功能使旅游网络促销可以融合图、文、声等多种媒体的传播形式,创造出虚拟环境,立体化地传播旅游信息。

(3) 网络促销成本较低。

网络促销成本较低,可以大大节省营销成本。

(4) 网络营销具有高度的整合性。

网络营销可以将旅游产品的生产、促销、市场调研、咨询、交易、结算、投诉等所有旅游事务一网打尽,实现高度整合。

2. 网络营销的实施

网络营销可以通过以下方面具体实施:

(1) 建立自己的网站,通过网站平台,进行宣传推广,扩大社会影响力和知名度,同时,还可以利用网站树立旅游目的地的良好形象。

(2) 可以在一些浏览量比较大的网站上做广告,加大对企业网站的宣传力度,提高企业网站的关注程度,吸引不同层次的消费者利用这些广告了解企业的相关信息,扩大企业的潜在客户群体。

(3) 利用一些专门、专业的网站进行宣传推广。企业可以利用网络平台提升自身的影响力,还可以把一些企业的相关信息通过文本、视频等形式发布到一些商务性的网站上,增强企业对客户的吸引力,扩大对于消费者的影响力,拓展客户群体,提高企业网站的知名度和用户的访问量,实现企业网络营销的最终目的。

3. 旅游景区网络营销

旅游景区网络营销,是旅游景区借助互联网科技,将电子通信技术与企业购销网络系统等,运用于旅游景区分销渠道而形成的一种新型的商务活动。旅游景区网络营销包括:景区在网上传递与接收信息;订购、付款、对客服务,以及网上售前推介与售后服务等;利用网络开展景区品牌宣传、市场调查分析、财务核算及旅游产品开发设计等内容。

旅游景区网络营销是以互联网为基础平台,结合数据库技术、多媒体技术和网络营销技术等,将基于互联网的高效旅游宣传营销和本地的旅游咨询服务相结合的一种在线营销模式。旅游景区网络营销可以为景区提供全方位的展示机会,实现景区与游客的双向互动交流,在景区营销上突破时空限制,降低成本,分散客流。

(四) 整合营销策略

整合营销理论是在原有的营销理论基础之上发展起来的营销理论。1989年,美国广告代理商协会第一次提出整合营销的概念,整合营销又称为整合营销传播(IMC)。

整合营销具有较强的操作性。整合营销理论是指企业为了与消费者之间建立密切的营销关系,并希望这种关系能够长期保存下去,而将各种营销手段进行整合,并且尽量使各部分发挥最大的作用的一种营销理论。

在传统的市场营销链条当中,产品、价格、渠道和促销是营销组合策略的内容,而在网络环境中,由于不受地点的限制,营销成本会极大地减少,产品的价格也将大幅度地降低。

1. 整合营销的特点

整合营销主要表现出以下几个主要特点:

(1) 整合的过程是对多种传播的手段和方式的重组。

整合营销是在现代技术背景下发展起来的,吸纳先进的工具和手段是必然的。

(2) 整合营销要以消费者为中心。消费群体的心理需求和实际需求是第一位的。营销团队在与消费者进行双向沟通以后,依照消费者的需求制定相应的方案。

(3) 整合营销具有系统性。整合营销是一个复杂的实践过程,具有一定的系统性,各个要素之间需要有条不紊地协调配合,以获得最优的效果。

2. 整合营销的实施

整合营销的实现需要一定的实施条件:

(1) 在企业内部明确树立整合营销的观念,从战略上首先进行整合。

(2) 企业需要建立一个相对完整的客户信息网络数据库,方便为客户提供服务。

(3) 对企业以及生产的产品给予精准的定位,这样才能为战略的实施指明方向。

(4) 企业要建立健全的奖罚机制,能够对员工工作起到鼓励作用。

综上所述,整合营销实际上是一种与消费者沟通互动的营销过程。以消费者需求为出发点,调动多种传播手段和媒介,将多种要素和资源进行优化整合,最终形成自己品牌形象,并使其扎根于消费者心中。

二、旅游市场营销策略创新

所谓营销创新就是根据营销环境的变化情况,结合企业自身的资源条件和经营实力,寻求营销要素在某一方面或某一系列的突破或变革的过程。在这个过程中,并非一定要有创造发明,只要能够适应环境,赢得消费者且不触犯法律法规、道德标准和通行惯例,同时能被企业所接受,那么这种营销创新就是成功的。还需要说明的是,能否最终实现营销目标,不是衡量营销创新成功与否的唯一标准。

(一)新媒体营销创新

在不断寻求体验度的休闲度假市场日趋壮大的背景下,传统的营销模式很难再打动追求新鲜感与体验感的消费者,而基于新媒体平台的景区营销正是传统景区向大众网民打开大门的一把金钥匙,新媒体营销势在必行。

新媒体营销需要的是"互联网+旅游"的思维,其核心是挖掘用户需求,以用户需求来构建旅游目的地产品及营销创新的决策机制,利用场景化营销进行产品打造,考虑游客消费的触点,进行多渠道营销整合,与游客保持动态互动机制。具体来说,推广前的重点在于策略制定,包括客群研究、景区自身分析、媒体价值评估;推广中,要注重内容创意,包括营销内容创意设计及制作、精准投放、高效传播等;推广后,要注重反馈汇总及分析,即效果汇总、反馈总结等。

新媒体营销一般有以下几个阶段。

其一是大数据分析,包括各项大数据采集、行业研究及把握、市场研究、可行性分析、用户研究,只有在了解了用户的痛点之后才能更好地解决营销问题。获取精准的市场信息之后对品牌进行定位,包括战略定位、品牌形象定位、全套品牌形象识别系统设计及建立。

其二是活动体系策划,具体来说包含主题设计、活动构架设计、活动设计、内容生产等。活动体系策划要基于计划施行媒体价值评估、推广方式设计、渠道选择及统筹等内容。

其三是落地执行,包括组建专项团队、制定活动详细方案、梳理各方资源、活动执行、媒体统筹、内容把控等工作。

活动结束后并不意味着营销结束,之后的跟踪及反馈也是极其重要的,具体包括市场大数据监督、舆论引导、效果汇报等。

新媒体景区营销,是一个系统而又复杂的体系,在目的地发展布局、产业规划、文化导入、品牌提升、产品提炼、渠道融合等方面都要做到面面俱到、环环相扣,才能实现营销的健康、良性循环,适应急速变化的市场环境。

(二)知识经济营销

知识经济以智力资源占有、分配和使用为主要特征。知识经济时代的到来必将对旅游产业的营销实践产生一定的影响,知识经济以高新技术产业为支柱,具有信息化、智能化的特征。高新技术产业和服务的比重在不断增加,而其又以信息技术为依托,这使人们对网络的依赖性逐步增强。

(三)体验营销策略

体验营销又称体验式营销,指以消费者为中心,通过为目标消费者提供情感等方面的体验,去影响消费者的决策过程与结果,最终进行满意交换的营销理念或营销方式。

其中的一个基本假定是,消费者在进行消费决策时,不仅单纯依靠理性认识,还会融入感性因素。与之相呼应,营销人员可让目标顾客通过观摩、聆听、试用等方式体验其产品或服务,进而使顾客赋予该产品或服务更高的主观感知价值。

个性化的体验营销活动,能够发掘消费者深层次的需求,提升消费者潜在的价值,让消费者获得满足感和对企业的认同感,进而树立企业的良好形象。

(四) 联合营销策略

联合营销,也称合作营销或协同营销,是指两个或两个以上的营销组织为了加强市场开拓与渗透,提升竞争能力,通过共同分担营销费用,协同进行营销传播、品牌建设、产品促销等方面的营销活动,达到资源优势互补、营销效益最大化的目标。

联合营销是近年来逐渐发展起来的一种营销理念和方式,它越来越受到企业的重视并逐渐推广开来,取得了良好的市场效果。

旅游联合营销是市场的必然选择。从旅游目的地的角度来说,旅游营销是对目的地旅游资源和产品进行整合、策划、包装、推广等一系列活动,它旨在提升目的地的整体旅游形象。

旅游联合营销的受益者是旅游业内的所有企业和如民航、交通等产业的相关企业,它具有很强的公共产品特性。在完善的市场经济环境下,除非是在政府进行补贴的情况下,单个企业很少会涉足公共产品的生产和供给。在大旅游的产业发展格局下,仅靠政府的单一渠道营销投入,不能满足旅游业发展的需要,必须在"谁受益、谁投入"原则的指导下,探讨政府和企业共同参与的联合营销投入和运作机制。

在联合营销中,多方力量互相补充、互相协调,会达到"1+1>2"的效果。我国旅游企业的规模偏小,单体作战能力较弱,要想在竞争中保持不败,在苦练"内功"的同时,还应在营销方面联合起来,采用集团作战方式,达到双赢和多赢的营销效果。

(五) 数据库营销

数据库营销是指为了发现顾客、促成交易并巩固客户关系,企业将客户的相关信息、资料、购买行为等内容整合起来,建立专门的客户数据库,并加以维护和使用的营销过程。

数据库可以作为细分顾客市场的基础。通过对顾客资料进行分析可以找到最高价值的顾客,避开有风险的顾客;保持数据更新可以发现新的市场机会,实施市场渗透与交叉销售;依据数据库可以发展企业与消费者个人的关系,开展定制化营销。

数据库营销是有效拓展品牌传播渠道的需要。数据库营销作为一种消费跟踪模式,能搭建起与消费者进行良好沟通的平台,达到创新品牌营销手段的目的。企业可以通过对数据的分析和挖掘,以较低成本准确跟踪和分析目标群体消费需求变化趋势,以定向直邮、电子邮件、网络传真、短信等多种形式与消费者建立起长期稳定的客我关系,帮助工业企业研发出更符合消费者需求的产品,帮助商业企业制定更有针对性的营销策略。

数据库营销是不断提升品牌培育水平的需要。精准营销是培育旅游品牌的重要手段,随着行业精准营销工作的不断推进,进行用户画像,精准营销向消费者延伸已成为今后发展的重点,而构建和运用客户数据库是实现精准营销向消费者延伸的有效途径和方法。数据库营销的最大优势是与目标客户群体沟通的方法比较多样化,客户容易接受,通过直接为客户提供可控的、个性化的服务,拉近与客户之间的距离,提高客户对旅游品牌的满意度和忠诚度。

复习思考题

1. 简述进行旅游市场分析的意义。
2. 阐述旅游市场细分的原则和依据。
3. 如何进行旅游市场选择和定位?
4. 如何创新运用旅游营销策略?请举例说明。

第六章 旅游规划与开发的主题定位和发展战略

学习目标

1. 深刻理解社会主义新时代的旅游发展战略目标。
2. 掌握旅游主题定位的概念、内容及影响因素。
3. 熟悉旅游形象设计的方法步骤。
4. 明确旅游发展目标和发展战略的制定方法和过程。

思政元素

1. 推进文化强国建设,要求坚持以文塑旅、以旅彰文,推进文化和旅游融合发展。同时,要充分发挥旅游业在传播中国文化、坚定文化自信等方面的重要作用。

2. 坚持以文铸魂,以旅兴业,构建旅游新发展格局,创新体制机制,广泛应用先进科技,推动旅游业态、服务方式、消费模式和管理手段的创新提升。充分利用旅游业涉及面广、带动力强、开放度高的优势,将其打造成为促进国民经济增长的重要引擎。

3. 要落实区域重大战略、区域协调发展战略"十四五"规划重点任务,构建推动高质量发展的旅游空间布局和支撑体系。

唐山市旅游规划

唐山市旅游规划与开发的指导思想是以"创新、协调、绿色、开放、共享"五大发展理念为统领,以转型升级、提质增效为主线,以市场开拓、项目建设、企业培育和服务提升为重点,以供给侧结构性改革为突破,以"京津冀协同发展上升为重大国家战略"为历史机遇,以"政府主导、企业主体、市场运作"为发展模式,以"一城三板块六大聚集区"的空间格局为中心,科学界定旅游业发展方向路径,着重建设旅游重点发展项目,深化旅游业重点领域改革,优化旅游综合服务和保障,着力强化规划引领、投资促进、消费引导、扶贫攻坚、创业创新,大力推进品牌建设、业态培育、区域协同、乡村旅游建设,加快旅游发展阶段演进,推动唐山旅游从"景点旅游"向"全域旅游"转变。

唐山市旅游规划与开发的发展定位是以"特色化、品牌化、国际化、系列化"为目标,综合考虑唐山的区位、资源等条件和唐山旅游的发展现状,规划将"十三五"期间唐山旅游业发展定位为"立足京津冀,面向海内外的国际知名旅游地"。

唐山市目前制定的旅游规划与开发的发展战略有坚持全域旅游战略、坚持转型升级战略、坚持龙头带动战略、坚持突出重点战略、坚持创新发展战略、坚持产业融合战略和坚持可持续发展战略等。

唐山市旅游规划开发的总体目标是以政府主导为推力,以市场需求为拉力,以"蓝色海洋旅游、工业休闲旅游、乡村度假旅游、历史文化旅游"为主要发展方向,以调整结构、提质增效、转型升级为主线,以全域旅游为发展契机,实现从单一景点景区建设和管理到综合目的地统筹发展转变、从门票经济向产业经济转变、从封闭式管理体制向开放式管理转变、从粗放低效旅游向精细高效旅游转变、从封闭的旅游自循环向开放的"旅游+"融合发展方式转变、从旅游企业单打独享到社会共建共享转变、从部门行为向党政统筹推进转变;加强旅游业与工业、农业、文化、商贸、金融等行业的资源整合,大力培育发展旅游新业态,创建旅游共生体和产业联合体,构建高效旅游产业链体系;重点打造南湖、清东陵、唐山湾国际旅游岛、曹妃甸湿地、开滦国家矿山公园、中唐·天元谷文化旅游区、北部长城等一批优势产品,提升品牌知名度,努力把唐山打造成为国际知名的旅游城市。

资料来源 根据网络资料整理。

思考题:请根据上述案例进行思考,如何看待旅游发展战略的制定在旅游规划开发和旅游业发展中的作用的?应该依据什么来制定旅游发展战略?

第一节 旅游规划与开发的主题定位

旅游规划与开发的主题定位在旅游景区规划中占有非常重要的地位,是一个旅游区构建其独特的旅游体验的关键点所在,其定位的准确与否直接关系到该旅游区的未来经营发展的前景与方向,以下简称旅游主题定位。

一、旅游主题定位

(一)旅游主题定位的概念

旅游规划与开发需要依赖一定的主题来进行,主题是区域旅游规划的理念核心。旅游主题是旅游规划设计者从旅游资源分析评价中提取出的反映旅游目的地特色并符合旅游需求的基本思路,是旅游目的地开发规划所依托的中心思想,是在景区建设和旅游者旅游活动过程中被不断展示和体现出来的一种理念和价值观念。

旅游主题定位是在旅游目的地的建设和旅游者的旅游活动过程中所确定和展示出

来的一种理念或价值观念。杜海忠的旅游景区策划模式强调主题线索选择的重要性，认为一个旅游景区可供选择的主题类型非常多，景区主题线索的确立应与景区性质协调一致，以突出旅游资源特色、适应旅游市场需求为其原则；林智理等认为，主题选择是整个旅游景区策划的关键，而项目是景区功能的载体，旅游景区主题策划具体可分为景区环境调研阶段、提炼亮点阶段、主题选择阶段、主题项目策划阶段；牟红等认为，旅游主题定位后的工作即主题塑造过程，其目的是使主题能够被游客感知，形成深刻的印象。

（二）旅游主题定位的内容

对于旅游目的地的规划和开发，要从旅游发展目标、旅游发展功能、旅游形象三个方面进行分析和理解。在进行旅游目的地主题定位时，发展目标是三个方面中最根本的因素，决定着旅游区的发展方向；发展功能则是由发展目标决定的内在功能；规划区的旅游形象定位是发展目标的外在体现。总的来说，旅游区主题定位的内涵可以被归纳为"一体两翼"。

1. 旅游发展的目标定位

确定旅游目的地的发展目标是确定旅游主题的第一要务。目标指的是某项规划决策、研究工作等努力的方向和要求达到的目的，目标必须具备可达性、约束性、时效性和一致性等特征。

在旅游规划与开发上，旅游区发展目标定位的内容具有多元性的特征。制定旅游规划与开发目标的作用是监控旅游开发的实际产出与总目标之间的差距以衡量旅游区规划开发的程度。就旅游产业而言，旅游规划与开发的总目标是追求商业利润与经济增长，同时促进环境保护。

2. 旅游开发的功能定位

旅游区的发展功能是依据规划中制定的发展目标，并以旅游区的旅游资源和社会经济发展水平为基础来确定的。发展功能的确定在很大程度上受本地旅游资源的影响，因为旅游功能的体现需要有相应的旅游产品作为支撑，而旅游产品的设计又与旅游目的地的资源密切联系。

一个旅游区往往同时具备多项功能，具体功能的确定，也要综合多方面的因素，可以从政治经济环境、技术资金实力、目标市场期望、旅游资源基础等因素来进行分析考虑。

旅游区必须具备的功能包括：经济功能、社会功能和环境功能。经济功能即在旅游目的地的开发将在该所在地区的经济产业结构和区域旅游市场格局中发挥什么样的积极作用，是否可以成为旅游目的地的重要产业、支柱产业或者先导产业等。社会功能是旅游区适应旅游需求的表现，根据旅游需求的不同可以相应划分出不同的旅游区功能类型。环境功能是指开发完成后及后期管理实施过程中对自然环境的影响作用。

3. 旅游形象的定位

旅游形象是对外展示风采的平台，旅游地往往通过构建形象系统向旅游者传达旅游地的相关信息。因此，旅游形象定位从根本上而言是确定旅游地旅游基调的重要过程，旅游形象的定位实际上包括旅游区的发展目标和功能定位，是发展目标和功能定位的外在表现。同时，旅游目的地形象定位是吸引旅游者的关键，对于旅游目的地今后客源市场的扩展和旅游吸引力的持久提升都具有重要意义。

（三）影响旅游主题定位的因素

1. 旅游资源

旅游资源是旅游业发展的前提，是旅游业的基础，是吸引游客的主要因素。旅游主题必须立足在旅游资源的特征上，关键是要了解旅游资源的本质，要着重考虑旅游资源的数量、重要性、独特性等。

2. 区位条件

旅游资源的开发，其地理位置、区位条件亦是其中要素，它在一定程度上制约着景区的客源市场的大小及其可进入性与交通的便捷性。在定位时，必须要考虑区位条件的优劣，并根据实际情况，做出正确的决策。

3. 旅游需求市场

旅游景区进行规划开发的根本目的是吸引更多的旅游者，在满足其旅游需求的同时获取经济效益。而主题的设定，就是为了更好地将景区的旅游资源进行深度开发利用，提高所占旅游市场份额。旅游者的旅游行为、旅游目的、旅游动机和旅游偏好在很大程度上影响着旅游规划区主题定位的选择。

（四）旅游主题定位的过程

1. 地脉、文脉和人脉分析

旅游开发中的旅游形象取决于开发者与旅游者两个方面，即受地方性和受众两个因素的影响。地方性包括地脉和文脉两个因素，受众又受到游客感知、旅游市场基础和游客对旅游资源的感知等因素的影响。所以旅游景区主题形象的确定是旅游资源的客观现状和游客主观感知共同作用的结果。

20世纪90年代中期，国内旅游规划界引入了"文脉"这一概念。陈传康、李蕾蕾等提出了"文脉"的概念及其应用意义，认为文脉是指旅游景区所在地域的地理背景，包括地质、地貌、气候、土壤、水文等自然环境特征，也包括当地的历史、社会、经济、文化等人文地理特征。李蕾蕾认为文脉是一种综合的、地域性的自然地理基础、历史文化传统和社会心理积淀的四维时空组合，进而把文脉作为旅游景区形象内容的源泉。文脉具有地域性、历史性、提炼性、连贯性和共通性等特征。

地脉指的就是旅游规划区的地域范围、地质地貌、气象气候、生物环境、水体环境、自然区位、自然旅游资源结构与组合、自然旅游资源密度与奇特程度等。

人脉指的指旅游规划区的旅游市场规模与构成、旅游者动机与行为、旅游市场潜在需求、周边旅游竞争状况和旅游景区人气指数等。

2. 旅游主题线索

对资源依托型旅游景区来说，考虑的因素包括旅游资源的重要程度、突出程度、数量、体量以及其延伸性和引导性；对市场依托型旅游景区来说，考虑的因素有生态文化、传统文化及现代文化。由此可以看出，以上主题类型的选择线索和选择次序至关重要。对一个景区来说，确定其可供选择的主题要比主题的取舍容易得多。由于人们对旅游景区中哪些特征的资源最能体现景区特色的认识是不一样的,排序不同主题遴选的结果也会截然不同。

王德刚提出确定主题是从现有的旅游资源和设施体系中寻找主题。可以从以下几个方面来确定旅游区和旅游景点的主题。

(1) 区域内最多的资源或景物所体现的内涵。

(2) 区域内体量最大的资源或景区所体现的内涵。

(3) 区域内最突出的资源或景区所体现的内涵。

(4) 区域内最重要的资源或景物所体现的内涵。

学者董观志也探讨了主题公园主题的选择的框架,并从时间、空间、文明三个方面来解释主题公园主题选择的策略:

(1) 沿单一轴线方向的选择策略。

(2) 沿两个轴线构成的平面型选择策略。

(3) 沿三个轴线构成的立体型选择策略。

杜海忠从以资源为基础、市场为导向的旅游规划原则,以及突出景区特色的旅游规划原则出发,认为可供选择的主题类型的排序应注意突出资源特色。此观点目前被广泛应用,他认为可供选择的主题线索次序如下:

(1) 最重要的资源或景区所体现的内涵。

(2) 最突出的资源或景区所体现的内涵。

(3) 最多的资源或景物所体现的内涵。

(4) 体量最大的资源或景物所体现的内涵。

(5) 由景区资源延伸出的主题。

(6) 由景区资源引导出的主题。

(7) 以生态文化为线索重新塑造主题。

(8) 以传统文化为线索重新塑造主题。

(9) 以现代文化为线索重新塑造主题。

3. 旅游主题的选择和定位

依据当地的文脉、地脉来选择,其主题的选择有两个宏观方向:以传统文化为主题或以现代化的游乐为主题。主题选择应遵循的原则如下:

(1) 市场导向原则。

市场导向原则即在市场经济条件下,市场需求决定产业的发展方向、发展规模、发展速度和发展前景。这就要求旅游主题设计规划要进行准确而细化的市场定位,以客源市场的现实和潜在需求为导向,去发现、挖掘、评价、筛选和开发旅游资源,提炼旅游景区开发主题,设计、制作和组合旅游产品,推向旅游市场进而引导市场、开拓市场。

(2) 主题独特性原则。

主题独特性原则即旅游景区的主题设计是以旅游资源为基础。由于某些旅游资源具有普遍性和类似性,景区规划者应坚持"有所为、有所不为""人无我有、人有我新、人新我转"的原则,对一定区域空间的旅游构成要素进行空间组织和空间比较,尤其是通过与周边地区旅游资源的时空特征对比,提炼出具有一定理论层次的分析结论,找出当地历史和文化积淀下来的资源特色,最终提炼出旅游亮点和特色,与其他地区的旅游景区形成差异性。如与其他旅游地拥有同类型的旅游景区,也需要进行本土化改造,形成旅游景区的新亮点,以自身独特性吸引旅游者。

(3) 主题包容性原则。

旅游区内的资源不是相互孤立的,而是相互联系的一个整体,它们达到自然美和人文美的统一。在进行主题规划时,要兼收并蓄,海纳百川,使主题能够充分体现和展示旅游区所容纳的所有资源的特点和优势。

(4) 创新原则。

创新原则强调旅游区主题规划需要有创造性思维,要根据旅游区具体情况进行改变,而不是生硬地照搬。创新的旅游主题,更易吸引旅游者,更容易在旅游市场的众多竞争者中脱颖而出,占领更多的市场份额,亦使旅游区的规划有了明确方向和指导。

依据主题选择原则,结合当地的地脉、文脉及人脉分析,将旅游规划区的核心价值通过多种形式展现在旅游者面前,形成对主题包含的文化和理念的认知。

主题选择阶段,主题是旅游景区整合的核心。每个旅游景区可能有若干个较为鲜明的主题,在主题提炼与主题化设计过程中,应考虑到所选择的主题能够充分展现当地的文脉特征,富有地域特色;要特别体现人性化的特点,考虑人脉需求的广度和深度,使产品更易被感知且具有稀缺性,对旅游者形成强烈的视觉冲击;能通过旅游体验活动触动旅游者的内心,引发情感共鸣。主题选择是整个旅游景区规划的关键,它是资源配置的凝聚点、产品制作的创意点、市场营销的兴奋点、主题阐述的出发点和景区收拢的归宿点。

二、旅游形象设计

(一) 旅游形象的概念

"形象",即能引起人的思想或感情活动的具体形状或姿态。旅游形象的概念,本质上来自认知心理学的感觉、知觉、认知等基本概念,感觉是人通过感官获得认知对象的信息。任何形象研究都离不开形象概念所规定的三个部分:主体(人)、客体(对象)、形象本体(人脑对客体的信息处理过程的结果)。

旅游形象策划是指在旅游市场和旅游资源分析的基础上,结合对规划区域地方性的研究和受众特征的调查分析,提出明确的区域旅游形象的核心理念和外在界面的过程。旅游形象策划,对于地方旅游决策部门和公众、旅游者、旅游企业,特别是旅行批发商和旅行零售商而言,具有显著的积极作用。

(二) 旅游形象设计的研究现状

旅游形象策划是随着区域形象的发展而发展起来的。区域形象在国外受到重视,许多知名城市、地区以不同方式、方法加强区域形象建设。20世纪70年代以来,在"我爱纽约"("I Love New York")形象运动的带动下,树立新形象、摆脱旧形象、振兴地区发展形象等运动在美国各州、城市、社区广泛开展;英国五个老工业城市,于20世纪90年代开展地区形象运动。

我国区域形象的发展,大致分为四个阶段,分别是启蒙期、探索期、上升期和整合期。

1992年以前为启蒙期,在旅游形象的研究和实践中,只是在理论上强调了区域形象的重要性,并未付诸较多实质性的行动。

1992—1996年为探索期,在此阶段,一些省份、城市、经济区开始积极探索形象设计的途径和方法。

1997—2000年为上升期,此阶段舆论界对区域形象开始大肆宣传,理论界对区域形象也展开了讨论。

21世纪初至今为整合期,关于区域形象的理论学说已经发展成熟,全国众多城市开始进行区域整合的实践。

推动文化和旅游市场融合发展。坚持以文塑旅,以旅彰文,推动文化和旅游融合发展,以文化引领旅游发展,用旅游促进文化繁荣,推动文化和旅游工作开创新局面,为建成社会主义文化强国、建设社会主义现代化国家做出新的更大贡献。

(三) 旅游形象感知的时空规律

1. 旅游形象感知的空间规律

(1) 等级层次性认知规律。

(2) 信息(递减)规律。

(3) 距离(衰减)规律。

2. 旅游形象感知的时间规律

在旅游者实现一次旅游活动的全过程中,不同的阶段对应不同的旅游形象,旅游形象的意义和功能也会有所不同,从而形成旅游形象的阶段性规律。

(四) 旅游形象调查

1. 旅游形象调查的步骤

(1) 对公众对象进行普查分类,以确定具体的调查对象。

(2) 对旅游形象地位进行测量,以调查各类公众对旅游地的感情和评价。

(3) 对旅游形象内容进行调查分析,以获得公众持不同态度的真正原因。

2. 旅游形象调查的内容

(1) 旅游地美誉度和知名度的调查与识别。

关于旅游地的美誉度和知名度,有四种形象状态,分别是"美名远扬""知者说好""知者均言差"和"臭名远扬"。"美名远扬"指旅游地的知名度和美誉度均处于高水平,具有众人皆知的好形象;"知者说好"意味着旅游地的形象好,但知名度低;"知者均言差"指旅游地形象不好,美誉度和知名度均为低水平;"臭名远扬"指旅游地具有众人皆知的较差形象,知名度高但美誉度极低。

美誉度和知名度层次分布情况见图 6-1。

图 6-1　美誉度和知名度层次分布情况

（2）旅游者形成旅游形象的信息来源调查。

旅游地的形象分为本底感知形象、决策感知形象和实地感知形象。

本底感知形象形成于长期的社会化的过程中，例如文学作品、教学课本、一般大众传媒上的信息等。

决策感知形象源于旅游商的广告、亲友介绍推荐等。

实地感知形象源于视觉性旅游目的地景观本身和当地的旅游信息服务系统等。

旅游者形成旅游形象的信息来源调查如表 6-1 所示。

表 6-1　旅游者形成旅游形象的信息来源调查

旅游形象策划	市场推广内容	市场推广目标
本底感知形象	描绘的旅游形象	所有公众（理论前提为人人都是潜在的旅游者）
决策感知形象	策划的旅游形象	目标市场的潜在旅游者
实地感知形象	实际的旅游形象	现实旅游者

（五）旅游形象定位与口号设计

1. 旅游形象设计的原则

（1）主题性原则。

每个旅游目的地都必须有一个或者若干个鲜明的主题，通过景观设计、建筑风格、项目策划等直观地表现出来，以突出本地区旅游产品或服务的明显差异性，从而使旅游者形成深刻印象。旅游形象的主题，应该充分反映旅游地的优势和突出特点，而旅游地的规划开发，也应围绕着主题形象来进行。

（2）独特性原则。

旅游规划区的形象设计，要充分发挥自身独特性优势，与其他旅游地加以区分。旅游形象设计要根源于地方独特性，来源于旅游地的地理文脉，只有充分挖掘和深刻分析旅游规划区当地的地域背景，发现和提取地方性的元素，并将其充实到旅游形象中，才能避免旅游形象过于空洞，也能避免旅游形象单一、同质化等问题。

（3）整体性原则。

旅游地形象是多种形象要素的综合体，包括内在的和外在的、精神的和物质的、无形的和有形的、静态的和动态的等多个方面的形象要素，故旅游形象设计必须反映其作为一个整体所具有的特征。这就需要在进行旅游形象设计时,对旅游地所有形象要素进行统筹兼顾,提炼总结,形成整体形象,增强旅游形象吸引力。同时,整体性还表现在旅游形象策划的内容方面,应构成一个完整的形象系统,要包括旅游规划地形象核心理念、旅游口号、视觉符号设计等具体内容。

(4)针对性原则。

在进行旅游规划区旅游形象定位时,要依据旅游规划区自身的资源、环境、交通、政策、经济发展水平和社会环境等综合条件,制定具有针对性的、符合自身现实状况、利于自身可持续发展的旅游形象。还要针对市场需求特征来设计能够反映旅游需求的热点、主流和趋势,还应考虑到客源市场旅游需求的特点,设计相应的旅游形象,有效吸引旅游者。

2. 旅游形象定位的方法

(1)领先定位。

领先定位是比较容易的一种定位方法,适用于独一无二或无法替代的旅游资源。

由于人们总是对排名第一的事物印象深刻,所以这种定位方式最有气魄,也最能引起人们的注意。如埃及的金字塔,中国的长城、苏州园林、杭州西湖、"五岳"等,它们在世界范围内都具有不可替代的地位。

(2)比附定位。

比附定位是一种不去占据原有形象阶梯的最高阶,而情愿居其次的定位方式,依托已经被公认处于领先位置的旅游地,通过对比,使人产生联想,借以提高自身的知名度。实践证明,与原有处于领先地位的第一品牌进行正面竞争往往非常困难,而且很难取胜,因此,主动避开第一,抢占第二的比附策略不失为一种聪明的选择。如宁夏银川的旅游形象定位为"塞上江南",苏州的旅游形象定位为"东方威尼斯",海南三亚也将自己的旅游形象定位为"东方夏威夷",目的是通过江南、威尼斯、夏威夷等知名旅游形象吸引旅游者的注意力,并占据一个较佳位置。

(3)逆向定位。

逆向定位是指强调并宣传定位对象是消费者心中第一形象的对立面和相反面。

(4)空隙定位。

比附定位和逆向定位都要与旅游者心中原有的旅游地形象相关联,而空隙定位全然开辟一个新的形象。空隙定位的核心是分析旅游者心中已有的形象的类型,发现和创造新的形象,树立一个与众不同、从未有过的主题形象。与有形商品定位相比,旅游形象定位更适合采用空隙定位方法。

(5)重新定位。

旅游产品也与其他产品一样具有产品生命周期,原因虽有重复建设过多、竞争激烈的因素,但更重要的是缺乏推陈出新,这使得某种旅游产品逐步走向衰落。此时,就需要对旅游产品进行重新定位,包括对原有形象进行充实改造或者创造新的旅游形象。

3. 旅游形象口号设计

1)旅游形象口号设计的原则

(1)独特性。

旅游形象哪怕是刻意寻求，也要找出与众不同之处。尤其是资源、市场都存在相似性的旅游地，产品替代性强，更要尽量反映特色，避免与竞争对手针锋相对。

旅游形象最本质的构成要素是个性，通过个性来达到自立和被识别的目的，在表述上应回避流行的提法，回避处于劣势的竞争，不排除刻意的同中求异。

（2）社会性。

旅游地形象应是正面的，满足人们对美的追求。旅游地形象应符合社会营销原则，引导市场向健康方向发展，不能迎合低级趣味。旅游地形象不仅应能吸引来访者，还应能与区域经济社会发展相协调，引导区域社会、经济、文化健康、可持续发展，被当地居民认可且能使他们受益，要增强本地居民的自豪感，增强他们对居住地的情感。

（3）吸引性。

旅游形象要有吸引力，要易于传播。首先要受到大众认可，要美好而令人向往，为大众所乐意接受。其次要有领先性和新奇性，或天下独步让人景仰，或神秘而使人好奇，激发旅游者的欲望。此外，旅游形象还要富于时代感，能体现旅游需求的热点主题和潮流。

（4）认同性。

可感性是认同性的具体要求。普通游客应能够真真切切地感受、体验到旅游形象，旅游地形象要同旅游者的直观感受一致，而不需要专业的分析、论证、比较。

（5）整体性。

旅游地形象应是主题突出的完整统一体，而不是生硬地堆积拼凑。不能分析出若干条地方特色，然后拼凑成旅游地形象，这样的旅游地形象不是旅游地的总体形象。

（6）层次性。

旅游地形象可以有层次之分。首先是整体局部、范围大小的问题，一个大的旅游区域，有一个总体形象，不排斥局部景区景点有自己的形象，"小形象"可能是"大形象"具体而微的表现，也可能同"大形象"不一致。其次是主要的问题，很多旅游地都是丰富多彩的，可以把最突出的特征塑造为迷人的形象，还可以把一般的特征塑造为次一级的形象。此外，还有对内对外的问题，一个旅游地的不同侧面可以满足不同市场的需求。因此，形象也存在内外有别的现象，分别面向不同的受众。

范围小、资源风格统一、主体市场需求差异不是太大的旅游区域，其形象的结构也可以比较简单、直接；反之，则可能出现旅游形象层次性的问题，但层次是整体内部的层次，层次性与整体性并不矛盾。

（7）艺术性。

艺术性主要指旅游地形象口号设计的语言要求。旅游口号须用简洁、凝练、生动、优雅、新颖的语言构造一个有吸引力的旅游地形象，要能够打动旅游者的心，成为旅游者永久而深刻的记忆。

旅游地形象是市场竞争的利器，关注形象本身的理论建设，搞清楚旅游地的形象定位及形象口号设计的要求，将有助于形象地塑造和推广。

在全面建成社会主义现代化强国、实现第二个百年奋斗目标的新征程中,旅游业要在增强中华文明传播力影响力上发挥更为重要的作用。

2)地方旅游形象口号

制定旅游目的地的形象口号,需要使口号具有鲜明的个性,具有竞争力和持久力。表 6-2 是各省(区、市)的旅游口号的列举。

表 6-2 各省(区、市)旅游口号

省(区、市)	口号	省(区、市)	口号
北京	北京欢迎你	陕西	山水人文,大美陕西
天津	天天乐道,津津有味	山西	晋善晋美
河北	诚义燕赵,胜境河北	上海	发现更多,体验更多
内蒙古	祖国正北方,亮丽内蒙古	辽宁	乐游辽宁,不虚此行
吉林	白山松水,豪爽吉林	黑龙江	北国好风光,自然黑龙江
江苏	畅游江苏,感受美好	浙江	诗画江南,山水浙江
安徽	美好安徽,迎客天下	福建	福往福来,自由自在
江西	江西风景独好	山东	好客山东欢迎您
河南	心灵故乡,老家河南	湖北	灵秀湖北欢迎您
湖南	锦绣潇湘,快乐湖南	广东	活力广东,欢乐祥和
海南	阳光海南,度假天堂	广西	遍行天下,心仪广西
重庆	大山大水不夜城,重情重义重庆人	四川	天府四川,熊猫故乡
贵州	走遍大地神州,醉美多彩贵州	云南	彩云之南,万绿之宗
西藏	世界屋脊,神奇西藏	新疆	传奇丝路,大美新疆
甘肃	精品丝路,绚丽甘肃	香港	我在香港,找回本色
青海	大美青海欢迎您	澳门	感受澳门,动容时刻
宁夏	塞上江南,神奇宁夏	台湾	The Heart of Asia

党的二十大报告提出"增强中华文明传播力影响力"。在全面建成社会主义现代化强国、实现第二个百年奋斗目标的新征程中,要深入开展对外旅游交流和合作,在增强中华文明传播力影响力上发挥更为重要的作用。

第二节 旅游规划与开发的发展目标

一、旅游发展目标概念

广义的目标是指针对现状、趋势和预期的环境、发展前景而制定的具有指向意义的,用来激励后期行动的任务、目的和指标。

旅游发展目标是旅游区未来发展的总方向,确定旅游区发展目标是一项综合性非常强的工作,必须充分考虑旅游区的各种内外环境,涉及政治、经济、文化等领域。一旦确定了发展目标,其将从根本上影响旅游区的功能定位和旅游区形象的树立。

二、旅游发展目标的分类

(一)按照旅游发展目标的内容划分

按照内容,旅游发展目标可分为终极目标(总体目标)和阶段性目标。

1. 终极目标

终极目标就是该旅游地经过长期的开发和发展后需要达到的要求。通常包括需要该地区旅游相关行业部门去支持的旅游需求;对该地区旅游发展的未来可能性所做的预期,对该地区旅游发展战略的一般性指导方针;该地区旅游发展的意义等。

2. 阶段性目标

阶段性目标相对于终极目标来说,更为细致和具体。一般而言,阶段性目标为了便于实现,又分为前期目标、中期目标和远期目标三部分。

(1)前期目标。

前期目标通常是对旅游发展中,如基础设施建设、旅游产品组合、旅游市场划分等基本内容和亟待解决的相关问题做出相关规定。

(2)中期目标。

中期目标是在前期目标基本实现的基础上对旅游规划开发进行更深层次的发展,中期目标通常包括旅游理念的提升、旅游形象的塑造、旅游产品创新开发、旅游市场推广等部分。

(3)远期目标。

远期目标则为旅游开发和发展提供了持续动力。

(二)按照旅游发展目标的表述方式划分

按照目标的表述方式,旅游发展目标可分为概念性目标和数值性目标。

1. 概念性目标

概念性目标表现为描述性的语句,对旅游地未来的发展期望达到的目标和效果加以说明。

2. 数值性目标

数值性目标则是通过具体的数字衡量旅游地未来发展需要达到的具体标准,例如年接待游客量达到多少万人次,实现旅游收入多少万元。但由于旅游市场具有不稳定性,通常数值性的发展目标表现为区间形式,以基本目标为下限,以激励目标为上限。

(三)按照旅游发展目标的属性划分

按照旅游发展目标的属性分类,可将旅游发展目标分为经济水平目标、社会效益目标、环境保护目标和文化发展目标。

1. 经济水平目标

旅游发展的经济水平目标是反映其最终产业规模和经济收益状况的系列指标,包括境外旅游者人数、旅游总收入与创汇、地方居民收入水平、占GDP的比重、投资回收期、投资收益率、乘数效应等。

2. 社会效益目标

旅游发展的社会效益目标主要涉及特定时期下旅游的发展将会产生怎样的社会效果,包括提供的就业机会、地方居民的支持率、社会风气、旅游者的满意度、从业人员服务质量等指标。

3. 环境保护目标

旅游发展的环境保护目标直接关系到旅游是否能可持续发展,主要包括自然风景资源保护、历史文化资源保护、环境综合整治指标、绿化覆盖率、水资源环境、大气资源环境等内容。

4. 文化发展目标

旅游发展的文化发展目标需要体现旅游发展对当地文化的影响和与文化互动的预期结果,包括当地文化的完整性、文化个性、文化整合的程度、交叉文化的吸引力等指标。

三、旅游发展目标的特点

(一)相对稳定性

规划的旅游发展目标在一定时间内应该是稳定的,旅游发展目标是总方向、总任务,保持整体相对不变,但旅游发展目标的相对稳定性并不排斥根据客观需要和情况的发展而对旅游发展目标所做的必要修正。

(二)可分性

旅游发展目标是可分的,可以被分解成具体目标、具体任务和具体要求。在空间上,分解成每一个方面的具体目标和具体任务;在时间上,可以把长期目标分解成前期、中期和远期不同阶段的具体目标和具体任务。

(三)可接受性和可检验性

旅游发展目标不能过于激进,要注重实际,按照现实情况进行目标制定,一步一步实现,要为旅游地区的各利益相关者所理解并符合他们的利益。旅游发展目标还要规定具体指标,以便于目标实现与否的检验。

（四）激励性

旅游发展目标要充分体现和保证所有利益相关者的共同利益,旅游发展大目标要和利益集团、利益群体的小目标进行良好结合,从而激发旅游目的地和旅游企业所有成员的工作热情,加快旅游发展目标的完成。

四、《"十四五"旅游业发展规划》发展目标

2022年1月20日,中华人民共和国国务院下发《"十四五"旅游业发展规划》,明确了旅游发展阶段及目标,重点对旅游业供给侧结构性改革、出入境的相关政策及产业发展规划进行了详细指引。

在旅游业发展目标方面,规划重点提出,到2025年,旅游业发展水平不断提升,现代旅游业体系更加健全,旅游有效供给、优质供给、弹性供给更为丰富,大众旅游消费需求得到更好满足。国内旅游蓬勃发展,出入境旅游有序推进,旅游业国际影响力、竞争力明显增强,旅游强国建设取得重大进展。文化和旅游深度融合,建设一批富有文化底蕴的世界级旅游景区和度假区,打造一批文化特色鲜明的国家级旅游休闲城市和街区,红色旅游、乡村旅游等加快发展。旅游创新能力显著提升,旅游无障碍环境建设和服务进一步加强,智慧旅游特征明显,产业链现代化水平明显提高,市场主体活力显著增强,旅游业在服务国家经济社会发展、满足人民文化需求、增强人民精神力量、促进社会文明程度提升等方面作用更加凸显。

展望2035年,旅游需求多元化、供给品质化、区域协调化、成果共享化特征更加明显,以国家文化公园、世界级旅游景区和度假区、国家级旅游休闲城市和街区、红色旅游融合发展示范区、乡村旅游重点村镇等为代表的优质旅游供给更加丰富,旅游业综合功能全面发挥,整体实力和竞争力大幅提升,基本建成世界旅游强国,为建成文化强国贡献重要力量,为基本实现社会主义现代化作出积极贡献。

第三节 旅游规划与开发的发展战略

一、旅游发展战略概述

旅游发展战略是根据旅游业的历史、现状和市场要素的变化所制定的目标体系,以及为实现目标体系在特定的发展条件下对旅游发展要素的总体安排。

旅游发展战略强调以市场为导向,注重通过市场与资源结合现状,来指导旅游项目的设计与开发。旅游发展战略注重宏观指导,主要任务是确定旅游业的地位,提出发展目标,拟定发展规模、发展速度,明确产品开发重点、时序和空间布局,指导协调旅游业

的发展。

二、旅游战略环境分析

在对旅游目的地进行规划前,需要对旅游发展战略的环境进行分析,主要包括社会和文化分析、经济和技术分析、政治和法律分析、资源和环境分析、产业和市场分析五个方面。

(一)社会和文化分析

社会和文化环境是指社会道德观、价值观、人口变动趋势、文化传统、文化教育、社会结构等因素对旅游产业的影响以及所带来的机会和威胁。在社会文化环境中,各种因素对旅游发展战略影响各不相同。其中,人口规模和分布状况、社会成员的价值观念、生活方式等因素,影响着产业发展领域的选择和发展规模的确定。不同国家和地区社会成员的信仰、行为规范等因素,影响着旅游业的管理模式。

在社会和文化环境中,人口因素是一个极为重要的因素,它包括种族、人口数量、人口结构、人口分布、人口受教育程度等方面。我国许多少数民族聚居地区有很多蕴含着独特风格的旅游资源,因此,在旅游发展过程中要充分尊重当地居民的风俗习惯,做好旅游管理者,使游客与居民融合共生。人口的数量制约着旅游市场的规模和劳动力成本的高低。人口结构决定着市场的需求结构,影响着产业结构和产品结构。人口分布决定着游客的地区分布和游客群体密度的大小。人口受教育程度影响着旅游满意度,一般而言,受教育程度越高,消费观念和消费方式越能适应环境变化的需要,越容易接受新产品,产生新的需求,同时也为旅游业发展提供了人力资源和客源市场方面的保障。

(二)经济和技术分析

经济环境是指一个国家或地区的经济发展状况、经济结构、经济体制、宏观经济政策等要素所构成的环境系统。经济环境具体包括 GDP 的发展趋势、收入水平、利率水平的变化、货币政策、财政政策、税收政策、汇率变动、就业情况、消费支出、保障机制等。

技术环境是指由科学技术发展而引起的各种要素变化,进而形成的环境系统。它包括科技体制、科技政策、科技水平、科技发展趋势等。随着云计算、物联网、智能移动等新技术的进步,智慧旅游得以迅速发展。

(三)政治和法律分析

一个国家或地区的政治和法律环境的差异化和变化,对旅游发展战略的制定具有十分重要的影响。在不同的政治制度和法律制度的制约下,旅游业经营活动和所采取的策略是不同的。

国务院印发的《"十四五"旅游业发展规划》明确指出未来旅游业发展要加强组织领导,各地区要将旅游业发展纳入重要议事日程,把方向、谋大局、定政策、促改革,形成党委领导、政府推动、部门协同、全社会参与、广大人民群众共享的大旅游发展格局。国家建立旅游工作协调机制,加强对全国旅游业发展的综合协调,完善文化和旅游融合发展体制机制。宣传部门发挥好指导协调作用，文化和旅游部门加强对旅游业发展的统筹规划，完善有关政策法规，推动重大项目实施，牵头开展督查。落实用地、财政、区域、税收、金融、投资、人才等支持政策。各相关部门根据职责分工支持旅游业发展，形成发展合力。

（四）资源和环境分析

旅游资源是旅游业发展的前提和基础。凡是能对旅游者产生吸引力，可以为旅游业开发利用，并可产生经济效益、社会效益和环境效益的各种事物和因素，都可以称作旅游资源。

旅游资源主要包括自然风景旅游资源和人文景观旅游资源。其中，自然风景旅游资源分为地貌、水文、气候、生物四大类。人文景观旅游资源分为人文景物、城市文化传统、风情民俗、体育娱乐四大类。

（五）产业和市场分析

产业和市场分析主要分为两部分，即产业发展前景分析和产业内部结构化分析。产业发展前景主要是指产业市场需求总量及其成长性、产业结构及其变化。产业发展前景分析主要包括：市场容量、市场动态（价格走势，市场需求变化，产业成长、停滞、衰退）、产品分类及其需求、替代品（性能、价格、平均利润率）、产业平均利润率及其变化趋势、竞争倾向、技术创新与管理创新周期等方面。产业内部结构化分析主要包括产业内部的构成、比例及其之间的关系。

三、旅游发展战略模式

（一）区域旅游开发战略模式

研究不同地域的风景组成，必须分别按其重要性给予不同的排列顺序。正是这种顺序性的差别影响了旅游活动行为的层次结构。也就是说，风景资源结构决定了一个区域的旅游活动行为层次结构。区域旅游发展战略即以风景资源结构为基础，考虑接待服务措施的现有和发展条件，去确定其旅游活动层次结构，进而拟定相应的战略对策，以便进一步扩大旅游市场。

区域旅游开发战略模式见表6-3。

表6-3　区域旅游开发战略模式

模式	风景资源	区位条件	开发措施	案例
一	佳	佳	完善旅游活动行为结构	北京
二	佳	一般	配套接待服务措施和解决基础交通条件	敦煌
三	一般	一般	重点解决进出交通条件，开展相应旅游活动行为，重点整修和新建能够吸引游客的风景资源	汕头
四	一般	佳	人工整修重点风景资源和完善旅游活动行为结构	上海
五	中等	中等	加强旅游形象宣传，分层次重点开发相应风景资源，改善进出交通条件	韶关

续表

模式	风景资源	区位条件	开发措施	案例
六	特殊性风景资源	不定	配套接待服务设施,开展相应的特殊旅游	玄武山——金厢滩风景名胜区

(二)区域旅游发展动力驱动模式

区域旅游发展动力驱动模式由彭华提出,即从旅游发展动力组合中,找出推动旅游发展的主导因素和辅助因素,并建立不同类型区的旅游发展动力模型,以利于制定旅游与区域经济社会共同发展动力机制的培育对策。

在推动区域发展的各动力因素中,有主导因素和辅助因素之分。主导因素是指在推动区域旅游发展方面起主导作用的因素。一个区域的旅游发展也主要是看其主导因素是否具有持续的动力,不同区域的主动因素也有很大不同。辅助因素是对区域旅游发展起辅助推动作用的因素。辅助因素不是吸引游客的主要吸引物,但对引导游客的决策行为和实施行为,以及旅游活动的质量有很大的影响。

旅游发展动力模型是一种主导动力模型,主要根据主导因素确定。但随着社会经济发展和旅游项目开发,旅游发展的主动因素和辅助因素在一定条件下可以转化。

表 6-4 以四种类型的旅游地为例分析区域旅游发展动力驱动模式。

表 6-4 区域旅游发展动力驱动模式

旅游地类型	旅游地特征	主导因素	辅助因素	实例
资源吸引型	具有强吸引力的自然与文化景观	自然与文化因素的独特性和综合品位	基础设施、接待条件、人文环境	桂林、敦煌
经济吸引型	经济联系广泛,缺乏高强度景点	以大流通为特征的综合经济活力	综合环境、景点建设、旅游服务	珠江三角洲、温州、汕头
需求推动型	区域经济发达、需求旺盛,缺乏旅游点	休闲娱乐、游憩度假、需求推动	景点建设、环境改良、服务配套	广州、深圳
综合驱动型	具有高强度景点又有广泛经济文化联系	综合地位与景点的可持续性	综合环境、旅游服务	西安、北京

必须完整、准确、全面贯彻新发展理念,坚持社会主义市场经济改革方向,坚持高

水平对外开放,加快构建以国内大循环为主体、国内国际双循环相互促进的新发展格局。

四、旅游发展战略的制定

(一) 旅游发展战略目标的制定

旅游发展战略目标是对旅游业战略经营活动预期取得的主要成果的期望值。战略目标设定,同时也是旅游业宗旨的展开和具体化,是旅游业宗旨中确认的旅游业经营目的、社会使命的进一步阐明和界定,也是旅游业在既定的战略经营领域开展战略经营活动所要达到的水平的具体规定。旅游发展战略目标是旅游发展战略的核心,根据旅游发展战略目标确定旅游发展战略指标,围绕旅游发展战略目标,进行旅游资源开发策划、旅游产品策划、旅游市场营销策划等。

由于旅游发展战略目标是旅游业发展使命的具体化,旅游业各有关部门都需要以发展战略目标为统领,旅游发展战略目标是多元化和多层次的,旅游战略目标制定包括确定合适的旅游发展定位、分析旅游规划的基础条件、确立战略总目标和阶段分目标、制定落实目标的方法和手段四个步骤。

旅游发展战略的制定要依据旅游目的地的自然和文化环境、国家出台的法规政策、条令决议、相关文件,以及各级政府的发展规划、各旅游相关专业规划来进行制定。

旅游发展战略的制定还要符合市场导向原则、地域特色原则和可持续发展的原则。市场导向原则就是依据旅游市场,进行旅游者偏好、消费习惯等相关分析,找到适合自身情况,有利于在旅游市场占据客观市场份额的发展战略。地域特色原则就是发展战略的制定要以旅游地自身特色为基础,充分发挥独特性和创造性。可持续发展原则即在进行旅游发展战略制定的过程中,要注重环境效益,追求长远利益。

(二) 旅游发展战略制定的方法

1. 区域分析法

通过区域对比,确定规划对象的特色;判断规划对象在各区域层面旅游发展中、社会经济中的地位和作用;重视区域旅游竞争和合作。

2. SWOT-PEST 分析法

SWOT 代表着分析区域发展旅游的优势、劣势、机会和威胁。PEST 代表分析区域旅游发展环境中的政治、经济、社会和科学技术等。

3. 多方案比较法

针对不同的发展场景做一个全面的衡量。当环境变动时,可以指定多项旅游发展战略,以供决策者有选择地实施。

(三) 旅游发展战略制定的步骤

1. 确定合适的旅游发展定位

旅游发展定位的选择,要遵循发展规律,根据当地的资源情况、综合条件,确定旅游的发展定位、发展目标和各项指向性指标，切忌制定不符合实际的高定位、高指标。要遵循自然规律，科学有序地开发和利用旅游资源，促进旅游的可持续发展。要遵循市场规律，既要加大旅游宣传，提高旅游目的地的知名度，也要重视产品建设和服务质量，增加旅游地的吸引力。

2. 分析旅游规划的基础条件

旅游发展战略，要根据旅游规划地的具体情况和要求制定，保证旅游发展符合经济社会发展的具体实际。不仅要对该地的旅游吸引物、文化资源、服务与设施建设情况、交通与可进入性进行分析评估，还要对市场环境、竞争者状况、游客需求偏好等进行深入分析。在对旅游规划地进行充分调研和分析的基础上，依据客观现实制定相应的旅游发展战略。

3. 确立战略总目标和阶段分目标

一个总体符合实际、切实可行、有战略意义的目标是制定旅游发展战略的核心所在。战略总目标是未来一定发展时期内希望实现的综合效益。在旅游发展战略总目标下，还会具体地制定和设定不同阶段的战略分目标。制定阶段分目标的主要目的是分别就旅游活动中的经济、社会和环境等影响因素提出需要实现的蓝图，并按阶段建立分目标，以便于日后目标的逐步落实和动态调整。

4. 制定落实目标的方法和手段

有了依据现实基础条件和系统分析所制定的战略目标后，还需具体确定为落实这个目标所采取的手段和方法，在内容上包括制定适合本区域旅游产业发展的战略思想、战略目标、战略重点、战略阶段及战略措施和对策，也包括战略背景、战略依据、战略布局等构成要素。依据具体的实现战略目标的方法和手段，在实现旅游发展目标的过程中会更加有方向性，也可以根据现实条件的实时变化进行相应调整。

我们要牢牢把握新时代新征程党的中心任务，提出新的思路、新的战略、新的举措，继续统筹推进"五位一体"总体布局、协调推进"四个全面"战略布局，踔厉奋发、勇毅前行、团结奋斗，奋力谱写全面建设社会主义现代化国家崭新篇章。

五、旅游发展战略的实施

（一）宏观旅游发展战略

1. 政府主导型战略

匡林在论著《旅游业政府主导型发展战略研究》中指出，中国旅游业实施政府主导型战略存在必要性和必然性。

首先，这是旅游业自身特性要求的。

一是旅游资源具有公共物品的属性，这导致旅游市场机制的失灵，需要政府发挥有形之手的作用。

二是旅游资源具有跨地域性,必须由政府出面主导统一协调,打破行政界限,实现区域联合,树立"一盘棋"思想。

三是旅游产品具有综合性,涉及面广,政府对宏观信息把握较为充足,对产品各个环节了解更清楚,也能为综合性产品开发提供保障。

四是旅游促销具有层次性,即旅游形象宣传、跨区域旅游线路宣传、旅游企业的产品促销,这需要政府出面组织大型旅游形象宣传、旅游企业通过上缴税费等方式参与,或是各部门统一行动、通力合作。

其次,这是对旅游业外部性干预的需要。

旅游业发展必然对自然环境造成负面影响,由于市场机制不能自动校正外部性,产权明晰化又极为困难,为消除或弱化这种外部不经济,政府可通过经济措施、行政措施和社会措施加以干预或校正。张明川认为,在农家乐旅游发展中政府作用必不可少。

2. 区域旅游联动发展战略

区域联动发展战略是指将旅游规划区内的各项资源在地区内进行整合和重新配置,以便于获取更大的经济效益、社会效益和生态效益。区域联动发展战略打破了传统意义上的地域限制,摆脱了旅游资源和旅游空间局限性的束缚,实现了区域资源共同开发、共同发展。区域联动发展战略有助于旅游地形成资源互补、客源共享、管理互助、人才交流的和谐体系,有助于旅游资源的深度开发和利用,提高旅游区域在市场中的竞争力,还可以充分发挥区域联动作用,缓解区域内不平衡、不充分的发展现状。

3. 跨越旅游发展战略

旅游的跨越式发展,就是指旅游地区在资源条件丰富、发展潜力巨大而实际旅游发展水平却相对落后的情况下,充分发挥后发优势,即通过引进旅游发展水平较高地区的先进服务管理经验、旅游管理理念以及高科技的经营管理技术和人才等资源,超常规地迅速发展,跨越旅游发达地区在旅游发展过程中的某个或某几个阶段,以达到甚至超过旅游业发达地区的旅游发展水平,实现本地区旅游业发展的飞跃。旅游的跨越式发展关键在于观念的创新,重点在于战略目标的确定和具体的操作实施。

4. 可持续旅游发展战略

世界旅游组织、世界旅游理事会、地球理事会在《关于旅游业的 21 世纪议程》中对可持续旅游发展进行了界定。可持续旅游发展是在保护和增强未来机会的同时满足现时旅游者和东道区域的需要。而持续旅游产品则是与当地环境、社区和文化保持协调一致的产品,这些产品是旅游发展的永久受益者,而不是牺牲品。其中,在保护资源与环境并最大限度地增加旅游者享受乐趣和给当地带来效益的同时,将旅游开发对所在地区的消极影响维持在最小限度内,是可持续旅游资源发展的主要指导原则之一。显然,发展(满足现在需要)与保护是可持续旅游发展的一对核心问题。可持续旅游发展应该成为旅游资源开发和保护关系问题的衡量标准之一。

首先,在旅游资源开发与保护中实施可持续发展战略应该对旅游环境承载力、旅游开发的影响等方面进行系统研究,为和谐平衡的旅游资源开发和保护模式提供理论依据。

其次,保持并提升旅游资源的文化内涵。自然与人文旅游资源往往是相伴相生的,因此可以说文化内涵是旅游资源的生命线。

再次,培养熟悉旅游资源开发和保护的高素质旅游专门人才。除此之外,还要正确处理好旅游发展中开发与保护的主次关系问题。在旅游发展的起步阶段,应以开发为主,开发要一步到位。另外,在旅游资源发展过程中,开发与保护应并重,以促进旅游资源的永续利用与可持续发展。

(二)实践中的旅游发展战略

1. 品牌战略

品牌战略是企业为了提高自身市场竞争力,围绕产品的品牌所制定的一系列长期的、带有根本性的总体发展规划和行动方案。品牌战略具有全局性、长期性、导向性、系统性和创新性的特点。品牌战略由战略目标、战略重点和战略步骤三个方面构成。

(1)战略目标。

战略目标是品牌战略的主要内容,是企业在一定时期内预期在全国经营品牌方面所要达到的理想效果。

(2)战略重点。

战略重点是在确定战略目标的同时,必须确定实现这一目标的重点,以点带面来达到既定的目标。

(3)战略步骤。

战略步骤是一个组织或企业在确定战略目标重点以后,对于各种计划、措施或任务进行的实践方面的战略规划安排。

品牌战略包括品牌命名战略、品牌定位战略、品牌形象战略、品牌设计战略和品牌营销战略。其中,品牌营销战略包含品牌生命周期战略、统一品牌战略、多品牌战略和副品牌战略。

以品牌生命周期战略为例,其又分为品牌孕育期的营销决策、品牌幼稚期的营销决策、品牌成长期的营销决策以及品牌生命周期的变异形态。

关于品牌孕育期的营销战略,存在两种观点:

一种观点认为,此时期产品的研究开发工作应该尽可能充分,对市场的调查也要尽量细致。

另一种观点认为,市场的变化异常迅速,容不得过分深入的产品研究。

品牌幼稚期的营销战略的主要目标是打造声势,为其进入成长期做好准备,通过宣传产品优良的质量激起旅游者的消费欲望,同时通过广告鼓励旅游者购买。

品牌成长期的营销决策是在市场占有率提高之后,竞争也愈加激烈,同类品牌增多,价格下降,利润率下降,此时应该进一步加强广告宣传,广告的内容要突出畅销品牌的特色和使用价值,并为品牌注入情感附加值。在品牌成熟期时,此时市场占有率趋于稳定,竞争加剧,产品和品牌有很高的知名度和忠诚度,市场地位也已经确定,消费者的需求趋于稳定。此时就需要强化产品的功能性特征,降低成本,加强营销,以及维护好现有消费者。

2. 市场导向战略

市场导向战略所关注的重点是旅游市场,并且整个旅游规划与开发都要以市场为研究中心,一切规划以市场需求为前提。实际上关注市场分析的基础仍然是注意本地的旅游资源赋存状况和特色,其规划与开发是将旅游市场的需求与当地的旅游资源组合相结合,针对市场上的各种需求类型,开发出相应的旅游产品,以满足不同旅游者的需要,获取最大的经济效益、社会效益和生态效益。

3. 宣传包装战略

宣传包装战略包括旅游地的综合开发和旅游主题形象塑造与提升两个方面。

宣传包装战略注重广告宣传,保持旅游地形象的连贯性、新颖性和独特性。旅游业的激烈竞争,使得广告媒介的作用更加突出。我国的旅游业尤其应当强化形象的宣传,不断推出创新旅游形象。同时,我国旅游业还必须在突出其悠久历史文化的同时,了解西方游客的欣赏角度,使所树立的形象简明、清晰,不能随意改变已有旅游地形象,否则会造成不必要的混乱和降低游客的意识程度。旅游地形象必须连贯统一,有自己立足市场的拳头产品,使人们形成旅游资源与目的地之间在深层意识上的组合。同时,旅游地形象还必须不断创新,以新颖、独特的旅游形式吸引更多的旅游者。

  复习思考题

1. 简述旅游主题定位的内容、影响因素及过程。
2. 旅游形象设计的方法有哪些?
3. 旅游发展目标的分类有哪些?
4. 进行旅游战略环境分析时,应当从哪几个方面进行分析?

思政案例

本章课程
思政总结

第七章
旅游规划与开发的空间布局

学习目标

1. 深刻理解旅游规划空间布局和功能分区的基本概念。
2. 理解旅游规划空间布局的原则、原理、方法。
3. 掌握旅游空间布局的几种典型模式。
4. 熟悉旅游空间布局的基本原则和影响因素。

思政元素

1. "人不负青山,青山定不负人。"习近平总书记高度重视生态文明和绿色发展理念,绿色发展是我国长远发展的科学理念和发展方式,绿色才是发展的底色,旅游规划功能分区和空间布局也必须坚持绿色发展的理念,绝不能对生态环境造成破坏。

2. "以自然之道,养万物之生。"习近平总书记曾经这样阐述野生动物植物保护,珍稀动植物资源是地球生态体系的重要组成部分,生物多样性与人类可持续发展息息相关,在旅游规划功能分区与空间布局的过程中,应设立专门的保护区,对珍稀动植物进行保护。

3. "大家一起发展才是真发展,可持续发展才是好发展。"习近平总书记关于可持续发展理念的重要论述,告诉我们在旅游规划功能分区和空间布局的过程中要秉持可持续发展理念,不仅要保护好生态环境,还要协调好相关利益主体的利益,带动周边社会协同发展。

福建永定区"乡村旅游空间布局与功能分区"

福建永定区全境面积2200多平方公里,之前是典型的贫困县。通过"旅游+扶贫"模式,永定区成功带动贫困户脱贫增收,将乡村旅游好风景,转化为贫困户脱贫致富的好光景。

在进行旅游规划初期,由于区域辽阔,在这样广阔的范围内,旅游发展不可能遍地开花,因此突出以"土楼"为核心,以连接东部土楼、中部县城①和西部龙湖的主要旅游走廊为重点,构建合理疏解体系,处理好心与翼、点与线、点与面、线与面的关系。

经过分析、比对和反复的推敲,最终确定了永定旅游的空间结构与功能分区。

构建"一带双翼"的空间结构:"一带"——重点构建连接东部"土楼文化"旅游组团、中部"客家文化城"和西部休闲度假旅游组团的"永定客家风情带";"双翼"——以永定河为界,东翼重点发展客家土楼、客家风情和宗教宗庙文化旅游,西翼重点发展自然观光、休闲度假和革命传统教育旅游。

划分"一城三组团"的功能分区:"一城"——将县城打造成"客家文化城"及全县旅游集散中心,重点发展客家文化旅游及形成完善的游客集散功能;"三组团"——重点开发的三个旅游组团,分别是"东部土楼文化旅游组团""西部休闲度假旅游组团"和"北部生态农业旅游组团"。

为了适应大永定旅游发展战略,在现状基础比较薄弱的基础上,分三期进行建设。第一阶段按照"增长极模式",对湖坑土楼景区和县城"客家圣殿"集中投资、重点建设、集聚发展、逐步扩散,迅速培育增长极。第二阶段按照"点轴模式",沿着"峰市—县城—湖坑"交通干线形成旅游走廊,连接一系列旅游景点、景区,推进以东部"土楼文化"旅游区、中部"客家文化城"和西部"休闲度假"旅游区快速发展。第三阶段朝着"网络开发模式"推进,依托旅游集散主、次中心和数条交通干线,带动县域全境旅游资源开发的格局。

资料来源 时间博览旅游。

思考题:请根据上述案例进行思考,该地进行旅游空间布局与功能分区的主要依据有哪些?

第一节 旅游规划功能分区的原则、原理和方法

功能分区是一个广义概念,已应用到各个学科和领域,大到城市建设功能分区,小到公园功能分区等,根据不同领域可以划分为多种功能分区类型。而旅游规划功能分区既具有其他所有功能分区的共性,又具有旅游行业的特性。

旅游规划功能分区与其他功能分区的共性,就是依托一定空间区域,营造不同属性与功能的区域结构,每个区域结构都有自己的个性和主题,以便与其他区域加以区分。而旅游功能分区所具有的特性,就是遵循旅游行业特定的规律,按照旅游规划与开发的原则和方法,对旅游目的地进行空间规划和功能分区。就具体概念而言,功能分区是旅游规划的重要组成部分,是指根据旅游地旅游资源和土地资源等基本因素对旅游区空间进行的系统性划分,并确定功能分区的名称、主题、功能、定位等。

在规划旅游目的地的开发过程中,应进行合理的功能分区,坚持旅游规划的基本原

---

① 2015年2月撤县设区,由永定县改为永定区。

则,运用旅游规划的方法,实现对区域内旅游资源和土地资源的优化配置和合理布局,对旅游开发地各要素进行统筹安排与整合,使旅游开发战略化,保证旅游区可持续发展,使资源和环境得到有效保护。

一、旅游规划功能分区的原则

在旅游规划的过程中,必须坚持基本的分区原则,对旅游区进行科学合理的划分,否则无法实现旅游区旅游资源和土地资源的合理利用,影响旅游区的可持续发展。要进行科学合理的功能分区,必须坚持以下基本原则。

(一)突出分区原则

突出旅游区的主题形象是旅游空间规划的核心原则,特色鲜明的主题形象是旅游景区区别于其他旅游景区的重要特征,也是影响旅游景区知名度的重要因素。旅游空间规划,应突出旅游地的主要特色,旅游区的所有要素都应该围绕主体形象进行设计,以反映、烘托主题形象。具体来说,要通过景观特点规划、整体形象设计、服务营销等方式打造特色鲜明的旅游地形象,以提高市场区分度、塑造鲜明的市场形象、避免同质化竞争。

(二)集中功能单元

不同功能单元相对集中布局是旅游空间规划的重要原则。旅游设施要以旅游景点景区为核心进行布局,主要景点景区周边都应布局配套的住宿、娱乐、商业设施等。将不同功能单元集中分布,能避免分散布局给游客带来的不便,也利于发挥各类服务综合体的规模效应和集聚效应。规模效应和集聚效应主要体现在三个方面:

首先,集中功能单元能降低旅游区基础设施建设成本、日常管理维护成本等。

其次,集中功能单元有利于吸引游客在旅游区停留更长时间,从而增加进一步消费的可能。

最后,集中功能单元有利于环境保护与控制,有利于旅游区可持续健康发展。

(三)协调功能分区

协调功能分区就是要处理好旅游规划过程中各类功能分区的关系。

首先,要考虑旅游区与整体环境的关系,旅游功能分区必须与整体环境相适应,与城市功能分区相协调,旅游区应尽量避免对居民区和其他城市功能分区的干扰。

其次,要充分考虑各功能分区之间的关系,如娱乐区应尽量远离生态保护区,避免对当地生态环境造成破坏。

最后,要考虑功能分区内部设施设备之间的关系,科学布局功能分区内部各种设施,合理规划各类活动场地。

协调发展理念是引导我国经济社会健康可持续发展的关键,协调发展要求发过程能更加体现全面性和整体性。中国作为一个发展中的经济大国，强调协调发展，必须凸显城乡协调发展，促进城镇化与农业现代化同步发展，推动工业化与信息化融合发展，实现城乡全面发展、城乡一体化发展；必须凸显区域之间协调发展，促进东、中和西部地区全面发展，引领各地区共同发展；必须凸显物质文明与精神文明协调发展，不能出现"一条腿长、一条腿短"的问题。

（四）合理规划动线和视线

合理规划动线和视线的目的是为游客创造最好的五感体验和审美体验。旅游目的地内部交通网络的布局应该与主要旅游景点相适应，距离较远的景点应配置公共汽车等设备，相邻景点之间应精心设置观光步道，便利游客前往各个景区的同时欣赏美好景色。旅游区空间布局还应考虑视线问题。在旅游景点之间或者自然景观优美之处设置凉亭或长廊，以便游客能从最佳视角欣赏景区的自然美景。

（五）保护旅游环境

保护旅游环境是旅游地规划的底线，也是对"两山理论"和可持续发展观的践行。旅游规划必须坚持绿色发展理念和以人为本的原则，保护旅游地的旅游资源和生态环境。

首先，要将旅游区的游客接待量牢牢控制在环境承载能力之内。

其次，要在旅游规划的过程中将环境保护因素纳入规划的各个环节和全过程。

最后，旅游规划过程中既要满足美学价值和旅游功能，又要实现人与环境的协调以及经济价值和生态价值的平衡。

"绿色发展"是我国长远发展的科学发展理念和发展方式。改革开放以来，我国经济社会发展取得了举世瞩目的成就，但也产生了不少生态环境方面的问题。无论是补齐生态环境短板、改善人居环境，还是回应群众关切、提高发展质量，都要求解决好发展中遇到的生态环境方面的问题，推动形成绿色发展和绿色生活方式，从根本上破解"破坏生态环境来提升发展"的问题，以绿色发展推动经济社会高质量发展。

二、旅游规划功能分区的原理

我国旅游业取得了令人振奋的发展成果，但也存在一些问题，究其原因主要是因为旅游规划理论薄弱，这就要求广大的专家学者，要加强对区域旅游规划基本理论的学习与总结，强化对旅游规划理论基础的研究。旅游规划功能分区需要有理论指导，用这些理论指导旅游规划功能分区和空间布局，才能促进旅游地健康有序地发展。目前，在旅游规划功能分区和空间布局中应用最多的原理主要有区位理论、发展理论、增长极理论。

（一）区位理论

区位是人类行为活动的空间，区位理论是从区位角度研究经济现象的理论，其主要内容是从空间角度定量研究经济活动空间组织优化问题。1826年，德国经济学家杜能在《孤立国同农业和国民经济的关系》中率先提出区位理论的思想。1909年，德国经济学家韦伯《工业区位论》的出版，标志着工业区位的诞生。1935年，瑞典经济学家帕兰德，以价格为变量对区位理论进行研究，提出帕兰德区位理论。德国地理学家克里斯塔勒于1933年提出中心地理论，阐述了区位各中心地的分布规律。

区位理论在旅游规划中有广泛应用，可用于确定旅游空间结构层次、制定旅游发展战略、突出旅游地区位优势、发挥旅游区规划效应和积聚效应、进行旅游线路设计、旅游地场所选择等多方面。

旅游区位理论是研究旅游目的地与客源地空间关系、旅游交通空间格局、旅游场所位置布局的理论，较具代表性的理论有旅游中心地理论、旅游圈层结构理论、杜能环型旅游区位理论。

1. 旅游中心地理论

吴必虎教授于2001年提出旅游中心地的基本概念。旅游中心地就是旅游供给中心，它本身具有一定的空间等级结构，表现为高一级旅游中心地领属次一级旅游中心地，受旅游活动季节性、旅游消费异地性等特征影响，旅游中心地市场结构是由中心沿交通干线向四周以花瓣状扩展，并提出人造景观应偏离客源地，尽量布局在城市的郊区。

旅游中心地理论对旅游空间布局具有重要意义，章锦河（2002）从旅游中心地角度出发，认为旅游者在旅游区内的空间流动存在两种情形：一是以某一个中心地为起点，同时又为终点，即"同一中心地起止"；二是以某一个中心地为起点，而以另外一个中心地为终点，即"异地起止"，旅游者的旅游活动受时间条件制约，在有限的时间内，旅游者都希望尽可能用多的时间参与游览，故其从中心地出发出游活动半径 R，则为旅游区内同一级别的旅游中心地合理分布的理想距离，其公式如下：

$$R = V \times t$$

式中：R——从中心地出发出游的活动半径；

V——交通工具速度；

T——单程时间。

此公式对旅游中心地空间布局具有指导意义。

2. 旅游圈层结构理论

杜能环理论是早期圈层结构理论研究的典型代表。我国城市地理学者深化和发展了经济活动的圈层结构理论，认为城市和区域是相互依存、互补互利的一个综合体。在这个综合体中，城市是区域经济中心，对区域具有吸引功能和辐射功能，但受与城市距离的制约和影响，城市对区域各个地方的吸引和辐射的强度是不等的，由此导致区域空间分布呈现出以建成区为核心的集聚和扩散的圈层状态结构。一般来说，圈层结构由核心部分内圈层、城市边缘区中间圈层以及城市影响区外圈层构成。

内圈层是城市向外扩散的源地,中间圈层是中心区向乡村的过渡地带,外圈层多是城市的水源保护区动力、能源供应基地及休闲旅游之地。

国内学者将圈层结构理论用于旅游研究中,提出了相关旅游圈层的理论,如吴必虎等学者提出的环城游憩带概念。旅游圈是经济协作圈、地理圈、交通网络圈、文化圈,拥有中心和边界等组成部分,存在两种发展、辐射、扩展的模式,带有明显的层次性。

第一,以核心层、中心地带向外呈圆圈状,不断扩充、辐射。

第二,以不同的核心、不同的优势资源地为中心形成小型环圈,环环相扣,辐射发展。

所以从空间形态上看,旅游圈是一定区域内各种旅游经济要素间相互联系、相互作用而形成的区域空间组织形式,也是有一定地理范围的协作区域,旅游圈的形成可以获得最佳旅游经济、社会和环境综合效益。基于圈层结构理论的旅游空间布局,有利于充分发挥圈内旅游资源优势,实现优势互补,形成具有不同特色的旅游产品群,还有利于促进区域联合协作机制以及合作组织机构的建立。

3. 杜能环型旅游区位论

2000 年,王瑛和王铮提出了旅游地边际效用分析模型,根据边际效用理论,把旅游地效用函数简化为"游行比",即通过景点游玩时间与旅行时间之比来度量旅游者效用,动态反映旅游者旅行空间行为、旅游地空间竞争等。

$$f = \frac{\Delta T_y}{\Delta T_x}$$

其中,T_x 为游客从暂住地到某一旅游地路途往返所需的时间,T_y 为游客在旅游地的可游玩时间,f 为游客的游与行之比。

景点游玩时间的长短与景点的性质、规模,多个景点在局部区域内的集中与分散程度,旅游线路的安排,旅游者的偏好等有联系。同时,旅行时间的长短与交通工具、交通线等级、出发地点等有联系。

以该函数为计量和测评工具,界定并划分了不同的旅游带,这些旅游带以旅游中心地为核心,呈同心圆状布局。不同资源特色的旅游景点,有其各自最优位置,只有位于能使它发挥最大效用的区位带,才能最大限度地发挥其自身优势,吸引游客前往,否则必须调整空间布局,优化区位。

凡是旅游业发达、游客量大的旅游点,它的边际效用 $f \geqslant 1$;凡是 $f < 1$ 的地方,尽管有良好的旅游资源,旅游业仍然得不到很好的发展。因此,判别一个旅游点是否具有商业意义上的旅游价值,关键在于旅游点的边际效用是否满足。

(二) 发展理论

发展是指事物从低级到高级、由简单到复杂的运动过程。对发展规律的研究一直是社会科学的研究重点之一。旅游发展理论主要研究旅游内在运动规律以及旅游发展对区域经济结构和社会文化结构等的影响。在旅游空间布局和功能分区的过程中,必须考虑其与整体环境的关系,协调周边经济、社会、环境等,以实现可持续发展,又需要在把握内在规律的基础上,优化内在空间布局与分区,科学合理地布局旅游设施、设计旅游项目和旅游线路等,从而实现景区发展。因此,发展理论对旅游目的地空间布局与功能分区具有重要意义。在有关旅游发展的理论中，旅游地生命周期理论和区域可持续发展理论应重点关注。

1. 旅游地生命周期理论

旅游地生命周期理论是目前关于旅游地研究的比较成熟的理论。1933年，德国著名地理学家克里斯塔勒对地中海沿岸旅游乡村的演化过程进行研究后，将旅游乡村的生命周期分为三个阶段：发展阶段、增长阶段和衰落阶段。1980年，加拿大地理学家巴特勒则系统地阐述了S形旅游地生命周期演化模型：任何一个旅游地的发展过程都包括探索、起步、发展、稳固、停滞和衰落或复兴六个阶段。旅游地生命周期理论除了可用于分析旅游地演进过程之外，还可应用于旅游布局的空间扩散时机选择和辅助预测需求等方面。

2. 区域可持续发展理论

可持续发展观念是人类与环境的关系发展到一定阶段产生的，并随着人们对这种关系认识的不断加深而发展。可持续发展是既满足当代人的需要，又不危害后代满足自身需要能力的发展。针对区域，就是使区域保持长期发展能力，协调好区域人口、资源、环境与发展之间的关系和行为。我国大部分地市都希望通过发展旅游业实现促进区域经济增长、提高就业水平、改善居民生活质量等一系列目标。但由于有些地区旅游业空间布局不合理，反而带来了一连串的环境和社会问题，如过于集中布局所带来的土壤退化、植被减少、社会文化衰退等问题已引起旅游地居民的反感和抵触。若没有合理的功能分区和空间布局结构作为保证并不断充实其文化内涵，旅游业也会出现不可持续发展问题。

可持续发展战略为我国社会主义现代化建设指明了正确方向。我国是世界上人口最多的发展中国家，人均资源很有限，必须始终坚持把控制人口、节约资源、保护环境放在重要的战略位置。

（三）增长极理论

增长极理论是法国经济学家弗朗索瓦于20世纪50年代创立的。其主要思想是经济增长不是在每个区域都以相同的速度增加；相反，在一定时期增长的势头往往集中于某主导经济部门和有创新能力的行业，而这些行业和部门由于追求外部经济效果，一般趋于向最佳区位聚集，通常是区域的大中城市。因此，这些大中城市往往成为区域经济发展的增长极，并通过扩散效应带动影响地区的经济发展。

增长极理论已经被我国理论界普遍接受，在结合我国地区经济发展水平和实际条件的基础上提出的空间开发模式中，较为常见的有梯度理论和点轴开发两种模式。这两种开发模式都可以应用于旅游业空间布局实践之中。

1. 梯度理论

生产布局学中，梯度理论被广泛用来表示地区经济发展水平的差别，以及由低水平地区向高水平地区过渡的空间变化历程。梯度理论的原理一般有三个基本点：无论是在世界范围内，还是在一国一地范围内，经济技术的发展是不平衡的，客观上已形成一种地区间的经济技术梯度；生产力的空间推移要从梯度的实际出发。首先让有条件的高梯度地区发展或引进先进技术，然后逐步依次向二级、三级梯度地区推移；随着经济的发展、推移速度的加快，地区间的梯度差距逐步缩小，经济发展相对均衡。在旅游发展中也存在着旅游发展的地域差异，空间上的递增或递减现象往往表现出由中心城市或重点旅游地向周围递减分布。随着旅游经济的发展，这种梯度逐渐向外推移。中心城市或重点旅游地向更高的梯度发展。在对旅游地进行空间规划布局时，要充分考虑旅游发展的梯度效应，进行相关产品、设施的合理布局，从而适应旅游发展的需要。

2．点—轴开发理论

点—轴开发理论是在中心地理论和增长极理论的基础上提出的，它认为地域经济在集聚效应的作用下应该在点上聚集，使区位优势最大的点成为区域增长中心，当各种生产要素通过向心运动在点上的集中达到一定的规模后，中心将逐步产生扩散效应，从而带动周边地区发展。在旅游发展中，点—轴开发理论中的点就是中心城镇或重点旅游区，轴就是它们之间的连接通道（交通线）。在规划布局时应考虑开发一些旅游发展增长点，点与点之间要有一定的连接通道。在不断发展的过程中使交通沿线一些次一级的城镇和旅游区、风景点也逐步发展起来，形成交通沿线的轴带发展，从而实现以点带线、以线带面，带动整个地域的旅游发展。

（四）地域分工理论

旅游空间布局涉及旅游产业结构的调整和优化。旅游地若选择旅游业作为其主导产业，则应优先重点发展，使其有效地增强带动区域经济发展的辐射力，配套发展关联产业，尽可能延长产业链，以提高产业整体发展水平。一般认为地域分工理论由静态比较优势原理、动态比较优势原理和区域主导产业理论三部分组成。

1．静态比较优势原理

每个区域的生产要素各不相同。若区域利用好生产要素，则容易处于有利地位；反之，若没有利用好生产要素，则可能处于不利地位。由此产生了地域分工和区际交易。同样，在区域旅游布局中，旅游资源丰富的旅游地应重点开发利用现有资源，旅游需求旺盛而资源不足的旅游地，则可适当建造人造景观。

2．动态比较优势原理

动态比较优势原理认为区域比较优势并不是一成不变的。有的产业从当前看虽然是弱小的，在市场竞争中没有比较优势，但如果它对区域国民经济发展具有重大意义，就应加以扶持，经过一段时间的努力达到增长曲线上的转折点后即可转化成具有比较优势的产业，在竞争中处于有利地位。因此，在进行区域旅游空间布局时，可以选择那些旅游业占比暂时较小但具备发展前景的城镇作为中心旅游地加以培育，使其逐步发展成为旅游中心。

3．区域主导产业理论

在区域发展过程中，各个产业在区域产业体系中的地位、作用不同，其中有一个或几个产业居于主要地位，构成区域的主导产业或主导产业群。现代区域经济的增长过程,实质是产业部门的发展过程;区域产业结构优化就是正确选择区域的主导产业,合理确定其发展规模和速度,并以此为核心协调区域主导产业和其他非主导产业的关系,既可提高本区域与外区域在经济上的互补性,又可提高区域内产业间的关联度。

三、旅游规划功能分区的方法

旅游规划在理论与实践的基础上,产生了许多的方法和模式。在旅游规划的过程中既可以借鉴经典分区模式进行功能分区和空间布局,又可以遵循基本的方法和原则,对旅游区进行合理的功能分区。目前常用的旅游规划功能分区方法有以下三类:

（一）定位

定位就是对旅游地进行整体系统规划,确定旅游景区位置和旅游项目数量及布局。常用的方法有聚类区域法、认知绘图法、降解区划法。

1. 聚类区域法

聚类区域法(上升区划法)是从小地域、小单元着手,按照其空间上的相邻位置和资源特色的相似度进行系统性整合,将多个小地域归类成少量的功能区。其具体步骤如下：

（1）在区域内设定 N 类地域样本。
（2）计算样本之间的空间距离,按照相邻样本之间的共性合并为 N-X 类。
（3）同类和相邻样本进行合并,重复这一步骤。
（4）最终留下数量有限的几个大区域 N-X-Y。

2. 认知绘图法

认知绘图法就是通过抽样调查,计算旅游区域分数,以此来确定旅游空间规划布局的方法。具体步骤如下：

（1）选择合理的抽样调查方法,确保样本具有代表性。
（2）给受访者提供一张旅游地的地图,要求他们根据自身认知画出旅游地的"心脏"部分,用"×"表示,并对其进行旅游分区,一般划分为 3—5 个功能区比较适宜。
（3）计算每个旅游位置的分数(TLS),公式如下：

$$TLS = (A+B+C) \times (A+B)/(1+C)$$

式中:A——一个分区所得"×"的次数,;
B——该区被划分为旅游分区的次数;
C——一个地区部分被划入旅游分区的次数。

（4）汇总 TLS,标在地图上,高积分处即是旅游分区的位置中心,各区之间的界限沿低谷处画线得到。

3. 降解区划法

降解区划法就是从大地域单位着手,按照逻辑层次逐步分类降解成各个小区域、小单元。

（二）定性

定性就是对已经定位的旅游地、旅游景区、旅游项目等进行命名、分类,确定其功

能、级别,明确其主题、特色和发展方向,明确各功能区分工,进行空间布局,旅游景区的功能分区通常有三类:

1. 旅游产品功能分区

这一分区主要为游客的旅游活动提供游玩、休闲、体验、服务、购物、住宿等项目,如游览区、商业区、休闲区、服务区等。

2. 辅助服务功能分区

这一分区主要为游客的旅游活动提供相关支持和辅助,如旅游接待服务区、行政管理区、住宿接待区等。

3. 社区居民生产生活区

旅游功能分区的过程中,必须充分考虑相关主体的利益,因为旅游景区的土地、用水、用电、垃圾等都会对旅游地居民的生产生活产生影响,旅游景区的可持续发展离不开社区居民的支持,在旅游景区的规划过程中要考虑对社区居民的影响,不仅要给予社区居民一定的补偿,还需要让社区居民从旅游活动中获得发展利益。

(三) 定量

定量就是确定旅游区和各个具体旅游项目的占地大小、位置和界限。在旅游区总体规划中,除自然保护区,森林公园、世界遗产地等特殊的旅游区,一般不要求精确地界定各级、各类旅游地域系统和旅游项目地位置、边界和占地面积,大都是用虚线在地图上画圈,表示一种非精确的大致分区。

第二节 旅游规划功能分区的模式

旅游规划功能分区是旅游规划与开发过程中的一项重要工作,不仅有利于旅游区的规划与开发,更有利于今后旅游区建设和经营过程中的管理。长期从事旅游规划的学者基于不同类型、不同情况的旅游地提出了多种旅游规划功能分区的模式,这些模式具有特定的针对性和适应性,在应用的过程中应该加以理解和区分。旅游规划者在对一个具体的旅游区进行空间布局规划时,可以借鉴国内外一些经典的空间布局模式,再结合旅游区的实际情况设计最优方案。

本节先介绍旅游空间布局的理论划分模式(单核模式、双核模式、三区模式),然后介绍较为流行的旅游空间布局模式和专项旅游空间布局模式(滨海、山地、草原),最后给出我国自然保护区和森林公园的特定空间布局模式。

一、单核式空间布局模式

(一) 环核式空间布局模式

旅游区以某一自然景观为核心,观光、住宿、餐饮、休闲、商务等设施围绕该核心布局，自然景观与服务设施之间，各服务设施之间有交通网络连接。这种布局模式要求处于核心位置的自然景观有强大的吸引力，并且要有完善的配套服务设施和交通网络。

环核式空间布局模式见图7-1。

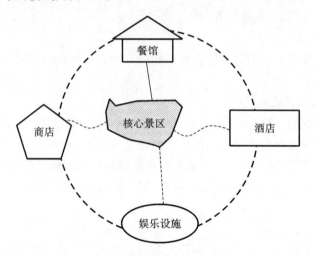

图7-1　环核式空间布局模式

（二）环绕旅馆式空间布局模式

在缺乏明显核心自然景点的旅游区，可以通过环旅馆布局让特色旅馆成为核心，布局重点是旅馆的建筑风格和综合服务设施体系。娱乐设施、旅游吸引物、其他服务设施等则布局在特色旅馆的周边。

环绕旅馆式空间布局模式见图7-2。

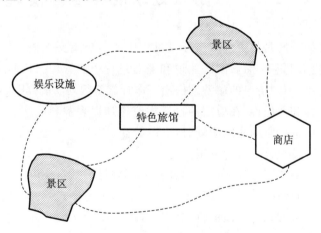

图7-2　环绕旅馆式空间布局模式

（三）"社区—吸引物"空间布局模式

由甘恩（Gunn）提出，在旅游区中心布局一个社会服务中心，外围分散形成一批旅游吸引物的综合体，用交通线连接旅游服务中心与各个旅游吸引物。该服务中心必须具有完善的配套设施、基础设施,以及多样且有特色的服务项目。该种空间布局模式有利于充分利用旅游区的资源,有利于旅游区的综合开发。此模式主要服务于高聚型的景区。

"社区—吸引物"空间布局模式见图 7-3。

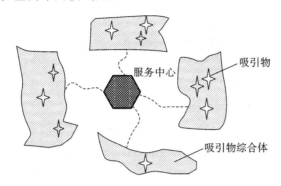

图 7-3 "社区—吸引物"空间布局模式

二、双核式空间布局模式

双核式空间布局模式由特拉维斯(Travis)提出,双核分别是自然保护区和辅助型社区,该辅助型社区布局在自然保护区的边缘,辅助型社区内集住宿、饮食、休闲、娱乐等功能于一体,通过商业纽带将自然保护区、辅助型社区连接。

双核式空间布局模式见图 7-4。

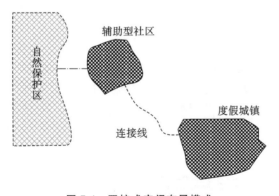

图 7-4 双核式空间布局模式

三、三区旅游空间布局模式

三区旅游空间布局模式由福斯特(Forster)提出,三区为自然特色区(核心区)、游乐区、服务区。最里层是自然特色区,受到严格保护的自然区,限制游客进入;游乐区在中间,是进行娱乐休闲的区域,可设置野营、划船、越野等旅游休闲项目;最外层是服务区,是生活信息的主要区域,主要建有酒店、餐厅等。该空间布局模式一般适用于各类自然风景名胜区。

三区旅游空间布局模式见图 7-5 及表 7-1。

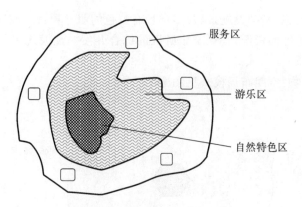

图 7-5 三区旅游空间布局模式

表 7-1 三区旅游空间布局模式概述

分区的基本模式	描述	适应的自然保护地类型	特征
三圈层同心圆模式	核心区、缓冲区、过渡区	以自然保护为唯一或首要目的的自然保护区、人与生物保护区	核心区占总面积50%以上，核心区和缓冲区构成保护地的主体
加拿大模式	严格保护区、重要保护区、限制性利用区、利用区	兼具自然保护区功能的大型国家公园	以保护为主要目的的严格保护区、重要保护区占公园面积的90%以上
日本模式	重要保护区、限制性利用区、利用区	以自然为评判标准，面积稍小，人地关系紧张的国家公园	重要保护区不作为公园的主体部分，任何区域都允许公众进入，但利用程度不同，利用区包括当地居民的居住区。各区域在面积划分上无明确要求

四、旅游空间布局的实践模式

（一）梯度推移空间布局模式

该理论认为，在区域旅游发展中，由于资金等客观因素的限制，禀赋高、区位好、环境优良的高梯度旅游资源必然会最先得到开发，这样不仅可以使有限的资金得到合理利用，获得最大收益，也有利于区域旅游产品在激烈的市场竞争中抢占市场份额，塑造鲜明的区域旅游形象。

随着市场变化，单一的高梯度旅游区很难适应市场需求而进入衰退区，因此旅游开发会向中低梯度地区转移，中梯度旅游资源的开发便成为旅游区新的旅游吸引力，带动整个区域旅游的发展。

（二）"增长极"空间布局模式

旅游目的地系统内的旅游景点并非同步发展，最先发展起来的旅游景点由于具有丰富的旅游资源优势、区位优势而成为开发地的高级旅游节点。在起步阶段，高级节点一般较少，它是旅游目的地系统吸引旅游者前来旅游的主要动力。该模式一般形成于旅游开发地的起步阶段。该模式认为在区域旅游开发中可先选取一些资源价值高、社会经济发展水平高的旅游地作为增长极，通过其极化效应，吸收各种生产要素实现规模效益，然后通过乘数效应和扩散效应渗透整个区域，从而带动整个区域的发展。该理论适用于旅游资源丰富、经济落后、中心城市数量少、不能带动地区经济发展的地区。

（三）"核心—边缘"空间布局模式

"核心—边缘"系统理论认为旅游核心区往往是一些具有旅游资源优势和区位优势的旅游热点地区。边缘区是指那些没有优势（特色）旅游资源或虽有优势旅游资源但因区位非优，还没有开发出来或处在热点地区"阴影"下被忽视的地区。核心与边缘地区应该是一种平等竞争、优势互补、合作互赢的空间关系。发展核心带动边缘是区域旅游发展的重要战略举措。

（四）"点—轴"空间布局模式

完整提出"点—轴"系统理论的我国著名经济地理学家陆大道先生在《关于"点—轴"空间结构系统的形成机理分析》中进一步指出："点"是指各级居民点和中心城市，是人口和各种职能单位集中的地方，是区域内重点发展的对象。"轴"指由交通、通信干线和能源通道连接起来的基础设施束，对附近区域有很强的经济吸引力和凝聚力，而轴线上集中的社会经济设施通过物质流和信息流对附近区域产生扩散作用。"点—轴"空间布局模式适用于旅游资源丰富、旅游发展程度不高、旅游开发的空间结构不完整的地区，特别是区内中心城市作用大，有交通干线与之相连，使其与外界相通的地区。

（五）多核多极网络化空间模式

多核多极网络化空间模式是在点轴系统理论的基础上，吸收增长极理论中的有益思想，进一步提出的一种较系统的区域开发布局模式。该模式认为任何一个地区的开发总是先从一些点开始，然后沿一定轴线在空间上延伸，点与点之间的经济联系及其相互作用，在空间上沿交通线可以连接成轴线，轴线的交织形成网络。

随着旅游开发地交通系统的不断完善，整体呈现出网络型结构特征，交通网络的连接度和通达性不断提高。旅游资源开发利用的效率也不断提高，旅游目的地系统内的旅游景点数量和结构达到最优，景点的吸引力增强，形成多个高级旅游节点。该模式一般形成于旅游地域系统空间布局的优化阶段。

五、专项旅游区空间布局模式

(一)草原旅游空间布局模式

草原区具有地域广大、原野辽阔等特点,其区域内旅游资源往往分布距离远且差异性小。草原旅游布局往往采用蒙古包的形式,因为蒙古包既符合草原人文特色,又不会对草原生态造成破坏,因此,草原旅游空间布局模式普遍采用蒙古包替代大型旅馆。

草原旅游空间布局模式见图 7-6。

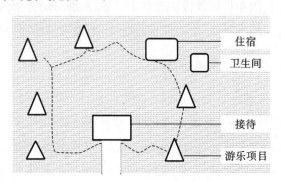

图 7-6 草原旅游空间布局模式

(二)山岳型旅游空间布局模式

山岳区地势高,地形起伏大,交通不便,生态环境脆弱。因此,山岳型旅游空间布局往往采用放射状、网络状和过顶峰环状布局。

1. 放射状布局

放射状布局是以山顶为汇集点向四周放射布局旅游线路。放射状布局适合于顶峰攀登项目的旅游规划。

2. 网络状布局

网络状布局是将旅游线路相互垂直布局构成道路网。网络状布局适合于旅游资源非常丰富的山区的旅游规划。

3. 过顶峰环状布局

过顶峰环状布局是围绕山顶呈环状布局的旅游线路。过顶峰环状布局适合旅游资源分布于各个山体的山区的旅游规划。

(三)滨海旅游空间布局模式

我国滨海旅游资源相当丰富,开发潜力巨大,滨海旅游业已成为我国旅游业的重要组成部分。

海滨旅游布局的一般模式是从海水区、海岸线到内陆,以此布局海上活动区、海滩活动区、陆上活动区。海上活动区包括海滨浴场、垂钓区、游艇船坞、养殖区;海滩活动区包括娱乐区、野营区、海滨公园、沿海植物带;陆上活动区包括旅游住宿区、餐饮区、游客中心、购物区、交通线。从陆上活动区到海面,旅游设施或建筑物的高度逐渐降低。

滨海旅游空间布局模式见图 7-7。

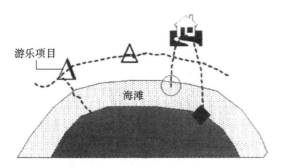

图 7-7　滨海旅游空间布局模式

六、我国旅游空间布局的特定模式

(一) 我国自然保护区的空间布局模式

自然保护区的功能主要是对生态环境脆弱区域和珍稀动植物资源进行保护,旅游是其次要功能。

我国自然保护区的功能主要包括三个部分,从内到外依次是核心区、缓冲区、实验区。核心区是珍稀动植物资源集中分布的地区,是相对独立的区域,核心区生态环境往往比较脆弱,一般禁止人员进入。缓冲区是半开放区域,只允许进行相关部门批准的科研调查活动。实验区准许教学、科研、考察、旅游等活动。

(二) 我国森林公园的空间布局模式

我国森林公园主要可以划分为游览观光区、休闲游乐区、接待服务区、生态保护区、生产生活区等。

游览观光区主要是在不破坏景区环境的基础上供游客开展游览观光活动。

休闲游乐区往往建有娱乐设施,还可供游客进行野营、狩猎活动等。

接待服务区主要提供住宿、饮食、医疗、疗养等项目。

生态保护区是以保护自然生态环境为主要功能的区域。

生产生活区是供员工工作、生活的区域,该区域的生产活动主要涉及林副产品加工。

我国相关政策规定森林公园可以根据当地实际情况增设或调整功能分区和项目活动,因此,各个森林公园分区大致包含上述几个部分,实际情况可以略有不同。

实事求是,是马克思主义的根本观点,是中国共产党人认识世界、改造世界的根本要求,是中国共产党的基本思想方法、工作方法、领导方法。不论过去、现在和将来，我们都要坚持一切从实际出发，理论联系实际，在实践中检验真理和发展真理。在旅游规划的过程中，面临空间布局的选择问题时，必须要坚持实事求是的原则，因时制宜、因地制宜，一切从实际出发。

第三节　旅游规划的空间布局与功能分区

一切经济活动在空间中都有其特定的表现形式，空间布局是人类经济、文化活动作用于一定地域范围所形成的组织形式。旅游作为一种社会经济现象，其发生、发展也是以空间系统为物质载体的，旅游活动受制于旅游吸引物的空间结构，旅游产业在发展的过程中同样要对空间进行布局与选址。旅游规划的空间布局是旅游规划中的重要环节，是功能分区的进一步延伸和具体化。

旅游规划的空间布局实质上就是将旅游活动的六要素具体落实到合适的空间中，科学合理的旅游空间布局对旅游地具有深远而持久的影响，空间布局可以使游客更好地开展旅游活动，也方便管理者对旅游地进行管理，有利于避免旅游活动对资源和环境造成破坏。

一、旅游规划空间布局与功能分区的内涵

（一）旅游规划空间布局与功能分区的概念

1. 旅游规划空间布局的概念

旅游规划的空间布局是旅游区可持续发展的基础，任何一个旅游区都是在特定的空间布局中展开的，科学合理的旅游空间布局有利于更好地组织和促进旅游区的发展。旅游规划的空间布局又称"旅游区划""分区计划"等。

广义的旅游空间布局是指旅游经济客体在空间中相互作用所形成的空间聚集程度及聚集状态，它体现了旅游活动的空间属性和相互关系，是旅游活动在地理空间上的投影。

狭义的旅游空间布局则专指在旅游功能分区之后的具体项目选址，即根据旅游功能分区的名称、发展主题、市场形象、战略核心等对功能分区内的旅游基础设施、旅游服务设施、旅游项目等进行科学合理的布局和建设，使旅游功能分区内部形成有机的系统。

2. 旅游功能分区的概念

旅游功能分区是旅游规划的重要组成部分，是指根据旅游地旅游资源和土地资源等基本因素对旅游区空间进行系统性划分，并确定划分出的功能分区的名称、主题、功能、定位等。

(二) 旅游规划空间布局与功能分区的环节

1. 旅游规划空间布局的环节

广义的旅游规划空间布局包括功能分区和项目选址两大部分，具体包括以下八个环节：

（1）背景分析。

背景分析主要是对旅游开发地的自然资源、人文资源、法律法规等情况进行分析。

（2）功能分区。

功能分区是根据旅游开发地的外部环境、内部资源等因素，按照科学的原则和规范的方法，将旅游开发地分成若干分区。

（3）市场定位。

市场定位是结合资源特色、潜在游客需求及周边市场分析等，确定各个分区的目标市场。

（4）功能定位。

功能定位是在确定了市场定位之后，结合各个分区的基本情况，确定其发展定位和基本功能。

（5）主题定位。

主题定位是结合资源特色和功能定位，确定每个分区的发展主题，以便分区内各个要素围绕主题展开设计。

（6）形象定位。

形象定位是根据市场定位、功能定位、主题定位，对分区进行形象设计，来烘托分区主题。

（7）分区命名。

分区命名既要反映分区特色，又必须与其他分区形成系统关系。

（8）项目选址。

项目选址是在确定了分区功能范围、发展方向的基础上，将规划项目和基本设施按照一定的规律和原则布置在相关的空间里。

2. 旅游功能分区的环节

旅游功能分区主要包括以下基本环节：

（1）确定旅游景区名称。

旅游景区命名既要尊重当地风俗习惯，突出旅游资源地域特色，又要坚持"雅俗共赏"的原则，赋予旅游景区文化气息。

（2）确定旅游景区范围。

确定旅游景区范围，既要确定边界位置和地理坐标，又要确定占地面积和分布形状。

（3）确定旅游景区特色。

确定旅游景区特色，即深入挖掘旅游景区内各个景点所具有的特色，以便确定各个旅游资源的开发利用方向。

（4）确定资源开发方向。

确定资源开发方向是根据旅游资源特色，对所有景点提出科学合理的开发方向。

(5) 确定景区市场定位。

确定景区市场定位,即分析景区所面向的市场群体或目标客源,进行市场定位,找出其主要市场、次要市场和机会市场。

二、旅游规划空间布局的原则

旅游规划空间布局是整个旅游规划中的基础环节,也是非常重要的环节。旅游规划空间布局对做好旅游规划具有举足轻重的作用,进行旅游规划空间布局必须遵循以下几个基本原则。

1. 主体性原则

每个划分的次单元必须要有一个鲜明的主题,主题特色是旅游区的灵魂,没有主题特色的旅游区不会对游客产生吸引力。主题既可以是特色资源,也可以是人工建筑物。

在旅游规划开发的过程中,要求旅游开发者首先必须具有洞察旅游区资源特色的能力,然后通过设计旅游产品和服务来突出旅游区的主题形象,通过自然景观、建筑设计等来烘托主题形象,让旅游区的主题形象对游客产生持久的吸引力。

2. 主导性原则

主导性原则就是将资源类型相似,具有历史文化继承性、旅游功能统一性、市场形象统一性的景观集中成片,划分相对集中区域。在旅游空间布局的过程中,要以集中统一为主导性原则,同一旅游区域不能包含各不相同、毫无联系、主题形象各异的景观,这容易使游客产生混乱感,对旅游区主题和形象认知不清晰。

3. 完整性原则

完整性原则,既要保持资源及其赋存的自然单元的完整性,又要顾及行政区的完整性。

一是在功能分区划分时,旅游规划人员在旅游规划的过程中不能将一个完美的旅游景点割裂分布在不同的区域内,要保证旅游资源的完整性,方可使资源利用价值最大化。

二是在进行旅游规划空间布局的过程中,不能将一个完整的行政区域割裂分布在不同的旅游区域内,要保证行政区域的完整性,以便于提高部门间的协调、合作、管理,提高景区的开发效率和服务效率。

4. 互补性原则

各功能分区要避免功能定位重复、主题特色相互干扰,避免"形象遮蔽""势能削减",从而造成"1+1<2"的结果。各功能分区需要错开功能定位,主题特色等要相互配合、相互协调,形成形象叠加和功能叠加,创造"1+1>2"的结果,以便发挥各个分区的价值功能和整个旅游区的整体优势。

5. 大分散小集中原则

大分散就是要将各功能分散在各个分区,以便各分区均衡协调发展,发挥各分区特色优势,提高整个开发地的整体优势。

小集中是指服务设施要集中布局,以便游客享受便捷、易达、系统的服务。将旅游服务设施、商业服务相对集中布局,有利于形成规模集聚效应。在开发上,可以节约开发成本,加快开发地的建设进度;在社会性上,便于居民和游客同时利用,提高设施和服务的利用效率;在经济上,可形成多种新的景观或延长游客的滞留时间,创造更多的消费机会;在环保上,便于对污染物进行集中处理,降低处理成本,便于综合管理。

6. 场景观念原则

在进行空间规划时要充分利用最新技术展现虚拟空间场景,如AR、VR等,用虚拟技术打造空间舞台,为游客创造独特的场景体验。

7. 环境保护原则

旅游规划空间布局必须坚持底线,保护好各分区的旅游资源,保护好人文环境和自然环境,绝不能以牺牲环境为代价谋求开发地的经济发展。在开发时,应在远离脆弱自然环境或珍稀动植物区处设置游客集中活动的区域,生态环境脆弱的地区应划分成单独区域,控制游客数量,确保旅游资源和环境不被破坏。

从可持续发展的角度来看,旅游活动和生态保护在核心价值上是一致的。随着近年来划定生态红线进行空间管制的政策要求越来越严格,地方政府对于生态旅游开发越来越谨慎,尽管出台了关于旅游用地的优惠政策,实施起来依然困难重重。

生物多样性具有重要的生态功能。在生态系统中,野生生物之间具有相互依存和相互制约的关系,它们共同维系着生态系统的结构和功能。生物多样性提供了人类生存的基本条件(如食物、水和空气),保护人类免受自然灾害和疾病之苦(如调节气候、洪水和病虫害等)。野生生物一旦减少了,生态系统的稳定性就要遭到破坏,人类的生存环境也就要受到影响。因此,在旅游开发的过程中要注重保护生物多样性。

三、旅游规划空间布局的影响因素

对旅游地进行合理的空间布局,不仅要遵循基本的旅游空间布局原则,还要考虑旅游空间布局的影响因素,这样,在实际考虑旅游地具体情况的基础上,能进行科学合理的旅游规划。

(一) 旅游资源因素

旅游资源的质量、数量、类型、分布状况等是影响旅游规划空间布局的主要因素。

首先,旅游资源的分布是决定旅游空间结构的基本因素,旅游资源的分散分布状况决定旅游开发的格局。需要根据不同特色旅游资源的分布情况,进行不同模式的旅游空间布局。集中分布的旅游资源便于开发,会成为旅游开发的优先区域,反映在空间上就是增长极的备选对象。旅游资源的分布形态差别很大,对区域旅游空间布局的影响各不相同,很难总结一般规律。旅游开发者应根据其旅游资源的分布状况对旅游进行空间布局,认识分布状况对旅游空间布局的影响,使旅游空间布局同资源分布状况相适应。

其次,旅游资源的类型是功能分区的重要参考因素。要丰富旅游资源的层次,就要研究景区内现有旅游资源的类型,根据整个景区的形象定位,确定景区主要的旅游功能分区,在该分区内进行相关产品、景点、设施、项目等的设计;然后确定其他旅游功能分区,依据该区域所具有的旅游资源类型,开发相应的旅游产品和活动,布局相应的旅游设施,从而形成既有的形象突出的重点旅游产品品牌,又有层次丰富的重要旅游产品及辅助产品。

最后,旅游资源质量和旅游者空间行为之间存在着相关性,旅游资源质量直接影响旅游的空间规划布局,旅游资源的质量决定旅游资源的吸引力,旅游资源的市场吸引力是影响旅游功能分区和空间布局的重要因素,如果旅游资源的市场吸引力不强,则不能得到游客对该分区旅游功能的认可。

在旅游空间结构分析中,一般根据旅游资源的质量及旅游开发的程度把旅游节点分为首要节点、次要节点与末端节点三种;把城市旅游空间结构分为单节点、多节点及链状节点三种。旅游资源质量高的旅游景点往往被优先重点开发,可能成为旅游目的地的中心,即旅游网络的重要节点。在旅游资源和历史文化积淀不很丰富的区域,其旅游开发强度一般较低,只满足游憩休闲活动的需要,在旅游空间规划布局中地位不高,可能成为旅游网络的末端节点。若有重大自然或历史遗产发现,或重大建设项目落成,其资源质量等级提高,原有的旅游空间格局将会发生改变。

(二) 当地社区因素

旅游景区发展离不开整体社会环境的支撑,其中,旅游景区周边的硬环境和软环境对旅游的发展影响最大。旅游景区周边新建的交通设施、社会治安状况、管理水平、用地状况、物价水平、居民的文化素质、文明程度及友好态度等都会影响旅游目的地的发展及旅游空间布局。景区与当地社区紧密相连,空间布局必须考虑相关利益主体。旅游区空间布局必须与当地生态环境、社会环境相适应,不能影响当地社区居民的正常生产和生活,不能对当地社会环境和生态环境造成甚至破坏,导致社区居民与旅游景区之间产生矛盾。因此,空间布局应该考虑相关利益主体,在进行旅游空间布局与功能分区之前,充分调研周边环境,听取相关利益主体特别是社区居民的意见。对社区居民的问题与意见,应切实解决并反馈,增强社区居民在旅游业发展过程中的参与感、获得感。

(三) 区位条件因素

旅游目的地的区位条件是除旅游资源分布外最重要的因素,旅游空间布局的区位条件主要包括外部区位条件和内部区位条件。

外部区位条件主要指客源地在旅游景区周围的分布情况和距离。通常,客源地的分布密度越大,越相对集中,距城市某旅游区越近,越容易形成数量大且稳定的客源流,这种现象从本质上看,是距离衰减规律在发挥作用。外部区位条件对区域旅游空间规划布局影响重大。虽然城市内各旅游区与外部客源地间的直线距离是固定的,但随着科学技术的进步,交通条件的完善,交通费用开支所占比重可能降低,旅游交通所花费的时间也会越来越少。城市各旅游区与外部客源地间相对区位关系的改变影响着城市旅游空间的规划布局。

内部区位条件即旅游区内交通网络和旅游线路的规划,城市内部存在着一个由外部客流和内部客流共同构成的客源系统。城市内的某些旅游区同时作为内部客源地,并且存在大小强弱的区别。一般来说,旅游城市距旅游客源中心越近,交通越方便,内部区位条件越好。内部区位条件还表现为游览点的分布,接待服务系统的完备程度及地域分布,沟通两者之间的交通是否通畅等。区域内经济发达、交通便捷、设施健全的旅游区,其内部区位条件较优越,旅游发达程度也较高。

外部区位条件和内部区位条件对旅游空间规划布局具有重要影响。外部区位条件的重要影响体现在各旅游目的地与外部客源地间的相对区位关系上,会影响旅游目的地的空间布局。内部区位条件的影响表现为交通便捷、设施健全的旅游目的地更能便利游客,吸引游客。因此,旅游目的地内合理的空间布局应该有利于景区旅游线路组织,让游客在旅游线路上有景可观,有体验可参与,并且旅游区交通必须便捷、完善。

(四)生态保护因素

旅游资源和旅游环境质量是旅游业赖以生存和发展的基础。近几年,随着经济的发展和人民生活水平的提高,旅游业已成为我国国民经济新的增长点,有些地方甚至将旅游业作为支柱产业进行大力发展,在取得较好的经济效益的同时,不容忽视的问题是普遍存在着旅游对环境的影响,生态环境和文化遗产不同程度地遭到了破坏,严重影响了旅游业的持续健康发展。旅游景区生态保护是生态文明建设的一部分,对生态保护认知的深化,有助于理清旅游活动对旅游景区生态的影响,有助于促进旅游者环境友好行为的产生,化解人与自然之间的矛盾,促进生态文明建设和区域旅游业的可持续发展。旅游空间布局必须要考虑对生态环境的保护,有的区域有非常美丽的自然风光但生态环境非常脆弱,理应对该区域进行保护,否则会给该区域生态环境带来不可逆的破坏。

良好的生态环境是最公平的公共产品,是最普惠的民生福祉。环境就是民生,青山就是美丽,蓝天也是幸福。这实际上是强调要从民生改善与人民福祉的角度去改善生态环境。可以说,生态环境质量直接决定着民生质量,改善生态环境就是改善民生,破坏生态环境就是破坏民生。必须让人民群众在良好的生态环境中生产生活,让良好生态环境成为人民群众生活质量的增长点。改善生态环境,建设生态文明,突出体现了以人民为中心的发展思想。

(五)活动项目安排

空间布局的目的就是要落实具体的旅游规划项目和布局,对于一个旅游景区而言,活动项目是其主题思想的外在体现,是一个旅游景区特色与形象的主要树立者。其他一切配套设施的规划与建设,都必须以活动项目为依据。旅游活动项目是旅游景区形象的外化,旅游景区通过经营活动为旅游者提供所需要的产品和服务,从而为旅游景区的形象传播提供了一个最基本的传播展示平台。同时,广大游客正是通过旅游景区的产品和服务来了解旅游景区的形象的。因此,在空间布局的过程中必须整体考虑旅游活动项目安排,合理配置相关主题的旅游景观或活动项目,使各个旅游区内各个活动项目安排系统、合理,整体旅游形象清晰、鲜明。

(六)管理和服务因素

旅游服务和管理质量是旅游业作为现代服务业的内在属性,是旅游景区的核心竞争力,是衡量旅游景区发展水平的重要指标。加强旅游服务质量监管、提升旅游服务管理质量是推进旅游业供给侧结构性改革的主要载体,是旅游业现代治理体系和治理能力建设的重要内容,是促进旅游消费升级、满足人民群众多层次旅游消费需求的有效举措,是推动旅游业高质量发展的重要抓手。旅游区服务设施和基础设施的布局,理应考虑方便管理者管理和服务人员服务的因素,便于提高经营管理效率和游客服务感知质量,增强游客满意度和体验感,通常管理和服务设施需要集中布局,以便提高经营效率和设施使用效率。

复习思考题

1. 简述旅游规划空间布局与功能分区的基本概念。
2. 阐述旅游规划功能分区的原则和原理。
3. 旅游规划功能分区的方法有哪些?
4. 影响旅游空间布局的因素的有哪些?
5. 旅游空间布局的基本模式有哪些?

第八章
旅游产品开发规划

1. 了解旅游产品的相关概念与特征。
2. 掌握旅游产品开发与规划的基本原理及方法。
3. 熟悉旅游线路设计的基本原理。

思政元素

1. 乡村旅游产品的开发与规划应与新时代乡村振兴战略目标相一致,乡村旅游产品与线路的开发应当大力推动乡村经济蓬勃发展,巩固脱贫攻坚总体成果。

2. 红色旅游产品的开发与规划应当以推动革命老区经济复兴发展为基础,进一步推动革命老区成为党建工作的场所与爱国主义教育的基地,促进红色文化宣传工作的进行,传播社会主义核心价值观。

3. 旅游规划过程中要做到开发与保护同步进行,坚持节约资源与保护环境的基本国策,不破坏自然资源与历史文化资源,促进旅游活动的可持续健康发展。

帐篷客:激活在地文化,打造全场景体验式宿集旅游区

"帐篷客"是景域集团致力打造的野奢度假连锁酒店品牌,力图为游客提供高品质的休闲度假体验。旗下的浙江安吉溪龙茶谷度假酒店倡导远离尘嚣、拥抱自然的休闲生活方式,以美丽乡村为底色,创造了"重环境、美建筑、精布局、玩风情"的全新度假住宿业态。在项目品质支撑下,酒店同时实现了高入住率、高客单价以及高口碑度,并多次受到主流媒体称赞。

而2.0版本的黄山关麓帐篷客更是以市场的眼光、国际标准、本土文化、国际手法、本土符号去融合与激活徽州历史文化与黄山自然生态资源,打造出一个21世纪的新徽派。酒店也在2022年8月举行首开体验日,与会领导、嘉宾对关麓帐篷客给予了高度评价。

撑起天幕、支起帐篷、打开折叠桌椅……近两年,露营成为游客亲近大自然的休闲新方式、微度假的主要场景和国内游的新潮流。"一顶帐篷"带来的不仅仅是休闲方式的改变,更多的是给各大乡村带来了一系列商机。得益于"两山"理念的践行和绿色生态经济的发展,浙江湖州市涌现出了一批以安吉为代表的优质露营基地,成为湖州文旅业的新业态、新品牌。

黄山关麓帐篷客首开体验日当天,由安徽省文化和旅游厅、黄山市人民政府主办的"创意黄山、美在徽州、心憩关麓"黄山美好生活季开幕式也在关麓帐篷客成功举办。与会领导、嘉宾对关麓帐篷客给予了高度评价。黄山市市长孙勇在致辞中表示,关麓帐篷客旅游度假区作为安徽省重点文旅项目,正在倾力打造全场景体验式宿集旅游区和创意创新型度假景区标杆,以关麓一域之嬗变,见证黄山全域之多彩。中国旅游研究院院长戴斌表示,文化遗产是城市旅游核心吸引力之一,但也需要用文化、艺术等创造更多新内容、新业态,更多属于这个时代的、人民的作品,如关麓帐篷客这样慢工出细活的新业态度假项目。

相比以美丽乡村为底色的安吉帐篷客,2.0版本的关麓帐篷客度假区坚持以千年徽州的底蕴与未来同行、以世界名山的高度与全球对话。包括帐篷客野奢度假酒店、新徽派博物馆、乡村旅拍基地、驴爸爸星球乐园等六大创意组团和十大网红打卡地,被视为"大黄山"世界级度假区建设的一个探索。

关麓帐篷客用"国际标准、本土文化、国际手法、本土符号"创新整合黄山关麓古村落自然与文化资源,将之变成消费者喜爱的特色突出、地域文化浓郁、新潮体验感强的新业态综合体,人人向往的心灵休憩地,一个21世纪的新徽派。此外,黄山关麓帐篷客酒店也积极拓宽村民就业创业渠道,吸纳关麓村村民在家门口就业增收,实现挣钱、顾家两不误,助推乡村振兴。

"关麓之美,不止于酒店野奢住宿;野奢之上,更是触手可及的徽州生活风情的创新性体验。"奇创旅游集团董事长、景域驴妈妈创始人洪清华表示,"作为中国人心灵治愈导师的苏轼,有词云'万里归来颜愈少,微笑,笑时犹带岭梅香'。人生,是修行,更是一场旅行。希望关麓帐篷客带给大家的是一次'SOUL'之旅,是苏轼笔下美好的治愈,带来发自内心的永恒微笑。行遍九州万里路,吾心安处是关麓。"

资料来源 中国旅游协会。

思考题:请根据上述案例思考,帐篷客作为新型文旅项目,是如何成为标志性旅游产品并得到进一步发展壮大的?

第一节 旅游产品的概念与特征

旅游产品是参与旅游活动的核心内容,从某种意义上讲,旅游活动便是围绕旅游产品来进行的。新时代下,为了发展乡村振兴战略,需不断促进产业振兴、文化振兴、人才振兴、生态振兴、组织振兴。因此,旅游业尤其是乡村旅游的优势逐步显现,新型旅游方式的拓展便可以统筹城乡发展,不断响应国家战略方针。旅游产品概念广泛,从旅游者的角度看,小到在旅行途中购买的旅游纪念品、收藏品等旅游商品,大到从居住地出发到返回居住地这一次完整的旅游活动体验,都可以称为旅游产品。旅游产品的质量高低对游客满意度以及游客体验感至关重要,高质量的旅游产品有助于提升旅游目的地的整体形象,并形成良好的口碑效应,进一步促进旅游目的地经济的发展提升;反之,则会影响旅游者对旅游目的地的印象,不利于整体经济效益的提高。本节首先对产品这一概念进行解读,进而从不同角度理解旅游产品概念,概括总结出旅游产品的特征,并在此基础上阐明旅游产品的分类并介绍旅游产品生命周期理论,为旅游产品的开发规划提供理论支撑。

思政要点

习近平总书记在中央农村工作会议上指出:乡村振兴,关键在人、关键在干。必须建设一支政治过硬、本领过硬、作风过硬的乡村振兴干部队伍。要选派一批优秀干部到乡村振兴一线岗位,把乡村振兴作为培养、锻炼干部的广阔舞台,在艰苦地区、关键岗位工作表现突出的干部要优先重用。新发展阶段"三农"工作更加复杂,新情况新问题很多,要求更高。各级干部要加强理论学习和调查研究,增强做好"三农"工作的本领。要吸引各类人才在乡村振兴中建功立业。要广泛依靠农民、教育引导农民、组织带动农民,激发广大农民的积极性、主动性、创造性,投身乡村振兴,建设美好家园。

一、产品的概念

"产品"一词在新华字典中的含义为农业或工业生产(加工)出来的成品。这一解释贴近微观意义上的产品内涵,即从狭义上讲,被生产出的物品即为产品。但随着社会经济的发展,人们的社会需求逐渐呈现出多层次、高水平的特征,因此,产品的种类、规格、款式也会相应地改变,新产品的不断出现,产品质量的不断提高,产品数量的不断增加,从某种意义上讲,这极大丰富了产品的内涵,产品的概念也得到了拓展,广义上可以满足人们需求的载体均可定义为产品。

整体上来讲,产品的"整体概念"可描述为人们向市场提供的能满足消费者或用户某种需求的任何有形物品和无形服务。

20世纪90年代以来,菲利普·科特勒等学者倾向于使用五个层次来表述产品整体概念,认为五个层次的表述能够更深刻、更准确地表达产品整体概念的含义。产品整体概念要求营销人员在规划市场供应物时,要考虑到能从五个层次为顾客提供价值。产品整体概念的五个基本层次如下。

(一)核心产品

核心产品是指向顾客提供的产品的基本效用或利益。从根本上说,每一种产品实质上都是为解决问题而提供的服务。因此,营销人员向顾客销售任何产品,都必须具有反映顾客核心需求的基本效用或利益。

(二) 形式产品

形式产品是指核心产品借以实现的形式。由五个特征构成,即品质、式样、特征、商标及包装。即使是纯粹的服务,也具有相类似的形式上的特点。

(三) 期望产品

期望产品是指购买者在购买产品时期望得到的与产品密切相关的一整套属性和条件。

(四) 延伸产品

延伸产品是指顾客购买形式产品和期望产品时附带获得的各种利益的总和,包括产品说明书、保证、安装、维修、送货、技术培训等。国内外很多企业的成功,在一定程度上应归功于这些企业更好地认识到服务在产品整体概念中所占的重要地位。

(五) 潜在产品

潜在产品是指现有产品包括所有附加产品在内的,可能发展成为未来最终产品的潜在状态的产品。潜在产品指出了现有产品可能的演变趋势和前景。

产品整体概念的拓展说明随着社会经济的发展人们对各式各样产品的需求更加旺盛,另外,为了提升社会整体经济发展水平,设计出既能满足消费者需求,同时使经营者获得利润的产品是未来企业的核心竞争力所在。

二、旅游产品的概念

Medlik & Middleton 最早将旅游产品定义为构成旅游者全部旅游体验的一系列活动、服务和利益,并提出了旅游产品组分模型,即旅游产品包括目的地景点、目的地设施、可达性、形象、价格等,具体说明如下。

(1) 目的地景点是吸引旅游者前来参观游览的核心吸引物,是旅游经营者获取经济效益的载体。

(2) 目的地设施是旅游者开展旅游活动的基础,水电设施、道路路面等基础设施以及游客中心等旅游服务设施共同构成了旅游目的地设施。

(3) 可达性即交通可达性,包括两部分内容:一是旅游者从居住地到旅游目的地这一过程所需的交通设施,主要是搭乘高铁、飞机、汽车等大型远距离交通工具,新时代我国高铁建造技术的不断发展,高铁里程的不断延长,均体现了交通强国这一国家战略,勇于创新、科学探索的创造精神是民族精神的重要内容;二是在旅游者到达旅游目的地的住宿场所(酒店或民宿)后,从住宿场所到旅游景区这一过程中所需乘坐的交通工具,包括景区观光车、景区大巴等。

(4) 形象是指旅游产品形象,旅游产品形象在一定程度上反映了旅游目的地形象,好的旅游目的地形象不仅可以起到对旅游产品的宣传作用,还可以不断完善创新旅游产品,不断提升旅游经济效益。

（5）价格是旅游产品的重要组成部分，实现旅游活动的两大因素是旅游者的闲暇时间和可自由支配收入，因此，大多数旅游者非常关注旅游产品价格，物美价廉的旅游产品会赢得旅游者的喜爱，增强旅游活动的黏性。

除上述的旅游产品概念之外，由于旅游产品概念宽泛，因此还需要从不同角度分析理解其含义。需求与供给这一经济学上的基本概念对于我们分析旅游产品的含义提供了新思路，即分别从旅游需求者和旅游供给者的角度分析旅游产品更深层次的内涵。

从旅游供给者即旅游目的地的旅游业的角度来说，旅游产品是旅游经营者凭借旅游吸引物、交通运输设施和旅游设施向旅游者提供的用以满足其旅游活动需要的全部服务。1999年国家旅游局提出的旅游产品五类型影响深远，主要包括：①观光旅游产品（自然风光、名胜古迹、城市风光等）；②度假旅游产品（海滨、山地、温泉、乡村、野营等）；③专项旅游产品（文化、商务、体育健身、业务等）；④生态旅游产品，生态旅游最初作为一种新的旅游形式出现，主旨是保护环境、回归自然，变革了以往的旅游发展模式，如今的生态旅游无论在概念、方式、要求等方面都有很大的创新，成为旅游业可持续发展的核心理论；⑤旅游安全产品，包括旅游保护用品、旅游意外保险产品、旅游防护用品等保障旅游者安全的工具产品。

从旅游需求者即旅游者的角度出发，旅游产品是旅游者花费一定的费用、时间、精力所换取的一次旅游活动的经历或体验。按照旅游产品的组成状况加以分类，旅游产品可分为整体旅游产品和单项旅游产品两种。

整体旅游产品，是旅游企业根据市场需求为旅游者编排组合而成的综合性的旅游产品，是旅游企业或旅游相关企业围绕旅游产品的核心价值而做的多重价值追加，这类旅游产品几乎可以满足旅游者旅游期间食、住、行、游、购、娱等所有基本需求甚或其他相关需求，其产品的具体表现形式为各种各样的旅游线路，服务方式则通常采用团体包价方式。对旅游产品生产者来说，可以批量生产，对旅游者来说，则是一次购买逐步消费。

单项旅游产品，是指旅游者根据自身情况和需要向旅游服务的供给方购买单一的服务项目，如每日餐饮中只要求包一餐，或只要求安排住宿、航班、导游讲解人员等。购买单项旅游产品的多为散客，他们按照旅游过程中自己的需要，一次一次地购买和消费。

综上，广义的旅游产品由旅游吸引物、旅游服务设施、旅游服务以及旅游购物品四大要素所构成，狭义的旅游产品常指旅游吸引物。

三、旅游产品的特征

旅游产品是一种无形的商品，没有具体形态但对旅游者有较大的影响，新时代的旅游产品应是具有创新精神的，具有民族感情的，红色旅游产品的设计便充分体现了这一理念，红色旅游产品的设计应是有创新意识的，应是能满足旅游者市场需求的，但同时红色旅游产品的设计应有民族感情、革命先烈对真理的不懈追求、对封建腐朽的强烈批判，不怕吃苦、艰苦奋斗的精神应当也必须融入红色旅游产品的设计中，使红色旅游产品内涵变得丰富。

习近平在全国科技创新大会、两院院士大会、中国科协第九次全国代表大会上的讲话指出:科技是国之利器,国家赖之以强,企业赖之以赢,人民生活赖之以好。中国要强,中国人民生活要好,必须有强大科技。新时期、新形势、新任务,要求我们在科技创新方面有新理念、新设计、新战略。

(一)综合服务性

传统意义上的产品仅满足单方面的需求,而旅游产品满足的是总体综合性的需求,一方面,旅游产品贯穿旅游活动的始终,旅游活动六要素食、住、行、游、购、娱所包含的任何产品及服务都可称为旅游产品,其综合性质使其不同于传统意义上的产品。另一方面,旅游产品与众多行业有着密切的联系,餐饮住宿业为旅游者提供基本的食宿服务,满足旅游者基本的生活需求,交通运输部门以及景区内部交通系统为旅游者空间的转移提供了便利,可使旅游者将更多的时间用于旅游体验。众多行业为旅游产品的生产提供便利。因此,旅游产品具有综合性的特征。同时,服务性也是旅游产品区别于普通产品的一大特点,旅游业本质上就是服务性行业,旅游活动从头至尾也是一场服务性的观光游览体验活动,旅游服务人员的服务质量高低在一定程度上决定了旅游者旅游活动体验的好坏,高水平的服务人员能迅速洞悉旅游者的旅游需求,并为其提供相应帮助,满足其旅游需求,从而提升旅游者满意度。综上,旅游产品的综合服务性特征使其区别于传统产品,这也是旅游产品较为鲜明的特点之一。

(二)脆弱波动性

从微观角度看,旅游产品受旅游业内部环境的影响较大,由于旅游活动本身具有异地性、异文化性等特性,所以其不可避免地会受到不同文化、不同地域风俗习惯的冲击,旅游业的微小波动都会对旅游活动产生较大的影响,因为不同的风俗习惯引起的争议可能给旅游业带来致命性的打击,因此旅游产品天生具有脆弱性的特征。从宏观角度看,旅游产品会受到经济环境、政治环境、社会文化环境等因素的影响,汇率的波动、通货膨胀的影响、金融危机的到来等都会影响旅游产品的持续健康发展;国家与国家之间的友好外交往来会促进国际出入境旅游的繁荣,国际战争、制裁等则会直接中断当地入境旅游业的发展进程,并对当地旅游业的重新恢复提出考验;当今世界是多元化的世界,也是文化繁荣的世界,不同文化的相互辉映促使世界文化多样性的发展,由于世界文化多样性,不同国家、民族的文化在某些方面会产生冲突甚至对抗,因此,发展旅游业、设计旅游产品时必须充分考虑不同国家、民族的风俗习惯与宗教信仰文化,创造富有民族特色的旅游产品。综上,旅游产品的发展会受到各方面因素的制约与影响,其脆弱波动性说明在开发旅游产品时要有敏锐的意识,与时俱进,不断创新。

(三)效益统一性

旅游产品作为产品的一种,既需要满足旅游市场的需求,也需要满足旅游者的需求,进而实现经济价值,为旅游经营者带来经济效益,并促进旅游业的持续发展。同时,旅游产品在带来经济效益的基础上,其社会效益和生态效益也影响着旅游产业的可持续健康发展,如为社会失业人员提供就业岗位,维持社会秩序,提升社会效益。要贯彻落实"两山"理论,保护生态环境,维护生物多样性,维持生态平衡等效益。因此,旅游产品应是经济效益、社会效益与生态效益的有机统一,进一步响应国家可持续发展战略。

四、旅游产品的分类

根据旅游动机的不同,旅游产品通常可分为以下类别。

(一)观光型旅游产品

传统的旅游产品即为最常见、最受大众欢迎的旅游形式,主要是各类观光游览旅游活动。旅游者离开其居住地,体验不同地区的人文风情与风俗习惯成为他们的主要旅游动机,观光型旅游产品既可以满足旅游者猎奇的心理,旅游花费也不会太高,是现阶段大众较为理想的旅游方式。观光型旅游产品又可分为自然观光旅游产品和人文观光旅游产品。

1. 自然观光旅游产品

自然风光观光是以名山大川、峡谷湖泊、喷泉瀑布、森林草原、海滨海岛为主要吸引物,吸引旅游者前来欣赏风景而形成的旅游形式,大自然风景类型多样,形态奇特,富有吸引力,是最常见的旅游产品形式。

2. 人文观光旅游产品

我国历史文化资源丰富,储量巨大,其中遗留下来的名胜古迹、文物古玩等经过岁月的沉淀,不断吸引着旅游者前来参观,感受其浓厚的文化价值,这是人文观光旅游产品的重要组成部分,旅游者既可以陶冶情操,进行精神洗礼,也可以进一步提升爱国主义精神。另外,随着社会经济的发展,城市旅游成为吸引旅游者的新型旅游方式,国际大都市的繁华景象、先进的生活设施、独特的城市景观成为主要吸引物,其也属于人文观光旅游产品的一种。

(二)休闲型旅游产品

随着社会经济的发展和人们生活水平的提高,旅游者不再局限于参观游览景观景点,而是希望可以更深层次地了解旅游目的地的文化与生活方式,休闲型旅游产品应运而生。休闲是指人们在可自由支配时间内自主选择从事某些个人偏好性活动,并从这些活动中获得平常生活事物所不能给予的身心愉悦。休闲旅游即以休闲为旅游动机,以旅游目的地相关基础设施和旅游服务设施为基础,以特定风光风景为载体所进行的旅游活动。

(三)度假型旅游产品

度假旅游是利用假日外出以度假和休闲为主要目的和内容的、令精神和身体放松的康体休闲方式。度假型旅游产品可分为海滨度假、山地度假和温泉度假三种基本类型。

1. 海滨度假

风光旖旎的海滨是很多人的向往,海滨度假起源于拉丁美洲的加勒比海地区,然后逐步扩展到欧美和亚太地区,目前,地中海沿岸、加勒比海和墨西哥湾沿岸、印度洋群岛、澳大利亚以及南太平洋群岛等地区,已经成为世界上最集中的海滨旅游度假胜地。体会不同的海洋文化与海滩文化,与大自然亲密接触成为旅游者海滨度假的主要旅游动机。

2. 山地度假

在炎热的夏季,部分旅游者出于避暑的需求,往往会选择去山地等天然避暑地度假,但山地的选取需要满足基本的条件,如具有良好的气候资源以及丰富的动植物资源,具有良好的交通条件等。除了夏季的山地避暑活动,春季的踏青,冬季的赏雪,秋季的赏落叶等都可成为山地度假旅游活动。与夏季的避暑活动所不同的是,其他三季的景观存在时间较短,具有明显的季节性,辐射范围最大到本省,省外旅游者若有旅游需求,则需提前到达旅游目的地。

3. 温泉度假

温泉度假旅游是指以天然温泉或人工开采的地热水为依托,以沐浴温泉与接受温泉健康服务为主要内容,以体验温泉、感悟温泉文化为主题,达到观光、游览、度假、休闲等目的的旅游活动。温泉度假可以与健康旅游、保健旅游等新型旅游形式相结合,最大化发挥温泉的作用。

(四)专题型旅游产品

专题旅游是为了满足具有某些特殊兴趣爱好的旅游者而举行的旅游活动,以某一主题为主要内容,满足特定旅游者的旅游需求。有代表性专题旅游有奖励旅游、乡村旅游、会展旅游、美食旅游等。

1. 奖励旅游

奖励旅游是指公司领导为了激励员工,奖励工作出色的员工的旅游活动。这些员工与领导者一起参与旅游活动,并为公司发展建言献策。这一旅游活动能极大地鼓励员工,提升员工的工作积极性与热情。奖励旅游的主要目的地多为知名度较低的小型旅游目的地,既可避免旅游地重复,又便于加强员工与领导者的交流。

2. 乡村旅游

乡村旅游指以乡村特色风光为主要旅游吸引物,满足旅游者回归自然需求的新型旅游形式,习近平总书记提出的"两山"理论为乡村旅游的发展提供了理论支撑。乡村旅游对促进稳固脱贫攻坚成果、发展乡村振兴具有重要作用。

3. 会展旅游

会展旅游是指依托研讨会、节庆活动、体育赛事等各类活动而兴起的一项旅游活动。会展旅游者到异地开会,必然要乘坐交通工具、在会议举办地食宿、接受他人的服务。会展旅游者所购买的产品与观光者、度假者在本质上是相同的,区别只是在于其具体活动方式,开会本身已构成一种旅游活动。会展旅游者一般具有团队规模较大、停留时间较长,消费较高的特点。

4. 美食旅游

美食旅游产品是一种以具有地方风味特色的食品、佳肴为主要吸引物,满足旅游者品尝美食、学习烹饪技巧和制作技巧、享受独特的餐饮氛围等需求的一种新兴的专项旅游产品。开展美食旅游应具备下列条件：食品和菜肴具有鲜明的地方风味特色；精细的选料、精湛的烹饪技艺和制作技巧；良好的饮食环境和卫生条件；良好的餐饮服务质量。随着网红探店和直播的兴起，美食旅游也迎来了新的发展机遇，我国是美食大国，如何进一步依靠美食吸引源源不断的境内外旅游者成为众多美食城市（如西安、重庆）的新挑战。

（五）其他旅游产品

除以上列出的旅游产品，当前还有很多新兴旅游产品，主要包括体育旅游（如滑雪旅游、高尔夫旅游等）、豪华列车旅游、豪华游船旅游、沙漠旅游、观看猎奇比赛旅游、狩猎旅游、体育观战旅游、摄影旅游等。

五、旅游产品的生命周期

旅游产品生命周期也称旅游地生命周期。对旅游地生命周期的研究，可以追溯到1964年德国学者克里斯塔勒（Christaller）对欧洲旅游地和美国学者斯坦斯菲尔德（Stansfield）1978年对美国大西洋城的旅游发展的分析。目前被学术界公认并广泛应用的是加拿大学者巴特勒（Butler）1980年提出的旅游地生命周期理论。他认为一个地方的旅游开发不可能永远处于同一水平，而是随着时间变化而不断演变。他将旅游地的发展阶段分为介入期、探索期、发展期、稳定期、停滞期和衰落期/复兴期六个不同时期，不同时期有不同的特点，具体如下。

1. 介入期

当新产品投入市场，进入介入期，消费者对产品还不了解，只有少数追求新奇的消费者可能购买，销售量很低。为了扩大销路，需要大量的促销费用，对产品进行宣传。在这一阶段，由于技术方面的原因，产品不能大批量生产，因而成本高，销售额增长缓慢，企业不但得不到利润，反而可能亏损。在旅游市场中，当出现新的旅游产品时，大多数旅游者持观望的态度，只有少数旅游者出于好奇，率先购买并体验旅游产品，但整体上旅游产品销量很低，旅游企业面临着继续生产还是放弃生产的艰难抉择。

2. 探索期

在经历介入期后，生存下来的企业将继续艰难摸索，采用各种方法策略促进销售量的提升。在旅游业中，这一阶段，为了促进旅游产品的销售与推广，可能采取多种促销措施，如降价促销或满减促销等，不断探索出符合市场需求的旅游产品模式。

3. 发展期

这一时期消费者对产品已经熟悉，大量新的消费者开始购买，市场逐步扩大。产品已具备大批量生产的条件，生产成本相对降低，企业的销售额迅速上升，利润也迅速增长。在旅游业中，旅游产品经过一段时间的发展，已经得到相当一部分旅游者的喜爱，并有持续不断的新的消费者购买旅游产品，旅游产品规模和利润在持续增长，也会涌现出大量的同行业竞争者瓜分市场。

4. 稳定期

经过发展期后，在这一阶段，竞争者看到有利可图，纷纷进入市场参与竞争，同类产品供给量增加,价格随之下降,企业利润增长速度逐步减慢,最后达到生命周期利润的最高点。产品利润达到最大后并趋于稳定,产品发展稳步进行。开发旅游产品时,在进入稳定期后需保持居安思危的敏锐思想,积极探索进一步发展的方法,不可故步自封。

5. 停滞期

经过稳定期以后,市场需求趋向饱和,潜在消费者已经很少,销售额增长缓慢直至下降。在这一阶段,竞争逐渐加剧,产品售价降低,促销费用增加,企业利润下降。随着科学技术的发展,新产品或新的代用品出现,将使消费者的消费习惯发生改变,转向其他产品,使得原来产品的销售额和利润额迅速下降。旅游产品在这一阶段发展陷入停滞,企业没有足够的创新能力去开发新的产品。

6. 衰落期/复兴期

经过停滞期以后,产品逐渐呈现出老化趋势,陷入被市场淘汰的境地,产品销售和利润急剧下降,企业生产能力过剩日益突出,以价格竞争作为主要手段,努力降低售价,回收资金,一些企业纷纷退出市场,转入研制开发新产品,一些企业的新产品已经上市。与市场上一般产品不同,在旅游市场中,旅游产品进入衰落期后,一部分产品无法满足市场需求,便黯然退场,但仍有一部分产品通过改进基础设施、改善生态环境等手段焕发生机,进入复兴期。

总之,旅游产品生命周期理论的提出对于旅游产品的开发规划具有重要意义,对于旅游产品经营者来说,要努力延长旅游产品的生命周期尤其是其中的稳定期阶段,以便从中尽可能多地获取收益。

第二节　旅游产品开发与规划

旅游产品的开发与规划是旅游规划的重要内容,新时代下,为了巩固脱贫攻坚成果,发展乡村振兴战略,应不断创新改造旅游产品,因此,旅游产品的规划开发显得尤为重要。旅游产品的开发与规划包括两方面的内容,一方面是旅游商品或旅游地的开发规划,另一方面是旅游线路的设计与开发,本节首先对旅游商品或旅游地开发规划进行讲解,下一节讲解旅游线路设计。

一、旅游产品开发的含义

新华字典中对"开发"一词的定义为通过研究或努力,开拓、发现、利用新的资源或新的领域。将这一概念推广到旅游产品开发,通过相关研究与考察,设计、开拓新的旅游资源,使其可以不断满足旅游者需求的这一过程即为旅游产品开发。任何产品都有其自身的生命周期,由于旅游产品也具有生命周期,旅游产品开发要有科学的旅游发展观,合理协调人与自然的关系,不断创新产品,挖掘旅游产品的市场潜力与价值。

二、旅游产品开发的原则

(一) 保护与开发同步进行的原则

在开发旅游资源的时候,一定要遵守在保护的基础上开发的原则,不能盲目开发,只追求短期的经济效益而破坏整体持续性发展。开发自然资源时要注重维持生态平衡,不破坏原有的生态系统,尽最大努力展现原貌,为发展生态旅游、乡村旅游、全域旅游等新的旅游形态提供条件。开发历史文化资源时,拒绝大修大造,尽可能保持原貌,使旅游者在参观游览的过程中,更深刻地体会到历史文化资源的内涵,提升旅游体验感。综合来说,大多数旅游资源是不可再生资源,旅游开发商在开发新的旅游资源的过程中一定要注意保护生态环境,只有这样,才可以得到可持续发展,促进经济效益、社会效益的有机统一。

(二) 市场导向原则

在充分认识到开发旅游产品需要保护与开发同步进行这一原则后,不可忽视的是旅游产品开发也需要以市场为导向,旅游业作为一项产业,具有天生的趋利性,发展旅游业的最重要原因也是获取经济效益,提升当地经济实力,提供尽可能多的就业岗位,满足社会需求等。因此,为了获得更高的经济收益,在开发新的旅游产品的过程中,就必须设计打造出能充分满足市场需求的旅游产品,迎合市场需求。故宫文创产品的推出便是最典型的案例,为了拉近和民众的距离,让更多的年轻人了解故宫,为了走进世界的视野,故宫近年推出众多文化创意产品,在满足市场需求的同时弘扬中华优秀传统文化,充分将市场和自身所拥有的文化资源相结合,为旅游产品开发升级提供了新的借鉴。

(三) 突出特色原则

旅游产品的设计开发不可千篇一律,任何产品的开发都需要将创新理念深度融入其中,突出其最显著的特点,使旅游者在完成一次旅游活动后仍能被其特色所感染。旅游产品的开发要以当地所拥有的自然文化资源为基础,不可盲目模仿其他旅游目的地的成功案例或单纯套用其他旅游目的地的旅游产品开发模式,应创新思维,突出特色。

(四) 旅游者参与原则

旅游者是旅游活动的核心与主体,满足旅游者需求是开发旅游产品的终极目标,在某些情况下,旅游产品开发商或设计者无法真实感知旅游者的需求,需要通过特定措施了解旅游者内心最真实的想法,如在开发一项新的旅游产品之前,向潜在旅游者发放调查问卷,了解其真实需求,在开发旅游产品时充分考虑旅游者的需求,并适当地选取有代表性的旅游者提前参与旅游活动,并让他们提出建议,进一步改进旅游产品,最终推出旅游产品。在旅游产品设计前、旅游产品设计时和旅游产品设计后这三个阶段均有旅游者的参与,这样设计出的旅游产品才更有可能满足大众旅游者的需求。

三、旅游产品开发策略

旅游产品开发就是需要对旅游资源进行开发利用，不同类型的旅游资源应采取不同的开发策略。

（一）资源保护型开发策略

对于一些脆弱的自然资源以及不可再生的旅游资源，应当采取资源保护型开发策略，尽可能地维持其原貌，不破坏其根本，使旅游者能够感知其最本真的面貌，最大程度与自然对话，与历史交流。

（二）资源修饰型开发策略

对于一些在保持其原貌的基础上可进行简单修饰完善的旅游资源，应当采取资源修饰型开发策略，顾名思义，修饰即为不影响其根本，仅在表面做适当调整，使其更具有吸引力，使旅游者体验感更佳。

（三）资源强化型开发策略

对于一些本身旅游资源不丰富且特色性不强的旅游目的地，在开发的过程中应采取资源强化型开发策略，运用先进技术及手段突出特色，建造新的场馆设施为旅游活动提供场所，打造焕然一新的旅游目的地。

（四）资源再造型开发策略

对于一些旅游资源稀缺甚至匮乏的旅游目的地，为了发展旅游经济，提升经济效益，需要根据现阶段市场需求，设计开发创造出全新的旅游资源，如果旅游地所处市场广阔，消费能力强，但缺少旅游资源，便可通过建造游乐设施（如水上公园、主题乐园）等途径更好地满足旅游者对于游、购、娱的需求。

四、旅游产品组合策略

对于某一特定地区来说，不可能开发出所有种类的旅游产品，这就需要对当地的资源、市场和竞争态势进行分析，提出最适合本地情况的若干种优势产品，构成产品组合。产品组合战略中首先需要做的就是确定本地区的关键产品（Heath & Wall，1992）。在此基础上，政府旅游行政管理部门可以帮助旅游企业决定哪些产品应该大力发展，哪些产品应该维持现状，哪些产品应该逐步调整转换结构。组合分析（Portfolio Analysis）是很多行业都在运用的一种产品开发方法。在旅游产品开发管理中，组合战略形成了区域整体的产品概念，有利于旅游营销和面向市场的开发管理。产品组合效应有赖于旅游产品的结构效应，包括基本需求结构、产品品类结构、消费档次结构、时间分配结构、串联线路结构等效应（赵克非，1995）。Heath 和 Wall（1992）曾经总结了一些常用的产品组合方法，下面进行简要介绍。

(一) 波士顿公司产品组合法

波士顿公司产品组合法(Boston Consulting Group Portfolio Approach)由波士顿咨询公司提出。Jain(1985)曾经撰文介绍过此种方法。它的基本做法是利用波士顿矩阵对每一种旅游产品进行打分评价,该矩阵纵横两轴的标准,一是市场增长率,二是市场份额态势。前者是指最近数年来热衷于某种旅游产品的旅游者的增长率,后者是指选择某种产品的游客数量与其最大的竞争者所占的市场份额的比值。根据产品在增长率和份额态势矩阵中的具体位置,可以将产品定位为四种情况中的一种。

(1) 明星产品:销售增长率和市场占有率"双高"的产品群。
(2) 瘦狗产品:销售增长率和市场占有率"双低"的产品群。
(3) 问题产品:销售增长率高、市场占有率低的产品群。
(4) 现金牛产品:销售增长率低、市场占有率高的产品群。

在旅游业中,旅游产品经营者可通过对不同子类产品的组合、优化配置,使其成为不同的产品群,进而使市场收益最大化。

(二) 产业-引力分析矩阵

Henshall 和 Roberts(1985)在波士顿矩阵的基础上进行改造,形成一种新的产品评价模型,即产业-引力分析矩阵(Industry-attractiveness Analysis Matrix),他们用产品对客源地区吸引力来代替原来的市场增长率,用目的地竞争地位代替市场份额。

产业-引力分析矩阵更加直观地表现出客源地区吸引力和目的地竞争地位二者之间的关系,在旅游市场中,该分析矩阵对于旅游产品的开发可以提出更多的直观建议。

五、旅游产品规划

旅游产品开发后需要规划设计具体方案,一般来说有如下几个步骤。

(一) 旅游产品环境分析

在正式开始旅游产品规划时,首先要进行旅游资源、旅游市场、市场竞争态势的基础性分析。通过对旅游资源、旅游市场、市场竞争态势的分析,了解旅游产品所处的基本环境,为后续的开发规划奠定基础。

(二) 旅游产品主题创意

旅游产品主题是旅游产品的核心内容和基本思想,主题的选择应满足针对性、本土性、适应性、独特性等基本要求以及新颖性、文化性、持续性、延展性等较高要求。主题需要具有新颖性和创新性,其思维方法可分为以下几种。

1. 头脑风暴法

在使用这种方法进行规划时,组织者要明确规划的主题,提供必要的相关信息,创造一个自由的空间,让各位专家充分表达自己的想法。头脑风暴法的最大特点在于能够在短时间内获取广泛的信息与创意,互相启发,集思广益。

2. 德尔菲法

运用这种方法时，要求专家具备与规划主题相关的专业知识，熟悉市场情况，精通策划的业务操作，专家的每轮意见组织者都需要对结果进行统计处理，直至得到比较统一的方案。

3. 智能放大法

对事物有全面和科学的认识，在此基础上对事物的发展做出夸张的设想，运用这种设想对具体的产品进行规划。这种规划方法容易形成公众舆论的焦点，进而提高知名度。

4. 逆向思维法

逆向思维法是从事物的另一面观察分析，通常能突破传统思维框架束缚，找到利用正向思维所不能发现的、全新的解决方案，这是成功率较高的重要方法。逆向思维法通常要求策划者从旅游者和竞争者的角度去考虑项目的构思设计。

通过以上几种思维方法，可以设计创造出特色鲜明、创意丰富的旅游产品主题。

（三）旅游产品具体策划

一个典型的旅游产品需具备最基本的旅游吸引物、作为核心的旅游活动、作为支撑的旅游设施和旅游服务，这些方面旅游产品的规划都应具体包括进去。

（四）完成旅游产品规划方案

1. 旅游产品名称

旅游产品名称是旅游产品规划的一个重要内容。旅游产品名称是连接旅游产品与旅游者的桥梁，在对旅游产品命名时要仔细揣摩旅游者的心态，力争通过一个有创意的名称来吸引广大旅游者。

2. 旅游产品主题

旅游产品主题是旅游产品的灵魂，体现了旅游目的地和旅游企业的目标和特色。旅游产品主题鲜明与否，影响着旅游目的地或旅游企业的吸引力和竞争力，决定着产品开发效果的好坏。

3. 旅游产品功能

旅游者所能直接体验的是旅游产品的功能，进而深层次体验旅游产品的性质与主题，在规划中，规划者应明确旅游产品的主导功能是观光型、度假型产品，还是专项型、特殊型产品或是复合型产品。

4. 旅游产品市场

规划者对与目标市场紧密相关的各种要素进行系统分析、组合及对旅游产品未来的市场和市场行为进行全方位的超前筹划。旅游产品市场策划由旅游市场机会策划和旅游市场营销策划两部分组成。

5. 旅游产品选址和规模

为了保证产品的落地性和可操作性，旅游产品应具有一定的空间特征，旅游产品策划要明确给出每一个产品大致的地理位置和占地面积。此外，还要考虑旅游产品整体布局、建筑风格等。

6. 旅游产品融资

旅游产品融资策划应根据旅游产品的性质、规模,建立融资方案,对旅游产品设立所需的资金数量进行估算,制订旅游产品资金投入计划,设计合理的资金筹措渠道和方式,以保证旅游产品资金按时足额到位,使建设按照策划方案有序进行。

六、旅游商品策划

旅游商品作为旅游产品的一部分,是指旅游目的地专营场所出售的,以外来者为主要目标客源的实物形态产品。旅游商品策划可以从微观视角进一步分析旅游产品的开发规划,旅游者在完成一次旅游活动后,除了旅游体验之外,也需要有物质载体纪念旅游活动,因此研究旅游商品策划具有重要意义。

(一) 旅游商品现状分析

旅游商品规划策划之前,首先需要进行旅游商品现状分析,现状分析主要是对规划区域旅游商品的现状进行实地考察与调查,重点应对旅游商品的种类、生产情况、销售情况、与相邻旅游目的地商品的对比等进行调查分析,找出规划区域旅游商品生产、销售中存在的突出问题。

(二) 旅游商品题材规划

旅游商品的题材应来源于对规划区域的地方性分析,应与规划区域的自然景观、人文景观、历史文化、风土人情等紧密相关,应成为旅游目的地形象的传播媒介。在商品题材的选择上,需注意以下几个要点。

1. 体现纪念性

旅游活动是旅游者离开其常住地前往旅游目的地的一次活动,最后都要返回其居住地,因此,除了美好的旅行体验之外,旅游商品的购买与选择成为旅游者参与过旅游活动的证明,因此,旅游商品需要体现纪念性,纪念性越强的旅游商品,越容易受到旅游者的青睐。

2. 体现民族性

我国是多民族国家,世界民族也具有多样性的特征,以某一民族的历史、文化、民俗、风景名胜等作为题材,以其所在地特有的物产作为材料,利用本民族独特的传统工艺制作的旅游商品,在市场上具有强大的竞争力,更容易获得旅游者的喜欢。

3. 体现艺术性

旅游活动主要是满足旅游者的审美需求,如对美丽风景的观赏,对深厚历史文化的向往等,作为旅游活动组成部分的旅游商品,只有具有较高的艺术价值,才能较好地满足人们的审美情趣。不同旅游者由于其个性的不同审美观也不一样,这就要求制作旅游商品时要满足个性化需求。

4. 体现市场性

旅游商品的生产主体较为广泛,既包括生产旅游商品的专门企业,也包括其他普通企业,然而,旅游商品的服务对象单一,旅游商品主要出售给旅游者,因此,旅游商品在设计时需要充分了解旅游者的需求特点,满足市场需求与趋势。

5. 体现宣传性

旅游商品需要具有宣传旅游目的地、吸引更多潜在旅游者来访的功能。旅游者购买旅游商品,将其带回常住地,在其与亲朋好友交流旅游经历时,旅游商品能起到宣传旅游目的地的作用。

(三) 旅游商品类型策划

1. 按旅游商品的属性分类

(1) 旅游工艺品。

旅游工艺品包括陶器、瓷器、漆器、雕刻工艺品、丝织工艺品、金属工艺品、塑造工艺品、编织工艺品、文物古董、书画金石等,是旅游商品的常见的类型。

(2) 土特产品。

土特产品是指旅游目的地特有的地方物产制品,如茶叶、中药材、农产品等。

2. 按旅游商品的主要用途分类

(1) 旅游纪念品。

旅游纪念品主要是指那些可以帮助旅游者回忆旅游经历,反映旅游目的地的旅游资源、风土人情、特殊物产等的旅游商品。

(2) 旅游馈赠品。

旅游馈赠品是旅游者在旅游目的地购买的,用来赠送给亲朋好友的旅游商品。

(3) 旅游用品。

旅游用品是旅游者在旅游目的地购买的,在旅游过程中可以使用的物品。

3. 按制作旅游商品的原材料分类

(1) 天然材料商品。

天然材料商品可以分为植物材料商品、动物材料商品、矿物材料商品等。

(2) 人工合成材料商品。

人工合成材料商品主要是以新型科技制造合成材料为原材料制作的旅游商品。

(四) 旅游商品策划成型

旅游商品策划过程中要满足的基本原则主要如下。

1. 市场导向原则

根据市场需要规划设计旅游商品,因此,在产品设计的初期应充分了解旅游者的旅行动机与购物心理。

(1) 纪念动机。

旅游者购买的旅游商品,能使旅游者在旅游活动结束后看到就能回想起这次旅游的经历。这类旅游商品在旅游者心目中与在旅途中拍的照片的作用相差不大,因此,应以反映旅游目的地景观特色、风土人情、历史文化等内容作为旅游商品的题材。

(2) 馈赠动机。

旅游者购买旅游商品主要是为了在返回常住地后将其作为礼品送给亲朋好友。因此,旅游商品的策划要充分体现旅游目的地的特色,宣传旅游目的地,一定程度上促进亲朋好友成为潜在的旅游需求者。

(3) 新异动机。

旅游者旅行动机中有满足猎奇的需求,旅游商品主要是满足旅游者追新求异的心理需要。这类旅游商品在题材、制作工艺、造型上往往能出人意料,给人以新奇感。

(4) 价值动机。

价值动机主要是指旅游商品能保值、增值,旅游者在旅游目的地花较少的钱购买,日后会产生增值效果。

(5)文化动机。

旅游商品反映旅游目的地的文化,充当传播旅游目的地文化的载体。

(6)享受动机。

部分旅游商品可以使旅游者更加舒适、方便,增添旅途的乐趣,满足其享受的动机。

2. 特色原则

特色是对旅游产品的基本要求,旅游商品也不例外,只有具有地方性、民族性的旅游商品,才会对旅游者产生吸引力,才具有纪念价值、馈赠价值。带有浓厚地域色彩的旅游商品往往能够以其特有的地域暗示,勾起旅游者对旅游经历的美好回忆而为广大旅游者所喜爱。地域性的旅游商品往往具有地域垄断的特点,如果在该地区错过,再在别处购买就会比较困难,在旅游者特殊消费心理的作用下,旅游者一般对此类旅游商品情有独钟。因此旅游商品的开发应充分挖掘地方特色,找出当地特有的物品或者某一元素开发成旅游商品。

3. 就地取材原则

就地取材可以使旅游商品的成本降低、地方特色突出。旅游商品设计、制作就地取材主要包括三个方面的内容:一是旅游商品的题材来自旅游目的地,如西安的兵马俑复制品,上海出售的东方明珠电视塔模型;二是原料来自旅游目的地,如云南大理生产出售的各种大理石工艺品;三是旅游商品的制作工艺来自旅游目的地,如贵州少数民族地区出售的各类蜡染工艺品。

4. 创新原则

在旅游商品竞争日趋激烈的今天,旅游商品的规划设计必须贯彻创新原则,打破常规,打破惯常思维,旅游商品规划设计中的创新主要包括题材创新、制作材质创新、生产工艺创新、外形创新、包装创新、产品形式创新等。

5. 轻便原则

旅游商品一般应较为精巧和轻便,因为旅游者在旅途中不希望携带笨重的物件。体积大、质量重的旅游商品不适宜旅游者携带,会影响旅游者的购买积极性,如石类纪念品等。

(五)旅游商品管理策划

旅游商品管理策划包括旅游商品生产规划、旅游商品销售规划和行业管理规划等内容。

旅游商品的生产主要分为两类:一是采用传统的手工生产,其优点是艺术性强、工艺精湛、生产出来的旅游商品具有很强的保值性,但其缺点是由于需要传统的人工手工制作,制作周期长,产量少,价格较高;二是工厂化生产,工厂流水线式的工作使得工艺流程简单,且效率高、产量大,但缺点是不适合制作传统手工艺作品,文化含量较低。究竟采取何种模式进行旅游商品生产,在规划时应具体分析,根据所生产的旅游商品的特性来确定。

旅游商品销售必须进行总体规划。根据对现代旅游者购物心理的分析,旅游商品销售应采取开放式、参与式、互动式、组合式、捆绑式的销售方式。对于旅游城市，可以在恰当的位置规划旅游商品购物区或旅游商品购物街；对于重点旅游城镇，可以规划旅游购物一条街、专业性旅游商品购物市场。对于那些以购物为主要内容的古城、古镇，可将旅游商品的生产与销售相结合，与古城镇风貌的恢复相结合，形成"前店后厂"模式。

旅游商品管理的核心是行业管理，旅游商品的主管部门应编制旅游商品规划，提供旅游商品信息，指导旅游商品的设计、生产、销售，加快旅游商品研发的人才培养，确保有一支专业的旅游商品设计、生产和销售的人才队伍，成立相关行业组织，对旅游商品的生产和销售进行监督管理。此外，旅游商品主管部门还应对旅游商品的质量进行实时监控、检查，确保旅游商品质量，树立良好的形象，要加大对旅游商品设计、生产、销售的扶持力度，出台优惠政策，适当减免税收，使旅游目的地的旅游商品产业健康发展。

第三节　旅游线路设计

旅游线路是旅游规划者以旅游交通线将一定区域内的旅游景点、旅游设施、旅游活动产品、旅游服务等因素串联起来的方便旅游者游览的空间组合形态。旅游线路的设计不应趋同，而应是具有鲜明的特色，旅游者类型多种多样，不同旅游者由于其职业、民族、性别、年龄、家庭收入等的不同对旅游线路选择的偏好也不同，因此在线路设计的过程中，要充分考虑到旅游者个性的差异，设计并开发出富有特色的旅游产品。

一、明确旅游线路的类型

旅游线路可按时间、空间、属性、目的作为标准划分为不同的类型。

（一）按时间分类

此类旅游线路可分为：一日游线路，针对近郊游客，距离短，适合周末出游，花费低，主要是为了放松身心；二日游线路，涉及过夜游，与一日游线路相比花费较高，距离较远；多日游线路，主要是跨省游，时间较长，旅游花费较多。

（二）按空间分类

1. 小尺度的旅游线路

小尺度的旅游线路即旅游景区内联系各个景点的旅游线路，涉及范围小，空间明确。

2. 大、中尺度的旅游线路

大、中尺度的旅游线路即联系客源地和一系列旅游地的旅游路径，它包括了旅游产品所有组成要素的有机组合与衔接。大、中尺度旅游线路往往通过城市和旅游区位线路上的节点，以航空线、铁路线、公路线、水路线串联，设计的空间范围较大。

(三) 按属性分类

1. 周游型线路

周游型线路即观光游览型线路,以交通线串联若干旅游城市和景区,以观赏自然景观和人文景观为主。

2. 逗留型线路

逗留型线路往往以交通线将常住地与旅游目的地串联起来,目的地单一。

(四) 按目的划分

依据该线路为旅游者提供的功能划分,可分为观光型、休闲度假型、购物型、科考型、探险型、专题型旅游线路等。

二、创新旅游线路的名称

旅游线路的名称作为旅游者对旅游目的地的第一印象,对于吸引旅游者前来参观游览起着很重要的作用,旅游线路的名称设计需遵循如下原则。

(一) 文字简洁,特色鲜明

如果旅游线路的名称过于冗长,会直接影响旅游者对旅游目的地的选择,因此,旅游线路的名称宜控制在 10 个汉字以内。同时旅游线路的名称应尽可能地体现出旅游线路的主题、特点以及内容。

(二) 创意独特,过目不忘

好的旅游线路名称会使旅游者仅看到名字便会产生旅游需求,朗朗上口的旅游线路名也会使游客过目不忘,并在一定程度上起到宣传推广的广告效果。

三、选择旅游节点

旅游线路中的节点就是旅游景区、旅游城市,是构成旅游线路的主要因素,选择旅游节点的主要因素有旅游线路的主题、旅游线路的客源市场、旅游线路的交通通达情况、旅游线路的时间长短。

四、选择交通线路与方式

选择恰当的交通线路与方式是旅游活动的基础,省时快捷的交通方式是旅游者的最基本的要求。

五、选择住宿、餐饮、购物、娱乐

住宿、餐饮、购物、娱乐是旅游活动不可缺少的基本要素,旅游线路规划时应充分考虑这些因素,基本要求有如下几点。

（一）价格适宜

根据旅游者的不同类型选择不同价位的旅游线路产品。收入较高的旅游者人群，可选择居住在五星级、四星级酒店；经济型旅游者，可选择富有民族风情的民宿或农家乐，花费较低且体验感强。

（二）方便便捷

住宿、餐饮、购物、娱乐的选择必须离旅游目的地距离近，应能够尽快到达旅游目的地。

（三）与旅游线路的主题一致

住宿、餐饮、购物、娱乐的选择需与旅游线路的主题设计一致。如旅游线路的设计是以历史文化为主题的，则其住宿需与其主题相呼应，使旅游者更好地体验旅游活动。

六、编制旅游线路

编制旅游线路主要包括两方面的内容：一是空间顺序编排，即将不同的旅游节点、旅游活动安排在不同的、合理的空间；二是时间顺序编排，要在确定的总的旅游活动所需花费的时间的基础上细化，编制旅游线路需满足几个原则。

（一）效益原则

旅游线路作为旅游产品的一种，其设计、推广应以满足市场需求、提升经济效益为目标。从旅游者的角度看，旅游者对一次完美的旅游体验的要求是以最少的费用与时间，体验最丰富的旅游活动，获得最佳的旅游体验，最大化地满足自身利益。从旅游经营者的角度看，在获得丰厚的经济效益的基础上，还应尽可能多地提供就业岗位，保护生态环境，贯彻落实可持续发展思想等，不断提升其社会价值，使经济效益、社会效益、生态效益有机统一。

（二）特色原则

在当今社会，创新就是一切。旅游线路的设计不应是千篇一律的，而应该能够充分反映旅游目的地的主题规划和核心价值。由于旅游动机、旅游形式、旅游资源的属性各不相同，旅游线路设计必须突出特色，形成有别于其他线路的鲜明主题，旅游线路上的各个景区不仅要具有特色，而且所联结的景区要有群体规模，以显示其整体效果。

（三）热点、冷点兼顾原则

旅游热点即旅游资源丰富、旅游设施完善、游客人数多、知名度广的旅游景区或景点；旅游冷点则是在资源、设施或知名度某一方面或几方面存在缺陷的旅游景区或景点。在设计旅游线路时，需要兼顾旅游热点和旅游冷点，为了保持客源平衡，不能把所有的热点景区安排在同一条旅游线路上，而应把热点、冷点有机地搭配起来组织旅游线路，这样既可以解决旅游热点在节假日人满为患的现实问题，又能在一定程度上拉动旅游冷点地区的旅游效益的提升,提高旅游目的地整体经济效益。

(四)不重复原则

旅游线路的设计要尽可能多样化,空间形态分布设计成线状、环状或网状,避免迂回往返和不必要的重复。旅游者文化素质普遍提高,兴趣爱好多样,重复的旅游线路会降低旅游者的游览兴趣,不利于旅游目的地形象的改进与塑造。

(五)张弛有序原则

旅游线路设计要张弛有序,注意安排好优质景点与一般景点的协调关系,善于分析旅游者心理状态,为其提供合理的、适宜的线路分布与布局。

(六)安全性原则

安全是进行一切旅游活动的基础与保障,设计旅游线路首先必须要保证线路的安全性,旅游线路设计要注意的游客的安全因素,一方面要避免线路上游客拥挤,踩踏影响游客人身财产安全,另一方面旅游线路设计要避开气象灾害区、地质灾害区和人为灾害区(如易发生泥石流的山体、处于地震带上的地区等),尽最大可能保护旅游者生命安全。

复习思考题

1. 简述旅游产品的含义及特征。
2. 论述旅游产品开发规划的基本原则与方法。
3. 旅游产品生命周期理论的基本原理是什么?
4. 简述旅游线路设计的基本流程。

思政案例

本章课程
思政总结

第九章
旅游项目创新设计

学习目标

1. 深刻理解习近平总书记的创新观。
2. 掌握旅游项目的概念和分类方法。
3. 熟悉旅游项目设计的原则和程序。
4. 把握旅游项目创新设计的特征和影响因素。

思政元素

1. 在红色旅游项目设计过程中,要把伟大建党精神等党和人民在各个历史时期奋斗中形成的伟大精神融入线路设计中,讲好革命故事,让人民群众在旅游中接受精神洗礼、传承红色基因。

2. 旅游项目设计要坚持创新驱动、优质发展。要构建新发展格局,创新体制机制,在旅游项目中广泛应用先进科技,推动旅游业态、服务方式、消费模式和管理手段创新提升。

3. 旅游项目创新设计要与新农村建设、扶贫开发、生态保护、服务业发展结合起来,相互促进,联动发展,促进经济社会又快又好发展。

章前引例

吉林安图:立足县域优势,绘就全域旅游新蓝图

近年来,吉林省安图县紧紧围绕全域旅游发展定位,通过加大基础设施新投入、引进旅游新项目、提升服务新优势等举措,积极促进文旅融合发展,已连续四年入选中国最美县域榜单、连续两年入选中国旅游发展潜力百强县。

安图县位于吉林省东部、延边朝鲜族自治州西南部,素有"长白山第一县"之美誉。安图历史悠久、生态完好、资源丰富,有大小河流88条,是松花江、图们江、鸭绿江三江之源。安图风景如画,气候宜人,夏季平均气温19.3 ℃,是理想的避暑天堂;冬季平均气温零下12.7 ℃,是极佳的玩雪胜地。

"十三五"期间旅游产业持续发展,红石峰、百花谷朝鲜族百年部落等8个项目建

成投入运营,4A级旅游景区达到7家、5A级乡村旅游经营单位达到3家,累计接待国内外游客1758万人次,实现旅游收入266亿元。

面对21世纪生态文明时代对城市生态环境建设提出的高要求,以县域经济结构调整,发展休闲经济,培育新的增长点的实际需要为前提,以"发展绿化生产力"的理念指导规划,确定"长白山文化公园"城市形象和"龙兴胜地,千里长白第一城"的城市品牌,按照"两轴、两带、四楔、四片"的规划格局进行城市绿地系统建设,把森林引入城市,把城市建在森林之中,将安图县城规划建设成为集休闲憩、旅游度假于一体,生态健全,环境优美的山水生态园林城市和长白山下的宜居城市。

未来五年,安图县将以创建国家全域旅游示范区为目标,积极融入大长白山旅游经济圈,发挥航空、高铁、高速的交通便利优势,做足山水、乡村、民俗、红色、康养、工业、冰雪、跨境旅游等文章,不断丰富景区景点内容,加快配套服务设施建设,力争到2026年,新增4A级旅游景区2个,年接待国内外游客突破700万人次、旅游收入达到120亿元,努力将安图打造成国内外知名的"旅游城"。

资料来源 整理自央广网。

思考题:请根据上述案例思考,如果让你在安图县策划延伸拓展项目,你会如何设计呢?

第一节 旅游项目的概念与分类

旅游项目是旅游规划与开发的重要组成部分,能够有效拓展旅游产业链,促进旅游业的蓬勃发展。对旅游项目进行合理分类,有利于旅游规划与开发科学有序地进行。在介绍旅游项目分类之前,有必要先了解什么是旅游项目。本节首先介绍旅游项目的概念,然后介绍旅游项目的几个主要分类。

一、旅游项目的概念

旅游项目属于项目的一种,要对旅游项目下定义,首先有必要了解什么是项目。从词义本源看,《现代汉语词典》将"项目"解释为"事物分成的门类",引叶圣陶《倪焕之》二五"教育这个项目当然是不容轻易忽略的"作为运用实例。简单来说,为了实现预期的目标,要在规定的时间内,进行合理的预算,利用有限的资源,进行相互关联的一系列任务活动,就称为项目。项目通常有狭义和广义之分,狭义的项目一般指一个完整的活动,在顺利完成一系列任务之后能够直接获得收益。广义的项目一般指一个完整的活动,可以提高社会的文明建设等建设项目。

"项目"一词被广泛应用于各个领域。项目是一项有待完成的任务,有特定的环境与要求;在一定组织机构内,最大限度利用有效资源发挥合力,在规定的时间内完成目标任务;任务需满足一定性能、质量、数量、技术指标等要求。项目与日常运作有着根本区别。项目的工作任务是特定的不重复的,而日常运作是反复的活动没有时间限制。

旅游业能够持续、长远发展,离不开旅游项目,旅游项目作为旅游的基本条件,对旅游业的发展具有重要作用。所以,旅游项目开发作为一项经济活动,其内涵的分析与旅游业的认知息息相关。有关旅游项目的定义,目前还未有一个明确的概念,不同的专家学者从不同的角度可能对项目有着不同认识,国内外学者都提出了他们的观点。

苏格兰旅游委员会1991年将旅游项目表述为:所谓旅游项目应该是一个长久性的旅游吸引物,旅游项目的主要目的是让公众和旅游者得到消遣的机会,做他们感兴趣的事情,或者是受到一定的教育,而不应该仅仅是一个游乐场、一场歌舞剧或电影、一场体育竞赛等。旅游项目不仅应该吸引严格意义上的旅游者、一日游者,而且还要对当地居民具有一定的吸引力。

华尔士(Walsh)和史蒂文斯(Stevens)于1990年将旅游项目的特征描述如下:吸引旅游者和当地居民来访,并为达到此目的而经营;为到来的旅游者提供获得轻松愉快经历的机会和消遣的方式,使他们度过闲暇时间;将其发展的潜力发挥到最大;按照不同项目的特点来进行有针对性的管理,使旅游者的满意度最大;根据旅游者的兴趣、爱好和需要提供相应水准的设施和服务。

我国的有些学者则是从项目角度来概括,胡铁认为旅游项目是指在一定时间范围内、在一定的预算范围内为旅游活动或以促进旅游目标实现而投资建设的项目。它包括景区景点项目、酒店建设项目、游乐设施项目、旅游商品开发项目、旅游交通建设项目、旅游培训教育基地项目等。

也有学者从旅游本质、旅游需求的角度对其进行概括,认为旅游项目首先是项目的一种,同时旅游项目是为满足旅游者的旅游需求,利用一定的资源,通过策划、实施、组织、管理等一系列活动,创建的各种类型的旅游产品或者服务性工作。

苏敏和王林认为旅游项目就是在旅游过程中所采用的具体娱乐休闲活动及其方式,涉及食、住、行、游、购、娱等方方面面,贯穿于旅游的整个过程。

刘琴从规划设计的角度,将旅游项目界定为一种设施或是活动,具体可见的,可以落实到具体地块上,有特定的主题和明确的功能。

刘翠梅认为旅游项目是为了旅游活动或以促进旅游目标实现而投资建设的项目。

马勇、李玺将旅游项目界定为:以旅游资源为基础开发的,以旅游者和旅游地居民为吸引对象,为其提供休闲服务、具有持续旅游吸引力,以实现经济、社会、生态环境效益为目标的旅游吸引物。旅游项目具有以下特征:第一,旅游项目应该为旅游者提供消遣以度过闲暇时间;第二,旅游项目的吸引力应该长久,并且其吸引力的对象不能仅仅是旅游者,当地居民也应该是旅游项目的吸引对象;第三,旅游项目需要一定的管理,并在经营过程中创造经济效益。

综合以上观点,可以看出旅游项目主要是以实现旅游目标而进行的,是为了满足旅游者旅游需求的活动,是将旅游资源、旅游设施和旅游服务结合在一起的过程。旅游项目的开发受限于一定的环境和资源,旅游地资源环境的保护是进行项目开发所必须坚持的原则。所以,本书将旅游项目界定为:旅游地开发商、政府或经营者以满足旅游者需求为出发点,在特定旅游资源及环境的约束下,开发出的能够吸引旅游者,为其提供消遣服务的旅游吸引物,并促进当地旅游业发展的项目综合体的总称。

二、旅游项目的分类

根据不同的目的和要求,选取不同的标准(依据)对旅游项目进行分类。本书中,旅游项目分为以下几类。

(一)主体分类法

所谓主体分类法是以旅游者的个人特征作为分类标准对旅游项目进行类型划分的方法。一般而言,作为分类标准的旅游者特征有旅游者的旅游目的、职业、年龄、组织形式、消费方式、旅游时间、旅游距离等。

按照旅游者的旅游目的,旅游项目可以分为观光旅游项目、度假旅游项目和生态旅游项目等;按照旅游者的旅游组织形式,旅游项目可以分为单身旅游项目、情侣旅游项目和居家旅游项目等;按照旅游者的消费方式,旅游项目可以分为高消费旅游项目和低消费旅游项目等。

综合起来,根据旅游者的综合特征,可以得到如表 9-1 所示的旅游项目主体分类。

表 9-1　旅游项目主体分类

分类方法	旅游项目类型细分
旅游目的	观光旅游、度假旅游、生态旅游、专项旅游
职业	学生、无职业者、体力劳动者、脑力劳动者、退休人员
年龄	儿童、青少年、成人、老人
组织形式	单身旅游、情侣旅游、居家旅游、群体旅游、自主旅游、组团旅游
消费方式	高消费旅游、低消费旅游、包价旅游、奖励旅游
时间	一日游、周末旅游、短期旅游、工作旅游
旅游距离	近郊旅游、远郊旅游、中程旅游、远程旅游、国际旅游

(资料来源:国家旅游局人事劳动教育司《旅游规划原理》,旅游教育出版社,1999 年版。)

(二)资源分类法

所谓旅游资源分类法是以旅游项目所依托的旅游资源作为标准而对旅游项目进行分类的方法。一般而言,作为分类标准的旅游资源分别是自然旅游资源和人文旅游资源。

按照旅游项目所处的自然旅游资源,旅游项目可以分为海岸旅游项目、山岳旅游项目、湖泊旅游项目、泉瀑旅游项目等;按照人文旅游资源,旅游项目可以分为民族村寨旅游项目、主题公园旅游项目等。

综合起来,根据旅游资源的综合特征,可以得到如表 9-2 所示的旅游项目资源分类。

表 9-2　旅游项目资源分类

分类方法		旅游项目类型细分
自然旅游资源	地表类	平原、岩洞、荒漠旅游区、山岳旅游区
	水体类	海水、淡水、海岸旅游区、湖泊旅游区、泉瀑旅游区
	生物类	自然保护区、植物、动物、典型的自然生态景观
	气候与天象类	宇宙、天象、云海、雾海
人文旅游资源	历史类	古建筑、古园林、名人故里、历史遗迹
	近现代类	仿古建筑、地方标志建筑、纪念性建筑
	文化游乐体育类	游乐场、主题公园、体育馆
	风情胜地类	民族村寨、闹市街区、民间艺术

(三) 要素分类法

所谓要素分类法是以旅游的六要素承载的旅游项目为标准而对旅游项目进行分类的方法。一般而言，旅游六要素包括食、宿、行、游、购、娱，其对应的旅游项目分别是餐饮项目、住宿项目、交通项目、游览项目、购物项目和娱乐项目。

按旅游六要素之一的"食"所依托的餐饮项目包括野餐(野炊)场地建设、野餐(野炊)场地提供、野餐(野炊)食物提供等；按照"宿"所依托的住宿项目包含度假村的建设、民宿的建设、汽车旅馆的建设等；按照"行"所依托的交通项目包含豪华大巴、邮轮的建设运营，马车、骆驼等畜力工具的组建，三轮、竹排等人力工具的培训以及栈道、索道、观光廊道的建设等；按照"游"所依托的游览项目包含社会经济活动遗址展示馆建设，相关主题文化活动的开发与演绎，民间习俗、节庆等人文活动的演绎展示；按照"购"所依托的购物项目包含特色旅游商品制作工艺展示场所的建设等；按照"娱"所依托的娱乐项目包含滑翔、滑伞等健身项目，赛马、击剑等竞技项目，热气球、碰碰车等器械项目，博物馆、展览馆等观赏项目等。

综合起来，根据旅游六要素所承载的旅游项目，可以得到如表 9-3 所示的旅游项目要素分类。

表 9-3　旅游项目要素分类

分类方法		旅游项目类型细分
餐饮项目	野餐	野餐场地建设、野餐设施提供、野餐食物提供
	野炊	野炊场地建设、野炊设施提供、野炊食物提供
	酒吧	建筑设施、酒水的提供
	茶肆	茶社的建设、茶具的提供
	宴席	餐厅的建设(大小、风格)
	风味小吃	场地的建设(大小、风格)
	快餐	场所的建设

续表

分类方法		旅游项目类型细分
住宿项目	野营	场地建设（树上巢居、地下洞穴、地表帐篷）、表演活动开发、设备的提供（帐篷、睡袋）
	风情屋	风情屋的建设（规模、风格、材质、色调）
	旅途铺位	火车卧铺、汽车卧铺、轮船铺位、畜力运输铺位、汽车旅馆
	度假村	度假村建设、娱乐活动开展
	常规旅馆	旅馆建设、宾馆建设、民宿建设、别墅建设、度假公寓建设
交通项目	机动工具	飞机、火车、豪华大巴、热气球、水上飞船、气垫船、大客轮、游艇、潜水艇、水陆两栖船、电车、太阳能车、观光轻轨、缆车、索道、飞艇等设施的租赁、承包或者建设
	畜力工具	马（牛）车、骆驼、狗拉雪橇等畜力工具的组建和培训
	人力工具	人力三轮、竹排、皮艇等工作团队的组建
	自然力	帆船、冰帆、荡索、漂流艇、溜索、滑翔伞、蹦极等设施的修建及服务人员的培训
	道路建设	栈道、索桥、滑梯、步道、观光廊道、机动车道建设
游览项目	地文景观	综合自然旅游地、沉积与构造、地质地貌过程形迹、自然变动遗迹、岛礁等景观的保护与遗迹观景台、观光廊道的建设
	水域风光	观光河段、天然湖泊与沼泽、瀑布、泉、河口与海口、冰雪地等景观的保护与观景廊道的建设
	生物景观	树木、草原与草地、花卉地、野生动物栖息地的建设与保护
	天象与气候景观	日月星辰观察区建设、光环现象观察地景观亭建设、海市蜃楼现象多发地观景亭建设、天气及气候现象观光廊道建设
	历史遗存	史前人类活动、社会经济活动遗址遗存展示馆建设、相关主题文化活动的开发与演绎
	建筑设施	单体活动场馆、景观建筑与附属型建筑、交通建筑、水工建筑等建筑设施的保护和恢复、内部旅游线路的组织
	人文活动	民间习俗、节庆等人文活动舞台化演绎展示
购物项目	旅游商品	特色旅游商品制作工艺展示场所的建设
娱乐项目	健身项目	滑翔、跳伞、游泳、冲浪、潜水、帆板、帆船、滑水、滑沙、滑草、骑马、水上自行车、多人自行车、跳跳自行车、雪橇、武术、体操、海水浴、沙浴、泥浴、温泉浴、森林浴、森林氧吧等健身场所开发与活动设计
	竞技项目	赛马、赛艇、赛车、赛龙舟、射箭、击剑、摔跤、高尔夫球、保龄球、网球、足球、篮球、排球、沙滩排球、乒乓球、羽毛球、桌球、门球、手球、马球、垒球、棒球、曲棍球、冰球、彩弹射击等竞技场所开发与活动设计

续表

分类方法		旅游项目类型细分
娱乐项目	器械项目	飞艇、滑翔机、热气球、蹦极、过山车、翻浪车、碰碰车、海盗船、越野车、摩托艇等器械项目开发
	观赏项目	赛事观赏、海底世界海底观光船、艺术馆、博物馆、展览馆、音乐厅、影剧院、环幕电影、水幕电影、球幕电影、动感电影、3D电影、茶馆、书场、舞台、文艺表演、沙龙、宗教习俗、礼仪庆典、微缩景观、产业观光园、放古城(街)、影视城(基地)、游乐园、民宿文化村(园)、著名景观、动植物园、生肖园、古币坛、碑林、蜡像馆、雕塑园
	智力项目	模拟仿真、迷宫、电子游戏、对歌、棋牌、野外生存训练
	生产项目	狩猎、垂钓、捕捞、种植、采集、食品加工、刺绣、锻造

(四) 其他分类法

旅游项目还有各种分类方法。按旅游活动发生的空间，旅游项目可以分为室内旅游项目、城区旅游项目、乡村旅游项目、区域旅游项目、国内旅游项目、国际旅游项目、洲际旅游项目乃至星际旅游项目。按照旅游活动的状态，旅游项目可以分为主动旅游项目和被动旅游项目。按旅游活动的主题和内容，旅游项目可以分为自然生态旅游项目、历史旅游项目、文化旅游项目、科技旅游项目等。按照性质，旅游项目可以分为观赏项目、娱乐项目、活动项目、休闲度假项目、特殊项目等。按照组织目的，旅游项目可以分为科学教育旅游项目、商务旅游项目(会议旅游项目)、考察旅游项目、休养旅游项目、体育旅游项目以及宗教旅游项目等。

第二节　旅游项目设计的原则与程序

旅游项目设计的原则与程序是旅游规划与开发的理论基础。鉴于当前旅游开发中存在的策划规划不合理、浅层次盲目性开发、非精细化管理带来的资源浪费、环境破坏，以及旅游产品单一、同质化竞争、市场吸引力不足等问题，本节首先介绍旅游项目设计的基本原则，然后介绍旅游项目设计的基本程序，以增强旅游开发的科学性和落地性。

一、旅游项目设计的基本原则

(一) 资源依托、市场导向原则

这一原则是指旅游项目设计要以资源状况为基础，高度重视市场的需求状况、特征及变动趋势。旅游项目设计需要以本地的旅游资源和社会经济文化环境为基础，要充分挖掘本地的旅游资源，了解旅游资源的赋存状况，根据构成旅游资源的各要素，如观

赏游憩价值、文化价值、规模丰度、适宜开发方向及开发潜力等方面对旅游资源进行综合评估,从而为旅游项目设计提供科学依据。因此,旅游项目设计要与当地旅游资源和环境特色相吻合,避免项目过于突兀与本地旅游环境格格不入。

同时,旅游项目设计也要重视旅游市场。最受市场欢迎的产品是最好的产品,旅游业也不例外。旅游项目设计要以市场需求作为导向,换言之,就是要以旅游消费者为中心、以市场需求作为出发点来进行旅游项目设计。这就要求我们对客源市场以及不同旅游者的兴趣、偏好、支付能力、价值取向等一系列影响市场需求的因素进行深入、细致的分析,据此策划出能受到旅游者喜爱的旅游项目和旅游产品。同时,设计科学的市场营销模式,使项目能够真正为经营管理者所用,为经营管理者带来效益。

(二)突出特色、扬长避短原则

旅游项目设计必须坚持特色第一的方针,为了突出特色,就必须扬己之长、避己之短。特色是产品的生命力、竞争力之所在,要尽最大可能突出旅游资源的特色,包括民族特色、地方特色,努力反映当地文化。只有民族的旅游资源,才是世界的旅游吸引物。没有特色的产品没有竞争优势,是没有前途的短命产品。

在旅游项目设计中强调突出特色、扬长避短原则的特殊意义就在于,旅游吸引力最初产生于文化的差异性,求新、求奇、求异是主要的旅游动机和目的,它们还是实现求乐目的的重要途径。因此,旅游项目设计必须重视特色。

(三)立足自身、放眼全局原则

这一原则是指旅游项目设计要以自身的成熟配套和成熟完善为立足点,同时必须兼顾周边地区、相关区域的项目、产品,注意与周边地区、整个区域乃至全国旅游开发建设、旅游产品结构调整和布局的协调一致。

就一般情况来说,立足自身,做好自己的事,是社会广泛提倡、反复强调的,因此是大多数人易于想到和做到的,但放眼全局往往被很多人在认识和实践中忽视。旅游开发要放眼全局,强化旅游开发和产品建设中的"一盘棋"观念,对保证旅游开发建设的整体效益和项目本身的长期效益有重要作用。

(四)综合效益、协调统一原则

旅游项目设计除了要具有较高的吸引力外,还必须在效益上具有可行性,即可操作性和经济上的可行性。旅游项目设计不仅要考虑投资者的回报与收益,还要考虑旅游项目可能给旅游地带来的社会和生态影响。旅游项目设计要注重综合效益,即要保证经济、社会、生态环境三大效益的统一。

同时,旅游项目设计也要从全局均衡发展的角度入手,要注重整体的系统性和协调性。设计者要关注项目之间以及项目与资源、环境之间的相互作用与影响,从旅游地整体发展的角度来全面综合审视旅游项目体系的构成,充分协调吸引物与区域发展主题、吸引物与环境,以及吸引物之间的相互作用和影响。

(五)品质优先、体验导向原则

我国旅游业的发展目前正进入精细化发展的阶段,在旅游项目设计方面,应该注重品质优先、体验导向的基本原则。在旅游项目设计中，要在旅游服务、旅游基础设施、公共服务项目等方面多花心思，多投入精力，提高旅游者的满意度。

同时，旅游项目的体系构成正从传统的景区景点型，向全时、全季、全产、全业、全服务、全境转变，而这种转变的本质就是强调旅游者拥有全面优质的体验。因此，在旅游项目设计中，需要注意到体验的全程性和体验的设计感。所谓体验的全程性就是指旅游项目的设计，不仅要关注旅游者到达之后的现场体验感，还要上溯到旅游者抵达前以及考虑到离开后的各种体验。

（六）科学开发、有效保护原则

这一原则是指在旅游开发中，要坚持科学合理的指导思想和行为方式，注意对资源、环境等切实有效保护，防止和杜绝掠夺性、破坏性开发利用，实现永续利用和可持续发展的绿色产业目标。

资源是我们赖以生存和发展的基础，不能有效保护资源就会使我们失去生存和发展的根本。从辩证关系来分析，科学开发是有效保护的前提，有效保护又是充分发挥资源效益、实现开发利用目的的前提。

二、旅游项目设计的内容

在实际工作中，旅游项目设计的内容一般包含旅游项目设计体系的组成、旅游项目设计的策划思路和旅游项目设计的具体要素。

（一）旅游项目设计体系的组成

对于区域旅游规划与开发而言，在旅游项目设计前应构建相对完整的旅游项目体系，并从总体上对项目进行预先布局，包括空间上和时间上的布局，如先导项目、储备项目，以及不同项目的大致落脚区域等。一般而言，在旅游规划中较为常见的区域旅游项目体系可以由如下要素构成：核心项目（引爆型项目）、支撑项目、服务支持项目、特色小镇项目、新业态等，下面主要介绍核心项目和支撑项目。

1. 核心项目

核心项目也称为引爆型项目，是由该区域中最具开发潜力的旅游资源开发而来的旅游吸引物，这类吸引物往往能够在较短的时间内，吸引旅游者的关注，使得到访旅游地的旅游者数量大幅提升。此类项目能够代表该旅游地的主要特色，在区域旅游规划开发时，需要得到优先重点关注。

2. 支撑项目

支撑项目的重要性和影响力略低于核心项目，它们从不同的角度来支撑区域旅游的主题形象，能够带给旅游者多元化的体验。同时，这些项目也可能是次级区域中的主体项目。

除了上述的核心项目和支撑项目外，规划中的项目体系还包括能提升区域生活品质的服务支持项目，如景观廊道、城市休闲公园、美食街区或创意街区，以及与区域新型城镇化发展相关的特色小镇项目等。而中外旅游发展中呈现出的各种新业态，在规划中也可以作为旅游项目设计体系的要素，提供给当地的旅游管理者和旅游投资者作为参考。

(二) 旅游项目设计的策划思路

在旅游项目设计的基本原则指导下,对于全域旅游发展时代的旅游项目设计,相信下面的几个策划思路对旅游项目设计者有一些启发。

1. 旅游项目全时化体验

全时化就是指旅游项目所营造的体验不受时间的限制,例如除了白天可以体验的项目和活动外,还应注重提供各种晚间体验项目和活动。如我国台湾地区,除了白天可以使旅游者感受海岛风情外,还为旅游者提供夜晚探访潮间带、夜晚探访梅花鹿等生态旅游项目,让旅游者全天候感受宝岛的魅力。

2. 旅游项目全季型设计

传统的旅游产品开发主要关注春、夏、秋三季,较为忽略四季旅游产品的开发。在旅游项目设计时,可以考虑形成覆盖四季的旅游产品体系。例如可以考虑利用生态资源以及四季植物的配置,为旅游者提供四季不同的景观和四季休闲活动。也可以将康体度假作为拓展四季体验内容的方向,如春季健走、夏季游泳、秋季登山、冬季滑雪。研学旅游资源也是较好的开发覆盖四季旅游项目的基础,如自然生态研学、历史文化研学、研学营地等产品形式。

3. 旅游项目全产业拓展

旅游项目设计需要考虑如何与其他产业进行融合,力争通过旅游与其他产业的融合,实现旅游创新发展。在旅游项目的全产业拓展方面,如与第一产业融合,常见的形式有休闲农业观光、乡村生活体验、乡村休闲度假、农特产品展销等。与第二产业融合,常见的形式有工业观光、企业博物馆参观、工业遗址改造、现代工业园参观、创意产业园区参观等。

4. 旅游项目新业态创新

旅游项目设计应该围绕国内外旅游产业出现的新业态来进行产品开发。随着传统的旅游六要素食、住、行、游、购、娱向商、养、学、闲、情、奇拓展,旅游产业的业态也存在变化,如商务会奖旅游、休闲养生旅游、婚庆旅游、研学旅游、自驾旅游、文创旅游、低空旅游等。

随着低空空域的逐步开放,低空旅游成为近年来旅游业新业态发展的热点。纵观整个国际低空旅游的发展,其根本在于依托飞行体验而形成了众多以低空旅游为核心主题的产业门类,低空飞行小镇的出现,更是将低空旅游的整个产业链条拉长,形成以游览观光、飞行培训、房地产开发、主题娱乐产品延伸、航空节事举办等各种产业为支撑的综合型旅游目的地。我国可以在航空培训(如私人飞机驾驶培训)、航空设备生产与展销、航空主题娱乐(如风洞冒险、航空模拟飞行器)等方面进行尝试和发展。

5. 旅游项目全服务优化

旅游项目设计还需要以构建全域旅游公共服务体系为目标,在考虑旅游者的观光、休闲、度假等需求之余,还应能够为旅游者和居民提供覆盖全域的优质服务。为此,旅游项目设计应注重旅游公共服务项目的设计,包括旅游咨询服务、旅游集散、转运服务、停车服务,特色餐饮,特产展销等,将服务中心当成景点来建设。例如,近年来的"厕所革命",在某些核心旅游区域的项目设计方面,不妨将设置1—2处高星级水准的旅游厕所也考虑进项目策划内容中。

6. 旅游项目全区域覆盖

好的旅游项目设计能够有效分流旅游者,避免旅游者在空间上的过度集聚。为此,在旅游项目设计时可以考虑通过旅游与交通的融合、旅游与美丽乡村建设的融合,借旅游风景廊道的建设助力美丽乡村建设,从而助力乡村振兴,着力打造全境型旅游产品。

(三)旅游项目设计的具体要素

1. 旅游项目的名称

旅游项目名称是旅游者接收到的关于该项目的第一信息,因此,旅游项目名称的设计关系到旅游项目在第一时间对于旅游者的吸引力。有创意的旅游项目名称能够激发旅游者对该项目的浓厚兴趣,如"逍遥谷""桃花坞""天涯海角"等都能引发旅游者的联想与向往。

2. 旅游项目的风格

旅游项目设计者需要将项目的大致风格用文字或简要的图示描述出来,为下一步的创意设计工作提供依据和指导。具体而言,旅游项目设计者在风格限制方面,应明确指出以下内容。

(1)旅游项目中主要建筑物的规模、形状、外观、颜色和材料。

(2)旅游项目中建筑物的内部装修的风格,如建筑物内部的分隔、装修和装饰的材料。

(3)旅游项目相关的旅游辅助设施和旅游服务的外观、形状和风格,如旅游项目的路标、垃圾箱、停车场、购物商店、卫生间以及旅游餐馆(餐厅)所提供服务的标准和方式等。

3. 旅游项目的选址

在地域空间上,规划中要明确每个旅游项目的占地面积及其地理位置,项目的选择主要表现为以下三个方面。

(1)旅游项目的具体地理范围。

(2)旅游项目中建筑物的整体布局,以及各个建筑物的位置以及建筑物之间的距离。

(3)旅游项目中所提供的开放空间的大小和布局。

4. 旅游项目的内涵

旅游项目设计要明确该旅游项目的产品内涵和体系,如主导产品、支撑产品和辅助产品等。具体可以分为以下两个方面。

(1)规定旅游项目所能提供的产品类型。

(2)确定主导产品或活动。

5. 旅游项目的管理

除了对旅游项目的开发和建设提供指导外,优秀的项目策划者还会对项目经营和管理提供相关的建议。因此,旅游项目设计应针对旅游项目的工程建设管理、日常经营管理、服务质量管理以及经营成本控制等问题提供一揽子的解决方案。

三、旅游项目设计的程序

旅游项目设计是一个宏观、微观相结合的过程,这是它跟其他项目设计的最大不同之处。它必须以宏观的环境和资源特色分析为基础,才能进行具体的项目构思和设计。在旅游项目设计的实践中,一般可分为以下几个步骤。

(一)分析旅游地的环境

旅游地的环境分析是旅游规划与开发中进行项目创意设计的一个首要步骤。由于旅游市场的竞争十分激烈,旅游地在旅游项目创意设计中要想通过创新性的开发而胜出,就必须对竞争对手的情况以及影响竞争的各种内部和外部环境因素进行分析。对旅游地内部环境的分析内容主要有自然资源、人力资源、物力资源和财力资源等,通过分析,进而了解旅游地的人才储备状况、基础设施水平和开发的资金实力;对旅游地外部环境分析主要有旅游市场的需求状况、旅游地之间的竞争状况和旅游市场需求趋势等,在此分析的基础上,建立对旅游地的社会文化背景的认识以及对旅游市场的深入了解。

(二)分析旅游地的资源特色

旅游项目的特色主要是由旅游资源特色决定的,即旅游资源的特色是旅游项目开发的基础和前提。因此,规划前必须对旅游资源进行详尽的调查和准确、科学的分析、评价,并指出不同旅游功能分区各自的旅游资源特色,以此作为设计旅游功能分区的基调。

支持革命老区、民族地区、边疆地区和欠发达地区发挥特色旅游资源优势,加快旅游产品培育,打造一批红色旅游融合发展示范区、休闲农业重点县、美丽休闲乡村、少数民族特色村镇、民族文化旅游示范区、边境旅游试验区和跨境旅游合作区。推进新藏滇桂边境旅游带等建设。

(三)旅游项目的初步构思

在进行旅游项目设计时,首先要提出旅游项目的构思。所谓旅游项目的构思就是人们对某一种潜在的需要和欲望用功能性的语句来加以刻画和描述。旅游项目设计的构思不能依赖偶然的发现或灵感的火花,而是要在真正掌握该景区旅游资源的基础上,通过不断刺激思维来得到。这些刺激可能来自规划人员自身发散性的思考,也可能源于旅游规划与开发中所涉及的人或企业,例如通过调查旅游者、旅游专家学者、旅游地的竞争对手、旅行社等中间商来寻求构想的原型。

(四) 旅游项目构思的评价

在经过一番分析和思考之后,规划人员已经拥有了许多基本成型的关于旅游项目的构思,可是这些构思不一定会全部被旅游规划所采纳和吸收,即在确定旅游项目之前要对已有的项目构思进行甄别。由于旅游项目设计的市场导向要求,以及随着项目设计过程的发展,市场导向作用的日益加深,对不同的项目构思要进行成本估算和营销测试。通过这种方式对旅游项目的创意构思进行甄别,淘汰那些成功概率较小的旅游项目构思,保留那些成功概率较大的,以便在建设时能将资金集中到几个项目上,提高旅游项目的服务水平和品牌知名度。

(五) 旅游项目的设计

对已有的旅游项目构思进行甄别后,下一步就是旅游项目设计,即将旅游项目构思落实为具体的旅游项目创意,并根据旅游项目设计的内容要求和相关技术规范给出具体的创意设计方案,最后通过招投标等形式吸引投资者来投资建设。这个步骤的主要工作就是将上面形成的旅游项目构思加以完善和进一步具体化,不仅要从总体上对旅游项目的创意进行不断的完善,而且要对一些细节进行人性化的设计和布设,将较为抽象的旅游项目构思转变成独具地方特色的、深受旅游者欢迎的旅游项目。

(六) 项目策划书的撰写

上述工作结束后,项目设计者应着手开始编写项目策划书。项目策划书的主要结构包括以下几项。

(1) 封面:包括策划组织单位、策划组人员、日期和项目书编号。
(2) 序文:阐述此次策划的目的、主要构思、策划的主体层次等。
(3) 目录:包括策划书内容和结构的层次排列,向审阅者清楚展示策划书的全貌。
(4) 内容:策划创意的具体内容,应文笔生动,数据准确无误,方法运用科学合理。
(5) 预算:为了更好地指导项目建设,需要在项目策划书中对项目建设的经费预算进行粗略估算。
(6) 策划进度表:包括策划部门创意设计的时间安排以及项目设计进展的时间表。
(7) 策划书的相关参考资料。

编写策划书必须明确以下几点。第一,策划创意内容要具有可行性、科学性和陈述清晰性,即旅游项目必须是符合逻辑的、可操作并且科学合理的,文字描述以明确、达意、简洁为好。第二,对项目的发展建设要有一个明确的时序安排和合理的空间布局。第三,对项目的投入产出要有一个基本的预算。第四,给出策划书的相关参考资料和法规文件。

第三节 旅游项目创新设计的方法

一、旅游项目创新设计的影响因素

旅游项目创新设计涉及面广,受到的影响因素众多,但总的来说,旅游项目创新设计主要受到旅游资源的赋存情况、旅游市场的需求情况、旅游规划者的能力和开发商的实力及要求三个主要因素的影响。

(一)旅游资源的赋存情况

旅游资源是旅游业发展的前提,旅游地的旅游资源赋存情况是旅游项目创新设计的基础,也决定了项目创意设计的素材来源。旅游资源为旅游项目提供文化氛围、背景,我国地域广阔,不同地区的气候、风貌、人文历史都有着一定差异,通常旅游资源较为丰富的区域,在项目的创意设计题材上选择性较强。因此,旅游资源的赋存状况对项目创意设计的影响是先天性的,在缺乏创作素材的情况下,单纯依靠设计师的聪明才智很难有所突破。

(二)旅游市场的需求情况

旅游市场是旅游项目的命脉,也是旅游项目创新设计中最具有影响力的外部因素。旅游项目创新设计必须满足市场的需求。旅游项目创新设计是否成功,关键取决于其能否满足旅游者的各种需要。这就要求对客源市场的需求做出预测,而客源市场调查可以了解旅游者或潜在旅游者对旅游产品、旅游活动项目的需求类型特点,从而预测旅游消费需求的变化,为旅游项目创新设计提供第一手材料和可靠信息。在旅游项目创新设计过程中,对旅游市场进行调查分析的目的,一方面是为了了解市场过去及现在的接待情况,对市场特征进行准确把握;另一方面是为了对未来可能的旅游需求进行预测,从而确定相应的策划主题、项目内容和经济效益。由此可见,项目设计者的创意思维不是随意产生的,而是以目标市场的发展态势为依据,与市场需求的发展保持一致。

围绕构建新发展格局,坚持扩大内需战略基点,推进需求侧管理,改善旅游消费体验,畅通国内大循环,做强做优做大国内旅游市场,推动旅游消费提质扩容,健全旅游基础设施和公共服务体系,更好满足人民群众多层次、多样化需求。

(三) 旅游规划者的能力和开发商的实力及要求

旅游规划者和旅游项目开发商是旅游项目设计中的主动性要素，只有充分调动他们的积极性和热情，才能保证项目设计工作具有较高的效率。通常情况下，旅游项目设计时最重要的影响因素当属项目设计者的经验丰富程度和所拥有的信息量。

1. 旅游规划者的能力

旅游项目创新设计是旅游规划与开发的灵魂。旅游项目创新设计是介于科学与艺术之间的创作过程。它既注重理性，又要求感性；既注重程式，又讲究创造，是一项要求非常高的复杂劳动。优秀的旅游项目设计需要一支经验丰富的旅游规划队伍，运用创造性的思维，对旅游资源及各种旅游要素的优势和特点进行创造性的优化组合，从而为开发出具有吸引力的旅游产品提供思想和创新基础。一方面，旅游规划组应该拥有多学科的专业人才；另一方面，旅游规划组成员应大部分具有丰富的规划实战经验。旅游规划对工作经验的要求较高，丰富的规划经验可以为规划者提供更多的思路。因此，规划者要善于在实践中学习和积累，只有见多识广才能胸有成竹。此外，旅游项目设计中的创新性要素也是不可缺少的一个重要内容，年轻人往往在创新性的思维和能力方面具有相当的优势，因此，旅游规划组成员要注意年龄的合理搭配。

2. 旅游规划工作的信息度

所谓旅游规划工作的信息度是指在进行项目设计时，规划人员对各方面的敏感程度和处理信息的效率。信息是旅游项目设计过程中分析和决策的依据，它一方面要求项目策划者了解旅游市场上的需求信息；另一方面还要了解旅游市场供给方面的信息，只有充分掌握了这两方面的信息，才能设计出新颖、别致、独具魅力、适宜旅游地开发且满足旅游者需求的旅游项目。

旅游规划者的信息度要从其硬件和软件两方面来考察。首先，信息处理的硬件，主要包括各种信息数据收集整理时所使用的仪器、设备等，如果这些硬件设施条件优良，可以大大提高信息的收集和整理效率。其次，信息处理的软件，主要包括与信息处理硬件相配套的软件和高素质的信息管理人员以及信息收集的网络，这些方面都对旅游项目设计产生一定程度的影响。

3. 旅游开发商的实力及要求

旅游项目的设计、建设和管理全过程都需要投入大量的资金和时间，因而，旅游开发商的实力也会对旅游项目的创新设计产生一定影响。资金实力不强的旅游开发商无法投入足够的资金对策划的项目做可行性研究，因此无法对所设计项目的质量予以保证。一旦劣质的项目投入建设，给区域旅游发展带来的负面影响是长远的。因此，为避免出现不负责任的项目开发，通常一些大型的旅游项目的创意设计都由大型企业或政府出面主持开发。此外，开发商对于规划内容提出的要求也会对项目创新设计产生影响。

二、旅游项目创新设计的特征

（一）功利性

旅游项目创新设计的功利性主要体现在项目策划能带来综合性的收益。因此，功利性是项目创新设计的目的和基本功能之一。旅游项目的创新设计委托方和创意设计方在功利性方面,关注的内容有所差异,由此可以将项目的功利性划分为长远之利、眼前之利、钱财之利、实物之利、发展之利、经济之利、社会之利、政治之利、权利之利、享乐之利等。项目的创意设计就是要在有限的资源条件下,尽可能地为项目委托方创造利益或者未来获益的机会。从另一个方面来看,功利性同时又可以作为评价一项创意设计活动成功与否的基本标准。

近年来较为流行的文创元素与旅游相结合,往往能够带来较为可观的综合收益。例如北京故宫博物院深度挖掘自身的文化资源,结合文创元素开发了一系列人们喜闻乐见的文创产品。这些产品包括如北京故宫吉祥物"壮壮"和"美美"、外观为朝珠的耳机、侍卫盆栽罐、颇具皇家特色的红包、"奉旨旅行"和"如朕亲临"的行李牌和公交卡套、"朕知道了"系列御笔胶带等。据故宫博物院原院长单霁翔透露:仅 2015 年上半年,故宫的文创产品销售额就达到 7 亿元,利润近 8000 万元。

(二)创新性

由于旅游者的需求变化性与旅游资源的不宜迁移性,旅游项目创新设计要不断揣摩旅游需求特征,开展创造性思维,做到无中生有、有中创奇。

旅游是寻找差异的活动,差异是旅游项目创新设计的特性,也是策划思想的精髓。旅游项目创新设计从某种程度上讲,是在寻找旅游资源之间的差异性和独特性,并赋予创新。旅游项目创新设计者通过对旅游资源的观察、分析,提出带有创造性的项目方案,并提供独特的创意。在日趋激烈的旅游市场竞争中,保持高水平竞争力的重要途径就是不断地对旅游产品推陈出新,按照高起点、差异化的原则进行开发,形成自己独特的个性,在市场中站稳脚跟。

这里需要指出的是,创新性不等于创造,它既可以是全新的项目,也可以是经过改良之后的项目。如将目前较为流行的 4D 影院与时尚元素和本土元素进行搭配就可以给人耳目一新的新奇感。对于旅游项目设计的创新性而言,只要能从细节处着手,局部加以改变,往往就能取得成效。此外,旅游项目创新设计的创新性还表现在旅游项目设计应随具体情况变化而加以调整,即需要旅游项目设计人员具有创造性的思维,不能抱残守缺、因循守旧,要不断地创造新的项目内容或形式。对于别人成功开发的旅游项目,不能生搬硬套,而是要善于依据本地实际情况在其基础上加以创新。

实施创新驱动发展战略为旅游业赋予新动能,也对旅游业提出了创新发展的新要求,坚持创新在现代化建设全局中的核心地位,推动新一轮科技革命和产业变革深入发展,将深刻影响旅游信息获取、供应商选择、消费场景营造、便利支付以及社交分享等旅游全链条。同时,要充分运用数字化、网络化、智能化科技创新成果,升级传统旅游业态,创新产品和服务方式,推动旅游业从资源驱动向创新驱动转变。

（三）时效性

旅游项目创新设计的另一个重要特征就是具有明显的时效性。旅游项目创新设计的时效性主要来源于旅游资源吸引力和旅游市场需求的不断变化。旅游项目的创新设计必须以旅游资源为基础，以市场需求为导向，但是旅游资源在开发上会受到时间的限制，如泰山在冬季就会因封山而丧失旅游的功能，山地滑雪旅游项目也只有在冬季才能开展，樱花观赏项目只能在春季举行，泼水节、火把节等民俗节庆项目都有明确的时间规定等。因此，当面对这类旅游资源时，应严格按照其适宜开发的时间段设计项目。旅游资源的吸引力也会随着市场需求的不断改变而发生变化，传统的旅游项目在一段时间后，其吸引力会慢慢减弱。此时，旅游项目的创新设计人员就应及时根据变化的市场需求调整项目策划的方向。

（四）超前性

旅游项目的创新设计必须具有一定的超前性，要在对未来市场需求发展预测的基础上进行策划。项目从创新设计到建设营运之间存在时间差，并且通常情况下，项目建成后改变其状态或形式需要较高的成本。因此，在旅游规划与开发中，创新设计项目应该在较长的时间内保持吸引力。为此，旅游项目在创意设计时，要在设计的意识和设计的技术方面保证一定的超前性。

所谓旅游项目创新设计的超前性就是指规划者要对未来旅游需求的发展方向有所了解，并按照未来的旅游市场需求来设计产品。要具备超前的项目创新设计意识，规划者一方面应加强自身的理论素养，另一方面必须深入调查，获取大量国内外的相关信息，以深入了解旅游市场的发展趋势。

三、旅游项目创新设计的灵感来源

灵感，来自一瞬间的爆发，也来源于知识的累积。灵感是设计师持续性生命力和创新力的关键，在旅游项目创新设计中，灵感来源是设计作品的核心和灵魂。旅游项目创新设计中的灵感来源是贯穿旅游规划与开发始终的主题思想，只有在创意思维上达到了一定的高度，才能创造出真正优秀的旅游项目并实现其市场价值。那么，旅游项目创新设计应该从哪些地方追溯灵感呢？

（一）从旅游者调查中获得灵感

对于旅游项目创新设计工作者而言，想要创作出好的作品就需要深入到旅游者当中去，了解旅游者的文化需求和审美品位，厘清旅游市场青睐何种产品，在旅游者调查中获得灵感，使旅游项目的创新设计开展符合旅游消费者的生活、情感、精神与思想。所以，为了使旅游项目更加符合旅游者的审美，要积极地从旅游者调查中汲取养料，获得丰富的创作素材，在与时俱进的文化发展中，创作出形式多样、内涵深厚的旅游规划项目。通过旅游者调查开启旅游者的内心世界，还原旅游者真正的需求，激发出创造的灵感。

(二) 从文献中获得灵感

文献既是学术思想的"源泉",又是学术研究的"营养"。任何科学发明与创造都不可能一蹴而就,往往都是在前人的基础上或受前人启发而产生的新灵感,而学习文献或者类似区域规划案例抑或是相关规划文本就是旅游项目创新设计工作者开始从事工作的基础。旅游项目创新设计工作者通过浸泡在浩瀚的文献库中,广泛阅读和学习文献,拓宽视野,从中汲取学术研究营养,触发创作灵感。通过精细、精心地阅读文献,旅游项目创新设计工作者可学习高质量文献中的研究观点、旅游规划方法、项目创新手段,能够为旅游规划开发提供思路。

(三) 从生活中获得灵感

旅游项目创作的灵感也来源于生活积累。任何旅游项目的创新设计需要丰富的想象力和创作灵感,而创新设计的基础都来源于生活。即使是非常丰富的主观想象,也来源于对生活的体验和感悟。离开生活的创新设计无异于空中楼阁,无异于痴人说梦。对生活的洞察力越强、对生活的体会越深刻,旅游项目创新设计的作品越成功。

灵感是审美意象的瞬间生成。艺术家在生活中总是细于观察、敏于感受、善于体验、勤于思考,随时随地或有意无意地把生活中的点点滴滴都放入自己的意识仓库。这样,旅游项目创新设计工作者能使得创作的审美认识不断得到积累叠加,得到整合加工。在这一"灵感"突发的瞬间,其实凝结了艺术创作和对生活中信息的积累,是灵感产生的一种强大的动力和准备条件。

(四) 从思考中获得灵感

灵感来自人的不断思索和人生苦修,由顿悟而得。"众里寻他千百度,蓦然回首,那人却在灯火阑珊处。""蓦然"间的获得,必须经由"众里寻他千百度"的艰苦过程。有了这种艰苦过程的磨炼,才有那"蓦然"间的惊奇与喜悦。旅游项目创新设计中的灵感产生虽然具有其突发性及偶然性,但灵感并不是凭空而来的,它出现在旅游项目创新设计工作者极度的思索过程中,也只有在思索的推进中才能使灵感在某个偶然的情景之中突显出来,即使灵感有时似乎出现于无意之中,但这无意已是创作主体长期思索、探求、实践所形成的一种潜在意识,是思维达到一定阶段的产物。我们没有也不可能意识到灵感会在何时产生,但我们的意识却提供了灵感出现的可能性,任何一种灵感都是创作主体在思索、探求中的顿悟实现,创作主体越是思索得多,感悟得多,表达欲望的程度越强,就会越逼近灵感出现的境界。

四、 旅游项目创新设计的方法

(一) 头脑风暴法

头脑风暴法又称集体思考法或智力激励法,于 1939 年由奥斯本首先提出的,并在 1953 年将此方法丰富和理论化。

所谓的头脑风暴法是指采用会议的形式,向专家集中征询他们对某问题的看法。

策划者将与会专家对该问题的分析和意见有条理地组织起来，得到统一的结论，并在此基础上进行项目策划。

使用这种创意设计的方法时，策划者要充分地说明策划的主题，提供充足的相关信息，创造一个自由的空间，让各位专家充分表达自己的想法。为此，参加会议的专家地位应大致相当，以免产生权威效应而影响另一部分专家创造性思维的发挥。

专家人数不应过多，一般5—12人比较合适。会议的时间也应当适中，时间过长，容易偏离策划方案的主题，时间太短，策划者很难获取充分的信息。

这种创意设计的方法要求策划者具备很强的组织能力、民主作风与指导艺术，能够抓住策划的主题，调节讨论气氛，调动专家的兴奋点，从而更好地利用专家的智慧和知识。

头脑风暴法的不足之处就是邀请的专家人数有一定的限制，挑选不恰当容易导致策划的失败。另外，由于受到地位及名誉的影响，有些专家不敢或不愿当众说出与其他人相异的观点。

头脑风暴法的优点在于能够获取广泛的信息、创意，互相启发，集思广益，在大脑中掀起思考的风暴，从而启发策划人的思维，获得优秀的策划方案。

（二）德尔菲法

德尔菲法是20世纪60年代由美国兰德公司首创和使用的一种特殊的策划方法。德尔菲是古希腊的一座城市，因阿波罗神殿而驰名。由于阿波罗有着高超的预测未来的能力，故德尔菲成了预测、策划的代名词。

所谓德尔菲法是指采用函询的方式或采用电话、网络的方式反复咨询专家们的建议，然后由组织者做出统计。当所获得的结果具有较大差异时，由组织者将所获专家意见进行整理总结，再将总结后的观点针对上述专家进行第二轮征询，直至得出比较统一的结论。

这种创意设计方法的优点是专家们互不见面，不能产生权威压力。因此，该方法可以自由、充分地发表自己的意见，从而得出比较客观的策划方案。

运用这种创意设计方法时，要求专家具备项目策划主题相关的专业知识，熟悉市场的情况，精通策划的业务操作。由于这种方法缺乏客观标准，全凭专家的主观判断，且征询的次数往往较多，反馈时间长，因此，会影响项目策划的准确性。

德尔菲法的基本方法如下。

第一步，把一群富有市场经验且互补的专家集中在一起，通常为30—50人，并设定控制条件（常用的方法是邮寄调查表以避免群体压力影响）。

第二步，设计、分发第一轮调查表，要求回答者确定或提出某些事件发生的可能性以及发生的可能时期。

第三步，整理第一轮回收的调查表，整理包括确定中间日期和确定两个中间四分位数，以便减少过于乐观或过于保守的极端意见影响。

第四步，把统计整理的结论制成第二轮调查表寄予同一专家组的成员，要求回答是否同意四分位数范围，如仍是在四分位数之外，请专家们解释原因。

第五步，将第二轮调查表的结果及评论意见整理成表。

第六步，有没有必要再征询一至两轮，要看预测的差异是否过大、评论意见是否有助于专家组形成新的较为统一的意见。

第七步，总结预测结果，包括中间日期、中四分位数范围，以及正确对待和消化处理那些意见尚未统一的预测事项。

（三）灰色系统法

系统是指相互依赖的两个或两个以上要素所构成的具有特定功能的有机整体。系统可以根据其信息的清晰程度，分为白色系统、黑色系统和灰色系统。白色系统是信息完全清晰可见的系统；黑色系统是信息全部未知的系统；灰色系统是介于白色和灰色系统之间的系统，即有一部分信息已知而另一部分信息未知的系统。

灰色系统法是指利用一些已知的行为结果，来推断产生该行为的原因或未来模糊的不确定性行为的方法。使用该方法进行旅游项目创意设计主要是通过现有旅游者的行为模式，推导出未来可能拥有客源市场并获得成功的旅游项目形式。

复习思考题

1. 简述旅游项目创新设计的概念和内涵。
2. 试比较旅游项目与旅游产品、旅游线路等概念的异同点。
3. 影响旅游项目创新设计的主要因素有哪些？
4. 简要说明旅游项目创新设计的原则和程序。

思政案例

本章课程思政总结

第十章
旅游基础设施及公共服务设施规划

学习目标

1. 了解旅游基础设施类型。
2. 理解交通与旅游的关系。
3. 熟悉住宿餐饮需求量的预测方法。
4. 掌握文化娱乐对旅游业发展的影响。

思政元素

1. 党的十八大以来，习近平总书记多次就打赢蓝天保卫战作出重要指示，要减少重污染天数，改善环境空气质量，增强人民的蓝天幸福感。

2. 小厕所，大革命。厕所问题不仅关系到旅游环境的改善，也关系到人民群众的工作生活环境的改善，关系到国民素质的提升和社会文明的进步。

3. 文化是旅游发展的灵魂，旅游是文化发展的载体。坚持以文塑旅、以旅彰文。以社会主义核心价值观为引领，让旅游成为人们感悟中华文化、增强文化自信的过程。

章前引例

绵阳市推进旅游厕所革命让出行更美好：提升旅游服务品质广开景区"方便之门"

在江油方特东方神画乐园，一座取材于白雪公主童话故事，以卡通造型打造的旅游厕所吸引不少游客拍照；走进仙海旅游度假区光大智能卫生间，不仅有热水、洗手液、干手器、应急灯，采用的真空负压技术还能将臭味和污物同时吸走，解决小空间空气不流畅的问题……这些颜值高、环境美的旅游厕所惊艳亮相，获得游客、市民频频点赞。

小厕所关系大民生，小空间展示大文明。近年来，我市高度重视旅游厕所革命工作，大力推进A级旅游景区、旅游度假区、生态旅游示范区厕所和公共文化设施厕所的建设管理工作，将其作为推动全市文化旅游发展、提升市民文明素质的有力抓手，在各旅游景区（点）、特色乡村、交通沿线服务区建设厕所，方便游客出行。

第十章　旅游基础设施及公共服务设施规划

　　记者在北川维斯特农业休闲旅游区看到，该景区的旅游厕所设计非常人性化，一进门墙上就有"正确洗手七步法"的温馨提示，厕所内安装有大小马桶、高低洗手池等，方便那些行动不便者和协助行动不便者的人共同使用。厕所内还摆放有绿色盆栽植物清新空气；内墙有挂画，让游客在如厕时可以顺便了解相关景点信息；内设母婴室，让想给孩子喂奶、换尿片的妈妈们不再犯愁。"随时都有人打扫，厕所很干净，周围的环境也十分美观。"游客张女士说。

　　如今，类似维斯特这样的旅游厕所成为各景点、游园、广场等公共场所的"标配"。据了解，我市各地景区在旅游厕所建设设计时注重因地制宜，将旅游厕所与景观融为一体。同时，对老厕所进行改造提升，增设第三卫生间、婴儿房等设施，为游客提供便利。

　　"全面实施旅游强市战略以来，我市各地不断完善景区配套服务设施，推动重点旅游城市、旅游乡村、交通主干线旅游基础设施和服务设施建设，着力解决如厕难、停车难、加油难、通信不畅等问题。其中，着力解决'如厕难'问题。我们在旅游厕所建设上注重外观与环境结合，因地制宜打造旅游风景线。"市文广旅局公共服务科相关负责人介绍，截至目前，全市共有旅游厕所465座，计划三年时间，全市共新建、改扩建旅游厕所61座。同时，在旅游厕所建、管、用方面突出"精细、创新、智能"三要素，提升旅游厕所文明水平。

资料来源　整理自绵阳市文明网。

思考题： 请根据上述案例思考"厕所革命"对景区的旅游发展有什么样的影响？

第一节　旅游基础设施规划

　　对游客来说，满意的旅游体验离不开基础设施的支撑，四通八达的交通道路、方便舒适的生活条件、干净优美的生态环境和健全的安全保障体系等是旅游地文明的象征。通过对旅游基础设施的科学规划，形成完备的基础设施保障体系，是旅游规划过程中不容忽视的一个重要组成部分。旅游基础设施规划主要包括旅游交通系统规划、给排水设施规划、电力电信设施规划、供热供暖设施规划、环卫设施规划，以及安全设施规划。需要在总体规划的要求下，对这些基础设施进行专门的规划和设计，从而保证总体规划的完整性和实用性。

一、旅游交通系统规划

　　旅游交通是旅游业的基本先决条件之一，所谓的"要致富，先修路""路通，则一通百通"等俗语，都表明了发达的交通系统对社会和经济的发展有着显著的推动作用。便利的交通对旅游业的影响也是极其显著的，它既是旅游流的扩展性因素，也是旅游流的限制性因素，甚至可以说如果没有现代交通业的发展，就不会有现代旅游业的快速兴起。

旅游交通指支撑旅游目的地的交通方式、路径与节点的运行及其相互作用。包括进出旅游地的游客流和货物流、旅游地与客源地之间的联系，以及旅游地内部交通设施的供给。

旅游交通系统一般可以分为两类：一是旅游地的对外交通，或称区域交通，也就是客源地与旅游目的地之间的交通部分；二是旅游地的内部交通，包括景区交通和景观交通两类，景区交通也称为区间交通，是指旅游地内部各景区景点之间的交通；而景观交通主要指景区景点内部的交通，比如步行道、索道等交通道路。旅游交通应该是高效畅通、安全舒适、经济快捷的，因此应该针对不同类型的交通道路进行有针对性的规划布局，保证游客的整个旅游行程都能够"进得去、出得来、散得开"。

（一）旅游交通方式

游客通常会根据客源地和目的地之间的距离、花费的时间、交通费用、安全等级等因素选择合适的出行方式。

1. 旅游交通方式类型

根据人们经常使用的出行方式，旅游交通类型可划分为铁路交通、公路交通、水陆交通和航空交通四种。

（1）铁路交通。

19 世纪蒸汽式火车出现，这标志着近代旅游的开始，对旅游业的发展具有深远的意义。铁路作为国家重要的基础设施，在综合交通运输体系中有着举足轻重的地位，其优惠的价格、巨大的承载量深受人们的青睐，尤其是在国民经济发展水平较低的时期，铁路在人们的中长途旅行中发挥着重大的作用。随着科学技术的不断发展，高速铁路逐渐问世，并迅速进入人们的生活，为人们的出行提供了极大的便利。高铁凭借优质的服务、实惠的价格、快捷的速度等优势，得以迅速发展，并逐渐成为大多数人首选的出行方式。自 2008 年 8 月 1 日京津城际高铁正式开通运营，我国的高铁发展速度令人惊叹，截至 2021 年底，全国铁路运营里程达到 15 万公里，其中高铁运营里程达到 4 万公里。

随着铁路交通的快速发展，在满足了数量需求后，旅游者对铁路旅游的质量也提出了更高的要求，旅游专列应运而生。铁路旅游专列是为游客出行量身订制的特色旅游产品，具有一线多游、快捷方便、安全舒适、影响广泛等特点。铁路大提速以来，极大地缩短了列车的运行时间，满足了国内游客快速增长的旅游需求。

（2）公路交通。

公路交通网络主要包括普通公路和高速公路，其发展之快速，总体上适应经济社会发展需要，并极大地方便了人民群众的出行，同时也使得旅游需求得以迅速扩大。虽然对中长途的旅游者来说，铁路出行的性价比较高，边际效用较大，但是对于短途旅游者来说，选择公路出行的边际效用会更大。随着高速公路的迅速发展以及豪华巴士的出现，公路出行将会对铁路运行形成一定程度的冲击。公路旅游交通具有灵活、方便、随意等优点，一般可以直接延伸至景区门口，当游客坐汽车旅行时，途中也可以随意停留。另外，公路的修建比较容易，投资相对较少，工期较短，见效较快，并且对地面地势的要求也没有那么高，是旅游地不可或缺的交通道路之一。

(3) 水路交通。

我国境内有"七大水系",从北到南依次是松花江水系、辽河水系、海河水系、黄河水系、淮河水系、长江水系、珠江水系,丰富的水域资源为水上旅游交通的发展奠定了坚实基础。虽然在公路和铁路发展较为成熟的背景下,水上交通似乎不太可能成为主要的交通出行方式,只能作为一种辅助交通方式,但不可否认的是,随着人们出行需求的不断变化,各种形式的水上旅游交通正呈现出蓬勃发展的态势,包括滨水旅游、水上巴士、游艇旅游,游船旅游以及水上船艇娱乐等。尤其是具有较高观光价值和娱乐价值的旅游产品,近年来越来越受到度假型游客的青睐,其中对邮轮的喜好最为突出。邮轮原是指海洋上的定线、定期航行的大型客运轮船。"邮"字本身具有交通的含义,而且过去跨洋邮件总是由这种大型快速客轮运载,由此而得名。后来,随着航空交通的出现并飞速发展,原来的大型轮船相对速度慢、消耗时间长,逐渐退出了历史舞台,而现代意义上的邮轮多指豪华邮轮,能够提供住宿、餐饮、娱乐等各种服务,更像是一个豪华的海上度假村,所以邮轮被称为"无目的地的目的地""海上流动度假村",是世界旅游休闲产业不可或缺的一个重要组成部分。

皇家加勒比国际邮轮品牌——"海洋光谱号"邮轮

全球豪华邮轮领导品牌皇家加勒比国际邮轮再度提升行业标杆,斥资12.5亿美金打造全新邮轮"海洋光谱号",不仅推出了全新的标志性设施——南极球,还对客房、餐饮、娱乐等方面进行了全面升级与突破。这艘专为中国市场量身定制的全新邮轮,将为您和家人带来超乎想象的度假体验,带您畅享前所未有的海上完美假期。"海洋光谱号"驶离德国迈尔船厂开启为期47天的环球奥德赛之旅,途经17座城市,于2019年6月抵达了上海吴淞口国际邮轮码头,成为皇家加勒比第三艘部署中国母港的全新邮轮。创新与自我超越始终存在于皇家加勒比的DNA中,"海洋光谱号"集合了来自中国团队的智慧和市场洞察,以及美国团队的新船制造经验。"海洋光谱号"保留了量子系列邮轮在中国市场的成功经验,又新增皇家府邸、中式精品餐饮、国际级娱乐设施等,反映了皇家加勒比进入中国市场以来对消费者偏好的思索和解读。秉持不断创新的产品理念,"海洋光谱号"提供多达33种餐饮选择,除面积扩大的自助餐厅和回归经典三层挑高的主餐厅之外,还加入了6个全新餐饮概念,即海上首家川菜——川谷荟、经典日式料理——铁板烧、中西合璧茶饮——咖语茶道、无敌海景火锅——海涵火锅、亲子主题餐厅——戏水餐厅、满足中国味蕾——味好面吧,让游客能够尽享创意餐饮与中西美食盛宴。

- "海洋光谱号"邮轮餐饮

33种餐饮:饕餮盛宴满足各类口味需求。

8家免费餐厅:提供环球美食,中式、西式、自助餐、水果糕点、汉堡比萨、亲子餐、面馆等,应有尽有。更有金卡、银卡套房专属礼遇,顶级大厨为你网罗地中海到太平洋海岸的极致美味,以新鲜食材为你定制专属美食体验。

10家个性餐厅:提供川菜料理、日式料理、意大利餐、烧烤牛排、烤鸭、火锅、铁板烧、茶咖、甜品、高端私密餐吧等。

11家酒吧:提供音乐、池畔、景观、北极星、机器人、行政酒廊等主题吧区等。

4种特色服务:提供明星时刻、270咖啡馆、冰激凌小站、客房服务。

- "海洋光谱号"邮轮活动

招牌演出:《丝绸之路》《光谱奇侠》《魅舞今昔》等。

休闲娱乐:南极球、北极星、海上碰碰车、儿童电子游戏室、嬉水滩、星空影院、探秘270、探秘水世界等。

激情运动:甲板跳伞、甲板冲浪、攀岩墙、海上篮球、海上乒乓球、射箭、击剑、健身中心、室外泳池、室内泳池等。

- "海洋光谱号"邮轮服务

点餐服务、送餐服务、酒水服务、摄影服务、洗衣服务、礼宾服务、免税服务、医疗服务、陆地观光服务、儿童托管服务等。

(4)航空交通。

航空交通是一种现代化的先进的运输方式,在20世纪迅速崛起和发展,在长距离国际、国内旅游中处于绝对垄断地位。根据世界旅游组织的统计资料显示,航空交通对旅游业的影响主要体现在以下方面:航空交通是许多旅游目的地的主要交通方式,甚至在某些情况下,还是国际旅游市场的唯一交通方式;低价航空交通的供给是国际游客市场增长的主要驱动力之一,国际游客数量和国际航线数量之间存在明显相关性;旅游业的结构,如目的地类型和游客类型都受到航空交通发展的影响。与其他交通方式相比,其最大的特点就是快捷舒适、安全可靠,不受地形地貌、山川河流的阻碍,只要有机场并有航路设施保证,即可开辟航线,可以到达其他运输方式不易到达的地方,是长途、远距离旅行的理想运输方式。但是航空交通也有着致命的缺点,如载运能力小、能源消耗大、运输成本高,并且空港占地较大,机场一般都远离市中心地区,所以航空交通还必须与其他交通工具相互配合。

2.旅游交通方式规划原则

(1)因地制宜,保护旅游资源。

旅游交通的建设应该根据旅游地的自然地势而定,应坚持自然环境优先,节约集约利用资源,减少对自然环境的破坏和影响。旅游交通在施工过程中应该尽量避免破坏旅游景观,在保护旅游资源的基础上修建适合旅游地的旅游交通。

(2)基础支撑,利用原有设施。

在旅游地的开发过程中,应立足于当地公共交通体系,进行科学合理的规划,减少不必要的投资,一方面可以节省资金的投入,另一方面可以在一定程度上减少对自然环境的破坏。因此,交通方式的规划应尽可能地利用原有交通设施设备。

(3)安全可靠,做好应急保障。

要始终坚持生命至上、安全第一、质量优先理念,旅游交通道路的质量不应该低于一般公共交通的质量。增强治安管理,尤其在人流量较大的时候,更要做好安全与应急保障,提高路网系统韧性和功能可靠性,满足游客最为基本的安全出行需要。

(4) 绿色低碳,注重节能减排。

无论哪种类型的交通方式,其运行都离不开能源的消耗,并伴随着大量的二氧化硫、氮氧化物等污染物产生,造成温室效应和大气污染。因此,在满足可达性的基础上,应该选择行程最短的线路进行开发,从而降低各种能源的损耗,减少污染气体的排放。

党的十八大以来,习近平总书记多次就打赢蓝天保卫战作出重要指示,要减少重污染天数,改善环境空气质量,增强人民的蓝天幸福感。

(二) 旅游地外部交通的规划内容与注意事项

旅游地外部交通是指游客从外界进入旅游地的交通。只要是能够从客源地到达目的地之间的通道,包括海、陆、空三种形式交通,都应该进行科学合理的规划。外部交通规划首先要能够保证游客的人身安全,无论建造何种类型的交通路线,都要把保障游客安全放在第一位;其次是便捷程度,要使游客能够进得去、出得来;还要保证各交通线路衔接紧密、中转便利、设备充足,综合考虑客源地与目的地之间的地形地势等条件,设计有针对性的交通方式,建设合理的交通道路。优化各交通干线的布局,规划建设对沿线旅游发展具有重要促进作用的干线铁路、城际铁路和资源开发性支线铁路,强化交通网"快进慢游"功能,加强交通干线与重要旅游景区衔接。健全旅游地交通集散体系,鼓励发展定制化旅游运输系统。尤其要关注从外界到达旅游地的"最后一公里",可以采用适当引入共享设备,为游客提供不一样的体验。

(三) 旅游地内部交通的规划内容与注意事项

旅游地内部交通是指旅游地各景区之间、景区内部的交通。当前国内许多旅游地内部交通趋向两个极端:要么没有进行科学规划,不重视内部交通,其交通建设处于停滞状态,造成游客对景区的人为破坏;要么没有经过科学论证,没有充分考虑旅游地内的生态环境和原始风貌,在景区内修建宽广的道路或者到处修建索道、电梯等交通设施,不仅破坏了生态环境,还彻底改变了原始风貌,其结果必然是影响了旅游业的发展。为保证各景区之间或景区内部各设施之间的通道顺畅,就必须对旅游地内部交通体系进行规划,最常见的是步行道、客运索道以及停车场的规划。

1. 步行道的规划

步行道是旅游地内部供游客使用的游憩通路,根据步行道的层次不同,可以将步行道分为主要步行道、次要步行道和分区步行道三个类型。主要步行道通常宽度较大,能够满足旅游出行高峰期时的游客接待量;次要步行道是连接主要步行道与各景点设施之间的道路,其宽度比主要步行道要窄;分区步行道则是指在游憩区域内部,供游客行走使用的道路,其宽度较为狭窄,铺面的设计也更为原始。

步行道虽然不是旅游地的主要游览观赏对象,但它却是十分必要的,具有衬托景观的作用。中国园林设计对道路的布局讲究"柳暗花明""移步换景""一步一景"。因此，步行道修建时，要随地势曲折起伏，要随景观灵活变换，注重景观设计。步行道的线路应该设计成环线或半环线，尽量不让游客走回头路。应该在各路线枢纽点的明显地方设置标识和提示语，供游客参考。有可能发生危险的地方要设置安全防护栏等设施。

2. 客运索道的规划

一直以来，人们对索道的建立存在着很多的争议。支持者们认为，对于游客来说，索道可以节省游览时间，使时间不充足的游客能在当天内上下山，还可以帮助老弱病残等行动不变的游客便捷地到达山地景观顶部；对于景区来说，索道可以解决山上的供应运输问题，为山顶游客提供充裕的服务，还可以充分开发淡季旅游。然而，反对者们则认为修建索道是不可取的：一是修建过程中，必然要建铁塔、立支架、架电缆，一些地方可能还要砍伐树木、开山炸石，会对景区的自然环境和人文景观以及原始地貌等造成严重破坏；二是原本设想的索道能够起到分流游客的作用，然而现实却是将原来分散在山径中的游客集中到了山顶，使得山顶更加拥挤，并且如果索道的选线不好，会严重影响游客的体验感；三是到达山顶的沿途景点因索道而失去了游客，使得旅游资源的价值没有实现最大化，造成极大的浪费。因此，旅游地是否要修建索道，应该由多部门和多学科专家反复论证，不能盲目跟风建设。如果确实需要修建，则应该选择专门的索道设计和修建单位，采用新技术和新工艺，减少对周围环境的破坏，环境复杂的地方，应尽可能采用人工开凿代替爆破开凿，最大程度保护自然环境和人文景观。

3. 停车场的规划

停车场是游客到达旅游地的第一站，如果初到旅游地的游客因寻找合适的停车位而浪费大量的时间，那么不免会扰乱兴致，对旅游地的第一印象就会大打折扣。因此，旅游地应该根据其空间布局，在合适的位置修建容量足够大的停车场以解决游客的停车问题。除了地面停车场以外，可以建设地下停车场，但要注意设置规范醒目的指示标志，便于游客寻找和使用。随着大数据系统发展的日益完善，旅游地最好能够基于云计算、大数据、人工智能等新一代信息技术，开发智慧停车软件，使游客在旅游地的任何一个地方都可以通过手机一键操作，轻轻松松获取停车场的具体位置以及空余数量。

二、给排水设施规划

（一）给水规划

旅游地的给水是指将天然的地表水或地下水经过多种程序处理，达到相应标准，并通过合理的运输方式把水输送到各个用水区，以满足游客和当地居民的用水需求。由于旅游地的游览区、接待区、生活区等各个分区的用水有着不同的特点，因此旅游地的给水规划就是要在总体规划的统一安排下，针对不同分区的用水情况进行预测估计，选择合适的水源，合理布置供水网管，最终确定一套完整的供水方案。

1. 旅游地用水特点

（1）用水形式多样化。

旅游地的游览区、接待区、生活区、生产区等区域都需要有可用水的供给，如游客用水、居民用水以及景区维护保养用水等多种形式的用水。

（2）用水量波动大。

由于旅游淡旺季的影响,旅游地的用水量在一年里呈现较大的波动幅度。在旺季时,用水量较大且较为集中;淡季时,用水量会有明显减少。

(3) 用水质量标准高。

由于游客对旅游地不熟悉,出于安全的考虑,游客对用水的质量要求会更高。相比于一般居民,游客对饮用水以及生活用水的质量都有着更高的标准。

2. 旅游地给水量预测

供水规划首先要对旅游地用水最高峰时的用水量进行预测,作为旅游区的给水量的标准。预测的方式有很多,并且不同用水类型的用水标准也会有所不同,一般采用表10-1的方法估算旅游地的给水量。

表 10-1　旅游地供水量预测

序　号	类　型	用 水 标 准
1	住宿游客	0.5 m^3/人次
2	一日游游客	0.02 m^3/人次
3	服务人员	0.35 m^3/人次
4	常住人员	0.35 m^3/人次
5	绿地喷洒	20 m^3/公顷
6	道路喷洒	10 m^3/公顷
7	消防用水	36 m^3/公顷

通过表10-1可以计算出不同类型用水量,最后进行加总求和即可预测旅游地的给水量。旅游地给水量=0.5 m^3/人次×住宿游客人次+0.02 m^3/人次×一日游游客人次+0.35 m^3/人次×服务人员数量+0.35 m^3/人次×常住人员数量+20 m^3/公顷×绿地喷洒面积(公顷)+10 m^3/公顷×道路喷洒面积(公顷)+36 m^3/公顷×消防用水面积(公顷)。

3. 旅游地给水规划注意事项

(1) 供水管网布局合理。

对于不同用水区,可采用分区、分层、就近供水的原则,布置供水网管,对于用水较多的用水区,可以增设水厂;管网应该在整个供水区都有布置,保证局部管网发生故障时,其他地方的供水不受影响。

(2) 尊重自然,不破坏景观。

所有给水工程的建设都要因地势而建,尽量不影响旅游地的原始地貌,蓄水池、水塔、供水管道等设施的位置尽量隐蔽。不可因为供水,而肆意妄为地破坏自然生态环境。

(3) 给水应该保质保量。旅游地要注意营造水源涵养林,保证水源供应充足;并且应该注意给水质量,不能在蓄水供水的上游布置接待和生活设施,以免污染水源。

(二) 排水规划

旅游地排水任务主要是对生活污水和天然降水的处理,旅游地排水会对旅游地的发展产生显著的影响,因此做好污水的处理,保护好环境卫生,对旅游地发展有重要意义。排水规划的主要内容包括对各个时期污水和降水排放量的估算、寻找污水降水的排放方式、确定排水管网的选址布置以及研究污水综合利用的可能性。排水处理应该坚持综合利用的方法,不仅要能够有效处理污水降水,还要尽可能绿化美化环境。

1. 旅游地排水量预测

旅游地排水规划首先就是对污水排放量进行预测。根据旅游区污水构成量的标准系数,旅游区的污水构成量为80%,即旅游区污水排放总量占旅游区给水总量的80%。计算方法为:污水排放量＝给水总量×80%。同理,旅游地各个功能区污水排放量的计算方法也是如此。

2. 旅游地排水规划注意事项

（1）集中处置与分散处置相结合。

雨水和污水的处理可以采用多种方式,不仅可以合流处理,还可以进行分流处理。雨水应该根据地势地形自然排放,通过地表径流流入旅游地的河流湖泊等水域;或者对雨水进行截流,稍加处理达标后用于灌溉绿地和喷洒道路。污水的排放点较为分散,处理起来比较复杂,可以根据就近原则,在每个功能区建立污水处理站,把污水管道网收集的污水进行集中处理,定期集中排放。

（2）明渠与暗渠相结合。

考虑到旅游地的环境一般比较复杂,不同功能区的地形地势相差甚远,不同地点的排水管道应更加有针对性,可以采用明渠与暗渠的有机结合,合理布局排水管网。

（3）经济效益与环境效益相结合。

无论是自然降水还是人为活动产生的废水,无论量多量少,一旦具有污染性,就应当格外注意,不能贪图方便随意排放或是对之置之不理。这类排水需要有专门的人员负责管理,初级处理净化达标后可以用作厕所冲水,有条件的还可以进行高级处理,用来养鱼、灌溉农田果园等,强化污水再生利用,实现经济效益和生态效益双赢。

三、电力电信设施规划

（一）电力设施规划

旅游地电力设施规划的主要任务是确定电源、电力网的电压等级、电厂和变电所的位置、容量、数量,电力的负荷以及电力网走向的布置。根据旅游地总体规划方案,提供不同的供电方案,并进行技术经济比较,以确定最佳法案。

1. 电力设施规划内容

（1）选择电源。

电力的来源包括化石燃料（煤、石油、天然气）、清洁能源（风力发电、水力发电、太阳能发电）等,要根据旅游地的自然环境和电力现状来选择合适的电源。

（2）设立供电厂和变电所。

确定旅游地总体以及各个功能区的所需电力负荷,选择合适的位置设立供电厂和变电所,确定位置、容量以及数量。供电厂的位置应该位于功能区的中心位置,确定最短距离,方便为各个设施及时供电。

(3) 规划电网走向。

供电厂和变电所的位置确定好以后,要根据旅游地内部建筑设施布设电网,可以使用架空线和地下电缆等多种线路。

2. 电力规划的注意事项

(1) 安全可靠。

旅游地的电力系统要追求更高的质量,供电安全始终是首要考虑的,尤其是在旅游旺季,用电量会很大,安全隐患也会增加,所以旅游地的电力设备务必要使用最优质的材料,确保游客和当地居民的用电安全。

(2) 不妨碍自然景观。

旅游地电网可采用架空线与地下电缆相结合的方式,地形复杂的地方可以采用架空线,但是高压线路不能破坏景观和植物;在景点或设施敏感地段,为了避免电缆对景观环境的破坏,尽量隐蔽,可以改用地下电缆。

(3) 选择新能源,减少污染。

随着技术的发展,越来越多的新能源逐渐涌现,旅游地要尽可能使用新能源来发电供电,避免使用化石燃料进行供电,减少环境污染。

(二) 电信设施规划

电信设施主要是指公用电信网、专用电信网、广播电视传输网的设施,包括有线、无线、电信管道和卫星等设施。旅游地电信设施的规划内容主要是针对通信设施、电视设施以及网络设施的规划。

1. 通信设施

在旅游地内建立足够数量的通信网点,合理设置卫星接收站,保证游客随时与外界保持联系。要大力发展无线电话、移动通信设备,特殊景区也可以配备对讲机等设备。

2. 电视设施

旅游地可以依托城市系统发展有线电视网络,如果是山区或其他距离城市较远的旅游地,可以采用卫星天线接收系统,为游客提供电视等服务。有条件的旅游地可以发展智慧广电网络,打造融媒体中心,建设新型媒体融合传播网、基础资源战略网、应急广播网等。加速有线电视网络改造升级,推动有线网络全程全网和互联互通。建立高速广播电视网络,实现广播电视人人通、终端通、移动通。实现广电网络超高清、云化、互联网协议化、智能化发展。

3. 网络设施

互联网时代,游客对网络的需求不仅要求信号稳定,更想要便捷高效的网速,所以旅游地应加强网络系统的建设。应该尽可能地在旅游地的全区域内铺设宽带网络线,设立宽带网试点,并逐渐深化试点工作,增加景区与外界的网络联系业务。在电力系统较为支持的地方,要加强5G网络的应用,尤其是娱乐功能区的建设光纤等通信设施的标准要求,并逐渐促进光纤网络全覆盖,建成"千兆旅游地"。

四、供热供暖设施规划

供热供暖也是旅游地基础设施必备的硬件,尤其是北方地区的冬季,更是不可或缺。供热供暖设施规划的主要任务是确定热源、供暖设施的位置、管道的布局等方面，对其规划要注意以下问题。

1. 与时俱进，绿色低碳

选择合适的热源。传统的供热供暖方式一般是燃煤和燃气，但是这对现代旅游地来说不免有些不合时宜，一方面是化石能源的运输不便，对于比较偏僻的风景区，燃煤的输送、燃气管道的铺设等极不方便，而且燃煤存储还会影响景区美观；另一方面传统锅炉在燃烧过程中，会产生二氧化硫、氮氧化合物等有害刺激性气体，不但影响景区植被的生长状态，破坏当地的生态系统，严重者会影响游客的嗅觉感受。因此，旅游地应该尽可能采用清洁供热能源，加强清洁热源和配套供热管网建设，发展新能源、可再生能源等低碳能源。

2. 统筹规划，合理布局

根据旅游地的地理位置和总体空间布局，选择合适的供热供暖位置。旅游城镇等人员较为密集、建筑设施分布较为集中的地方，可以采用燃煤燃气统一供暖；旅游度假村等人员较为稀疏、建筑设施分布较为分散的地方，可以采用电力和燃油等方式单独供暖。供热供暖管道的修建，要根据旅游地的地貌特征、景观分布等，合理布局，管道应尽量隐蔽，不破坏旅游地的自然美感。另外，为了提升清洁取暖率，要对管道精心设计，用铝合金套管包裹，降低供热管网热损失率和单位建筑面积集中供热能耗。

五、环卫设施规划

旅游地环卫是指旅游地的环境卫生状态，对其影响最大的是旅游地厕所和垃圾。因此，对旅游地环卫设施的规划应着重关注其厕所的修建和垃圾的处理两个方面。

(一) 厕所修建

厕所问题不是小事情，是基本的民生问题，也是景区重要的文明窗口。要大力推进旅游厕所建设，提高旅游地厕所管理水平，提升旅游厕所的文明程度，完善上下水设施，实行粪便无害化处理，达到数量充足、干净无味、安全方便、实用有效、低碳节能、环境友好的目标。小厕所连着大民生，推进旅游厕所革命，是推动旅游高质量发展的必然要求，也是新时代人民美好生活的一项基础保障。

1. 厕所的分布

为保护景观景点、自然环境以及文物古迹，旅游厕所的选址和建设应在可达性好、远离滑坡和地质灾害区域，对于用地困难或者确实不宜建设固定厕所的地方，应设置活动厕所。旅游地厕所设置的位置和间距的具体要求如表 10-2 所示。

表 10-2　旅游地厕所设置的位置和间距

位　　置	间距/m
景区内主要景点、景区出入口、停车场、旅游集散中心、文体活动设施区域；旅游度假区、旅游街区、乡村旅游点等	<400
国家森林公园或类似规模景区道路沿线、景区内道路沿线等	400—2000

续表

位　　置	间距/m
主要景点、全域旅游道路沿线(不含高速路)的游客休息点、干净平台、停车场等	区域内同步规划和建设

注1：每个位置类别中，根据人流量和现场情况选取合理的间距。
注2：以老人、孩子为主要服务对象的旅游目的地，根据旅游区的特点适当缩小厕所间距，不超过300m。
注3：设置旅游厕所间距和位置时包括附属厕所和活动厕所。

2. 厕所的分类

为规范中国旅游厕所建设和管理，提高旅游厕所建设和管理水平，更好地为国内外游客提供服务，保护自然生态，优化旅游环境，提升旅游形象，提倡文明用厕，促进旅游高质量发展，国家相关部门发布了系列文件，按照厕所质量的高低，对旅游厕所进行等级划分，并多次修订。根据最新版国家标准《旅游厕所质量要求与评定》(GB/T18973—2022)的要求，按照外观和内部设计、厕位数量、厕位占地面积、管理方式等方面的差异，把旅游地的厕所分为Ⅰ类和Ⅱ类。

3. 厕所修建的注意事项

(1) 数量充足，标志鲜明。

厕所要合理布局，间隔不能过远，根据不同功能区人员的密度，灵活调整间距，增减厕所数量。土质疏松的沙漠地区，如果确实无法修建固定厕所，应该选择合适的地方安置流动厕所间供游客使用。景区景点之间的沿途风景道，也应该修建一定数量的厕所，并且要有鲜明易识别的厕所标识、厕位标识、文明提示牌、功能提示牌。

(2) 干净无味，方便实用。

游客对厕所最基本的需求就是干净整洁、无异味，无论哪种类型的厕所都应该做到最基本的干净无味，确保基础卫生状况。有条件的可以在厕所设计中，尽量融入地方文化和特色，配套设施始终坚持卫生实用，反对形式主义、奢华浪费，避免使用华而不实的装潢。

(3) 低碳环保，环境友好。

使用低碳环保、安全高效的能源体系，比如可以使用光伏发电，采用智能调节系统，根据人流量自动调节灯展数量和灯光亮度。厕所污水管道经过化粪池接入污水管道网，严禁接入雨水管、河道或水沟内，化粪池的污物应定期抽送到法规指定的场所进行处理。

小厕所，大革命。厕所问题不仅关系到旅游环境的改善，也关系到人民群众的工作生活环境的改善，关系到国民素质的提升和社会文明的进步。

(二) 垃圾处理

旅游地的垃圾主要来自游客游玩时丢弃的垃圾以及当地居民日常生活产生的垃

圾,游客产生的垃圾多分散在旅游地各个角落,而居民的垃圾大多堆在生活区内,应该根据游客和居民垃圾产生不同的特点采取合适的处理方法。

对游客而言,看不到垃圾桶是导致其随意丢垃圾的主要原因,因此应该增加垃圾箱的数量,按照游客密度合理摆放垃圾箱,设置专门的吸烟区,为游客提供方便。增加数量的同时提升质量,充分挖掘当地文化,可以在垃圾箱的设计中融入具有当地特色的地方文化元素,提高垃圾箱的辨识度,同时还可以美化环境,成为旅游地的一道风景线。

对居民生活区而言,应完善垃圾分类配套设施,在居住区的出入口附近或开敞地带等合理设置垃圾箱房、垃圾桶站等生活垃圾分类收集站点,方便统一收集和处理。易燃性的物品可以采取就地焚烧、有机物可以采取填土掩埋等方式的处理,但注意焚烧处理不能影响旅游地居民的正常生活,尽量避免对环境造成二次污染,填土掩埋也要注意不能对地下水造成影响。

六、安全设施规划

安全是旅游业的生命线,是旅游活动正常进行的保障,是旅游业发展的前提。旅游安全可以从广义和狭义两个角度来界定。其中,广义的旅游安全是指旅游现象中的一切安全现象,既包括旅游活动中各相关主体的安全现象,也包括人类活动中与旅游现象相关的安全事态和社会现象中与旅游活动相关的安全现象。狭义的旅游安全是旅游活动中各相关主体的一切安全现象的总称,既包括旅游活动各环节中的安全现象,也包括旅游活动中涉及人、设备、环境等相关主体的安全现象。旅游业对安全的敏感程度远高于一般的产业,自然灾害、不良治安、恐怖袭击、食物中毒等危机事件都会对旅游地的发展带来巨大的负面影响。因此,应该消除一切可能的危险因素,为游客营造舒适安全的旅游环境。

(一) 旅游危机的特点

1. 突发性

危机的发生通常是比较突然的,发生前的过程很难被人们所察觉,因此危机一旦发生,很容易就会陷入一种混乱局面,人们在面临一个全新的、不熟悉的环境时,在心理感觉上增强了危机突发性的感知。

2. 不确定性

危机类型是多种多样的,具体包括:地震、雪崩、泥石流等自然灾害;迷路走失、遭受野生动物攻击等旅游活动危机;财产被盗、遭受恐怖袭击等治安问题;索道、悬梯、护栏、玻璃栈道等设施设备事故;等等。人们很难预测是否会发生危机,具体会发生哪一种类型的危机,以及危机发生的概率有多大,只能依据以往经验做出猜测。因此,旅游危机具有很大的不确定性。

3. 破坏性

由于危机的发生具有突发性和不确定性,所以危机发生时,人们很难有所防备,往往会造成严重的损失,并且这种损失是难以衡量的。不仅会造成有形损失,比如地震等危机造成房产或设备的毁坏等;也可能造成无形损失,比如对旅游地形象的损害、游客心理造成的创伤等;甚至还会对一个国家的国民经济造成影响。这些都是在短时间内难以恢复的,足以见得危机有巨大的破坏性。

(二) 旅游安全规划内容

1. 增强游客安全意识

不同游客因个体差异对旅游安全会有不同的认识,旅游安全规划的首要任务是增强游客的自我保护意识,如可以不定期开展针对游客的安全认知调查,通过此类调查了解游客在安全意识方面的认知不足,从而进行有针对性的安全教育。

2. 建立安全保障机制

要严格制订安全标准,采用质量合格的设施设备,尤其是具有高风险系数的游玩设施,安全等级要严格把关,设定专门人员定期开展安全检查,落实安全责任,做好准备工作,从源头杜绝安全隐患。成立旅游警察队伍,做好旅游地治安管理。

3. 完善紧急救援体系

建立危机管理预案,健全游客紧急救援体系和工作预案,提高政府有效预防和处置各类旅游紧急事件的能力,在旅游地的主要旅游景区和服务中心设立医疗救护点,一旦有安全事故的发生,保证受伤人员能够得到及时的治疗。

第二节 旅游公共服务设施规划

旅游是人们利用余暇在异地获得的休闲体验。游客外出旅游是为了寻求改变精神状态、获取最大的身体和心理满足以达到精神愉快,这种精神愉快不仅来自对有形旅游资源的审美享受,同时也来自对无形旅游服务的愉悦体验。因此,旅游服务设施规划是旅游地总体规划中必不可少的一个重要组成部分。

一、旅游接待设施规划

旅游接待业主要提供住宿和餐饮服务的经营,既为本地居民也为游客提供产品和服务项目。

(一) 旅游住宿服务设施规划

旅游住宿服务设施一般称为饭店或酒店,是指能够以夜为时间单位,向游客提供商务、会议、休闲、度假等相应服务的住宿设施,按照不同的习惯它也被称为宾馆、旅馆、旅社、度假村、俱乐部等。旅游住宿服务设施是一个国家或地区旅游接待能力的重要标志之一,在旅游业发展规划中,应该把住宿服务设施建设放在重要位置。

1. 旅游住宿服务设施类型

旅游住宿服务设施的划分标准是多种多样的,国外学者 Holloway 曾将住宿设施的结构划分为商业部类和非商业部类两种基本类型,下面又都分为提供服务类和自备餐饮类两种。国内学者多根据住宿设施的功能、等级、布局区位、经营方式、建筑类型等特点,将其划分为不同的类型。根据功能可以分为商务旅馆、度假旅馆、会议旅馆等。根据布局地点可以划分为目的地饭店和中途住宿饭店两种基本类型,二者在环境的要求、游客的特征等方面有显著不同。中途住宿饭店需要满足交通便捷,目的地饭店则应该更加注重环境的舒适度。按照建造地点可以划分为城市旅馆、郊区旅馆、胜地旅馆、路边旅馆、交通枢纽旅馆等。按照经营形式可以划分为普通旅馆、汽车旅馆、公寓旅馆、青年旅社、流动旅馆等。根据国家标准《旅游饭店星级的划分与评定》(GB/T 14308—2010)的标准,可以将旅游饭店星级划分为五个级别,即一星级、二星级、三星级、四星级、五星级(含白金五星级)。最低为一星级,最高为五星级。星级越高,表示饭店的等级越高。

2. 旅游住宿服务设施规划原则

旅游住宿设施的选址和布局应该遵循以下原则。

(1) 需求原则。

以游客规模为基本依据,从游客需求出发,合理布点,方便游客进入。

(2) 多样化原则。

类型多样,档次全面,做到高中低不同档次结构合理,以满足不同类型游客的需求。

(3) 协调性原则。

与旅游地的环境氛围及景观特征和谐统一,其高度、规模、色彩等均要与整体环境相协调,防止建筑污染。

(4) 特色化原则。

尽量为游客享受自然美创造条件,精心选择自然景观,努力突出风土人文特色,实现自然美与人工美的有机交融。

3. 旅游住宿设施规模的预测

对于住宿设施的发展规模应该加以计算,可以根据游客的数量对饭店或客房需求量进行预测,可以借鉴如下公式:

$$床位需求量 = \frac{游客总人数 \times 住宿平均夜数}{年或月总数 \times 床位占用率}$$

$$客房需求量 = \frac{所需床位数量}{房间平均床位数}$$

(二) 旅游餐饮服务设施规划

俗话讲"民以食为天",中国是个饮食文化十分丰富的国家,在饮食方面具有独特优势。而"食"又位居传统的旅游六要素之首,可见餐饮服务在旅游业的发展中有着举足轻重的地位。

1. 旅游餐饮服务设施类型

(1) 独立经营型餐饮服务设施。

独立经营型餐饮服务设施一般坐落在旅游起点的接待区、旅游路线的中间地带及游览区三处,这类餐饮服务设施的建设地点灵活,建筑占地面积大小不一。

(2) 饭店附属型餐饮服务设施。

这类餐饮设施是附属于饭店旅馆的,因此在选址和设计上通常由其所附属的饭店所决定。一般来讲,餐饮服务能够给附属饭店带来较高的营业收入,甚至会占到饭店总收入的五成及以上。因此,许多饭店在建设之初就非常重视餐饮业态的设置,会设置多种形式的餐厅(如中餐厅、西餐厅、快餐餐厅、自助餐厅等)、酒吧、咖啡厅、音乐茶座等。

2. 旅游餐饮服务设施规划原则

(1) 布局合理,数量充足。

餐饮服务设施应该按照游客的需求,沿着旅游游览路线合理布设。在起始点准备、顺路小憩、中途补充、活动中心、歇脚远望等处,游客都可能有进餐的需求,这些地方都应该合理安排餐饮供应,方便游客随时就餐。另外,要考虑不同地点餐饮设施的容量,由于游客的就餐时间一般比较集中,所以餐饮设施的容量应该是富有弹性的,保证人多时不会人满为患,人少时不会空荡萧条。

(2) 因地制宜,突出特色。

餐饮设施的建立要遵循因地制宜的原则,避免盲目兴建大型餐饮设施而破坏自然美的和谐,应该根据建设点的周围环境,选择合适的建筑风格,使得餐饮设施从外观上看来犹如新增一景。可以考虑别具一格的新颖造型,外观的设计最好还能够结合旅游地的本土文化、民风民俗,以突出旅游地的特色,给人耳目一新之感。

(3) 提高质量,丰富功能。

餐饮服务质量是游客非常关心的问题,当游客看到一个整洁舒适的就餐环境,享受到优质的服务,便会对整个旅游区的好感迅速提高,应该尽可能提高餐饮服务的质量。另外,餐饮设施不仅能满足游客的基本就餐需求,在使用上还应该具有多功能性,用餐时作为餐厅使用,平时供应茶水、冷热饮料,还可以作为举办一些文娱活动的场所。通过不同时间段的多样化经营,有效地满足游客的不同需求,减少建筑设施的闲置。

3. 餐位预测公式

$$餐位数 = \frac{(游客日平均数 + 日游客不均匀分布的均方差) \times 需求指数}{周转率 \times 利用率}$$

二、旅游标识设施规划

旅游标识设施是指旅游地通过标志牌等为游客提供引导、指示、识别、警告等作用的各种信息和标志符号的集合。有效的标识设计不仅能够为游客提供旅游地服务信息,帮助游客更加通畅顺利地完成参观游览活动,满足游客愉悦感、求知感的深度体验,同时还能协助游客认知旅游地旅游资源的科学及艺术价值,实现旅游资源的保护和旅游地的可持续发展。因此,旅游标识设施规划的重要性不容忽视。

(一) 旅游标识设施类型

完整的标识设施体系可以为游客提供准确无误的信息,增加游客对景区(点)的兴趣,帮助游客更好地了解景区的自然风光、历史文化和旅游资源,提高游客满意度。因此,学者们就旅游标识设施的内容及分类进行了较为丰富的研究。有学者针对森林公园进行研究,把其解说设施分为区域环境解说子系统、旅游吸引物解说子系统、设施解说子系统以及管理解说子系统四个部分。后面有学者就自然保护区旅游标识牌体系开展研究,将旅游地的标识牌分为吸引物解说标识牌、旅游设施解说标识牌、环境解说标识牌、管理解说标识牌四个大类,并在此基础上进行亚类的细分,具体类型如表10-3所示。

表 10-3　旅游地标识牌类型

主　类	亚　类	具体类型
吸引物解说标识牌	景区名牌及介绍牌	地文景观介绍牌、水域风光介绍牌、生物景观介绍牌、天象与气候景观介绍牌、遗址遗迹介绍牌、建筑与设施介绍牌、旅游商品介绍牌、人文活动介绍牌
	景点名牌及介绍牌	
	景观名牌及介绍牌	
旅游设施解说标识牌	旅游交通标识牌	风景道标识牌、旅馆招待所指示牌、餐馆小吃指示牌、旅游纪念品商店标识牌、展览馆位置指示牌、医院指示牌、银行指示牌
	住宿接待标识牌	
	饮食设施标识牌	
	商业服务设施标识牌	
	文化娱乐标识牌	
	其他设施标识牌	
环境解说标识牌	自然环境解说标识牌	地质地貌解说牌、气象气候解说牌、珍稀动植物解说牌、解释活动解说牌
	人文社会环境解说标识牌	
管理解说标识牌	设施管理标识牌	景区游客须知牌、功能指示牌、导视牌、友情提示牌、安全提示牌
	安全管理标识牌	
	环境管理标识牌	

（二）旅游标识设施规划原则

1. 数量充足，种类丰富

旅游标识牌配置的数量应该足够多，旅游地各景区风景道上、各建筑设施的出入口、各器材设备等地方都要设有标识牌；标识种类要齐全，在旅游地的不同地点布设对应的标识设施，不仅可以是传统的文字类型，还应该引入电子标识设施，比如旅游吸引物标识牌上增加二维码，通过手机扫一扫，就能方便收听或观看讲解录音或视频，及时满足游客对解说的需求。

2. 清晰醒目，易于辨识

各种标识牌的篇幅长度合理，以短句和小段落为主，避免长篇大论。文字清晰醒目，语言简明流畅，通俗易懂，一些复杂的路线指示牌，可以配有相对应的插图，适当融合当地的特色元素，深化游客对旅游地的认知。字体、字号、间距大小合适，文字内容要同时配有中英日韩文，图标符合国家或国际通用标识，易于游客辨识理解，减少游客阅读障碍。

3. 内容正确，科学有趣

首先要保证标识牌的信息内容正确，具有科学性和专业性，内容契合解说标题，能够提供游客所期望的信息。但与此同时，也要注意合理把握专业化程度，不能过犹不及，既能传递科学历史文化信息，起到教育功能，也要具有故事性和可读性。比如一些内容较多较晦涩的标识信息,可以采取问答形式、对话形式的文本,增强标识内容的趣味性,吸引游客的阅读兴趣。

4. 尺寸合适,色彩合理

标识牌安置点不仅要便于寻找,也要与目的地环境相协调。尺寸不能过大,以免影响周围景观环境,也不能过小,要与篇幅长短相适应,便于游客阅读;颜色选择得当,不能与旅游地的主题相冲突,避免给游客视觉上造成不适感,选择自然色系为宜。另外,标识牌的高度和角度应该加以注意,要尽量符合大部分人群的阅读习惯,也可根据游客需求采用高低不一、具有一定倾斜程度的标识牌。

三、旅游文娱服务设施规划

文娱是指非工作性的,能使人在轻松气氛环境中益智娱乐的各种活动,其表现形式多样,并且随着历史的发展会不断发生变化。中国的传统文化中就有极为丰富的文化娱乐活动,文人墨客有流觞曲水,望门贵族有张筵设戏,平民百姓亦有蹴鞠运动。现代人的娱乐活动更是涉猎广泛,包括艺术展演、体育休闲、养生保健等。文娱服务设施则是指能够满足人们进行文化娱乐活动的各类建筑和设施设备的统称,由于文娱活动是游客的旅游过程中非常重要的旅游活动,因此,应该注重对旅游文娱服务设施的规划。

(一)旅游文娱服务设施类型

由于文娱活动形式的多样性,相对应的设施和场所也各式各样,具体可以分为如表10-4 所示的几种类型。

表 10-4　旅游文娱设施类型

文娱设施类型	文娱设施名称
歌舞类	歌舞厅
	卡拉 OK 厅、专业录制演唱室
	舞厅(交谊舞厅、迪斯科舞厅等)
体育健身类	健身房(器械健身房、体操健身房)
	球类运动场(网球、壁球、保龄球等)
	健身浴池馆(桑拿浴、蒸气浴、药浴等)
	美容室
	溜冰场
	游泳池
	嬉水乐园
游戏类	棋牌室
	电子游戏室
	大型游乐设施
	博彩场所

续表

文娱设施类型	文娱设施名称
知识类	影视中心
	阅览室
附属类	鲜啤酒室
	各类主题酒吧
	氧吧
	网吧
	茶艺馆、茶吧
	咖啡馆

(二)旅游文娱服务设施特点

1. 初期投资大,经营成本小

各类文娱设施的筹建与兴建阶段往往要进行场馆建设等,人力物力财力的投资较大。但是一般来讲,正式开业后,其主要提供的是服务,费用开支主要用于人工费、水电费等,相对来说,经营成本较小。

2. 所有权的不可转移性

游客在文娱活动过程中,所享受的是带给身体和心灵一种愉悦的体验,游客所购买的大多是感觉,是经历,而并非某种文娱设施本身,文娱设施的所有权并没有因为开展文娱活动而转移。

3. 经营依赖工程、维修力量

有些文娱活动需要依靠专业的设施才能得以实现,所以在文娱设施建设和运行中要有一支技术精湛的专业队伍,对各类设施设备定期检查、及时维修,以便能较高质量地为游客提供文娱服务。

(三)旅游文娱服务设施规划原则

现代文娱活动形式、种类繁多,其所需的设施设备更是规模大小不一,形状各异,应该根据其功能属性进行科学规划。

1. 位置选址合适

旅游娱乐场所的选址要考虑到社会条件的限制,不能在学校、医院、机关等地方修建娱乐场所,应该提前了解旅游地的社会环境,选择合适的地点,以免对正常的教学或工作秩序造成干扰。

2. 设备设施合格

文娱活动的开展要求有与其相匹配的空间和器材设备,这些设施设备不仅包括专业的项目设施,还有很多基础设施设备,比如消防器材和卫生工具。各文娱场所要选购质量合格的设施设备,并定期检修,尽可能消除一切安全隐患。

3. 建设标准合规

大型文娱场所应该配有隔音降噪的功能,对于喧嚣的文娱活动,边界噪声应该符合国家标准。有些娱乐场所会采用灯光来营造氛围感,要注意其建设标准应该符合国家公布的《中华人民共和国环境噪声污染防治法》。

4. 文娱氛围合群

文化是旅游的灵魂,旅游地不仅要有娱乐来满足游客对放松的追求,更需要用文化来滋养游客的心灵。文化娱乐项目的开展要满足群众的需求,加强博物馆、美术馆、图书馆、剧院、非物质文化展示馆、旅游演艺场所等建筑的修建和开放,增加游客的文化体验空间。

文化是旅游发展的灵魂,旅游是文化发展的载体。坚持以文塑旅、以旅彰文。以社会主义核心价值观为引领,让旅游成为人们感悟中华文化、增强文化自信的过程。

四、旅游购物服务设施规划

购物服务设施的日益休闲化,使得购物成为人们日常生活和出游的主要休闲活动。对于游客来说,购物已经成为最普遍和最受欢迎的旅游活动。由于游客在购物方面的消费通常高于交通、住宿、餐饮以及其他娱乐活动的消费,所以旅游购物已经成为一些地区旅游业发展的重要经济收入来源。但是,旅游购物花费对不同消费水平的游客来说具有很大的差异性,因此在旅游规划过程中,需要对旅游购物活动格外关注,以增强游客的购物欲望,促进购物消费行为。

(一) 旅游购物服务设施区位分布

旅游购物可能发生在各种场所,包括纪念品商店、杂货店、服装店、百货商店、购物中心、工厂直销点、机场、火车站和港口免税店、高速公路服务区、博物馆、各类酒厂、各种规模的超市、主题公园、街头摊贩、手工艺品市场等,要根据其不同特征,在合适的地方修建购物服务设施,以满足游客的购物需求。不同旅游购物设施的特征区位分布如表 10-5 所示。

表 10-5 不同旅游购物设施的特征区位分布

区 位	购物设施类型
旅游吸引物(景区)	纪念品商店、博物馆商店、葡萄酒厂、特殊节事和主题公园
旅游度假区	超市、杂货店、服装店、百货商店
城市郊区	购物中心、工厂直销中心
交通枢纽	机场、火车站和港口商店、免税店
高速公路	服务区商店
社区或乡村	手工艺村、游客购物村
城市中心	街头摊贩、手工艺品市场

(二)旅游购物服务设施规划原则

1. 空间布局集聚

旅游地的购物服务设施如果过于分散,会导致游客的注意力分散,给真正想要购物的游客造成不便,因此有学者就提出了旅游购物设施应该在空间上集聚。Timothy 提出可以将所有设施集中在一个大型购物中心内,或者通过主要道路将各种类型的设施连接在一起。Jansen-Verbeke 认为游客导向型的购物区在空间分布上可以是集聚或带状模式。

2. 环境氛围友好

旅游购物动机的产生取决于旅游地能否为游客创造一个愉悦享受的购物环境,这种轻松友好的购物环境氛围来自整洁的环境、便捷的设备、良好的形象、合理的营业时间、合理的商品价格以及热情的接待等方面。为了体现以人为本的服务理念,旅游购物服务设施需要注重诸如休息区、厕所、儿童游戏区、无障碍通道等设施的设置,以提高游客的舒适度。

3. 地方特色鲜明

各类旅游购物服务设施的建设都要在认真全面的可行性研究的基础上修建,与景观相协调,与当地文化相结合,形成富有特色的旅游商业街,将这些旅游购物设施统一规划,尽可能突出旅游地的特色。比如湖南南岳大庙附近就建了宗教文化商品一条街,体现出南岳独特的宗教文化特色。

4. 附加功能丰富

旅游购物服务设施除基本功能外,最好还能够提供一些附加服务,比如古董鉴赏、烹饪教室和试吃、礼品包装、购物赠品赠送、外汇兑换服务等,进一步提升吸引力。

复习思考题

1. 旅游交通的方式有哪些?各有什么优缺点?
2. 旅游基础设施对旅游地发展有何重要意义?
3. 简述旅游标识牌的设计原则及方法。
4. 如何通过文化娱乐服务设施建设推动旅游业的发展?

第十一章
旅游保障体系规划

学习目标

1. 了解旅游保障体系的基本概念及重要性。
2. 掌握旅游保障体系的分类及内容。
3. 能熟练运用旅游保障体系知识分析解决旅游发展过程中的相关问题。

思政元素

1. 在社会主义新时代,要着力打造服务型政府,转变政府职能,推行简政放权,处理好市场与政府的关系,切实让政策为社会服务,更好推进社会主义市场经济的发展。

2. 资本是主要生产力要素之一,是市场经济条件下企业得以正常运转的核心要件之一。企业的高质量有效运作必须要有合理的资金链条和金融风险防控机制。

3. 土地是主要生产力要素之一。当前我国正处于人地矛盾突出的时期,如何坚守耕地红线并推进土地资源合理高效利用是现今经济发展所要面临的重要问题。

4. 人才是国家繁荣、民族富强的重要力量,人才强国战略是我国的重大战略。在新时代,要更好地挖掘人才、培养人才,调动其积极性并发挥其价值。

5. 生命大于一切,安全重于泰山。要坚持把安全工作放在生产活动的首位,要全力保护人民群众的生命财产安全,人民安全是总体国家安全观的宗旨所在。

潜山市全面推进旅游产业发展

安徽省潜山市把文化旅游作为推动全市经济社会发展的首位产业,实行首位政策、首位统筹、首位推动,全力推进全域旅游发展。

一是创新政策激励机制。第一,项目奖补。制定出台关于加快全域旅游发展的实施意见、促进全域旅游发展若干政策、关于促进旅游与相关产业融合发展的实施意见相关的政策文件,每年安排旅游产业发展引导资金5000万元,对宣传营销、基础设施建设、产业发展、品牌创建等进行资金奖补。第二，统筹整合。统筹整合农林水、城乡和交通等项目资金，支持全域旅游发展，2016年以来，整合各类项目资金40多亿元用于全域旅游基础设施、公共服务设施建设。

二是创新投融资机制。组建3亿元首位产业基金，建立旅游公共项目贷款政府贴息优惠政策，鼓励民间资本参与旅游公共服务设施建设，以PPP模式建设潜水绿道银滩、旅游快速通道等配套设施。加强银旅合作，引导银行金融机构支持旅游重点项目建设，争取4.5亿元专项债券和农行融资8亿元推进龙潭河景区综合开发。出台加强文化旅游产业招商引资工作的实施意见，对项目实际固定资产投资在1000万—3000万元、3000万—5000万元、5000万元以上的文化旅游项目，分别按项目实际固定资产投资的3%、4%、5%给予补助，先后引进建设了中联（天柱山）营地、天柱山魔幻森林、万岁谷等一批乡村旅游项目。

三是创新用地供给机制。第一，优先保障重大旅游项目用地。对符合我市文化旅游发展总体规划和城乡建设规划重点旅游项目，优先安排建设用地指标。第二，拓宽全域旅游用地保障渠道。项目实际固定资产投资达5000万元及以上文化旅游项目，同工业项目用地价格。鼓励旅游项目与设施农业项目结合，属于自然景观用地，按现用途管理，采取租赁或流转的方式取得，有效解决了乡村旅游项目用地需求，盘活了农村资产资源，增加了农民收入。第三，落实差别化用地政策。景区内建设亭、台、栈道、厕所、步道、索道缆车等设施用地，采取划拨方式供应，探索点状供地等，有效解决了中联（天柱山）营地、潘铺生态休闲农庄用地需求。

四是创新人才培养机制。坚持把旅游人才队伍建设纳入重点人才培养计划，制定出台了《潜山市旅游人才培养工程实施方案》等政策文件，加大旅游人才引进力度，为旅游业发展提供智力支撑。专设天柱山旅游学校，与上海师范大学旅游学院联合开展旅游管理人才培训班。加强对外交流合作，开展人才交流、交换、挂职，每年组织外出参观培训、交流研讨活动不少于3次，开阔视野。常态化举办全域旅游、乡村旅游业主、休闲农庄经理人等系列培训活动，有效提高行业整体服务水平。

资料来源 整理自安徽网。

思考题：潜山市的旅游支持政策中体现了哪些市场经济发展所需要的要素？它们又是如何发挥作用的？

第一节　政策保障体系规划

在社会主义市场经济条件下，政府的宏观调控是纠正市场经济弊端的重要手段，政府政策也会在相当程度上影响市场经济活动。因此，如何制定更加合理高效的政策、更好地为经济发展服务成为政府需要着重考量的问题。对于旅游业而言，旅游企业和整个产业活动都需要政策的支持和正确引导。本节要解决的就是政府在旅游产业发展过程中应当如何处理自身与市场关系的问题。

思政要点

在新形势下,旅游业发展应坚持党的全面领导,充分调动各方积极因素,强化支持政策,加强基础理论建设和应用研究,加强旅游人才培养,形成推动旅游业发展的强大合力。各地区要将旅游业发展纳入重要议事日程,把方向、谋大局、定政策、促改革,形成党委领导、政府推动、部门协同、全社会参与、广大人民群众共享的大旅游发展格局。

一、建立政策保障体系的重要性

首先需要明确政策保障体系的概念。本书认为,旅游政策保障体系是指政府为确保旅游产业各项活动的顺利进行以及产业的可持续发展而制定的一系列政策所组成的系统。旅游政策保障体系的核心作用在于能对旅游产业活动的发展起到支持、协调与监督的作用,从这个角度来说,不是所有政策都能纳入保障体系的范畴,只有能发挥上述作用的政策才能作为保障体系的内容。

(一)纠正市场经济弊端的需要

经济学中有一个术语叫外部性,是用来描绘市场经济特征的名词,其可以具体拆解为自发性、盲目性和滞后性,旅游市场也不例外。从中国旅游业发展的实践看,市场经济的外部性给旅游发展带来了许多问题,比如我们很熟悉的商业化问题,其本质上就是市场经济的自发性和盲目性问题——一方面企业为了保证自身利润,会想尽一切办法将商铺开进景区,利用旅游客源扩展市场;另一方面也会有大量企业跟风模仿,不会考虑景区承载力等问题,最终诱发危机。这些问题仅通过市场经济本身是无法解决的,需要政府的调控。

(二)推进旅游业高质量发展的需要

第一,快速发展。旅游业是一个高投入行业,需要大量的人力物力资源,而且很多旅游资源属于全民公有,如果没有政府政策的支持,很难实现旅游业的快速发展。第二,均衡发展。现在很多地方都已经认识到旅游业对经济发展的拉动作用,但由于各地资源禀赋、客源市场等条件的差异,旅游业发展水平也出现很大差异,如果完全让市场自行运作,那么很可能会出现两极化现象,这也不符合我国缩小区域差距的战略发展目标,因此,政府特别是中央政府必须进行干预和调控。第三,可持续发展,这也是"十四五"规划对旅游业发展提出的重要目标,如果市场经济的弊端得不到有效纠正,问题就会积累,直至爆发危机,可持续发展也就无从谈起。

二、政策保障体系规划的内容

政府的宏观调控主要分为经济手段、法律手段和行政手段三项,从这一点出发,本书将政策保障体系分为经济政策体系、法律保障体系和行政规范体系,在当前政府职能改革要求下,经济手段是最为主要的手段。

(一) 经济政策体系

政府的经济政策分为财政政策和货币政策两类,是宏观调控最常用的手段。结合旅游产业发展实际,本书认为经济政策体系应当包括产业发展战略、结构优化、区域合作、基础设施建设、专业人才培养。

1. 产业发展战略

旅游业发展战略是旅游业发展的总安排,它既要为旅游业的发展指明方向和阶段性目标,又要有利于旅游业实现可持续发展。在开发旅游资源之前,政府应当召集学界专家、企业家等业内人士,召开专门会议制定本地旅游发展的战略规划,作为指导本地旅游业发展的纲领性文件,该战略规划应当具有综合性、协调性、导向性和针对性,必须因地制宜、实事求是,具有远见。旅游业发展战略除了对旅游业的发展给予阶段性规划外,还应对旅游产业结构的调整与优化进行部署。

要加强文化和旅游业态融合、产品融合、市场融合、服务融合,促进优势互补、形成发展合力。同时发挥旅游市场优势,推进旅游与科技、教育、交通、体育、工业、农业、林草、卫生健康、中医药等领域相加相融、协同发展,延伸产业链、创造新价值、催生新业态,形成多产业融合发展新局面。

2. 结构优化

旅游业要获得良好的经济、社会和生态效益,就必须按照现代企业组织原则来改造和优化旅游企业的组织结构,以提高经营管理水平。对旅游企业组织结构进行改造和优化的政策主要包括优化产权结构和明确产权关系、提升企业融资效率、改善企业外部经营环境和优化管理组织结构。

其一,优化产权结构和明确产权关系。现代企业制度要求政企分离,产权清晰,因此调整优化旅游企业的产权结构是优化旅游企业组织结构的先决条件。在政策保障体系中,应包含理清旅游企业产权关系的内容。

其二,提升企业融资效率。政府要为旅游企业广开融资渠道,除了通过传统投资渠道融资外,还应鼓励旅游企业借助金融平台向社会大众融资,为旅游企业创造资金条件。我国已有不少旅游企业借助现代化的融资渠道和手段支持自身发展。因此政府应制订政策以保证旅游企业能有效利用这些融资渠道,增强自身的竞争力。

其三,改善企业外部经营环境。不合理政策会增加企业的经营成本,形成不公平的竞争环境。这种情形在酒店的经营中较为常见,如税务、水电、环保等部门对企业实行的高税收和高收费。政府应该制订相关政策,使旅游企业在经营过程中拥有和其他企业相同的竞争环境,保证市场竞争的公平性。

其四，优化管理组织结构。这一项包括政府和企业两方面：一方面政府应对自身的机构设置进行优化，以适应旅游产业的发展，比如设立专门的旅游管理部门，如旅游发展委员会、旅游协调办公室等；另一方面政府应对企业的机构设置、改革进行指导，主要是预防垄断性扩张等问题。

3. 区域合作

区域合作主要是各地方政府的合作或者在政府主持下的同一地景区、企业间合作。政府在促进旅游区域合作方面的政策可以有效整合区域旅游资源，提升本地旅游业的影响力和竞争力。开展区域旅游合作可以利用不同区域的旅游资源特色，实现优势互补，并且可以利用区域合作扩大旅游经营的规模和影响力。世界上有许多成功的区域旅游合作，如欧盟国家之间互免签证形成巨大的旅游区域合作体，我国泛珠江三角洲地区的合作、CEPA协议框架下的港澳与内地的合作等也大大推动了我国区域旅游合作的发展，这些都可以作为区域合作的范例。

4. 基础设施建设

基础设施建设对于财力、人力及物资设备的要求较高，基本上都是重资产项目，因此需要政府介入。对于旅游业而言，基建的重要性非常明显，其直接关系到旅游业发展的潜力和持续性。政府应当牵头基础设施的规划和建设，可在建设旅游道路、专用码头、机场等基础设施，以及改扩建通信、环保等工程方面提供倾斜性的政策，以吸引社会资金投资。国有企业在这方面应当主动担当主力军。

5. 专业人才培养

当下的中国旅游业在相当程度上存在着入行门槛低的问题，因此必须要加强行业人才队伍建设，政府作为国家平台，应当发挥动员作用，要制定措施和政策推动旅游专业院校的发展。如由政府统一规划、出资或向社会集资建立旅游院校等专门的培训机构、科研机构和实习基地，为旅游业培养知识全面、技术性强的高素质旅游专业人才，帮助旅游企业完成人才储备，提高旅游业服务和管理水平。

（二）法律保障体系

法律作为国家强制力量，具有普适性和规范性，也是修正市场经济弊端的主要手段之一。在旅游发展过程中企业难免会出现一些自发、盲目的行为，有时单靠经济手段是不能进行修正的，需要动用法律手段进行约束，核心内容就是法律法规的制定，提前给企业划定行为的边界，防患于未然。旅游业的法律作为专门法应当具有高度的针对性，能包含旅游活动所涉及的所有主体、所有环节、所有行为，能尽可能多地反映发展过程中的矛盾和问题，能最大限度地反映人民的意愿和行业的诉求。当下我国出台了《中华人民共和国旅游法》这部专门法以及《旅行社条例》等行业法规，但是这些法律法规也存在一些不足，需要在旅游活动的实践中不断进行修正。

要坚持依法治旅，加强旅游领域法治建设，进一步贯彻落实《中华人民共和国旅游法》《旅行社条例》《导游人员管理条例》等法律及行政法规,依法落实旅游市场监管责任,健全旅游市场综合监管机制,严厉打击各类违法违规经营行为,维护旅游市场秩序,提升旅游市场监管执法水平。要坚持正确的历史观、民族观、国家观、文化观,加强导向把关,高扬主旋律、传播正能量。

(三) 行政规范体系

行政手段本质上是政府依照法律法规发挥其行政职能,主要包括行政条例命令、管制处罚、奖励等,是纠正市场经济弊端的"硬刃",但由于其具有很强的主观性和随意性,现在政府的态度都比较审慎,在宏观调控里面处于"居后"位置,但这并不意味着其完全不重要和不能使用。在一些特殊情况下,合理的行政手段能发挥较好的效果,比如在发生重大事故等紧急情况下,果断及时的行政手段能在一定程度上减少损失。但是行政规范体系需要严格规定政府的权限范围、能够采取的手段及程度及不可逾越的红线,规定之外的行为是绝对禁止的,否则就会产生滥权腐败行为。

三、政策保障体系的特点

(一) 针对性

旅游政策保障体系必须能有针对性地反映旅游业的问题并有解决措施,坚持因地制宜的原则,一问一策。

(二) 时效性

政策不是一成不变的,其必须跟随实践的发展而发展。中国旅游业在近四十年间经历了高速发展时期,随之而来的是层出不穷的新问题,如果政策保持不变将不能解决这些新问题,因此要因时制宜。

(三) 导向性

政策应当反映国家的战略导向和需求,反映社会大势和发展方向;但政府官员毕竟不是业界人士,许多专业性问题他们并不清楚,因此政策不能去下专业上的细节功夫,只能给予指导意见,让企业自行在框架下自主发展。

(四) 综合性

从前面的分析可以看到,政策体系包含经济、法律、行政三个方面,是一个综合系统,要反映多种现象和问题并提出多样化的对策。

(五) 协调性

旅游政策的实施涉及各方主体和多种资源,如政府、旅游企业、游客、资金、土地等,同时还有空间上的区域合作和时间上的前后联系,这都需要政府进行有效协调,将各主体和资源汇集在一起。

第二节 资金保障体系规划

一、建立资金保障体系的重要性

资金是企业发展的必备要素之一,旅游企业自然也不例外。稳定的融资渠道和资金链可以保证企业的生存安全和持续发展。

要增强资本市场的包容性,优化企业营商环境,有效防控金融风险,发展壮大新兴产业,推动实体经济发展,筑牢现代经济体系的坚实基础。增加优质投资产品的有效供给,满足人民美好生活的需要。金融管理部门要积极支持符合条件的旅游企业上市融资和并购重组,拓展企业融资渠道,支持符合条件的旅游企业通过发行公司信用类债券等方式进行融资,创新贷款担保方式,开发适合旅游业特点的金融产品。

(一) 改善企业融资环境的需要

当下我国许多企业都面临着"筹资难,筹资贵"的问题。银行等金融机构不断加强征信管理和风控,提高了贷款门槛;小微企业融资成本高且资金供应不稳定;经济下行压力大,股市低迷,社会融资也面临很大困难。面对巨大的融资压力,建立一套完善的资金保障体系是非常有必要的。

(二) 提升企业竞争力的需要

市场经济条件下,行业竞争日益激烈,资金可获得性与稳定性也成为企业竞争力的重要因素,因为其直接关系企业的生死存亡,特别是对旅游业这样的重资产行业尤为重要,合理的资金保障体系能为企业的生存加上保险。

二、资金保障体系规划的内容

资金保障体系规划分为政府和企业两个方面。政府方面包括财政保障和金融保障两项,企业方面包括融资渠道和风险控制两项。

(一) 财政保障

1. 政府预算

预算决定了财政资金的使用,因此应在每年或者每季度的政府预算中设立专项资金对旅游企业进行扶持,或者扩大政府公共投资。

2. 税收政策

税收是国家实现其职能的重要保障,也是实现经济宏观调控的重要手段。在旅游业经济呈现疲软的态势下,适度的减税政策有利于减轻旅游企业负担,调动其积极性。

3. 财政兜底

对于一些行业面临的共性客观问题、企业无法承担的风险,就需要政府兜底,比如疫情使很多企业在困境下艰难求生,此时政府就应当发挥财政的兜底作用,帮助企业度过危机。

(二)金融保障

1. 利率政策

利率政策包括贷款利率、存款准备金率和再贴现率。一般而言,为保证旅游企业资金的稳定性,应当降低贷款利率,灵活调整存款准备金率和再贴现率。

2. 融资调节

融资调节核心是要保证企业资金能符合其自身所需,不能不够,也不能超量(主要是防止滥用)。对于融资不足的企业,政府要帮助其扩宽融资渠道,加大扶持力度;对于融资量过大企业,要加强审计税务监管,对于超出量过大的企业要适当进行控制,以保持市场的相对稳定。

(三)融资渠道

1. 银行信贷

作为企业最为传统的融资渠道,银行信贷在企业对外融资中一直占有举足轻重的地位。近年来国家对于银行信贷的管控力度日益加强,也提高了企业的贷款门槛,但目前信贷的比例仍然相当高。企业要保证稳定的信贷渠道,就必须有良好的征信,这也就要求企业积极履行依法纳税、不恶意欠薪等义务与责任。

2. 社会融资

社会融资主要是私人资本、企业资本和风投机构资本。私人资本方面,对于股份制企业要积极争取股市;要加强与其他企业的合作联系,特别是争取一些龙头企业、大集团的注资,还有就是上下游企业之间的互助合作;风投机构对新入市企业有特殊意义,对旅游企业而言,有着高质量创新产品的企业要积极争取风投资本。

(四)风险控制

风险控制主要包括两个方面:引入质量和入后管控。很多企业鉴于弥补资金缺口的紧迫性,在引入外界投资时会偏重数量和融资速度而忽视质量问题,然而有些资本可能存在极大风险,出现了饮鸩止渴的现象,给企业发展埋下定时炸弹,这一点在私人资本和非国有银行中最为常见。如果引入大量的风险资本,则会让企业自掘坟墓,这要求企业在引入资本时要加强风险控制,比如加强对融资对象的考察、明确法律责任等;而在引入后,部分企业对于资金的使用缺乏有效管理,出现"有钱就乱花"的现象,这要求企业必须做好资金的用途规划与财务监督。

三、资金保障体系规划的特点

（一）间接性

政府的很多政策并不会直接向企业注资，提供现成的资金支持，而是会通过税收、金融机构等平台，减轻企业负担或借力支持，即间接支持，比如减税政策。

（二）迟滞性

资金的调拨周转需要时间，特别是政府的很多财政和金融政策需要一定的时间才能见到效果。由于存在明显的时间差，也就意味着存在风险，因此，企业在做资金保障体系规划时需要考虑从计划开始到完成融资的时间内可能会产生的风险。

旅游业资金保障，政府在行动

为保证旅游业的资金安全，各地政府都对企业给予了大力支持。

为加快推动全域旅游发展，襄阳市财政部门充分发挥职能作用，不断加大财政对旅游业的投入力度，助推旅游业高质量发展。在财力较为紧张的情况下，市财政2020年安排旅游专项资金2000万元，2021年又增加到2059万元，用于旅行社地接奖励、景区创A级景区奖励、旅游公共服务建设和旅游宣传促销等。此外，2021年市财政局还新增1000万元资金，用于支持申报国家文化和旅游消费试点城市，培育新型文化业态和文化旅游消费模式。

九江市武宁县财政局根据县"十四五"期间乡村旅游的总体要求，在县委、县政府的坚强领导和县旅游局等职能部门的协力配合下，紧紧围绕加大财政资金统筹整合力度加强对乡村旅游投入，大力推动了全县乡村旅游发展。一是主动协调配合，做好乡村旅游项目建设资金保障和政策保障。包括乡村旅游发展专项资金、乡村旅游发展基金、支持乡村旅游示范创建资金等共计2000多万元支持乡村旅游项目建设。同时落实已制定的各项税收优惠政策，积极支持乡村旅游企业利用银行信贷等资金做强做大。同时大力发展休闲乡村民宿。证件齐全的民宿每户奖补3000元，评上3星、4星、5星级民宿分别给予20万、40万、60万元基础设施建设奖补。

宜春市袁州区财政局充分发挥财政职能作用，积极筹措资金，加大财政保障力度，推动区文化旅游事业高质量发展。安排旅游发展资金300万元，支持重点旅游项目建设，深化旅游营销宣传，提升袁州旅游品牌形象，全力支持"旅游富县"战略；拨付450万元奖补资金，对经袁州区政府审批确定、且总投资达200万元以上的9个民宿点进行奖补；保护革命文物，传承红色基因，争取省级文化保护专项资金237万元，用于水江镇小洞湘鄂赣省苏维埃政府机关遗址群维修；统筹资金120万元，对新坊镇高富村周赤萍将军故居、天台镇江东宜五区苏维埃政府旧址、天台镇环溪村宝善堂、三阳镇下门村百年古宅4个文物保护单位本体进行维修和环境整治,为旅游业发展提供资源支持。

云南德宏州回贤村通过多方筹措,累计筹资1200多万元,包括上海对口帮扶资金800万元,为回贤乡村旅游开发提供了资金保障。同时积极动员村民入股集体企业,现有股民324户(建档立卡户79户,336人,入股率占建档立卡户92.94%),入股资金为200多万元。目前回贤一、二、三组纳入了芒市乡村旅游重点规划范围,扶持资金50万元完成了回贤村乡村旅游概念性规划,整合资金分别实施了观景台、道路硬化、特色寨门、太极湖、观音寺、美食街、乡村文化活动中心等50余个项目;积极争取上海对口帮扶支援资金800万元,完成了一期美化绿化亮化工程,建设停车场、自行车环线、村内支线道路及景区游步道、排污设施、垃圾收集设施及标识标牌等,进一步解决旅游产业发展短板问题,回贤村的各项基础设施建设得到了较大改善。

资料来源　整理自荆楚网、九江市财政局官网、财政部官网、腾讯网。

第三节　土地保障体系规划

一、建立土地保障体系规划的重要性

旅游业对于生态环境和基础设施的要求很高,这就意味着对开发地区原有土地利用关系的调整。我国虽然国土面积辽阔,但实际上可开发利用土地面积和人均占有土地面积非常有限,而且出于粮食安全等因素影响,国家划定了耕地红线。许多旅游开发条件不错的土地由于属于基本农田无法进行开发,因此对旅游业而言,能利用的土地资源非常有限。既然资源宝贵,那么进行土地专项规划就显得非常重要了,这也符合国家的旅游可持续发展要求。

旅游土地保障体系规划是融自然性、社会性、技术性、法律性于一体的综合性科学规划。其要求规划方必须按旅游发展的需要,以土地资源的合理配置为手段,对土地利用进行控制监督,以平衡旅游业与其他行业间对土地的需求,合理调整土地利用关系,为旅游业的发展提供有力的支持。旅游业是建设在一定地域范围内的事业,涉及大量的土地使用,旅游土地利用规划必须依照国家《中华人民共和国土地管理法》要求进行。

习近平总书记强调要坚持"绿水青山就是金山银山"的理念。通过发展旅游业促进人与自然和谐共生,稳步推进国家文化公园、国家公园建设,打造人文资源和自然资源保护利用高地,这也是旅游业贯彻新发展理念的应有之义。在中国特色社会主

义新时代,要坚持生态保护第一,坚守土地资源红线,适度发展生态旅游,实现生态保护、绿色发展、民生改善相统一,推出一批生态旅游产品和线路,加强生态保护宣传教育,形成绿色消费和健康生活方式。

二、土地保障体系规划程序

旅游区用地按功能可分为两类,即旅游活动用地与旅游服务产业用地。旅游活动用地可分为观光游览用地(如自然、人文景观游览用地等)、体育娱乐用地(如球类用地、滑雪用地、登山用地等)和休闲疗养用地三种。旅游服务产业用地包括居住用地(如酒店住宿用地等)、餐饮用地、购物用地(如商业购物中心、集市等)、管理用地(如旅游行政机关用地等)、基础设施用地(如交通、水电、通信用地等)五种。旅游土地规划布局一般按以下程序进行。

旅游区基础信息调查,包括旅游区的发展规划、接待能力、配套设施状况、客源市场规模与层次级别、自然环境条件的调查与分析等。

根据调查结果,确定旅游区性质、级别和规模,拟定空间布局功能分区和总体艺术构图的基本原则,划定旅游区红线用地范围,提出总体用地布局方案。

对每个布局方案进行分析比较,其中内部比较是对各个系统进行分析研究和比较,包括旅游区形态、发展方向、扩张的可能性;交通、通信等基础设施的配置;酒店、餐厅、商场等配套设施的格局。外部比较是对各方案进行社会、经济、技术的分析与比较,选择出相对经济合理的推荐方案。

根据选定的总体规划的要求绘制图纸,起草有关文件并交付政府部门审批。

三、土地保障体系规划内容

旅游用地因自然环境条件、经济类型、规划比例尺的不同,会有较大的差异。旅游土地利用规划包括:确定土地利用的总体结构,进行土地利用分区;各类农业用地的结构确定、用地配置和调整;城镇和农村居民点的用地布局;交通用地的配置;提出实施规划的政策与措施;土地利用专项规划(如森林公园规划、观光农业区规划、水域利用规划等);土地利用的控制性详细规划;编制土地利用规划图(规划层次分为总体规划、专项规划和控制性详细规划)等内容。

在所用旅游用地类型中,景区用地量是最大的,因此特别指出旅游景区的土地保障规划要求:景区土地保障规划应按照用地布局、功能分区和规划布局的要求和安排,按用地分类和使用性质,进行用地的综合平衡和协调配置。规划内容应包括土地资源分析评估、土地利用现状分析、土地利用规划及土地利用平衡等内容。

土地资源分析评估,应包括对土地资源的特点、数量、质量与潜力进行综合评估或专项评估。

土地利用现状分析,应表明土地利用现状特征、风景用地与生产生活用地之间关系,土地资源演变、保护、利用和管理中存在的问题。

土地利用规划,应在土地利用需求预测与协调平衡的基础上,表明土地利用规划分区及其用地范围;应遵循突出风景区土地利用的重点与特点,扩大风景用地;保护风景游赏地、林地、水源地和优良耕地;因地制宜,合理调整土地利用,发展符合风景区特征的土地利用方式与结构等基本原则。

土地利用平衡,应符合风景区用地平衡表的规定,表明规划前后土地利用方式和结构变化。景区的用地分类应按土地使用的主导性质进行划分,应符合风景区用地分类表的规定。

四、土地保障体系规划原则

旅游土地保障体系规划涉及面很广,规划过程须遵循适宜性原则、整体性原则、生态化原则、动态平衡原则。整个规划过程须顺应自然规律、经济规律,合情合理,远近结合。规划要处理好各种土地利用之间的关系,同时合理布局各种旅游设施与基础设施,在社会、经济及法律的约束下,寻找景观、设施与服务在空间上的最优配置。

（一）适宜性原则

适宜性原则即从开发地的实际条件出发,根据其旅游资源类型、客源市场结构等情况,合理规划用地的性质、功能分区,切忌照搬全抄。

（二）整体性原则

土地的利用是一个系统性工程,由于数量有限,因此具有明显的机会成本性和竞争性。所以在开发利用时必须从整体角度出发,通盘考虑,不能只抓住某一个或几个板块。

（三）生态化原则

土地是生态系统的重要载体,也是不可再生资源,因此开发利用时必须注意与生态环境相适应,要尽力控制污染,减少对动植物栖息环境的影响,多建设生态景观。

（四）动态平衡原则

要根据土地资源的变化及时调整规划,即因时制宜。若开发地在某个时期出现了可利用土地数量的明显升降,则要考虑对原规划中的规模进行调整。

强化旅游用地支持,推进行业高质量发展

案例一

安顺黄果树景区推进景区高质量发展,助推多彩贵州旅游强省建设,当地国土部门多渠道强化用地保障。

一是加强国土空间规划与布局。按照国家建立国土空间规划体系的要求,以高

质量发展统揽全局,加快黄果树国土空间规划编制,建立以相关专项规划为支撑、以详细规划为落脚点的规划体系。在规划指标安排中,结合旅游资源分布情况、旅游产业发展规划,预留一定的规划指标,用于乡村零星、分散、难以落实规划布局的旅游基础设施及产业项目建设,落实用地规划保障。

二是科学合理做好保护与发展。在国土空间规划编制中,守好发展和生态两条底线,妥善处理保护与发展的关系,科学合理做好旅游产业项目用地优化布局。

三是优先保障旅游发展用地需求。坚持节约集约利用土原则,积极盘活存量、合理利用增量,优先保障旅游产业项目建设用地需求,提高土地利用效率。

四是多渠道保障旅游产业发展用地。依据国土空间规划,通过开展土地整合方式,优化建设用地结构和布局,盘活存量,用于旅游产业项目建设。在符合国土空间规划和用途管制的前提下,鼓励农村集体经济组织可依法使用集体建设用地自办或以土地使用权入股、联营等方式经营旅游产业。

案例二

海南省在 2020 年出台了《海南省旅游业疫后重振计划——振兴旅游业三十条行动措施(2020—2021 年)》(下简称《振兴旅游业三十条行动措施》),体现了省委省政府全力以赴促进旅游经济全面复苏和高质量发展的决心。

一是不断创新旅游业用地政策。政府先后创新出台了《海南省人民政府关于进一步加强土地宏观调控提升土地利用效益的意见》《海南省人民政府关于支持产业项目发展规划和用地保障的意见》等规划与措施,从优化旅游业产业布局、创新旅游业用地政策和降低旅游业用地成本三个方面助力海南省旅游业发展:对省重点旅游园区和重点旅游项目的新增建设用地计划指标应保尽保,强化补充耕地指标省级统筹,保障重点旅游产业项目用地;建立土地出让控制标准,创新实施"只征不转、不征不转、只转不征"以及先租后让、弹性年期、混合用地以及对赌协议等用地制度。美丽乡村、全域旅游等占用农用地的旅游产业项目可以保留集体用地性质,采取"只转不征"方式落实项目用地;组织开展基准地价更新,降低旅游业用地成本,明确具有重大产业带动作用的大型游乐设施及配套主题酒店申请使用商服用地的,其基准地价可按现行商服用地基准地价的 60% 确定。

二是出台五大政策,保证旅游发展用地。为响应海南省《振兴旅游业三十条行动措施》,精心谋划全省重点旅游项目发展布局,进一步降低旅游项目用地成本。从旅游项目用地价格、临时旅游设施用地、农村集体建设用地等方面"放大招",进一步支持旅游业发展。按照省委省政府部署,会同相关部门对标"三区一中心"战略定位,推进海南省国土空间规划编制,精心谋划全省重点旅游项目发展布局,指导各市县在市县国土空间总体规划编制工作中,精准落位旅游建设项目规划用地,做好旅游建设项目规划保障。此外还制定旅游用地分类体系,结合不同旅游用地类型确定供地方式和土地价格。目前已开展了旅游用地问题和用地需求调研,并形成了调研报告,下一步将在调研的基础上,制定保障旅游项目用地的政策措施体系,根据旅游用地不同用途确定供地方式和土地价格。

三是建设首批环岛旅游公路驿站,有序推进用地收储工作。根据海南省委省政府工作部署,正在按照将环岛旅游公路打造成传世之作和海南标志性名片的总体要求，会同相关部门编制完成了《海南环岛旅游公路及驿站规划》，对项目推进的投融资模式、建设运营管理机制、平台架构等关键问题开展了系统研究并形成研究报告报省政府。该规划提出了品质、价格双考量的驿站土地招拍挂方案，正在有序推进首批示范驿站土地收储工作。下一步，将从落实用地用林用海等要素保障方面做好驿站招商工作，促进环岛旅游公路驿站高质量建设。

资料来源　整理自安顺市人民政府官网、南海网。

第四节　人才保障体系规划

一、建立人才保障体系规划的重要性

传统观点认为旅游业是劳动密集型产业，因此对于人力资源的需求多偏向于数量而不重视质量。然而随着市场消费需求的变化，游客对于旅游体验的要求日益提高，越来越追求现代化、动态化、个性化、人性化和可参与性的旅游活动和服务体验，而这些活动的开发设计与运营往往需要具有创意头脑和丰富知识储备的高素质劳动力，传统的劳动力结构显然已经不适合现代旅游业的发展。因此建立人才保障体系规划就成为适应旅游市场需求变化的必然举措，这有助于建立现代化的旅游行业人才队伍，提升旅游业规划开发水平和经营管理质量，助力人才的可持续发展。

《"十四五"旅游业发展规划》要求加强旅游业理论和人才支撑。推动事关旅游业发展的重大现实问题、热点问题和难点问题研究，加快构建以人民为中心的新时代旅游业发展理论体系，推动旅游科研院所创新发展。优化高等院校旅游相关专业设置，培育和认定一批旅游行业智库建设试点单位，加强旅游管理学科建设。促进旅游职业教育高质量发展，健全继续教育机制。加大旅游业领军人才、急需紧缺人才和新技术、新业态人才培养力度，打造一支与旅游业发展相适应的高素质人才队伍。整合政府部门、企业、院校、行业组织等资源，完善旅游人才培养、引进、使用体系。

二、人才保障体系建设目标

人才保障体系建设必须立足本地人力资源和旅游业发展现状，以加强培养本土旅游人才为主，适度引进旅游企业高级经营管理人才。

近期，优先培养专职导游、服务人员等一线操作人员，引进优秀的企业管理经营人

才,初步建立一支业务技能熟练、管理水平高的旅游人才队伍。

中期,加大旅游人才的培养和引进力度,建立一支既有理论又有实践,富有开拓创新精神和扎实专业技能的旅游管理队伍。

远期,完善各种培训机制和用人制度,建立一支多层次的、结构优化的旅游人才队伍,既能参与景区、景点及旅游规划的工程设计,又具有组织实施能力的设计型人才。

旅游人才保障体系建设目标如表 11-1 所示。

表 11-1 旅游人才保障体系建设目标

	近期	中期	远期
人才培训	①培训专职导游及定点导游 ②参加旅游部门干部管理培训 ③培训安全人员 ④培训旅游商品经营人员 ⑤酒店、餐饮服务人员岗位培训	①选送青年骨干到成熟旅游区挂职锻炼 ②持证导游 ③每年定期举办面向酒店、餐饮、旅行社等旅游行业的短期岗位培训班 ④培训旅游商品开发管理人才	①选送青年干部到旅游高等院校进修 ②拥有各类持证导游 ③每年培训旅游开发管理人员 ④加强岗位培训,完善培训体系
人才引进	引进旅游企业优秀的经营管理人才	①引进英语专职导游 ②引进旅游院校本专科毕业生	①引进旅游企业高级管理人才 ②引进旅游专业研究生

三、人才保障体系规划的内容

(一) 旅游教育体系规划

人才的培养必须通过教育得以实现,因此强化旅游教育是从源头解决问题。我国旅游产业的发展都是强调应用性和经济性,职业教育的比重远高于高等教育;同时人们对于旅游业的就业还存在着相当程度的误解,认为旅游业是低端服务业,比较典型的表现就是不少家长知道子女高考志愿报考了旅游专业后就全力阻拦,这些现象直接加大了旅游产业人才培养的难度。因此,全面优化旅游教育体系、扭转社会观念成为建立人才保障体系规划的首要任务。

1. 教育机构的体系优化

旅游教育机构是旅游教育与培训的基本单元。从目前国内旅游教育的发展来看,从事旅游教育与培训的机构主要有两类:一是学校,包括高职高专和各类高等院校等;二是政府或社会主办的培训机构。这两类教育和培训机构在主要功能和培养目标上都不同,形成了相互补充的关系。

在高等教育上,一是要增加开设旅游本专科教育院校的数量,即扩大基数;二是加强旅游专业的细分,将旅游专业分化为酒店、会展、景区等不同方向,提高旅游高等教育的专业化水平;三是加强专业知识学习的深度。当前国内部分旅游院校或专业的课程广度大但缺乏深度,一度让学生面临"门门懂、样样松"的困境。同时很多课程缺乏实践性,使理论与实际相脱离,学生就业后发现很难将所学用于工作中,这也不符合旅游的应用性特点。因此要适当加入一些实操性课程和到企业一线参观学习的活动。

而在职业教育上,则需要坚持技能化导向,同时学生要适度开展一些旅游专业化理论知识的教育(如消费者心理学等),更好地提升技能教育水平。同时还应当建立进修机制,给予优秀学生到高等教育院校进行学习的机会,开阔其视野。相较于高等教育,职业教育培养的人才很多会直接进入行业工作一线,有更大概率直接面对游客,因此他们的专业能力水平会直接影响游客的评价。

2. 教育模式的创新设计

旅游规划中,规划者应根据本地教育机构的现状,结合区域旅游发展的实际情况和市场需求,不断创新效果佳、成本低的旅游教育模式并将之运用于教育实践中。

例如,旨在培养具有整体素质的复合型旅游中高级人才的"三位一体"旅游教育优化模式就是一种模式的创新设计(见表11-2)。该模式的思想可概括为"以教学为核心基础,以技能培训为实践推动环节,以科研探索为发展导向"的教学—培训—科研一体化,它超越了我国传统旅游教育中单纯"以课堂教学为中心,以知识为中心,以教师为中心"的固定僵化模式,体现了现代教育的智慧、能力与发展一体化综合的特色。

表 11-2 "三位一体"旅游教育体系的子系统构成

子系统	目标特征	过程表现	内容	控制要点	在总体系中的作用
教学子系统	传授旅游从业人员所必需的核心基础知识、素质基础与理念	浓缩核心知识与理论的结构化课堂教学	旅游业知识;服务基础;人际沟通原理;营销、财务等基本技术理论	强调结构优化	素质的核心基础
培训子系统	强化旅游从业人员的专项技能操作及应变,提高从业适应力	操作训练,规程适应,实地场景实习	语言训练;礼仪训练;酒店、旅行社各具体环节技能训练	强调效率优化	实践推动与催熟作用
科研子系统	分析研究旅游教育与社会实践现状,提出适应及调整的策略性导向	实地调查统计,综合研究,分析归纳	抽样调查的组织与管理;信息的统计与分析;规律的提炼与归纳	强调新的信息增长点	导向与拉动作用

(资料来源:马勇、舒伯阳《"三位一体"旅游教育优化模式研究》,《湖北大学学报(自然科学版)》。)

总的来说，旅游人才保障体系在教育体系上的核心思想是加强高等教育与职业教育间的取长补短，推进产学研教的融合，而不是在二者间划定边界。

(二) 职业保障与发展体系

旅游教育的目的是产出人才，而职业保障与发展就是要保证人尽其才——人才能有用武之地，能切实进入旅游行业，为行业发展服务，具体包括以下几点。

1. 科学的人力资源规划

在进行人才招聘前，用人单位应根据自身实际对所需招聘员工的岗位、数量、素质要求、待遇等进行全面的统筹设计，建立系统性的人力资源结构，这是前提条件。

2. 人才引进

人才的吸纳渠道有很多种，但就当前的中国旅游业面临转型升级的现实而言，专业化人才是最为急需的，因此从旅游院校毕业生中招纳人才变成了最重要的途径。当下，高校每年的春秋招是企业获取应届毕业生专业人才的重要机会；此外，部分旅游企业也会聘请旅游院校教师担任咨询顾问，对企业经营管理建言献策，这也是一种重要方式，有助于加强课堂教学与一线实际的联系。

3. 人才培养

就应届生而言，其优劣势都是比较明显的。优势在于可塑性强和精力充沛，但劣势在于经验和技能的缺乏。从人力资源管理的角度讲，招入企业的新员工必须进行全面化的培训，包括岗前培训和在职培训两部分。岗前培训的重点在于企业文化教育和明确工作职责，在职培训的重点在于职业技能提升和职务晋升，二者的核心思想要因人而异，根据员工自身的性格和能力特点进行针对化培训，扬长避短。比如对于旅游专业本科毕业生而言，其强项在于相对丰富的知识储备和开阔的视野，但短板在于实操能力，因此培训的重点就在于加强企业一线实操内容的学习，帮助其将学校所学应用于实际工作中。具体而言，人才培养有以下可行措施：选派人员到旅游院校或成功企业培训和学习；聘请专家教授做报告和专题讲座；组织专业技能培训班，不断开展岗位练兵、技术比武、优质服务竞赛，提高从业人员的整体素质；制定政策，鼓励旅游从业人员通过函授、自学考试等形式，提高旅游专业水平和职业技能。

4. 人才待遇

良好待遇是企业留住人才的最重要手段。根据管理学中的激励理论，人才待遇分为物质激励和精神激励两部分；同时不同类型的员工应当实行差异化的待遇政策。处于职业生涯早期的员工（如应届毕业生）或者惰性员工，会偏向于薪资和工作环境等物质待遇激励；而很多老员工，则偏向于贡献认可等精神激励。因此企业要有针对性地制定待遇政策，将物质激励和精神激励手段协调运用。

四、人才保障体系规划的特点

(一) 科学性

人才保障体系规划必须要按科学规律办事，要在人力资源管理的科学理论的指导下，坚持遵循客观规律和发挥主观能动性相统一、理论与实践相统一和从实际出发三大哲学思想。切忌凭管理者的个人好恶和主观臆断进行设计，也不能照搬其他地方或企业的人才规划。

（二）综合性

人才保障体系规划不是一个单方面工程，而是包含了人力、物力和财力等多种资源和管理学、经济学、心理学等多学科理论在内的综合性工程。这就要求用人单位在制定规划时要考虑各种要素，要具有全局观念和全面的知识储备。

（三）系统性

这一点是基于综合性特点衍生出来的。既然人力保障体系规划是一个涉及多方面的综合工程，那么就存在着整体性与内部性的关系。一方面，各要素的合力作用使规划产生效果，这存在着短板效应——用人单位会受制于其弱项，比如资金，因为用人单位不可能开出超过其融资能力限制的薪酬待遇。这也提醒用人单位在制定规划时需要考虑如何减弱甚至消灭自身的劣势，同时不能忽视细节问题，毕竟千里之堤，溃于蚁穴。另一方面，各因素之间也存在着相互作用，比如资金和设施之间的相互关系，这也意味着用人单位不能忽略内部关系问题的处理，要做好平衡。

山东省"十四五"文旅人才发展规划

2022年，山东省印发了《山东省"十四五"期间文化和旅游人才发展规划》，规划从总体要求、锻造高水平文化和旅游人才队伍、统筹推进各类文化和旅游人才队伍建设、文化和旅游人才重点项目、加强文化和旅游人才平台建设、激活文化和旅游人才体制机制、加强组织领导等方面进行了系列谋划。

在目标上，规划提出到2025年，山东文化和旅游人才队伍规模要更加壮大，人才门类更为齐全，专业和年龄结构进一步优化，人才在区域、城乡间的布局更为合理。未来山东将培养集聚一批文化和旅游高端人才，高层次人才示范引领作用进一步得到发挥；打造一批知名度高、有影响力的人才扶持计划和培养项目，发挥高校、人才培养基地和高端智库的平台作用；用人主体的人才培养意识和保障能力进一步增强，人才培养、引进、使用、评价、激励等机制进一步健全；人才发展环境更加优化，服务人才的保障体系进一步完善，营造尊重支持文化和旅游人才发展创新的浓厚氛围。

在具体实施路径上，有以下方面。

一是要依托泰山人才、齐鲁文化人才工程等省级重点人才工程，加大对本土高层次人才的扶持培养力度；设立名家工作室、建设文化和旅游高端智库，围绕文旅重点领域、重点产业发现培养和引进复合型高层人才，加大青年骨干人才培养力度，加强高层次人才后备队伍建设；统筹推进各类文化和旅游人才队伍建设。加强乡村振兴人才、文化和旅游产业人才、文化和旅游领域科技创新人才、文化和旅游职业技能人才、公共服务人才队伍，以及市场运营和管理人才、文化交流和旅游推广人才队伍建设,储备和培养文旅行业人才。

二是实施文化和旅游人才重点项目。结合《山东省文化和旅游领域人才队伍建设若干措施》,实施"山东省文化和旅游青年拔尖人才""山东省乡村文化和旅游带头人(能人)""青年文艺人才创作扶持""青年文博人才培养"等支持项目,为入选人员提供平台、资金、项目等方面的支持,加大文旅各领域骨干人才的培养力度。

三是加强文化和旅游人才平台建设。鼓励省内高等院校调整优化文化和旅游相关专业设置和课程体系,加强学校和文化旅游企事业单位合作,为高校相关专业学生提供实习岗位,培养实践型文化、旅游和文物博物人才,建设一批文化和旅游人才培养基地,承担全省文化和旅游人才培养培训任务。适应形势发展需要,建设山东省文化和旅游厅继续教育公共服务平台,为全省文化和旅游行业专业技术人员提供便捷、免费的专业知识学习渠道。完善人才培训平台,通过专题培训班每年培养各类文化和旅游人才2000名以上。

四是激活文化和旅游人才体制机制。研究制定《山东省文化和旅游领域成果奖励办法》,对做出突出贡献的集体和个人进行奖励。推动职业资格与职称贯通发展,打通艺术、文物博物领域职业资格与职称的对应关系,探索将导游职业资格与群众文化专业技术职称贯通,激发人才创新创造活力。修订《山东省图书资料群众文化美术文物博物专业职称评价标准条件(试行)》,制定《山东省艺术专业职称评价标准条件》。落实高层次人才服务绿色通道制度,为用人单位和各类专家人才做好服务。

资料来源 整理自齐鲁壹点,有改动。

第五节 旅游安全保障体系规划

旅游活动必须在安全的基础上进行,没有人身安全的保障就不可能有高质量的旅游活动,更不要谈旅游产业的可持续发展。因此,旅游安全保障体系规划是旅游保障体系规划中的重要环节。凡从事旅游业务的企事业单位都是旅游安全管理工作的基层单位。一项有效的旅游安全规划包括安全人员、安全设施和安全步骤三大内容。安全人员和安全设施是有形的资源,安全步骤则规定了如何使用这些资源达到组织目标的具体做法。凡与旅游安全有关的一切事情都与这三大内容相关联。旅游安全涉及旅游的食、住、行、游、购、娱各方面,具体有行游安全、人身安全、饮食安全、住宿安全、购物安全等方面。旅游安全规划具体有旅游企业安全管理工作职责、风景名胜区旅游安全规划、旅游饭店旅游安全规划、漂流旅游安全规划等主要内容。

思政要点

人民安全是国家安全的基石。要强化底线思维,增强忧患意识。坚持把人民生命安全和身体健康放在第一位。加强旅游安全管理，就是要把落实安全责任贯穿旅游业各领域全过程，推动构建旅游安全保障体系，强化预防、预警、救援、善后机制，健全突发事件应对机制，提高保险理赔服务水平。加强旅游业大数据应用，发挥技术手段的监测作用。

一、旅游企业安全管理工作职责

责任的清晰界定是安全工作的基础环节，主要内容包括以下方面。

（1）设立安全管理机构，配备安全管理人员，建立安全规章制度，并组织实施；建立安全管理责任制，提高从业人员的安全知识和防范技能，配备与经营范围相适应的安全管理专员和安全设施，严格遵守操作规程，定期检查，保障游客人身、财产安全。

（2）建立安全管理责任制，将安全管理的责任落实到每个部门、每个岗位、每个职工。

（3）把安全教育、职工培训制度化、经常化，培养职工的安全意识，普及安全常识，提高安全技能，新招聘的职工必须经过安全培训，合格后才能上岗。当地旅游行政管理部门对旅游安全管理工作进行行业管理和检查、监督。

（4）经营涉及人身安全的特殊旅游项目和客运架空索道、缆车、漂流、滑雪、攀岩、滑翔等特种旅游项目，需要配备专业人员，提供安全保障，并为游客购买保险提供服务。大型游乐场等旅游项目，设备、设施要符合国家有关安全标准，并定期检测。游乐设备、设施需要经国家认可的检测机构检测合格，保持安全运行状态，具备必要的安全保障措施。涉及人身安全的漂流、客运架空索道、缆车、漂流、滑雪、攀岩、滑翔等旅游项目，旅游经营者需要加强设备、设施的日常维护和保养，保证安全运转；坚持日常的安全检查工作，重点检查安全规章制度的落实情况和安全管理漏洞，及时消除安全隐患。用于接待游客的汽车、游船和他设施，要定期进行维修和保养，使其始终处于良好的安全状态，在运营前进行全面的检查，严禁带故障运行。

（5）对游客的行李要有完备的交接手续，明确责任，防止损坏或丢失。

（6）在安排旅游团队的游览活动时，要认真考虑可能影响安全的诸项因素，制订周密的行程计划，并注意避免司机处于过分疲劳状态。

（7）开展登山、狩猎、探险等特殊旅游项目时，要事先制定周密的安全保护预案和急救措施，重要团队需按规定报有关部门审批。

（8）凡涉及游客人身、财物安全的事故均为旅游安全事故，旅游企业负责为游客投保，直接参与处理涉及单位的旅游安全事故，包括事故处理、善后处理及赔偿事项等。

旅游安全事故分为轻微、一般、重大和特大安全事故四个等级。事故发生后，现场有关人员应立即向本单位和当地旅游行政管理部门报告。一般、重大、特大安全事故发生后，地方旅游行政管理部门和有关旅游企事业单位要积极配合有关方面，组织对游客进行紧急救援，并妥善处理善后事宜。地方旅游行政管理部门在接到一般、重大、特大安全事故报告后，要尽快向当地人民政府报告，对于重大、特大安全事故，要同时向国家旅游行政管理部门报告。

二、旅游安全保障体系规划的内容

(一) 游览安全保障

游览安全管理是旅游活动进行中的安全管理,涉及游览环境、旅行社和导游。游览安全规划,首先是游览环境安全,在旅游景区景点内,设置规范、醒目的公共信息图形符号标志、地域界线标志、游览导向标志、安全标志和通信等必要的服务设施,对具有危险性的区域或者项目,设立明显的提示或者警示标志,并采取必要的防护措施。在游览危险地段及水域或猛兽出没、有害动植物生长地区,安全防护措施要完善,要有专人负责安全,明示游览活动需要遵守的规定。

旅游景区需要根据旅游安全、环境保护、文物保护以及服务质量的要求,确定旅游接待承载能力,实行游客流量控制,安全救助措施完善。当旅游景区达到或者接近游客流量控制标准时,旅游景区经营者应当告知游客,及时进行疏导,实行分时进入或者限制进入,做到无超容量接待、无游人挤踩伤亡事故。经营涉及人身安全的旅游项目,需要采取安全保障措施。对旅游中可能造成危险的情况,需要事先向游客做出真实的说明和明确的警示。发生安全事故时,旅游经营者需要及时救护并向有关部门报告。

旅行社组织旅游观光活动时,要保证所提供的服务符合保障游客人身、财产安全的要求;对可能危及游客人身、财产安全的事宜,应当告知游客,并采取防止危害发生的措施。导游在引导游客游览的过程中,应当就可能发生危及游客人身、财产安全的情况,向游客做出真实的说明和明确的警示,并按照旅行社的要求采取防止危害发生的措施。

(二) 治安安全保障

治安管理是通过规划保证旅游目的地无盗窃钱物、无聚众斗殴、闹事、抢夺财物等重大社会治安事件和刑事案件。治安管理规划要注意通过正面形式的宣传与告诫,开展健康、文明的旅游文娱活动,严厉打击封建迷信、卖淫嫖娼、赌博吸毒等各种有害活动。

(三) 交通安全保障

交通安全管理规划是对旅游交通过程安全的规划,需要严格执行交通法规,制定景区安全行车制度,抓好车辆管理,建立景区内各种机动车辆的保养、检修制度。规划应要求所有道路符合规定标准,及时维修,按道路交通管理的有关规定设置标志,保障道路畅通,确保进入风景名胜区的车辆安全行驶。此外还应保障游船、缆车、索道、码头等交通游览设施安全管理制度健全,有专人负责,严格遵守操作规程,定期检查,保证运行安全,不发生重大伤亡事故。

(四) 消防安全保障

消防安全管理是对旅游场所灾害的准备救护管理,规划要求严格执行《中华人民共和国消防条例》等法规,按要求配备灭火器材,分布合理。消防器材应登记造册,有专人负责管理并定期进行检查。规划需要求火警通信设备和器材有保养制度,保持完好,确保通信畅通。建立安全用电制度,保证用电安全,无因违章用电引起的事故发生。规划要求消防车辆及时维修保养,专车专用,随时保持警戒状态。规划还应制定林木防火管理办法。重点部位禁烟禁火标志醒目,并有专人监督管理,保证古建筑、古树名木无火灾。

总的来看,消防安全需要强大的人防和技防支持,包括安全人员、安全设施和安全步骤三大内容。

(1)加强安全人员的招聘和监管。安全人员是酒店安全的具体实施者,规划时必须考虑是否有可能使用本店安全人员,或雇用合约安全人员或兼职警察。安全人员需要经过筛选和培训,同时受到应有的监督。专职的安全人员不再指派其他工作,以保证他们全心全意从事安全工作。雇用合约安全人员,要核实过对方的确具有提供完善的安全服务的能力,有益于举行对付紧急情况的演习。此外因为复杂的安全设备要通过安全人员使用,而不同的安全设备操作简繁程度差异甚大,因此安全人员需要全面了解设备的用途及其局限性,掌握其使用方法,以确保安全设备的有效性。

(2)加强安全设施的建设与维养。游客的人身安全涉及建筑物、场地及建筑物内部设施。确保游客人身安全的内部设施包括布局、照明、围墙和大门及报警系统等诸多因素。研究游客人身安全时,应重视环境因素、安全人员、通信等多种因素的变化。以环境因素为例,具体包括围栏、建筑结构、电气设施、应急设施等,需要确保其处于安全需要的正常状态。比如:设计围栏时需要保证够高(防止攀越),以及下方空隙不能太大(防止从下方爬行);垃圾箱等要远离栅栏,以防用来帮助攀越。

(3)安全步骤的严格执行。安全步骤就是当发生险情时应当执行的应急程序,属于应急预案的一部分,因此需要提前规划设计。平时需要加强安全步骤的演练,强化所有人员的安全意识和对步骤的熟悉程度,不至于在险情发生时手忙脚乱、六神无主。

(五)公共防卫保障

这一点主要针对旅游景区和酒店。其必须建立周密的外围公共防卫系统。一是周边环境监控,要随时关注和分析产生社会不安定、破坏公共财产或其他类似安全问题的潜在因素,比如分析附近交通状况是否会带来特殊麻烦,要与公安局和消防队保持密切联系。定期检查周边有关人身安全的营业活动也十分重要,近邻的建筑和居民区、餐馆、娱乐场及其他对客人有吸引力的场所等因素都应考虑。二是应急设备,如要保证在供水系统发生故障,或因断电无法供水时,有备用的水泵系统。三是管网的维护,要防止盗贼通过地下管道等处非法进入酒店,对水电气及通信线路管道要采取保护措施,避免遭到破坏。

(六)紧急救援体系保障

一是要建立旅游紧急救援体系,完善应急处置机制,增强应急处置能力;二是要建立危机管理预案,建立健全游客紧急救援体系和工作预案在旅游地的主要旅游景区和服务中心设立医疗救护点;三是要提高政府有效预防和处置各类旅游紧急事件的能力,保障旅游企业的合法权益和游客的生命财产安全;四是要增强行业整体防灾、抗灾水平和抗风险能力,促进旅游业安全、有序、可持续发展。

在具体的行业实践中,旅游警察是比较成功的一种途径。2015年10月,全国首支旅游警察队伍——海南省三亚市公安局旅游警察支队正式成立。随后,丽江、大理、西双版纳、厦门、秦皇岛等热门旅游城市跟进设立旅游警察。旅游警察的设立适应了全域旅游发展的需要,他们能够更加直接地与游客接触,为其提供所需的各种帮助和救援;也可以直接进行案件的侦办,帮助游客快速恢复丢失的身份信息以及帮助冻结银行卡等,为游客带来了安全感;同时旅游警察具有行政处罚权,能够出具罚单,甚至吊销营业执照或从业资格,从而震慑旅游行业从业者。在新的时代背景下,旅游警察的风貌已经成为城市的一张名片,成为游客评价城市安全可靠性的重要参考,旅游警察的存在可以说是时代对旅游业的要求。

(七)安全制度保障

(1)建立健全旅游安全法律法规体系,构筑旅游安全的法律保障。旅游安全法律法规是构建旅游安全保障体系的制度基础,是旅游行业发展的行动指南,是旅游活动开展的法律依据。它可以规范旅游行为,强化旅游安全防控意识,明确旅游主体责任义务,为旅游安全提供全方位制度保障。具体而言,一是要贯彻执行《中华人民共和国旅游法》;二是制定旅游安全行政法规,作为对旅游法的细化和补充;三是制定旅游安全规章制度,发挥其辅助作用,提高旅游安全保障效率。

(2)建立健全安全预防和应急机制。要积极采取预防措施,包括监督检查、制定应急预案等措施,做好人、财、物的准备,有效地化解旅游危机的发生,降低危机带来的破坏程度。要设立旅游与新闻宣传、交通、公安、气象以及旅游企业等相关单位的联动机制,各个部门统一协调、分工负责的旅游危机管理组织,制定旅游危机管理的战略、政策、措施及危机应急预案。在应对危机过程中,应特别注意游客安全信息的及时、准确掌握,并做到实时更新,与危机事件受害者的家属保持热线。同时要严格执行新闻发言人机制,及时公布各种信息和处理方式、对策,确保社会公众第一时间,通过统一的口径了解事件的真实情况,防止网络谣言对公众的误导。

(3)建立旅游安全商业保险制度,构筑旅游安全的经济保障。保险是良好的风险管理手段,我国旅游安全保险已形成了相对完备的旅游保险运作体系,保险产品种类齐全。但实际上购买旅游保险的人数比例并不高,旅游保险不能充分发挥其应有的作用。因此要加大保险宣传,增强游客的保险意识,保护自己合法权益;加强对旅游保险的监管,推动旅游保险保障系统进一步完善。

世界旅游组织的危机管理指南

世界旅游组织发布的《旅游业危机管理指南》(Crisis Guidelines for the Tourism Industry),旨在指导成员的危机应对和管理工作。世界旅游组织把危机阐述为:影响游客对一个目的地的信心和扰乱继续正常经营的非预期性事件,并可能以无限多样的形式。危机管理有助于保持游客和旅游业的信心,将危机对目的地的影响最小化。世界旅游组织认为，旅游业危机管理的主要途径有四个，即沟通、宣传、安全保障和市场研究。其中，基于诚实和透明之上的良好沟通是成功的危机管理的关键。《旅游业危机管理指南》针对危机之前、危机期间和危机过后三个阶段提出了行动建议。

一、危机之前

世界旅游组织告诫永远不要低估危机对旅游业带来的可能危害，它们是极端危险的。把危机影响最小化的最佳途径就是充分做好准备。

在沟通方面，要制订危机管理计划，任命专门的发言人，设立一个媒体和沟通部门，与媒体经常沟通，沟通的原则是诚实和透明。在制订危机管理计划的过程中，要把公共服务和私营旅游企业都包含进来，良好的合作是有效危机管理的关键。要定期对危机管理计划进行预演排练，并不断修正和完善。

在宣传方面，要开发一个旅游贸易伙伴数据库，建立在危机出现时能及时联络数据库中贸易伙伴的沟通系统。树立和保持可信度是旅游宣传的基础。应预留出特别情况基金，尽力获得支出这笔基金的提前允诺，而不必经过一个冗长复杂的行动程序，以便在危急情况时做出迅速、灵活的反应。

在安全保障方面，要建立和保持与其他安全保障部门的工作联系。旅游部门应任命专人负责与其他政府部门、专业服务机构、旅游业和世界旅游组织在安全保障方面的联络。旅游部门要制定旅游业的安全保障措施，并在改进安全保障方面担当积极角色，发起成立面向当地旅游从业人员的安全工作组，鼓励在旅游业的公共安全和私人安全机构之间建立合作伙伴关系。组建能用多种语言提供服务的旅游警察队伍和紧急电话中心。

在市场研究方面，旅游部门要与主要的酒店、航空公司和旅游经营商设立双向协定，交换关于过夜停留、出租率、价格等方面的最新数据信息。

二、危机期间

世界旅游组织强调危机发生后的第一个24小时至关重要。即便是一个不专业的反应，就能够使旅游地陷入更大的破坏。

在沟通方面，要坚持诚实和透明，不要施加新闻管制。要建立一个媒体中心，并迅速通过媒体发布危机方面的信息。信息需要尽可能准确和可靠，不能歪曲事实。其他组织也在向媒体提供关于危机的信息，例如警察机关、防灾减灾组织、航空公司、饭店协会、旅行经营商团体和世界旅游组织，要及时向这些组织通告旅游地的有关行动，将其纳入对外沟通渠道。

在宣传方面，要直接向贸易伙伴提供关于灾害程度、受难者救助行动、结束危机的安全保障服务以及防止灾害发生的举措等方面的详细信息。危机通常引起政府对旅游业给予比正常环境下更大的关注，要利用这个机会寻求在宣传预算上的增长，这将用来帮助产业恢复和吸引游客返回。要实施金融救助或财税措施支持旅游企业。在困难时期，政府需要与企业紧密合作，可以用临时性的税收优惠、补贴、削减机场收费和免费签证等措施来激励旅游经营者、航空公司、游船公司等企业，使其在危机后能迅速恢复运营。

在安全保障方面，要充分发挥应急电话中心的作用，要通过跨机构的接触和联络采取安全保障措施来结束危机和提升安全水平,并加强内部沟通,防止错误信息的传播。

在市场研究方面,要派出调研队伍,发现谁在危机期间旅行,他们来自哪里以及原因,同时回溯危机期间媒体关于旅游地都报道了些什么,然后迅速向宣传部门反馈信息。

三、危机过后

世界旅游组织认为即使危机结束,危机带来的负面影响仍然会在潜在的游客心中持续一段时间,因此需要加倍的努力,尤其是在沟通和宣传方面。

在沟通方面,要积极准备反映旅游活动正常的新闻条目,目的是证明旅游地已经业务如常。邀请媒体重返旅游地,展示所取得的成绩。集中精力进行正面报道,以抵消危机在游客心目中形成的不利形象。

在宣传方面,要向新的市场群体和特殊的市场群体进行有针对性的宣传,提供特殊的报价。要把宣传促销转向那些最有活力的市场,通常是距离东道国最近的客源市场,因为其游客对旅游地较为熟悉。要开展国内市场宣传,国内旅游在危机恢复时期可以弥补外国旅游需求的减少。要增加旅游经营商考察旅行和专门活动,组织专门的活动和会议,创造与贸易伙伴和国际社会沟通的机会。

在安全保障方面,需要重新审视安全保障系统,以保证其在危机结束后依然到位。通过旅游接待调查结果反馈,奖励先进,鞭策后进,提高安全保障服务的质量。

在市场研究方面,要调研客源地市场对旅游地的感知。要针对主要客源市场,通过研究潜在的游客和调查其贸易伙伴,确定他们是否做好旅行的准备,并了解他们对旅游地的感知和理解。把这些信息反馈给宣传促销部门,量体裁衣、对症下药,采取行动纠正不良的印象。

复习思考题

1. 旅游保障体系规划包括哪些内容?
2. 简要说明旅游规划与开发中建立各种保障体系的重要性。
3. 结合你的经历,谈谈如何加强旅游业人才队伍建设?
4. 结合你参与的旅游规划设计项目,思考怎样处理土地资源保护与旅游开发之间的关系?
5. 尝试运用旅游安全保障体系分析我国重大旅游安全事故的原因及应对措施。

思政案例

本章课程
思政总结

第十二章
旅游资源开发与规划效益评估

学习目标

1. 深刻理解习近平总书记的资源观。
2. 掌握旅游资源开发与规划的效益评估内容。
3. 熟悉旅游资源开发与规划效益评估体系。
4. 熟练运用旅游资源开发与规划的效益评估方法。

思政元素

1. 可持续发展才是好发展。
2. 坚持党对文化和旅游工作的全面领导,牢牢把握社会主义先进文化前进方向,以社会主义核心价值观为引领,固本培元,守正创新,坚持把社会效益放在首位,实现社会效益、经济效益和生态效益相统一。
3. 保护生态环境就是保护生产力,改善生态环境就是发展生产力。
4. 深入挖掘地域文化特色,将文化内容、文化符号、文化故事融入景区景点,把优秀传统文化、革命文化、社会主义先进文化纳入旅游的线路设计、展陈展示、讲解体验,让旅游成为人们感悟中华文化、增强文化自信的过程。
5. 严守生态保护红线,对生态保护红线内允许的文化和旅游活动实施类型限制、空间管控和强度管制。坚持绿色低碳发展理念,加强文化和旅游资源保护,提高资源利用效率。

旅游促进减贫与可持续发展

作为发展较快的产业之一,旅游业在全球范围内提供了大量的就业机会,改变着人们的生活,影响着经济和社会的发展,同时也承担着更加重要的社会责任。其中,旅游在减贫事业中的重要作用尤为引人关注。2018年,世界旅游联盟发布了《世界旅游发展报告2018——旅游促进减贫的全球进程与时代诉求》。报告指出,旅游业在贫困地区经济社会发展体系中的作用,已经从辅助角色发展为关键推动力量。

2019年9月19日于中国杭州召开的"世界旅游联盟湘湖对话"上,世界旅游联盟发布了《世界旅游发展报告2019——旅游促进减贫的产业植入和文化建设》,进一步指出了以产业植入和文化建设推动旅游减贫深入发展,进而实现贫困地区的可持续发展。我们有理由相信,旅游业已成为推动贫困地区经济社会可持续发展的重要力量。

从国家层面,旅游业已成为一些发展中国家发展经济、推动减贫的重要产业。

当前,进入新兴市场和发展中国家的国际游客占到全球旅游市场份额的一半,旅游给这些国家带来了经济增长的机会。世界旅游组织报告指出,在一些发展中国家,特别是小岛屿国家,旅游业可占国内生产总值的25%以上。在非洲,旅游业产值占非洲大陆国内生产总值的8.1%,为非洲创造了2000万个以上的工作机会。2011年以来,中国通过乡村旅游已带动1000万人以上贫困人口脱贫致富,占贫困人口的比重超过10%。

从地区层面,旅游发展对特定贫困地区脱贫做出了难以替代的贡献。

贫困地区的贫困往往源于交通闭塞、信息不畅、文化保守。在这些地方发展传统工业和农业难以取得好的成效,而发展旅游业则可能具有某些优势。因为很多贫困地区虽然交通闭塞,但具有优美的景观和良好的自然生态,也因此保留下来很多传统的生活方式和多样的民族民俗文化,这些对于现代游客来说恰恰具有很强的吸引力。2019年9月27日,世界旅游联盟在意大利罗马联合国粮农组织总部举办了中国旅游扶贫推介会和图片展,会上分享了来自中国贵州从江县的旅游减贫案例,从江县拥有适于发展旅游的良好自然资源和人文资源,这是旅游减贫能够在从江获得成功的基本条件。

贫困地区旅游业的发展也为旅游业本身的发展升级带来了新的模式。在世界旅游联盟旅游减贫案例中,来自亚洲、欧洲和非洲的众多案例,通过在减贫地区发展旅游业,形成了很多创新的模式和业态。例如在中国,随着贫困地区对旅游产业的重视和发展,乡村旅游产业规模不断扩大、业态不断丰富、内涵不断拓展。越来越多的游客开始将旅游的注意力从城市转移到乡村。根据中国有关部门的数据,中国休闲农业和乡村旅游年接待人次已超30亿,营业收入超过8000亿元。旅游减贫事业客观上促进了旅游业本身的产业结构调整和升级。

从社会层面,旅游发展促进贫困地区的家庭幸福和社会和谐。

在全球范围内的发展中国家,都面临着推进工业化和城镇化的任务。很多贫困地区进入社会转型的关键期,显现了人口老龄化、村庄空心化、家庭离散化的态势。贫困地区发展旅游产业,创造了新的就业机会,有效地吸引劳动力的返乡回流。家庭的团聚和收入的增加让很多家庭问题得到解决,促进了家庭的和谐和社会的稳定。游客为贫困地区带来收入的同时,也带来了现代的文化理念、管理理念。很多贫困地区在旅游发展的过程中,居民的组织化程度和现代意识得到加强,政府治理水平也得到了很大提升。

从生态层面,旅游发展能够为贫困地区带来生态环境的改善。

游客看的是风景,感受的是环境,从根本上,旅游活动和生态环境保护并不冲突。而且,随着以休闲度假为目的的游客越来越多,良好生态环境对游客的吸引力更加突出。因而,在开发适度、经营管理得当的情况下,旅游发展不仅不会对旅游地环境造成大的负面影响,而且能够为生态环境改善创造条件。一方面,旅游发展带来的收入为当地生态环境的保护和优化提供了资金;另一方面,旅游发展让当地居民看到了生态环境的价值,从而自觉成为生态环境的守护者。从更大的范围来看,旅游活动有利于增强人们的生态意识,形成生态环境保护的良好社会氛围。很多贫困地区生态环境总体上比较优越,但是由于贫穷落后,也存在森林砍伐、开山挖石、垃圾随意堆放、污水直排、土壤污染等破坏生态环境的问题。发展旅游对于解决这些问题起到了很好的作用。

资料来源：整理自人民网旅游频道。

思考题：请根据上述案例思考,旅游在助推减贫与脱贫工作中起到怎样的作用?

第一节 旅游资源开发与规划效益评估的内容

旅游资源开发与规划效益评估是对旅游资源开发与规划成果的综合衡量,其中效益不仅指经济效益,还包括旅游资源开发与规划的社会和环境效益。因此,良好的旅游资源开发与规划应旨在为旅游目的地带来更好的综合效益。下面从旅游资源开发与规划效益评估的原则、效益评估的内容体系方面进行介绍。

一、旅游资源开发与规划效益评估的原则

旅游产业是多元产业的集合,与其他产业具有天然的耦合性。旅游资源开发与规划涉及来自不同的部门和行业的各个组织和群体,具有复杂性和综合性,同时在旅游资源开发与规划中会涉及历史、地理、文化、交通、建筑、园林、经济、商业、社会、信息等自然和人文因素。因此,旅游资源开发与规划的效益评估也需要对自然与人文的多重要素进行评估和考察。如果仅仅根据某一单一要素进行效益评估,很可能做出片面甚至错误的判断。因此,在评估旅游资源开发与规划的效益过程中,需要自觉遵守以下几项原则。

(一)客观公正的原则

客观公正的原则要求评估结果有充分的事实支撑。如果不能做到客观公正这一点,就会导致评估结果的使用者做出不正确甚至错误的决策。旅游资源开发与规划效益评估的研究是区域旅游可持续发展评估的重要组成部分,是行政部门、开发商、经营者和相关机构进行决策的重要参考依据,要坚持实事求是和客观公正,评估结果不能牵强附会,否则会带来巨大的经济损失和负面效应。因此,在进行评估时,必须要对评估对象持有客观公正的态度。客观公正原则是指对旅游资源开发与规划所带来的效益进行实事求是的评估,既不能夸大其带来的效益,也不能忽视旅游资源开发与规划过程中带来的不利影响,要争取实现最终评估结果的客观实际。

（二）科学实际的原则

在对旅游资源开发与规划进行效益评估时既要有严谨科学的态度和精神,还要运用正确的评估方法。只有客观公正的态度而没有科学的方法,也是达不到理想效果的。在评估旅游资源开发与规划效益的过程中,应该尽可能地运用数理统计、经济学、生态学、人口学、社会学等领域的理论和方法,力求用科学的分析评估方法得出效益评估的结果。

（三）全面系统的原则

旅游业具有综合性、带动性、劳动密集性、文化性、涉外性、依赖性等特征,其发展必然会对经济增长、社会发展、生态环境造成全面的影响,所以从经济、社会、生态等方面对旅游效益进行多维评估是有必要的。因此,进行旅游资源开发与规划的效益评估时,我们不能孤立地研究其带来的经济效益,还必须对相关的社会环境和生态环境进行分析和评估,从而得出系统、全面的评估结果。

旅游资源开发与规划带来的经济效益通常放在第一位,可以运用一定的方法和指标通过运算来进行衡量;而其带来的环境效益有多种表现形式,如其对转变经济发展方式、调整产业结构、推进城镇化建设、平衡国际收支、减少贸易摩擦、建设资源节约和环境友好型社会、调整收入差距、促进就业等方面都发挥着积极的作用。这些影响既有积极的也有消极的,并且这些社会影响通常是间接的、长远的、难以量化的,但大部分都不易被评估。此外,旅游资源开发与规划带来的环境改善与退化的结果则需较长的时间才能显现出来,而在评估期内由于难以考察而容易被人们所忽略,致使得出的结论不准确。因此,旅游资源开发与规划效益评估的指标和体系作为一个有机整体,要能反映旅游产业综合效益的本质特点及其基本组成结构,全覆盖效益内容,并且要求指标体系各项指标既相互联系又相对独立。

从多个角度对旅游资源开发与规划的效益进行剖析,对其效益进行多维评估,有利于旅游利益相关方更清晰地认识到旅游发展的巨大综合效益,更深刻地理解旅游发展对经济、社会、生态的意义。

（四）适度超前的原则

旅游资源开发与规划是一个长期的开发项目,该项目对于周边环境的影响是长期性的。在对旅游资源开发与规划效益进行评估时,不能仅对旅游资源开发与规划目前所产生的效益进行近期评估,而应该在评估的时效性方面适度超前,应有一定的预见性并做好长期评估。可应用一定的预测、演绎手段甚至可以采用计算机进行模拟,对未来一定时期内旅游资源开发与规划所产生的经济、社会、环境效益进行综合评估。

（五）力求定量的原则

应该把定量分析方法与定性分析方法相结合,建立科学评估体系,并能准确地反映旅游产业的基本特征和可持续发展的要求,反映旅游产业的内在效益与实现方式以及旅游产业的带动效应与外部效益。对旅游资源开发与规划效益进行定量评估,也就是对旅游资源开发过程中发生的投入产出进行数量上的衡量并加以效益比较。要求对开发过程中的投入和开发后所产生的效益进行量化分析,并且在制定指标时要采用统一的标准,以便开展不同地域或时段上的横向和纵向的比较。

(六)可持续性的原则

旅游资源开发活动的进行,给社会经济发展带来良性促进作用的同时,也可能会造成环境的破坏。可持续旅游其本质是不断保持环境资源和文化完整性,并能给旅游区居民公平的发展机会,既反对以牺牲环境换取短期发展的"先污染、后治理"模式,也反对消极保护环境、限制经济发展的"零增长"模式。过度的开发行为很容易造成杀鸡取卵、涸泽而渔的消极影响和作用,这种舍本逐末的开发方式对社会发展是百害而无一利。因此进行旅游资源开发与规划效益评估时,应具有可持续发展的观念。可持续发展要求从长远观点、全局的角度出发,全面认识旅游的影响,在满足人们发展旅游业和开展旅游活动的需要方面,实现代际平衡和空间平衡。所以,在进行旅游资源开发与规划效益评估的过程中,不能单纯考虑经济效益或者社会效益,而是应该通盘考虑,综合分析旅游资源开发与规划对社会、经济、环境的影响,并就其发展的可持续性进行评估。

大家一起发展才是真发展,可持续发展才是好发展。我们要秉持创新、协调、绿色、开放、共享的新发展理念,拓展务实合作空间,助力经济复苏、民生改善。

二、旅游资源开发与规划效益评估的内容体系

旅游发展的效益不仅包括经济效益,还有社会效益、生态效益。对旅游资源开发与规划效益的评估,也应该从经济、社会、环境三个方面来进行,不应有所偏废。

(一)经济效益评估

经济效益,一般是指人们在社会生活中由于贯彻经济原则,以尽量少的劳动消耗(包括物化劳动和活劳动的消耗)和尽量少的资源占用(包括自然资源、社会资源和经济资源)而产生出尽量多的使用价值和价值量。因此,经济效益就表现为资源占用、成本支出与产出的经营成果之间的比较。在实际经济效益评估中,表现为投入量与产出量之间的比较,通常会出现以下四种比较结果:①以较小的投入成本获得较大的产出,在这种情况下,经济效益最大;②以较高的投入量获得较大的收益,此时经济效益的取得是靠粗放经营而得到,较①次之;③以较小的投入获得较小的收益,在这种情况下,投入规模较小而没有形成规模积聚效应,收入状况欠佳;④以较大的投入量却获得较小的产出价值,这实际上是对资源造成了浪费,是四种情况中经济效益的最低者。

旅游资源开发与规划的经济效益指的是人们在从事旅游经济活动中,旅游产品与旅游资源开发的投入量与旅游业有效产出量之间的对比关系,在价值形式上表现为旅

游经济部门生产旅游产品的费用和经营旅游产品所获得的收入的比较。旅游资源开发与规划的经济效益既包括个别旅游企业经营的微观经济效益也包括旅游资源开发与规划带给社会的宏观经济效益。

1. 旅游资源开发与规划的微观经济效益评估

旅游资源开发与规划的微观经济效益是指旅游企业和部门在开发、生产、经营活动中对劳动的占用和耗费与劳动所得之间的数量对比关系,即向游客提供直接服务的在线旅行社、旅游交通运输部门、景区、餐饮、酒店等旅游企业在开发和提供旅游产品对物化劳动和活劳动的占用与消耗和企业所获得的经营成果的比较。

2. 旅游资源开发与规划的宏观经济效益评估

随着中国旅游业的蓬勃发展,其综合性、关联性很强的特点表现得越来越充分,在带动相关行业的发展、扩大国内需求、增强经济活力、提高人民生活质量等方面发挥了日益重要的作用。旅游业包含食、住、行、游、购、娱六大要素,旅游消费不仅与交通、住宿、餐饮、商业、景区景点等行业直接相关,还与工业、农业,以及信息、金融、保险、医疗、咨询、环保等产业关联,其直接和间接影响的细分行业达100余个。另外,旅游业不仅能与第一、第二、第三产业的各个领域通过"旅游+"或"+旅游"的模式进行融合发展,形成新的产品和业态,对优化产业结构产生催化作用,还与文化、教育、科技和其他社会事业也有着交叉、嫁接和融合发展的基础。

旅游资源开发与规划的宏观经济效益是指在旅游经济活动中社会投入的物化劳动、活劳动、自然资源的占用和消耗与产出的社会经济成果之间的比较,体现在整个旅游产业自身的直接经济效益,以及社会经济发展和生态环境改变的间接效益两个方面。除了旅游企业整体的直接经济效益以外,旅游宏观经济效益还包括发展旅游业带动其他相关行业发展的间接经济效益。

(二) 社会效益评估

旅游资源开发与规划促进了当地的交通配套、商业行为、通信网络、医疗设施等全方位社会发展。旅游业的社会效益表现为旅游活动对当地社会文化、生活模式和居民生活价值观等方面所产生的影响。旅游发展产生的社会效益,有的与经济活动相关,有的与经济活动无关;有有形的社会效益,也有无形的社会效益。旅游活动对当地的社会组成、风土人情、文化特点、价值观点等方面产生的影响即为旅游业发展的社会效益。旅游业的社会效益具体表现有:旅游业不仅吸引了国内游客,还吸引了大量的国外游客,成为赚取外汇的重要途径,在增加外汇储备、弥补贸易逆差、平衡国际收支方面发挥了巨大作用,在国际上被称为"民间外交";旅游资源开发与规划对于促进民族文化的保护和发展具有极大的帮助,随着旅游资源的开发和旅游业的发展,社会中散落的民族文化、手工艺技术等都将被重新收集、整理,保存和发扬了当地特有的文化,对本地文化的发展起到了积极作用。

不过旅游业的快速发展也不可避免地给旅游地带来不良社会风气、环境破坏、旅游地居民的正常生活受到不同程度的干扰等问题。此外旅游业的快速发展容易导致文化断层、旅游泡沫和文化真实性的丧失,地方旅游经营者为了迎合游客的文化偏好和追求商业利益,可能会过度商业化当地的文化遗产。

旅游资源开发与规划社会效益的评估就是要进行全面的分析，综合评估其对社会的正面作用和负面影响，并对这两方面进行比较分析，以确定是其正面效应大于负面效应，还是负面效应大于正面效应。

坚持党对文化和旅游工作的全面领导，牢牢把握社会主义先进文化前进方向，以社会主义核心价值观为引领，固本培元，守正创新，坚持把社会效益放在首位，实现社会效益和经济效益相统一。

（三）环境效益评估

旅游资源和旅游环境质量是旅游业赖以存在和发展的基础。旅游业的发展不仅可以带动地方经济的迅速发展，而且可以促进环境保护；在旅游资源开发与规划过程中，人们的环保意识得到强化，历史建筑和古迹遗址、自然保护区等获得资金得以维护，社会公共基础设施也得到改善。在旅游资源开发过程中比较重视生态环境保护，从而促使旅游质量得到提高，但同时旅游资源开发也会导致环境的破坏，比如水污染、绿地破坏、生活垃圾增多等问题。例如，如果旅游区的建筑和设施边缘没有绿化带，会造成粉尘污染；如果旅游目的地的服务设施和公共设施规划布局不当，酒店等服务设施的建筑设计与当地建筑风格或当地自然环境不协调，就会造成视觉污染；如果旅游目的地规划中的游客数量和设施建设规模超过了区域环境的承载能力，就会引发各种生态问题。过度开发使用，旅游地生态环境脆弱地区的生态系统会被破坏。例如：在公园或保护区，大量游客行走和踩踏会使土壤变硬，导致植物死亡或生长受到抑制；在洞穴旅游区，由于游客的进入和照明系统的使用，洞穴内的温度会升高，内部生态系统会被破坏。因此，旅游资源开发与规划环境效益的评估主要集中在对该地自然、社会、旅游环境的正面和负面影响方面。

保护生态环境就是保护生产力，改善生态环境就是发展生产力。

第二节　旅游资源开发与规划效益评估的方法

旅游资源开发与规划效益评估就是指将其投入量与有效产出量进行比较，以所获收益减去投入成本得出收益大小。这个过程说起来十分简单,但是操作起来却不是一件容易的事情。因为旅游资源开发与规划效益评估不仅涉及经济效益的评估,还包括环境、社会等诸多复杂的利益相关关系的效益评估,评估的时间范围不仅是当前,还应有一定的时间超前性,即人们常说的预见性。基于以上特点,在评估时,需要将定性和定量的分析方法紧密结合,既要使用旅游学、经济学、统计学等学科方法,还要运用人口学、社会学、行为学、生态学等学科的分析方法。下面将分别介绍旅游资源开发与规划的经济效益、社会效益和环境效益的评估方法。

一、旅游资源开发与规划的经济效益评估

通常来说,旅游资源开发与规划的经济效益评估,需要针对评估对象制定一系列的评估指标,建立科学合理的评估指标体系,分别就其投入成本和获得的收入进行评估,对二者加以综合比较,从而得出旅游资源开发与规划的微观经济效益和宏观经济效益的评估结论。

(一) 旅游资源开发与规划的微观经济效益评估

微观经济效益评估的对象是旅游企业,对旅游企业进行效益评估的第一个步骤就是界定企业的成本和收益。旅游企业的成本是指旅游企业在一定时期内(通常为一年)为生产旅游产品而发生的各种消耗和支出的货币价值表现,通常按照旅游企业费用的经济用途可分为营业成本、营业费用、管理费用、财务费用等,营业成本是指旅游企业在业务的经营过程中直接支出的费用,具体如下。

各种营业过程中的原材料成本,如餐饮业中的食品、饮料,烹饪中所使用的调料、配料及燃料、餐厅中的低值易耗品等,旅游酒店洗衣部、工程部所耗费的洗涤剂、原材料等,以及各种旅游企业代客户收付的各项费用,这些均应计入营业过程中发生的原材料成本项下。

营业过程中企业使用人力资源而必须支付的劳动力报酬。

旅游企业的营业费用是指企业的各营业部门在经营过程中所发生的各项费用,如包装费、运输费、装卸费、保险费、保管费、水电费、燃料费、展览费、广告宣传费、差旅费,以及经营人员的工资、奖金津贴、补贴和服装费等费用。

旅游企业的管理费用是指企业为了组织的管理经营活动而发生的各项费用以及企业统一负担的费用,包括管理层员工的工资、职工福利费、服装费、会议经费、办公中的低值易耗品费用、工会经费、职工教育经费、待业保险费、劳动保护费、董事会费、外事费、租赁费、咨询费、审计费、诉讼费、排污费、绿化费、土地使用费、土地损失补偿费、税金、折旧费、修理费、无形资产的摊销、开办费、交际费、坏账损失、上级管理费以及其他费用。

旅游企业的财务费用是指旅游企业在经营期间发生的利息净支出、汇兑净损失、金融机构手续费、投资于金融资产的损失费、因加息和筹资而产生的各项费用。

旅游企业的收入是指旅游企业在经营过程中和经营活动之余所发生的收入。旅游企业收入可以分为营业收入和营业外收入:营业收入可分为主营业务收入和其他业务收入等;营业外收入是指旅游企业的固定资产盘盈和变卖所得的净收益,罚款的净收

入、无法支付出去的应付账款、礼品折价收入和其他非营业性的收入等。

旅游企业的经济效益表现为旅游企业的收益与成本的差,用公式表示为:

$$旅游资源开发与规划的微观经济效益 = 旅游企业营业利润 + 投资净收益 + 营业外收入净额$$

其中,旅游企业营业利润 = 旅游企业营业收入 - (营业成本 + 营业费用 + 管理费用 + 财务费用)。

$$劳动消耗指标(LPO) = \frac{一段时期内的劳动消耗量}{该时期内的产出水平}$$

其中,一定时期内的劳动消耗量可以用该时期内员工的工资来计算,该时期内的产出水平可以用旅游企业的营业收入总额来替代。旅游企业生产过程中的物耗水平可以用单位产出中的物耗(RPO)来计算:

$$单位产出中的物耗 = \frac{一段时期内的总物耗量}{该时期内的产出水平}$$

对于企业占用资金的情况,使用资金的效率可以分别用流动资金占用率和流动资金利用率这两个指标加以衡量,即

$$流动资金占用率 = \frac{流动资金占用额}{营业收入}$$

$$流动资金利用率 = \frac{营业收入}{流动资金占用额}$$

通过上述介绍我们可以知道,在评估旅游资源开发与规划微观经济效益时,不仅要从收益大小来考察,更要从旅游企业获取这些收益的效率上来考虑,否则就算微观经济效益再高,但是它浪费了很多旅游资源或者说使当地旅游资源的包装、销售没有达到最优状态,那么也不会给予其很高的评估。

(二) 旅游资源开发与规划的宏观经济效益评估

随着我国居民收入的增加和基础设施建设的逐步完善,大众旅游时代已经到来,旅游业作为现代服务业的支柱产业,对经济、社会和环境的发展产生广泛且深刻的影响。旅游资源开发与规划的宏观经济效益的评估,实际上就是旅游资源开发与规划对国民经济增长的贡献率、旅游资源开发与规划对国民经济产业结构调整的贡献率、旅游产业在国民经济中的乘数效应及其关联作用、投入产出分析在旅游经济效应评估中的运用四个方面加以评估。

1. 旅游资源开发与规划对国民经济增长的贡献率评估

旅游资源开发与规划对国民经济增长的贡献率评估主要是通过旅游经济收入占国民经济比重来衡量。通常情况下借助旅游统计年鉴或中国统计年鉴中官方公布的旅游业收入与当年国内生产总值相比较,表示旅游业在国民经济中所占的份额的大小,该比例越大则说明旅游业在我国或地区的经济发展中所处的地位就越高,旅游业对当地国民经济的增长贡献率就越高,旅游资源开发与规划的宏观经济效益就相应要好。

2. 旅游资源开发与规划对国民经济产业结构调整的贡献率评估

旅游资源开发与规划对国民经济增长的贡献率评估是单纯从量的角度来评估旅游资源开发与规划的宏观经济效益,但是我们应该看到,国民经济增长的内容不仅是量上的增长更应该包含质的方面的规定性。在量的方面,国民经济主要表现为某段时期内

国民经济增长的速度和幅度,而在质的方面,国民经济则体现在国民经济结构的优化和升级上。

2019年,中国旅游业对GDP的综合贡献为10.94万亿元,占GDP总量11.05%。从2014年的10.39%到2019年的11.05%,中国旅游业综合贡献占GDP总量稳中有升。一方面反映出中国旅游业和国民经济发展并进;另一方面体现了旅游业为内需拉动经济提供动力。

3. 旅游产业在国民经济中的乘数效应及其关联作用

英国萨瑞大学的阿切尔(Archer)将旅游乘数定义为:旅游花费在经济系统中导致的直接、间接和诱导性变化与最初的直接变化本身的比率。在"双循环"的新发展格局下,旅游业具有的乘数效应使得其对促进内需有着重要作用。所谓旅游业的乘数效应,即每一单位的旅游支出可以撬动大于一单位的总产出增加。旅游乘数效应的发挥,通常可以将其分为直接效应阶段、间接效应阶段和诱导效应阶段。游客原生旅游消费对于经济系统中旅游企业在产出、收入、就业等方面造成的影响,成为旅游消费的直接效应;直接受益的各旅游部门和企业在再生产过程中向有关部门和企业进购原材料、物料、设备,各级政府把旅游中缴纳的税金投资于其他企事业单位、福利单位,使这些部门在经济运行中获得效益,间接地从旅游收入中获利;诱导效应阶段表现为旅游相关部门服务的更广泛层次带来的收入增加或者产出增加。

根据文化和旅游部每年旅游市场基本状况中公布的旅游业对GDP的综合贡献以及国家统计局每年旅游业及相关产业增加值中公布的旅游业直接增加值,可以计算出我国的旅游业产出乘数在2.4左右;即旅游业每增加1单位产出,将带来总产出增加2.4。

在评估旅游业在国民经济中的乘数效应时,通常使用收入乘数(M)这个指标,收入乘数是指在一段特定的时间内,最初的旅游花费在旅游目的地导致的总的累计性收入效果与原生消费比较的倍数。旅游收入乘数的计算,一般用旅游最初花费导生的收入总值,即旅游业的直接收入、间接收入与诱导收入之和与旅游业直接收入的比率。

$$M = \frac{P+S}{P}$$

式中,P表示旅游业所获得的直接收入,S表示旅游业所派生的收入,在数值上等于旅游业产生的间接收入与旅游业产生的诱导收入之和。

旅游业由多元产业综合集成,涉及生活的各个方面,具有跨行业的综合复杂性和多环节合作的整体性,与其他产业存在着万缕千丝的联系。产业融合现象广泛存在于旅游业,旅游业具有与其他多元产业融合共生的天然属性。因此除了研究旅游业的乘数效应,还要研究它与其他行业的关联度。

4. 投入产出分析在旅游经济效应评估中的运用

以旅游乘数理论作为理论基础的旅游经济效应分析方法在描述最终经济效应时,一般不考虑哪些具体的部门从旅游活动产生的直接效应中获益,也不考虑哪些具体行业能够从旅游活动产生的最终经济效应中获益,而是根据投入产出经济理论形成的分析方法,建立在对经济体系中每个具体部门的消费倾向分析的基础上,因此比较关注旅游对不同产业产生的效应研究。因此,投入产出表和投入产出模型可以清楚地显示旅游经济各部门之间的复杂性,解决旅游乘数研究无法回答的过程问题。把投入产出理论应用于旅游业发展对经济增长影响的研究当中是投入产出分析应用的一个新发展。

目前,就国内外的应用来看,主要集中在计算旅游业的增加值、直接消耗系数、产业影响力系数、产业感应度系数、就业效应等方面。

二、旅游资源开发与规划的社会效益评估

旅游业的发展不仅能带动区域经济发展,还给当地社会带来一定程度的影响。一方面,旅游业的发展促使当地政府和企业大力投资基础设施建设,为旅游业发展创造条件。这些投入在为旅游企业的经营活动创造了条件的同时,也为当地的居民创造了一个高质量的生活环境。另一方面,游客以其自身的意识形态和生活方式介入旅游目的地社会中,引起旅游目的地居民的思想变化,产生各种影响。旅游对于民族特色比较浓郁的地方或地理位置比较偏远的旅游目的地可能带来不好的影响。这主要表现在精神环境方面,异质的道德观念、价值体系、宗教形态、风俗习惯涌入,对原有的精神形态施加了影响。游客在欣赏旅游目的地风情、景观的同时也带来了外来文化,这些文化起到了一定的示范效应,会引起当地居民缺乏理性的模仿式追求,以至于当地居民有时甚至很难从生产生活方式上对不同民族的属性做出准确的判断。因此,在评估旅游资源开发与规划的社会效益时,要对其产生的社会收益和社会成本进行综合衡量才能得出结论。

(一)旅游资源开发与规划对旅游目的地社会基础设施条件的改善

旅游业是一项以游客为对象的服务性行业,一个最基本的标准就是让游客玩得满意、开心并获得物质和精神上的享受。而游客要得到美好的精神享受,是要以一定的物质基础为前提的。如果一个地方的住宿、餐饮、交通等条件很不完善,那么,即使当地有再美的风景,游客也不会有什么好心情去游玩。因此,在旅游资源开发与规划的过程中,需要加大对区域公共基础设施的投入。由于公共基础设施这一类社会公共产品主要是为社会大众配置的,而非营利性设施,并且其投资额大、回收期长,一般企业很难将资金投入到该领域。因而,这就需要政府将部分财政收入投入到这部分公共设施的建设上去。在旅游资源开发与规划中,这种公共基础设施的投入是旅游业发展的一个先导条件,如果政府不先在交通、通信、电力供应、给排水工程等方面加以建设,企业将无法进入该地区发展。所以,政府基础设施的投入一方面将优化企业投资环境,为企业的发展铺平道路,鼓励旅游企业开发并利用本地丰富的旅游资源,使当地的社会经济状况得以改善;另一方面,社会公共设施的服务对象是社会大众,因而本区域内的居民也会因为政府对基础设施的大量投入从中获得便利,这无疑将提高该地区的社会福利水平。

旅游资源开发与规划在改善投资环境、提高当地居民生活福利水平的同时,需要设立一些评估指标,通过这些指标得出数据,运用横向、纵向比较的方法来评估旅游资源开发与规划的作用大小。除此之外,由于社会福利是一个具有主观色彩的衡量指标,因此我们在衡量时还要参考当地居民和游客的切身感受,用他们的感受来修正我们的评估结果。在对投资环境和提高居民福利水平进行评估时,可建立的衡量指标有该地域内人均拥有的公路里程、平均每个企业拥有的公共设施等。

在对居民和游客的感受进行评估时,主要是通过针对公共设施现状采取分发抽样调查问卷来进行,在其回收汇总后,得出人们对该地各项公共设施的感受评估。最后,

通过采用德尔菲法对于抽样调查得出的关于人们对各项公共设施的感受评估项给出权重,通过加权计算得出人们对该地基础设施的主观评估数值。

(二) 旅游资源开发与规划对旅游目的地社会就业环境的改善

旅游业是一个复杂的综合性产业,提供了游客旅行过程中所需的全部服务和产品。旅游业的多样化决定了它可以提供种类繁多的工作:既有基础服务工作,也有高级服务工作;既有一般业务工作,也有各类管理工作;既有脑力工作,也有体力工作。这些工作能够吸引不同层次的劳动者,解决大量劳动力的就业问题。据统计,2018年中国旅游业提供的就业机会总额为8240万个,实际直接就业2826万人,加上间接就业人数,实际总共就业达到7991万人,占全国就业总人口的10.29%;2019年,全国旅游业直接就业2825万人,旅游直接和间接就业7987万人,同比略低,占全国就业总人口的10.31%。这个就业水平与旅游经济在全国GDP总量的占比基本一致,可谓十分天下有其一。如此庞大的就业规模和人口占比,对一个14亿人口大国来说在解决民生、保障生活、维护社会和谐方面发挥的作用是难以估量的。据世界旅游组织公布的资料,旅游行业每增加1个直接就业机会,社会就能增加5—7个间接就业机会。

在对旅游资源开发与规划产生的就业机会进行评估时,主要是利用经济统计的方法和手段,比较该地在一段时期内接待的游客增加人数与该地新增的旅游直接就业人员和派生的间接就业人员人数,其结果为旅游业的就业乘数。该乘数可以用来衡量旅游业创造就业机会的能力大小,该乘数数值越大则旅游资源开发与规划的就业效益就越大。

(三) 旅游资源开发与规划对旅游目的地社会文化的影响

在游客与当地居民直接和间接交往接触的过程中,游客会以其有意和无意的"示范"行为影响当地居民。虽然就单个游客而言,同当地居民的接触是短暂的,似乎不足以对当地的社会和文化产生实质性的影响,但是随着成千上万游客的不断来访,游客与当地居民之间的个体接触便会演化成为群体性的社会接触,其规模之大、历时之久,使得旅游活动的开展对目的地的社会文化产生了重要的影响。

旅游活动以及旅游业的发展给目的地居民的社会文化影响,既有积极的一面,又有消极的一面。随着旅游业的发展和接待外来游客的需要,许多长期濒临湮灭的历史建筑得到修复,许多原先几乎被人们遗忘了的传统习俗重新被挖掘出来,许多传统的文化活动焕发出新的生机,许多传统的音乐、舞蹈、戏剧等受到重视和发掘,许多传统的手工艺品因市场需求的扩大得到发展。但是,在某些情况下,随着游客的大规模进入,当地居民的生活方式、思维方式也会受到外来文化的冲击而发生变化,甚至会产生原有文化的消亡。对游客来说,原有地域文化的减弱和消亡就意味着原来的异质旅游区变成了同质旅游区,其旅游价值将大为降低,这对于一个旅游区来说无疑是一种巨大的损失。

关于旅游资源开发与规划对社会文化影响大小的衡量,由于文化这一要素具有很难量化的特性,加之上述娱乐场所具有隐蔽性的特点,而变得不易准确把握,在评估时应该采取实地考察,结合抽样调查来加以评估。

深入挖掘地域文化特色,将文化内容、文化符号、文化故事融入景区景点,把优秀传统文化、革命文化、社会主义先进文化纳入旅游的线路设计、展陈展示、讲解体验,让旅游成为人们感悟中华文化、增强文化自信的过程。

千户彝寨:依托民族文化吃上"旅游饭"

初夏,水城区海坪街道的千户彝寨在青山的映衬下格外迷人。风情街、土司庄园、火把广场、九重宫殿、希慕遮雕塑……一个个依照彝族风俗而建的建筑上,土墙、茅草、图腾、彝文等彝族文化元素与村寨融为一体。

海坪千户彝寨位于野玉海景区核心腹地,是围绕彝族文化、通过易地扶贫搬迁政策规划打造的村寨,居住着来自水城区6个乡镇的1600余户居民,少数民族占30%以上,其中,彝族占比28%左右。

按照"搬迁一个寨子、打造一个景区、发展一个园区、激活一个集镇、脱贫一批群众"的思路,水城区依托彝族文化,积极在海坪千户彝寨发展旅游产业,带动搬迁群众创业就业,实现稳定增收。

"节假日期间,常常有游客来我们这里体验民族风情。"32岁的居民罗女士说,从2016年搬到海坪千户彝寨后,随着景区设施逐步完善,罗女士发现游客越来越多,她在景区风情街开了一家彝族服饰店,结合彝族传统节日火把节起名"七月流火"。"店里售卖、租赁彝族的衣服、鞋子、包包、饰品等,节假日生意比较好,我们吃上'旅游饭'了。"罗女士说。

海坪千户彝寨找准发展方向,走出一条旅游开发与彝族文化保护并行的发展路子,开办民宿、餐馆、农家乐、小卖部等的居民越来越多,纷纷过上了自信自强的小康生活。

每逢节假日,海坪千户彝寨都会开展彝族歌舞、彝族酒令、包粽子、篝火晚会等独具彝族特色的民俗活动,吸引更多的游客前来游玩。"游客围着篝火尽情唱跳,参观世界鞭陀文化博物馆、彝族历史文化博物馆和民族风情街,体验5D实景玻璃桥和观光小火车,纷纷为景区点赞。"水城区海坪街道阿娄社区党支部陈书记说,"我们将继续打造和完善民族文化体验园、洞穴休闲吧、精品民宿等,进一步盘活现有资源,丰富旅游业态,推动乡村振兴。"

资料来源 整理自贵州日报。

三、旅游资源开发与规划的环境效益评估

良好的旅游环境是刺激旅游业发展的一个基本物质条件,然而,发展旅游业和保护旅游环境在目标方面总是既相互依赖又相互矛盾。人们的旅游目的可能不同,但在良好的自然环境和独特的异地情调中获得身心的愉悦和享受则是大多数游客出游的共同动机。因此,优美的环境是引起游客兴趣并吸引游客前来的先决条件,旅游业的长足发展强烈依赖于旅游资源及其自然生态环境。

旅游作为一种复杂的社会经济活动。一方面,环境资源为旅游产品的生产提供了关键的生产要素,即自然或人为的可供游客欣赏并生活和放松于其中的各种条件;另一方面,旅游也带来了许多令人反感的副产品,从而改变了环境的原有状态,这便是所谓的消极的环境外部性问题。

旅游业与旅游环境存在着辩证的关系,它们的影响是相互的。一方面,二者之间存在着相互促进的正面效应,即旅游收入的再分配有可能使政府增加对环境的投入,将资金返回风景区用于基础设施和环保建设。另一方面,必须引起我们足够重视的是旅游业发展对环境产生的负面影响。在我国旅游业的发展中,一些开发者急功近利,造成旅游区环境的掠夺性破坏,导致旅游区生态环境系统严重失衡,旅游资源开发与环境生态保护之间的矛盾已越来越尖锐。

在对旅游资源开发与规划环境质量改善效果进行评估时,可以借鉴旅游资源开发与规划要求中的相关指标进行衡量,通过这些指标的纵向比较,可以得出该地在旅游资源开发与规划过程中环境质量的变化情况。

评估时,还要对旅游活动超载所带来的负面效应进行衡量。因为人类活动对环境的影响是缓慢的,所以衡量游客活动对旅游目的地环境所产生的负面影响不能仅通过对当地环境恶化的情况进行测量,这种方法显然需要很长的时间才会产生结果,并且到那个时候,环境恶化的趋势也许无法扭转。因此,可以将对环境质量的衡量转化为一定时期内游客人数与该地旅游生态环境容量之间的比较。当游客人数超过该地生态环境容量就会对环境产生负面影响,超过的数值越大则负面的影响就相应越大。所以确定了一个地区的旅游生态环境容量,那么对旅游活动产生负面影响的衡量问题也就迎刃而解了。

生态环境容量的确定,是立足于维持当地原有的自然生态质量,即基于自然对于旅游所产生的污染物能够完全吸收净化的能力。因此,某地生态环境容量的大小,决定了是否需要用人工的方法处理污染物,如果需要,处理的能力应该有多大。一般情况下,游客在旅游目的地所产生的污染物,应当在旅游目的地及其附近予以净化、吸收,不应向外区域扩散。生态环境容量的大小,取决于一定时间内游客所产生的污染物数量,以及自然生态环境净化与吸收污染物的能力。生态环境容量成为旅游接待限制因子的旅游目的地可以采取人工处理部分污染物的办法提高旅游接待能力,这里称为扩展性生态环境容量。下面给出生态环境容量和扩展性生态环境容量的计算方法。

下面用 F 表示生态环境容量,即每日接待游客的最大允许值;F' 表示扩展性生态环境容量;P_i 表示每位游客每天产生的第 i 种污染物的数量;Q_i 表示每天人工处理掉的第 i 种污染物的数量;S_i 表示自然生态环境净化、吸收第 i 种污染物的数量;T_i 表示

各种污染物的自然净化时间，一般取一天；N 表示旅游污染物的种类数。如果完全靠自然生态环境来处理旅游污染物，则必然有以下等式成立：

$$F\sum P_i - \sum S_i T_i = 0$$

所以
$$F = \frac{\sum S_i T_i}{\sum P_i}$$

对于采取人工方法处理部分污染物的旅游目的地，则应该有

$$F'\sum P_i - \sum S_i T_i - \sum Q_i = 0$$

所以
$$F' = \frac{\sum S_i T_i}{\sum P_i} + \frac{\sum Q_i}{\sum P_i}$$

生态环境容量的测定最重要的是确定每位游客一天所产生的各种污染物量和自然净化与吸收各种污染物的数量两个参数。但是，在绝大多数旅游目的地，旅游污染物的排放量都会超过旅游目的地自然生态环境的净化与吸收能力，因而一般都需要对污染物进行处理，如建立专门的污水处理厂，这种污染物人工处理系统成为大多数旅游目的地必备的基本设施。

思政要点

严守生态保护红线，对生态保护红线允许的文化和旅游活动实施类型限制、空间管控和强度管制。坚持绿色低碳发展理念，加强文化和旅游资源保护，提高资源利用效率。

复习思考题

1. 结合实际，简述旅游资源开发与规划效益评估的原则。
2. 旅游资源开发与规划的经济效益评估有哪些定量评估方法？
3. 简要说明旅游资源开发与规划社会效益的评估方法。
4. 如何全面理解非物质文化遗产所具有的旅游资源价值？

第十三章
旅游资源开发与规划图件编制

学习目标

1. 体会领土、主权在地图上展示的完整性,提高民族自觉。
2. 了解旅游规划图件的功能、性质及特点。
3. 学习旅游规划图件包含的各个组成部分及图件元素。
4. 学习并使用计算机制作旅游图件。

思政元素

1. 必须明确且严格遵守旅游规划图件的政治性原则,这关乎国家主权、立场等方面,所有国界线的走向和绘制,岛屿、海域等都要有鲜明、正确的立场。
2. 优化国土空间开发格局是贯彻落实科学发展观的重大举措。
3. 旅游规划图件作为讲好地方旅游规划最直观的表现形式,要充分结合艺术性与技术性,在讲好旅游故事的同时,进一步阐释地大物博、美丽疆土、物产丰饶的中国大地故事。

章前引例

2011年,国家旅游局正式提出用10年的时间初步实现基于信息技术的智慧旅游。2014年,"美丽中国之旅——2014智慧旅游年"正式启动。随着旅游业的蓬勃发展,大众对于旅游地图服务的需求也在不断增长。从传统的纸质地图到电子地图、多媒体旅游地图集、旅游地图网站以及各种旅游App等,旅游地图产品正在被大众熟知和应用。同时,地理信息技术以及图制规划也在旅游的空间结构研究中也发挥出了巨大的作用,如在《基于GIS与地理探测器的旅游地空间分布格局及驱动力分析——以贵州为例》一文中,作者以贵州旅游地空间数据为基础,运用平均最邻近、地理探测器等方法,研究贵州1990—2018年4个时间截面旅游地空间格局,分析该时期旅游重心演化进程,探讨旅游地与地理环境、社会经济要素间关系并开展驱动力分析。结果表明:①4个时期旅游地均为凝聚状态分布,总体呈现点、团向面状、带状聚集转变;②全省旅游收入演化比客流量演化更为敏感和剧烈,二者均以经向变幅为主导,且呈现西部比重大于东部的态势;③旅游地在海拔高程垂向上表现为近似正态分布,碳酸盐岩类区旅游地资源多为自然类景点、碎屑岩类区主要表现为民族文化类景点的聚集分布,断层线 5 km 缓冲区范围内分布 90% 左右的旅游地,其空间展布总体与断层线走向吻合,三叠、寒武及二叠地层是旅游地的主要分布区,旅游地沿省道特征分布明显;④全省旅游地分布主要受旅游地到河流沟谷距离、县级行政中心距离、高速公路直线距离、陆上交通路网密度、高速公路路网密度、断层线距离、河流沟谷密度等因子驱动;距河流沟谷距离、距县级行政中心距离、距高速公路直线距离以及交通路网密度水平等因子的组合效应集中控制了当前贵州旅游地空间分布的总体格局。

资料来源 根据网络资料整理。

思考题:请结合案例思考旅游规划图制在旅游地空间分布格局中发挥的作用。

第一节　旅游资源开发与规划图件概述

随着国民收入的增加我国的旅游业飞速发展,各地区都努力挖掘和建设当地的旅游资源以吸引游客增加旅游收入,并将旅游业定为重点发展产业。相应地,旅游业的发展也推动了旅游规划业的发展。一个好的旅游规划能够以优秀的创意、科学严谨的布局、适当的建设时序给旅游业的发展带来生机。在旅游规划的过程中,旅游规划图件作为"更为生动的规划语言",以更为清晰的解读视角呈现规划思路,为规划人员提供更清晰直观的文本含义。本节将从旅游规划图件的概念开始,介绍其发展、特点、功能、编制原则和分类。

一、旅游规划图件的概念

旅游规划图件是旅游规划的主要成果之一,承载着旅游规划者的规划思路和设计思路,是对规划工作的一种直观、形象的展示,对旅游规划区域的资源开发和社会经济发展具有重要的指导意义。旅游规划图件是专门为旅游经营管理部门、旅游研究人员、旅游投资者、建设部门等服务的专题地图,反映项目区域范围内的旅游地自然和社会经济文化状况的空间分布、规划期内的旅游规划要素的空间分布,以建设时序、建设的质和量为主要内容,其目的是指导项目区域内的旅游建设以符合当地特点的速度、规模有序地进行,最终达到区域内旅游业的可持续性发展目标。旅游规划图件是旅游要素空间关系的表象或抽象显示,是以视觉、数字或触觉等方式表达信息的工具。在旅游规划中,规划图件是表达旅游规划成果的主要形式,具有辅助的作用,以其丰富的信息载体、独特的地图语言,准确的数学基础和直观而生动的表现手法发挥着不可替代的重要作用,成为规划设计过程不可缺少的关键资料。因此旅游规划图件的编制工作是直接影响规划水平的重要因素。旅游规划图件在性质上属于区域性的专题地图,它除了具有普通地图的基本特点和规范性之外,还应该具有旅游规划的特点。

二、旅游规划图件的发展

20世纪30年代英国、法国等国家为一些旅游项目和设施进行的市场评估和场地设计是现代旅游规划的雏形,随着旅游规划的逐步发展,旅游规划的内容、方法和程序日益成熟,规划制图也随之不断发展和完善。具有代表意义的是,欧洲空间发展远景(European Spatial Development Perspective,ESDP)项目促进了现代区域概念规划制图的集中繁荣。

相较于西方,中国的旅游规划起步较晚,发展历史短,中国真正意义上的旅游规划起始于20世纪,经过三个阶段(资源基础旅游规划阶段、市场导向的旅游规划阶段和目的地整合旅游规划阶段)的发展,中国旅游规划在理论研究、技术规范、学术著作等方面取得了巨大的成就。但旅游规划技术方面的研究相对较少。主要是因为规划制图长期处于空间规划与地图制图实践研究和理论领域的边缘地带,缺乏系统性总结、归纳性研究,且由于缺少严格的行业准入制度和规范,多学科专业背景的学者和资质不一的规划设计单位涉足旅游规划行业,并且从不同的专业角度去解释旅游规划制图,造成旅游规划图件质量参差不齐,样式多样。

我国旅游规划制图逐步走向完善,制定了《风景名胜区规划规范》(GB 50298—1999)(2019年废止,现为《风景名胜区总体规划标准》GB/T 50298—2018)、《旅游资源分类、调查与评价》(GB/T 18972—2017)、《旅游规划通则》(GB/T 18971—2003)等规范性的文件,对旅游规划资源制图、旅游规划的图件成果等都做了一定的规范要求。旅游规划从注重理论研究转变为理论研究和技术研究并重。

三、旅游规划图件的特点

(一) 抽象性

旅游规划图件中的各个元素是将现实中的地物、自然景观、人文景观、路线等按比例缩小,将现实世界中的上千个元素抽象出来放在一张规划图中。

(二) 符号性

旅游规划图件中的各种旅游资源、山岳园林、湖泊江河和地标建筑等都具有特定的符号,其丰富性决定了在规划图件中需要体现大量的元素,但是图幅的大小又限制了规划图件中元素的呈现,所以这些元素一般用固定的符号代替,包括特写符号、象形符号、几何符号和文字符号。以特定的专业符号和完美的艺术表现力与底图要素有机组合,规划要素突出在第一层面上,以此来科学、准确地表现规划设计的思想和规划要素的空间布局。

(三) 直观性

旅游规划图件将规划中的功能分区、旅游项目、服务设施以及基础设施的空间布局通过图形的方式表现出来，让人能够通过视觉直观感知。在详细规划中，规划图件还包括建筑景观的外观设计、环境规划的效果图等，这些图件能将规划实施后的景观展示出来。因此，旅游规划图件的表达方式具有显著的直观性。

（四）地理方位

旅游规划图件兼具一般地图的特性，所以地理方位是必有的性质之一。地理方位不仅包括了东、南、西、北等方位指标，还包括相应的经纬度。地理位置坐标的确定，可以让观看者产生直观的空间感，使人一看就知道该规划图件所涉及的地理范围、区位和相应的自然资源、人文资源、交通位置等。

（五）区域性

旅游规划的区域性要求决定了旅游规划图件也应具有区域性的特点。首先，规划的编制要在一定的空间区域内进行，区域内的旅游资源、水系等主要的自然资源和政治、经济、交通等主要的社会经济条件都会对旅游规划的创意具有很大的影响，都需要在图件中进行表现。其次，区域性不只局限于规划区域，还应该把规划区域放置在更大的空间背景下编制，以确定规划区域的背景条件及它与周边地区的相互关联程度。

区域协调发展战略以区域发展总体战略和主体功能区战略为基础，以逐步缩小区域差异、实现均衡高效发展为目标，强调在国民经济发展过程中，充分发挥各区域的比较优势，促进生产要素跨地区自由有序流动，区域之间形成合理分工、互动合作关系，构建优势互补、相互促进、共同发展的区域新格局。

（六）技术性

无论是传统的手工绘制规划图，还是借助计算机绘制的规划图，都是建立在一定的技术基础上的，无论是色彩的搭配、线条的选择还是基本图素的确定，都需要专业的技术支持。地理底图要素有详细而准确的专业要求，即对底图要素不做更多的取舍，以充分反映规划要素所依托的区域环境特征。

（七）综合性

旅游规划的综合性要求旅游规划图件要涉及多方面的要素，比如旅游资源本身、交通、餐饮、娱乐、住宿等，还涉及各种基础设施的建设，环境的保护与培育，市场的开发和营销等。这些数量颇丰的空间要素与其形成的错综复杂的空间关系，使旅游规划图件包含丰富的信息。

（八）吸引性

吸引性主要体现在表达形式上，规划图件除了使用鲜艳悦目的配色系统，还大量使用实景照片、示例照片、景观描述等图形要素,这使得旅游规划图件非常有吸引力。

(九)精确性

旅游规划图件从制作过程上来看,具有较高的精确性。旅游规划图件的制作是以当地提供详细的地图为基础,经过严格的空间投影变换,因而在空间表现上具有较高的精确性。

四、旅游规划图件的功能

(一)指导景区的旅游开发和项目建设

重要旅游节点的设置、旅游资源的开发、旅游基础设施的配置、旅游线路的设置、旅游区的空间布局和旅游区的具体建设都离不开旅游规划图,图件是信息传递的工具,旅游规划图是旅游景区合理、有序开发和建设的保障,是景区经济、社会、环境等协调发展的保证。

(二)促进旅游景区招商引资

景区的投入-产出关系是企业投资要考虑的一个重要方面,对于地理区位优越、资源组合状况较好、规划思路新颖、旅游产品具有吸引力、空间布局合理、线路组织合理、旅游市场广阔的旅游景区,企业的投资意愿较强。而这些要素除了在规划文本中做出明确的说明之外,规划图件也应对其予以表现,在此方面,制图水平和表达效果也起到了重要作用。

(三)协助研究分析

旅游规划图件将规划区域的空间要素直观展示出来,便于规划者分析区域内空间要素的相互影响关系。规划时,一般预先制作出规划的底图,该底图是接下来的研究工作开展的平台。

(四)成果模拟展示

旅游规划图件最为主要的功能还是对规划成果进行模拟展示,它能够有效地弥补规划文字说明的缺陷与不足,帮助人们更加直观地理解规划的主要思想。

五、旅游规划图件的编制原则

(一)严肃、鲜明的政治性原则

旅游规划图的政治性原则主要体现在地理底图的处理上,主要涉及国家主权、立场等方面的敏感性问题,所以国界线的走向和绘制,岛屿、海域等都要有鲜明、正确的立场;在国内的行政界线、土地归属也应慎重选择,行政中心、地名等要标注正确;在微观层面上,规划区的范围、界线务必准确无误。

（二）图件内容的科学性原则

旅游规划图件的内容在规划图件中占有举足轻重的地位，关系到规划编制的成败，只有规划图件内容系统、科学、完整、规范，才能充分体现规划者的规划意图和理念，才能充分指导规划区域的开发和管理。图件内容的科学性主要包括指标的完整性、内容的可靠性、资料的现实性和预见性以及制图的精确性等方面。

（三）规划图件的实用性原则

旅游规划图件是旅游规划的主要成果之一，是旅游规划开发建设的指导和景区管理的规范，因此，编制旅游规划时要充分考虑规划图件的目的性和用途，在图件编制过程中，要摒弃"假大空"的规划内容，不能片面追求图件的华丽而抛弃规划图件的实用性。

（四）突出主题要素原则

区域旅游总体发展规划图是一种专题规划图，是由一系列规划图件组成的规划图册，在图册中有多种不同规划主题的规划图件，比如区位图、旅游资源图、空间布局图等，不同的规划图件传递的信息是不一样的，各有侧重，因此在规划图件的编制过程中，要突出各图件的主题要素，必须置于规划图的第一目视平面上。比如，旅游交通图就要突出目前的交通现状和区域未来的交通规划等。

（五）地图的艺术性原则

地图的艺术性包括地图的表现形式和地图的整饰水平、主要表示方法的直观性、符号设计的统一性、地图内容的清晰易读性、图面配置的合理性以及地图图形的表现力等，这些是对地图符号设计、色彩搭配和图面配置的综合要求，有助于反映制图对象的空间结构特征，给用图者强烈的视觉感受和深刻的印象。

六、旅游规划图件的分类

（一）按照内容分类

根据内容，地图可以分为普通地图和专题地图。

普通地图不偏重说明某个要素，而表示自然地理和社会经济的一般特征。

专题地图着重表示一种或者几种主体要素及它们之间相互关系。旅游规划图件的旅游资源分布图、功能分区图、基础设施图等突出表现一种或者多种旅游资源的分布和服务设施等；效果图、鸟瞰图等则是在不同的角度和光影效果下重点表现某一个或者某群景观，旅游规划图件实际上是专题地图。所以，旅游规划图件的编制必须围绕着区域旅游资源开发的专题来进行设计和操作，重点突出旅游资源的分布、开发、旅游产品的空间布局、线路组织，以及与其相关的基础设施建设、环境保护等。

（二）按照图件比例尺分类

比例尺（Mapping Scale）是旅游规划图的重要构成要素之一，属于地图中的数学要

素,其具体指规划图上某线段的长度与地面上相应距离的水平长度之比,即

$$比例尺 = l/L = 1/M$$

式中:l 为规划图上线段长度;L 为地面上相应距离的水平长度;M 为比例尺的分母,表明长度缩小的倍数。

比例尺大小直接关系到规划图件的图形大小、规划精度以及规划内容的详细程度。因此,一般可以根据比例尺的大小分为大比例尺规划图件、中比例尺规划图件以及小比例尺规划图件。

但是,应该注意这里所说的大、中、小比例尺规划图件的分类是相对的概念。详细规划对内容的详细程度和精确度要求较高,因此,在详细规划中使用的规划图件多为大比例尺规划图件。而总体规划中使用的规划图件一般为中比例尺或小比例尺规划图件。规划图比例尺的确定一般需要综合考虑规划区的面积和拥有的底图资源。如旅游规划图应采用 1∶5000 或 1∶10000 地形图作为制作的底图,具体的旅游规划图的比例尺应根据所规划旅游地的具体情况而定。

(三) 按照绘制方式分类

旅游规划图件按照绘制的方式分为手工绘制和计算机辅助绘制两种。手工绘制目前已经较为少见,仅在制作景观效果图、建筑外观效果图以及景区鸟瞰图时使用。计算机辅助绘制的图件是指利用 AutoCAD、MapInfo、MapGIS 以及 CorelDRAW 等计算机辅助设计软件制图的图件。

(四) 按照其他方式分类

按照旅游地图的功能,旅游规划图件可以分为导游图、旅游交通图、旅游宣传图、旅游规划图;按照旅游地图的表示范围,旅游规划图件可以分为全国旅游图、大区域旅游地图、省区市旅游地图、市县旅游地图、城市旅游图、旅游景区景点地图等;按照旅游地图表现方式分类,旅游规划图件可以分为普通旅游图、立体图、遥感影像图、旅游地图集、旅游挂图、折叠旅游地图等。

第二节 旅游资源开发与规划图件的编制

一、《旅游规划通则》与旅游规划图件

为了适应旅游规划的快速发展,2003 年国家旅游局颁布了适用于编制各级旅游发展规划及各类旅游区规划的国家标准《旅游规划通则》(GB/T 18971—2003)(以下简称《通则》),规定了旅游规划(包括旅游发展规划和旅游区规划)编制的原则、程序和内容以及评审的方式,提出了旅游规划编制人员和评审人员的组成与素质要求。《通则》明确规定旅游规划图件是旅游规划成果的组成部分,并且针对不同类型的规划,对其图件

内容做出了相应的规定。《通则》虽然对规划图件的图幅做出了明确的规定,但对于各图幅所应表达的内容却未有明确的规定,由于没有统一的图式,使得旅游规划图的图例符号混乱。因此,旅游规划地图规范化的重点在于图式的规范化。

旅游规划图的图式设计应该遵循以下原则。

(1) 适应旅游规划的主题,突出表现旅游资源及与旅游相关的要素。对于反映旅游资源的符号应采用较大的尺寸、鲜艳的颜色和美观的图形。

(2) 强化符号的艺术性,地图符号要以地物的实际形态为依据,尽量突出其最本质的特征,使图形具有形象、简洁、醒目和美观的特点,符号应有较强的艺术性。

(3) 逻辑性,设计地图符号其形式和内容要有内在联系,符号的设定和编排要有逻辑性,同一类要素的符号含义应能反映其内在的逻辑关系。

(4) 系统性,地图符号不仅各要素迥然不同,而且同一地理要素也要有种类、等级、主次等差异。

(5) 明确性,每种符号只表示一种或一类事物,与其他符号要有明显的区别,要有明显的定位中心。

二、旅游规划图件的主要图件

旅游规划图件不是单一的一幅规划图件,而是由多个不同主题的图件组成的规划图集。不同类型的旅游规划需要绘制的图件是不一样的,即使是类似的图件在具体内容上的侧重点和表现方式也是不同的。在内容上,旅游规划图件可以分为两大类,即旅游现状图和旅游规划图。旅游现状图包括旅游区位图、资源分析与评价图、旅游交通图;旅游规划图包括规划总、功能分区图、旅游路线图、旅游交通规则图等。旅游现状图是旅游规划图的基础,旅游规划图在旅游资源图的基础上进行设计和开发。

(一) 旅游现状图

1. 旅游区位图

旅游区位图是分析与研究旅游区空间特征的图件,通过地图的形式将规划区域的区位关系展现出来,现在已经广泛应用于旅游规划图件之中。首先要体现旅游区的地理位置,一般是通过多幅地图迭次表达的方式;其次要体现旅游区的经济区位,因为经济区位关系到该旅游区的发展空间和客源市场,所以旅游区周边的主要经济区、各级行政中心、主要的城市等都要予以体现;最后要体现旅游区的交通区位,快速、便捷的交通是旅游区发展的有力保障,在旅游区位图上应该体现出该区域与外部联系的主要铁路、公路、航空和水运等交通线。

2. 旅游资源图

旅游资源图是反映规划区域内旅游资源的空间分布特征、旅游资源数量和旅游资源质量的图件。旅游资源图一般分为旅游资源分布图和旅游资源评价图两种。旅游资源分布图主要表现旅游资源的空间分布情况,旅游资源评价图重点体现旅游资源的质量和等级情况。绘制旅游资源分布图首先要对区域内的旅游资源进行全面、细致的考察,确定资源的位置、数量和类型,绘制旅游资源评价图则需要在前面工作的基础之上,依照《旅游资源分类、调查与评价》(GB/T 18972—2017)对资源单体进行等级评定,然后按照不同的级别标注于图幅之上。

3. 旅游交通图

旅游交通图是反映旅游规划区域内外交通条件和基础设施的图件,因为旅游交通关系到旅游景区的可进入性和通达度,所以旅游交通图是旅游规划图件的重要组成部分。旅游交通图主要分为旅游交通现状图和旅游交通规划图,在区域上分为区域外部交通图和区域内部交通图。

区域外部交通图是指从客源地通往旅游目的地的交通图,在区域外部交通图中应当包含通往旅游景区的主要航线、铁路与火车站、高速公路与高速互通口、国道、省道、县道、乡村公路等各级公路以及汽车站、水路以及码头等,各种交通方式不仅包含已经存在的、还包含正在修建、改扩建或者已经规划将来要建设的主要交通线路。

区域内部交通是指旅游规划区内部的交通线路组织情况,它关系到旅游线路的组织和游客的体验满意度。区域内部交通图主要包含旅游景区的主要出入口、已有的或者在建的各级交通线路、高空索道、主要的停车场、码头、游步道等。

旅游交通图内容丰富、层次较多、空间结构复杂,所以在图件的编制过程中要正确使用符号来清楚、形象地表现。

4. 旅游市场分析图

在旅游区的规划中,旅游客源市场分析是旅游规划的主要内容之一,旅游市场分析图就是以图件的形式将客源市场的分析情况表示在地图上。旅游客源市场是指旅游区内某一特定旅游产品的现实购买者与潜在购买者。这些现实与潜在的购买者是旅游区赖以生存的"衣食父母"。因此,在旅游发展规划和旅游区规划中,对这一牵动多项旅游规划要素的旅游客源市场进行研究分析,是极其重要的任务。旅游客源市场分析需要全面分析与预测规划区域或旅游区的市场需求总量、地域结构、消费结构及其他结构。然而,由于分析与预测的结果往往是离散的或是游移、无定位的。因此,指望完全通过图形的形式得到显示是困难的,甚至是不可能的。而能予以显示的,主要是以旅游目的地为引力中心的市场吸引圈,并且是以不代表真实界限和方位的示意性的手法示意出周边市场、主体市场以及远程市场及其客源地等。当然,必要时通过图件的附表形式列出某些分析与预测结果也未尝不可。在一定程度上,这种图件也可视为概念性图件。

旅游市场分析图绝大多数只是分析游客的空间结构,将游客分为国内和国外两种类型,然后圈定近程、中程和远程三种情况,分别在图纸上以规划区域为中心绘制同心圆结构。旅游市场空间结构的近程、中程和远程市场应需要用不同的颜色去绘制,以达到醒目的目的,颜色以浅淡为宜,不宜覆盖底图要素。在绘制空间结构时,要标明主要的客流流动方向,箭头指向旅游目的地。箭头的粗细程度反映游客量的大小:客源充足的区域,箭头要相对粗大;反之客源较少的区域,箭头应细小。

(二) 旅游规划图

1. 总体规划图

总体规划图是旅游区总体规划中相对宏观的表示区内用地分区、功能方向、道路系统以及服务设施等内容的综合性图幅。图中除显示上述内容外,还通常需要采用概念性的手法,显示出旅游区内部的差异性、互补性以及关联性,以全面地反映旅游区的有机整体规划意念。根据上述概念,总体规划图是在相对较小的比例尺上,对旅游规划区域内所有的规划要素进行全面综合的反映和体现。是旅游规划整体思维的体现,是各个专题规划图件的高度概括,并且对专题规划图件的编制具有制约和指导的作用。

2. 功能分区图

功能分区图是对旅游总体规划图中功能分区的具体体现,它表示旅游规划区域分为多个不同的小的区域,每一个独立的区域具有自己独特的功能。在综合研究了旅游区内的资源类型、地形地貌形态特征、各功能发展需求等而划分的功能各异、大小不同的地域空间,并成为控制性详细规划的用地约定。将划分的结果及其使用功能通过图形显示,图中必须将各功能区界线准确落实到图上,并标注出各功能区的使用功能(类型),必要时还可将各功能区的实际面积表列为规划图的附表。在每一个区域内部,功能具有均一性;与外部区域相比,则具有自身的独立性。功能分区图一般由一幅总图和多幅分图组成,总图是对整个规划区域的宏观的展示,分图则是对各个分区规划理念的全面体现,尤其是重点旅游区域更要编制分区规划图,分图的数量没有固定的要求,是按照规划区域面积的大小和规划内容的多少来确定的。总图的比例尺相对较小,分图的比例尺则相对较大。在分区地图中,各旅游景点和旅游基础设施等都要进行合理的编制。

3. 旅游线路组织图

旅游线路组织就是对景区内外各个重要的旅游节点、交通节点、景点、商品、娱乐、餐饮等各个要素进行恰当的编排。旅游线路组织一般有两种形式:一种是依据区域内的旅游资源特点,进行特色旅游资源线路组织,如宗教文化线路、山水体验线路等;二是根据游览时间长短进行线路组织,如一日游线路、七日游线路等。在旅游规划线路的编制过程中,每条线路的图例符号在各个节点之间要保持一致,并且用线状符号的粗细表示线路客数量的多少,同时,用箭头表示游览的方向,箭头一般指向目的地。

三、旅游规划图件的内容体系

(一) 底图要素

地理底图又称基础底图或地理基础底图,是用于编绘专题地图的基础底图。因为它是专题地图科学内容的背景和组成部分,是专题内容在地图上定向定位的地理骨架,在一定程度上决定专题地图的精度和详细程度,所以底图的选择直接关系到旅游规划图的效果。

地理底图除了有控制方位的作用之外,图上的某些内容还可以直接转化为重要的专题内容,比如交通线、水系等,从而可以利用它们来研究专题要素空间分布规律及其与自然基底和社会经济的关系。

地理底图上各种地理要素的选取和表示程度,主要是由规划地图的主题、用途、比例尺和制图区域的特点来决定的。

1. 自然要素

(1) 水系：对规划区域内的河流的刻画。

(2) 地貌：描述规划区域地貌现状。

(3) 土质：规划区域内的土质类型。

(4) 植被：规划区域内植被现状。

(5) 沼泽：规划区域内沼泽分布以及现状。

(6) 岛屿：规划区域内岛屿的分布情况。

2. 社会经济要素

(1) 交通线：描述水运、铁路、公路以及航空运输状态，包括铁路、公路、简易公路、其他道路和重要节点。

(2) 境界线：包括国界线、领域界线、各行政区界线。

(3) 地物：规划区域内地表的自然或人文景观。

(4) 居民点：规划区域的居民点分布，包括城市、城镇、乡镇、村。

3. 辅助内容

辅助内容即需要对底图进行文字说明或图片说明的内容。

(二) 数学要素

1. 地理坐标

地理坐标是用纬度、经度表示地面点位置的球面坐标。地理坐标系以地轴为极轴，所有通过地球南北极的平面均称为子午面。地理坐标就是用经纬度表示地面点位的球面坐标。在大地测量学中，对于地理坐标系统中的经纬度有三种提法：天文经纬度、大地经纬度和地心经纬度。随着高科技的发展，人们对确定空中目标位置的准确性提出了更高的要求，例如雷达监测目标位置的地理坐标已经广泛应用于科技领域。然而在实际应用中，针对不同的设计计算需求，结合各种坐标系的特点，必须对地理坐标进行转换，以便于利用和进行辅助决策。例如，在大地测量学中常用天文经纬度定义地理坐标，在地图学中以大地经纬度定义地理坐标，而在地图学研究及地图学的小比例尺制图中，通常将椭球体当成正球体，采用地心经纬度定义地理坐标。

2. 地图投影

地图投影是解决地图以平面来表现呈曲面的地球表面问题的数学方法，即将地面上的点沿着铅垂线方向描写到平面上的方法。由于地球表面是一个不规则的曲面，难以用数学公式表达，因此必须先将地球自然表面投影到一个与之很接近、可用数学公式表达的规则地球椭球(或球面)上，然后再由地球椭球面上投影到平面上。因此，地图投影就是建立地球椭球面(或球面)的地理坐标(经纬度)与平面上直角坐标(纵、横轴坐标)之间的关系，从而实现由曲面到平面转换的一种数学方法。

地图投影的类型很多，常见的有平面投影、圆柱投影和圆锥投影等。不同类型的投影，投影误差和适用范围各不相同。

3. 地图定向

地图定向一般有一般定向法、指向标定向法、经纬网定向法三种方法。

一般定向法是地图上普遍采用的方法,即上北下南,左西右东。

指向标定向法是在特定条件下所采用的方法,它的画法有多种,但必须标注出正北方向。

经纬网定向法是最准确的定向方法。地球仪上连接南北两极的弧线叫经线,与赤道平行的线叫纬线。在地球仪上经线指示南北方向,纬线指示东西方向。

(三) 图则要素

规划制图的图则要素是规划制图辅助部分,它主要起到规范和解释的作用,是规划制图编制的重要准备。

1. 图名

图名是旅游总体规划图件的标题,一般包含项目名称和主题名称,也就是图名的主名和副名。在标注过程中,要注意保证副名的字号小于主名的字号。其标注方式应该采用横向标注的方式,不要遮盖规划图件的现状与规划的实质内容。图名的位置应在规划图纸的正上方、图纸的左上侧或者右上侧。

2. 图框

图框又称图廓,即地图图形的范围线,主要是由内图廓、外图廓和其间的分度带组成。内图廓是地图的边界线,多用细实线绘制;外图廓平行于内图廓,位于内图廓外围的边界,主要用粗实线绘制;在内图廓和外图廓之间的是分度带,在分度带的外面一般注明规划区的经纬度,但是在规划范围较小的区域,则一般不设置分度带,可以设置为空白。

3. 图例

图例是对规划图件的解释,是旅游规划图的翻译器,是规划图件中必不可少的要素,在规划图件中,要保证图例的统一性。图例一般是由图形(线条或者色块)与文字组成,通常文字是对图形的解释,旅游规划图的图例应该绘制在图件的下方或者下方的一侧。

4. 比例尺

在旅游规划图件中,除了与尺度无关的规划图以外,旅游规划图必须编制比例尺。比例尺是图纸上的单位长度与实际单位长度的比值,在原规划底图上绘制的规划图,比例尺可以直接用阿拉伯数字表示;旅游规划图经过放大或者缩小使用的,其比例尺也应该随其进行相应的扩大和缩小,也可以加绘形象比例尺。旅游规划图应采用1∶5000或1∶10000地形图作为制作的底图,对于具体的旅游规划图的比例尺则根据所规划旅游地的具体情况决定,例如旅游规划地的面积在 20 km² 以下的规划图比例尺可以选用 1∶5000,面积在 20—100 km² 的规划图比例尺可以选用 1∶10000,面积在 100—500 km² 的规划图比例尺可以选用 1∶25000,面积在 500 km² 以上的规划图比例尺可以选用 1∶50000 等。规划图要具体表示的区域可采取变比例尺进行放大以满足要求;不应把整幅小比例尺地图简单放大后作为大比例尺地图使用。

5. 风向玫瑰

指向标或风向玫瑰两个规划要素都具有确定规划图方向的作用,在旅游规划图件中,可以只绘制指向标,在有充分资料的前提下,指向标和风向玫瑰可以一同绘制。风向玫瑰图包含风频玫瑰图和污染系数玫瑰图,在绘制过程中,风频玫瑰图以细实线绘制,污染系数玫瑰图以细虚线绘制。风频玫瑰图与污染系数玫瑰图应重叠绘制在一起。

6. 规划期限

旅游总体规划具有近期、中期、长期三种规划年限,作为旅游规划成果之一的规划图件也应体现规划年限这一内容,并且标注的年限应该要与文本中的年限完全一致,即规划期的起始年限至规划期的末年,规划年限统一用公元纪年来标注,一般标注于副标题的右侧或者下方。

7. 规划日期

旅游规划图标注的编制日期应该是所有的规划图件都编制完成之后的日期,对于评审之后按照评审建议进行修改的规划图件,应该标注修改之后的日期。规划日期宜标注于图件的右下角。

8. 规划单位和资质编号

旅游规划单位在旅游规划图件上署名,这既是对于本身知识产权和创意的保护,也是承担责任的表现。旅游规划单位署名一般在规划图的右下角。

（四）专题要素

旅游规划图件的专题要素是指编制旅游规划专题图件时必须表现出规划图之上的要素。旅游规划图件的专题要素除了景区的食、住、行、游、购、娱六大要素之外,还应该涵盖景区内的景观、基础设施等内容。

1. 旅游客体

旅游客体如风景名胜、历史文化(文物)、社会风情等。

2. 旅游主体

旅游主体如游客、旅游市场等。

3. 旅游服务设施

旅游服务设施如旅游交通、通信、旅馆宾馆、餐厅饭店、文化娱乐设施、旅游购物场所、旅行社和服务中心等。

4. 景观视线

景观视线如景观视线分析等。

5. 基础设施

基础设施如排水、电力、环保、卫生、管线等。

（五）地图符号要素

地图符号是负载地图信息的主要工具,是传递地图信息的主要方式,相较于语言文字等,地图符号有更加形象、直观、简洁的特点。地图符号具有定性和定量的双重特性,同时还兼有模拟功能和认知功能,是地图的图解语言,是联系客观世界、制图者和用图者的媒介。制图者将一些符号进行创造性的、规律性的排列组合,从而反映周边世界的现象和动态过程,表明事物的位置、相互关系、质量和数量特征等;用图者可以根据地图符号之间的相似性和差异性获得地学信息的相似性和差异性,以获得制图对象的时空变化规律。

地图符号的形成和发展,是人们对地学事物和符号学认识不断加深的结果,随着实践的不断深化,地图符号学的概念也在不断完善和深化。广义的地图符号是指表示各种事物现象的线划图形、色彩、数学语言和注记的总和,也称为地图符号系统,完整的地图符号系统是由图解语言(地图符号)、写出语言(色彩和地貌立体表示)、自然语言(名称标注)和数学语言(地图投影、比例尺、方向)四部分组成的,而狭义的地图符号是指在图上表示制图对象空间分布、数量、质量等特征的标和信息载体,包括线划符号、色彩图形和注记。本书中,地图符号采用狭义的概念,只包含线划符号、色彩图形和注记。

四、旅游规划图件的编制流程

(一)收集和整理编图资料

主要收集与旅游规划相关的图像资料、文字资料和数据资料等。图像资料包括有关编图区域的普通地图、地形图、旅游地图、影像地图、航片、卫片,以及野外调查填绘的资料原图,有关景区(点)和相关设施的照片、画片、画册、风景素描、实景写生资料等。数字资料包括景点高程、景区面积、道路里程、交通班次、时刻表、气候数据、电话号码、旅游统计资料等。对收集到的相关资料按编绘旅游规划图的需要进行逐项整理,为绘制旅游规划图服务。

(二)准备基础底图

基础底图是根据编图大纲规定的图幅和比例尺,选出的具有地理基础的等比例尺地图。

基础底图可分为工作底图和编绘底图两种。工作底图供编辑准备工作和编绘图稿时使用,又叫临时底图,要求具有较多的地理要素,通常用接近于编图比例尺的普通地图的蓝图作为工作底图。编绘底图是用于正式编绘旅游专题内容的一种底图,也称为正式底图。它是在相同编绘比例尺的普通地图的基础上,根据旅游规划图的编图目的、使用对象、制图范围以及主题、内容和用途,进行地理要素的选取概括,转绘或复制而成。

(三)旅游规划图的设计

确定所要绘制的旅游规划图的区域范围,选择所绘制的地图的主要参数,确定表示方法,设计图例系统和符号,进行图面配置的设计,选择恰当的绘图软件系统(目前的旅游规划图基本上都是利用电脑绘制,很少手工绘制)。

(四)绘制作者原图

根据绘图设计,将需要表达的旅游规划内容完整地绘制到地理图上,形成作者原图。作者原图一般需要不断修改。作者原图可以手工在底图上绘制。

（五）绘制编绘原图

作者原图只是草稿图，它在内容、图形和色彩等方面，还不够工整、规范，达不到应有的技术，由专业制图人员在作者原图的基础上，按技术要求进行群体加工，最后得出编绘原图。

五、计算机辅助下的旅游规划图件

传统手工方法绘制旅游规划图件存在着许多缺陷，如工艺粗糙、精度低、绘制周期长等，地图的信息检索难度和后期的修改难度较大。随着计算机信息处理能力的不断升级和图形处理技术的日益完善，计算机辅助设计对包括平面规划图形和三维效果视图在内的设计工作起到了巨大的推动作用。今后电子地图将是数字地图最主要的一种可视化的处理方法。旅游规划图也处于纸质地图和电子地图共存的阶段，目前电子地图的显示以平面为主，经过进一步的发展将以电子沙盘等形式的三维可视化表现为主，以后发展到以虚拟现实地图表示旅游规划的内容。目前，大多数的旅游规划图件的制作都是采用计算机进行的。

（一）计算机制图的概念

计算机制图，是根据地图制图原理。以电子计算机的硬件、软件为工具，通过应用数据库技术和图形的数字处理方法。研究地图空间信息的获取、变换、存储、处理、识别、分析和图形输出的理论方法和技术工艺，模拟传统的制图方法，进行地图的设计和编绘。

（二）计算机制图的优越性

第一，计算机制图大大减轻了人的劳动强度，制图人员可以节省更多的时间来考虑如何设计地图和提高地图的科学质量。

第二，解决了手工制图的许多技术难题，提高了地图的质量和绘制速度。例如，过去手工方法难以解决的曲线内插、立体图形的表示和许多比较复杂的专题图表示方法，计算机制图可以较为方便地表达和实现，而且精度高、速度快。

第三，地图内容以数码形式存储，便于保存、传输、更新、处理和应用。

第四，使内容转绘、投影变换和地图比例尺变换简化。

（三）旅游规划电子地图的表现形式

地理信息系统技术的发展正在逐渐淡化地图比例尺的概念，一个系统可以存储旅游规划所涉及的内容，通过分层可以集中显示旅游规划的不同要素，通过开窗技术可以显示旅游详细规划图的内容。旅游规划电子地图表现内容的标准可以采用前面提及的统一旅游规划图集的内容，但要建立不同缩放级别下地物显示的标准体系。在电子地图中比例尺已失去传统意义下的比例尺概念，它已不再成为影响地图制图的主要因素，虽然比例尺仍然影响着地理信息系统，但对诸如地理要素的选取、简化、概括和综合，以及地图符号的设计、图面载负量的确定等方面的影响已明显削弱。在地理信息系统中，比例尺的含义主要指的是系统所用空间数据的精度和详细程度。系统中空间数据的精度高、要素选取多、数据详细而全面就说明系统的比例尺大；相反，则说明系统的比例尺小。电子地图保存的是地物的实际坐标和尺寸，比例尺的重要性大为降低，主要用于决定地图内容的详细程度，其尺度比的作用已经消失。由于人们的用图习惯及使用上的方便性，电子地图一般要输出为纸质地图。这样，电子地图的比例尺就有了两种含义，一种是针对地图内容而言，另一种是指所输出传统地图的比例尺。

（四）计算机制图程序

1. 拟定规划图件

拟定规划图件是在旅游规划图件设计之初做的准备工作，主要是根据规划类型和要求制定规划图件大纲或图件编制计划书。该阶段的主要工作包括野外考察，到相关部门走访调研，进行资料收集，获得绘制地图的相关数据资料，包括研究区域的大比例尺地形图、土地利用规划图、交通图等图件，并对一些未知区域的地理要素进行实地测量，如测量各种旅游资源的分布情况等。为各旅游规划图的绘制做准备。其中，大比例尺地形图用于绘制地理底图，其余图件和测量数据用于绘制专题信息或作为参考资料。

2. 编辑准备阶段

根据编图要求，收集、分析和选择资料，规定地图投影和比例尺，确定地图的内容及其表示方法，确定地图资料的数字化方法，进入数字化前的编辑准备工作。

3. 底图处理与制作

规划图件要在统一的地图上编制，因此，制作规划底图是规划图件制作的基础。制作规划底图时应首先选定合适的区域地图，然后将其矢量数字化，最后进行底图的制作。

目前对地图矢量数字化的方式有很多种，常用的有通过数字化仪数字化和屏幕数字化。数字化仪是将地图图形转换为数字，以点的 X、Y、Z 的坐标值形式记录下来的仪器。数字化仪的类型有手扶跟踪数字化仪、自动跟踪数字化仪、扫描数字化仪等。底图数字化普遍使用的方法是屏幕数字化，即将纸质地图先通过扫描仪扫描为计算机图像，并导入地图制图系统中，经过配准后再在计算机屏幕上用鼠标手动跟踪进行数字化。

将地图矢量数字化后，就可以根据需要，选择底图要素并分层制作在规划底图上备用。由于规划图件是由一系列的专题规划图所构成，为了保证规范性和标准化，通常需要在制作规划图前，对整体图件的需要进行一个基本的筹划，并按照所需规划图的主题内容设计不同的图层。

4. 图件要素编辑

规划底图完成后就可以根据规划的需要制作总体规划图和专题规划图。规划图件制作时应首先分析图件中需要表现的要素，然后根据图件要素的类型来选择其表现形式。最后将其按照一定的规则分层表现在规划底图上，制作成为各种专题规划图。

5. 美化和修饰

由上述地图制图系统制作的旅游规划图件在表现形式上较为单一，出于图件视觉美化的考虑，通常都将制作好的规划图件导出到专业图片编辑处理软件（如 Photoshop）中进行美化和渲染，对规划图件的颜色、效果以及说明文字等进行美化和修饰。

6. 图件输出

规划图件美化和修饰之后就可以将其输出。规划图件输出设备主要有两种，即绘图仪和打印机。绘图仪与打印机的功能基本相同，打印机只能用于打印幅面较窄、尺寸不大的图件，而绘图仪则是用于输出幅面较大的图形信息的专用仪器。在使用时可根据需要选择适当的图件输出设备。

（五）常用地图制图系统

随着科学技术的不断发展，遥感技术、信息技术、GIS 技术等在规划编制中得到广泛运用，规划编制技术基本实现了现代化，各类制图软件也应运而生。目前，关于应用 MapGIS、ArcGIS、SuperMap 等软件编制图件的探讨比较普遍，用以制作旅游规划图的软件主要有两类，一类是基于通用图形图像设计制作的软件，另一类是基于 GIS 的制图软件。

1. 通用图形、图像软件

（1）CorelDRAW 软件。

CorelDRAW 是加拿大 Corel 公司开发的一个基于 Windows 平台的矢量绘图软件，它的初衷是用于平面设计，由于 CorelDRAW 能导入的文件格式较多，能同时进行位图和矢量图形的处理，功能强大，且具有卓越的图形和文字编辑处理能力，已经受到了地图制图和地图出版部门的青睐。CorelDRAW 广泛应用于商标设计、标志制作、模型绘制、插图描画、排版及分色输出等诸多领域。在旅游规划图中，该软件特别适宜于对地图进行美化及地图要素的添加和渲染等。

CorelDRAW 软件在绘制旅游规划图时具有明显的优势，具体如下。

第一，方便灵活的矢量化工具。CorelDRAW 为设计者提供一整套的绘图工具，包括圆形、矩形、多边形、方格、螺旋线，并配合塑形工具，可对各种基本工具作出更多的变化，如圆角矩形、弧、扇形、星形等。同时也提供了特殊笔刷，如压力笔、书写笔、喷洒器等，以便充分发挥电脑绘图的优势。

第二，强大的填充功能。旅游规划图要求美观，而灵活应用各种填充效果，是制作精美地图不可或缺的内容。CorelDRAW 的实色填充提供了各种模式的调色方案以及专色的应用、渐变、位图、底纹的填充，颜色变化与操作方式更是别的软件都不能及的。CorelDRAW 的颜色匹配管理方案使得显示和印刷达到颜色的一致。

第三，具有丰富的符号库。符号是地图语言中最主要、最基本的部分。CorelDRAW 具有丰富的符号库且符号库的扩展非常方便。

第四，文字插入和排版灵活。CorelDRAW 的文字与排版功能十分灵活，可以实现不同的地图整饰要求。比如，CorelDRAW 不但可以实现文字的自由排版，而且可以结合字符实现线状符号的绘制。

（2）AutoCAD 软件。

AutoCAD 是美国 AUTODESK 公司开发的一个交互式绘图软件，具有完善的图形绘制功能和强大的图形编辑功能，可以采用多种方式进行二次开发或用户定制；可以进行多能图形格式的转换，具有较强的数据交换能力；支持多种硬件设备，支持多种操作平台，具有通用性、易用性，适用于各类用户。用户可以使用 AutoCAD 来创建、浏览、管理、打印、输出、共享及准确应用富含信息的设计图形。该软件在城市规划、建筑、测绘、机械、电子、造船、汽车、服装设计等许多行业得到广泛的应用。

AutoCAD 与其他图形设计软件的最大区别在于，在追求精确尺寸的计算机辅助设计方面，没有其他软件可以比得上 AutoCAD。比如设计机械零件、绘制建筑施工图等。在旅游规划图件的制作中，AutoCAD 主要用于绘制比例尺较大的旅游区控制性详细规划、旅游区修建性详细规划的图件。

2. 地理信息系统(GIS)软件

GIS 辅助制图是应用计算机图形处理技术及地学空间信息处理方法。不同来源和不同类型的空间数据，如遥感数据、普通地图的资料通过计算机转化为数学形式，并按地图编制法则进行一定的概括、取舍和综合，再将加工处理后的有关图形的数字信息进行用户定制的符号化，形成符合用户需求的各种形式的地图。整个流程就是实现地图信息的获取、存储、处理、变换、显示和传输。常用的 GIS 制图软件有以下几种。

(1) ArcGIS 9.0。

ArcGIS 是美国环境系统研究所(ESRI)开发的旗舰产品，是集数字制图和数据库管理于一体的空间信息系统，是我国 GIS 行业的常用软件，是世界上使用较为广泛的 GIS 软件之一。利用 ArcGIS 强大的制图功能，可以方便、高效地制作各种专题规划图，另外，它还具有数据库管理和空间分析查询检索功能。自 1978 年以来，ESRI 相继推出了多个版本系列产品。ArcGIS 是 ESRI 在全面整合了 GIS 与数据库、软件工程、人工智能、网络技术及其他多方面的计算机主流技术之后，成功推出的代表 GIS 最高技术水平的全系列 GIS 产品。ArcGIS 软件产品已在国土、水利、城市管线、林业、电力、卫生、通信等行业得到广泛的应用。

ArcGIS 软件的功能特点如下。

第一，制图编排的高度一体化。在 ArcGIS 中，ArcMap 提供了一体化的完整地图绘制、显示、编辑和输出的集成环境。ArcMap 不仅可以按照要素属性编辑和表现图形，也可直接绘制和生成要素数据；有全面的地图符、线形、填充和字体库，支持多种输出格式；可自动生成坐标格网或经纬网，能够进行多种方式的地图注。

第二，便捷的元数据管理。ArcGIS 可以管理其支持的所有数据类型的元数据，可以建立自身支持的数据类型和元数据，也可以建立用户定义的元数据（如文本、AutoCAD、脚本），并且可以对元数据进行编辑和浏览。

第三，灵活的定制与开发。ArcMap 提供了多个被添加到界面上的不同工具条对数据进行编辑和操作，用户也可以创建添加自定义的工具。ArcCatalog 和 ArcMap 的基础是 Microsoft 公司的组件对象模型(COM)，任何 COM 兼容的编程语言，如 Visual C++、Delphi 或者 Visual J++ 都能用来定制和扩展 ArcGIS。同时，ArcGIS 还提供了工业标准的 VBA，用于所有的脚本编程和定制工作。

第四,较强的三维可视化功能。ArcGIS 可以与任何在三维地球表面有地理坐标的空间数据进行叠加显示。

第五,ArcGIS 9.0 增加了两个基于 ArcObjects 的产品:面向开发的嵌入 ArcGIS Engine 和面向企业用户基于服务器的 ArcGIS Server。

第六,具有栅格数据的存储、管理、查询和可视化能力,允许其有属性,并可与矢量数据一起存储并成为空间数据库的重要组成部分。

ArcGIS 的优势可以总结为以下几点:一是 ArcGIS 软件能够实现对数据科学管理,增加调用数据的便捷科学性;二是 ArcGIS 软件特有的模板功能,对重复配置工作具有简化作用,不仅能够确保规划图成品的质量,而且也节省了时间、提高了工作效率;三是 ArcGIS 软件的平台可以分析、查询、统计规划图中的图斑属性,可以采用单基准站和多基准点相结合的模式,确保土地部门获取到准确、科学的信息。

(2) MapGIS。

MapGIS 地理信息系统基础平台是由中国地质大学(武汉)吴信才教授所领导的中地信息工程公司在十几年数字制图软件开发的基础上研制开发的国产 GIS 软件,它是集先进的图形、图像、地质、地理、遥感、测绘、人工智能、计算机科学于一体的大型智能软件系统。

第一,数据输入模块:提供了各种空间数据输入手段,包括数字化仪输入、扫描矢量化输入以及 GPS 输入。

第二,数据处理模块:可以对点、线、多边形等多种矢量数据进行处理,包括修改编辑、错误检查、投影变换等功能。

第三,数据输出:可以将编排好的图形显示到屏幕或者输出到指定设备上,也可以生成 PostScript 或 EPS 文件。

第四,数据转换:提供了 MapGIS 与其他系统之间数据转换的功能。

第五,数据库管理:实现了对空间和属性数据库管理和维护。

第六,空间分析:提供了包括 DTM 分析、空间叠加分析、网络分析等一系列空间分析功能。

第七,图像处理:图像配准镶嵌以及处理分析模块。

第八,电子沙盘系统:实时生成地形三维曲面。

第九,数字高程模型:可以根据离散高程点或者等高线插值生成网格化的 DEM,并进行相应的分析,如剖面分析遮蔽角计算等。

3. 其他制图软件

Photoshop 是美国 Adobe 公司推出的平面图形设计与图像处理软件。Photoshop 以其强大的图像处理功能,被广泛应用于装帧出版、广告、电子出版、印刷业及建筑等行业。在旅游规划专题地图制作工作中,应用其建立选区、图层、颜色取样器、涂色及滤镜等功能,可以制作出能够满足需要的成果图件。利用 Photoshop 制作旅游规划图的步骤包括底图输入、旅游规划专题内容编制、文字注记、图面整饰、地图输出等。Photoshop 是一款通用软件,与 ArcInfo、AutoCAD 等专业软件比较,具有易学易用、操作方便、软件价格较低等优势,容易被一般用户所接受,是非计算机制图人员编绘专题图件时不错的选择。实践证明，利用 Photoshop 不仅能够制作出满足旅游规划需要的专题图件，而且其色彩处理能力强大，能很好地表达制图者的思想，获得艺术效果很好的旅游规划成果图。

复习思考题

1. 简述旅游规划图件的构建原则、性质、功能。
2. 旅游规划图件的内容体系包含哪些？
3. 旅游规划图件包含的图件种类主要包括哪些？
4. 常用的计算机绘图软件有哪些？各有哪些优缺点？

参考文献
References

[1] 白翠玲,秦安臣.旅游规划与开发[M].杭州:浙江大学出版社,2013.
[2] 魏宏森,曾国屏.系统论——系统科学哲学[M].北京:清华大学出版社,1995.
[3] 石玉林.资源科学[M].北京:高等教育出版社,2006.
[4] 姚明广.浅析我国旅游资源学的研究现状及其学科的构建与发展[J].山西师大学报(社会科学版),2007(S1).
[5] 赵丽.浅析旅游心理学在旅游活动中的运用[J].旅游纵览(行业版),2012(5).
[6] 王大悟.关于旅游规划若干认识的探讨[J].旅游学刊,2001(5).
[7] 施晶明.基于区位理论的泰州旅游业发展研究[J].淮南职业技术学院学报,2014,14(3).
[8] 关晶.基于增长极理论的广西旅游业发展研究[J].沿海企业与科技,2011(7).
[9] 马勇,李玺.旅游规划与开发[M].4版.北京:高等教育出版社,2018.
[10] 张宏,毛卉,刘伟.旅游规划编制体系研究[J].地域研究与开发,2010,29(3).
[11] 向旭,杨晓霞,赵小鲁.旅游规划原理与方法[M].重庆:西南师范大学出版社,2009.
[12] 邵琪伟.中国旅游大辞典[M].上海:上海辞书出版社,2012.
[13] 赵林如.市场经济学大辞典[M].北京:经济科学出版社,1999.
[14] 高勇强,田志龙.政治环境、战略利益与公司政治行为[J].管理科学,2004(1).
[15] 刘茜昀,史达.从社群到社群经济:概念辨析与实现路径[J].现代经济探讨,2022(8).
[16] 姚延波,刘亦雪,侯平平.利益相关者视角下我国旅游市场创新型监管体系研究[J].旅游论坛,2018,11(5).
[17] 刘太萍,殷敏.中国节事旅游营销管理现状分析与对策研究[J].北京第二外国语学院学报,2004(5).
[18] 司奇,王晓宇.大连市传统节事活动营销模式研究——以重阳节为例[J].经济研究导刊,2018(5).
[19] 刘源,陈翀.节事与城市形象设计[J].建筑学报,2006(7).
[20] 李云鹏,乔红艳,郝钰.我国旅游景区网络营销的发展现状及趋势浅析[J].旅游

规划与设计,2011(1).
[21] 杜海忠.旅游景区主题策划[J].人文地理,2005(4).
[22] 林智理,李欠强.旅游景区的主题化策划与路径选择——以温岭市石塘景区为例[J].资源开发与市场,2008(6).
[23] 牟红,姜蕊.旅游景区文脉、史脉和地脉的分析与文化创新[J].重庆工学院学报,2005(2).
[24] 杨欣.鞍山市旅游形象设计研究[J].城市建设理论研究(电子版),2017(21).
[25] 董观志,孟清超.主题公园选址的层次结构分析[J].商业时代,2006(2).
[26] 陆雄文.管理学大辞典:[M].上海:上海辞书出版社,2013.
[27] 金颖若.旅游地形象定位及形象口号设计的要求[J].北京第二外国语学院学报,2003(1).
[28] 陈传康.区域发展战略的理论和案例研究[J].自然资源学报,1986(2).
[29] 李蕾蕾.旅游地形象的传播策略初探[J].深圳大学学报(人文社会科学版),1999(4).
[30] 廖建华,廖志豪.区域旅游规划空间布局的理论基础[J].云南师范大学学报(哲学社会科学版),2004(5).
[31] 卞显红.城市旅游空间规划布局的影响因素分析[J].地域研究与开发,2003(3).
[32] 喻秀莲.福州市旅游空间布局研究[J].福建教育学院学报,2009,10(6).
[33] 毕丽芳,马耀峰,高楠.国内旅游空间结构研究进展[J].资源开发与市场,2012,28(3).
[34] 胡雁.影响城市旅游空间规划布局的因素分析[J].中学地理教学参考,2014(18).
[35] 卢亮,陶卓民.农业旅游空间布局研究[J/OL].商业研究,2005(19).
[36] 王建英,黄远水,邹利林,等.生态约束下的乡村旅游用地空间布局规划研究——以福建省晋江市紫星村为例[J].中国生态农业学报,2016,24(4).
[37] 覃建雄,陈兴,张培.四川天府新区旅游发展战略与空间布局研究[J].中国人口·资源与环境,2012(S1).
[38] 李文君.基于点-轴理论的六安地区红色旅游空间布局优化[J].重庆科技学院学报(社会科学版),2013(10).
[39] 李益彬,芮田生,耿宝江.旅游规划与开发[M].成都:西南财经大学出版社,2017.
[40] 王德刚.旅游规划与开发[M].北京:中国旅游出版社,2017.
[41] 吴必虎,俞曦.旅游规划原理[M].北京:中国旅游出版社,2010.
[42] 田里.旅游学概论[M].重庆:重庆大学出版社,2019.
[43] 张河清.旅游景区管理[M].重庆:重庆大学出版社,2018.
[44] 王冬萍.旅游产品开发与管理[M].成都:西南财经大学出版社,2016.
[45] 何建民.旅游接待业[M].重庆:重庆大学出版社,2019.
[46] 陈兰,杨琳曦,王宁.旅游产品开发[M].北京:清华大学出版社,2021.
[47] 马勇.旅游规划与开发[M].武汉:华中科技大学出版社,2018.

[48] 王志华,李渊,韩雪.旅游规划与开发的理论及实践研究[M].北京:中国商务出版社,2017.

[49] 王庆生.旅游规划与开发[M].2版.北京:中国铁道出版社,2016.

[50] 李辉.生态旅游规划与可持续发展研究[M].北京:北京工业大学出版社,2019.

[51] 林德荣,郭晓琳.旅游消费者行为[M].重庆:重庆大学出版社,2019.

[52] 王德刚.旅游规划与开发[M].北京:中国旅游出版社,2017.

[53] 全华.旅游规划原理、方法与实务[M].上海:格致出版社,2011.

[54] 国家旅游局人事劳动教育司.旅游规划原理[M].北京:旅游教育出版社,1999.

[55] 闫莹娜,周显曙.旅游资源开发与规划[M].北京:清华大学出版社,2016.

[56] 王娟,闻飞.旅游开发与规划[M].合肥:合肥工业大学出版社,2017.

[57] 邱云美,王艳丽.旅游规划与开发[M].上海:上海交通大学出版社,2016.

[58] 程爵浩.我国水上旅游及旅游船发展趋势[J].船舶工业技术经济信息,2005(5).

[59] 保继刚,楚义芳.旅游地理学[M].北京:高等教育出版社,1993.

[60] 唐代剑.旅游规划原理[M].杭州:浙江大学出版社,2005.

[61] 张进福,郑向敏.旅游安全研究[J].华侨大学学报(人文社会科学版),2001(1).

[62] 谢彦君.旅游的本质及其认识方法——从学科自觉的角度看[J].旅游学刊,2010,25(1).

[63] 王敬武.关于对旅游者概念定义的几点看法[J].旅游学刊,1999(1).

[64] 刘德谦.试论当前旅游开发中几个基本环节的错位——旅游规划续议[J].旅游学刊,1995(1).

[65] 唐玉恩,张皆正.旅馆建筑设计[M].北京:中国建筑工业出版社,1993.

[66] 李晓琴,朱创业.旅游规划与开发[M].北京:高等教育出版社,2013.

[67] 张立明,赵黎明.国家森林公园旅游解说系统的构建[J].西北农林科技大学学报(社会科学版),2006(2).

[68] 吴希冰,张立明,邹伟.自然保护区旅游标识牌体系的构建——以神农架国家级自然保护区为例[J].桂林旅游高等专科学校学报,2007(5).

[69] 潘植强,梁保尔.基于模糊综合评价的目的地旅游标识牌解说效度研究——以上海历史街区为例[J].资源科学,2015,37(9).

[70] 梁颖.娱乐设施经营管理[M].杭州:浙江摄影出版社,1998.

[71] 魏卫,袁继荣.旅游人力资源开发与管理[M].北京:高等教育出版社,2004.

[72] 王春雷.会展市场营销[M].上海:上海人民出版社,2004.

[73] 吴贵明,王瑜.旅游景区安全案例分析[M].上海:上海财经大学出版社,2008.

[74] 王良举.旅游危机管理:国外的实践及中国的选择[J].技术经济,2006(8).

[75] 万义平,苏兆荣.江西旅游业经济效应分析[J].生态经济(学术版),2009(2).

[76] 王双,陈毓芬,王成舜,等.旅游知识地图的构建与应用[J].地理与地理信息科学,2016,32(6).

[77] 张华颖.讲述城市园林的老故事——利用"互联网+"技术绘制园林文化地图[J].天津农林科技,2017(5).

[78] 罗寿枚.旅游规划图件及其编制内容之我见[J].华南师范大学学报(自然科学

版),2006(3).

[79] 杨娟.旅游规划图与旅游图差异分析[J].安徽农业科学,2010,38(36).

[80] 邓良炳.区域规划图的编制[J].地图,1995(2).

[81] 孙寿魁.论旅游地图编制的规范化[J].测绘通报,1998(1).

[82] 梁栋栋,凌善金,陆林.旅游规划图制图规范研究[J].安徽师范大学学报(自然科学版),2006(6).

[83] 郭建忠.地理信息系统中比例尺的应用[J].解放军测绘学院学报,1997(3).

[84] 苑惠丽.GIS软件在旅游规划制图中的应用——以阳信县旅游产业发展总体规划为例[J].城市勘测,2008(6).

[85] 刘群利.中国土地规划管理工作的回顾与展望[J].中国土地科学,2009,23(8).

[86] 叶国华.ArcGIS向MapGIS数据格式转换[J].测绘与空间地理信息,2008,31(6).

[87] 张璇,赵晓庆.ArcGis在县级土地利用规划图编制中的应用——以江苏省灌云县为例[J].大陆桥视野,2019(11).

[88] 何梅,陈龙乾,宋莉.基于ArcGIS的县级土地利用总体规划图编制方法研究——以连云港市海州区为例[J].安徽农学通报(上半月刊),2010,16(23).

[89] 赵军,许兆霞.利用Photoshop软件制作旅游规划专题地图[J].微型电脑应用,2004(5).

[90] 余伟.国土空间规划新时代旅游规划的定位与转型[J].中国集体经济,2022(22).

[91] 吴克华,苏维词,贾真真,等.基于GIS与地理探测器的旅游地空间分布格局及驱动力分析——以贵州为例[J].地理科学,2022,42(5).

教学支持说明

为了改善教学效果,提高教材的使用效率,满足高校授课教师的教学需求,本套教材备有与纸质教材配套的教学课件(PPT电子教案)和拓展资源(案例库、习题库、视频等)。

为保证本教学课件及相关教学资料仅为教材使用者所得,我们将向使用本套教材的高校授课教师赠送教学课件或者相关教学资料,烦请授课教师通过电话、邮件或加入旅游专家俱乐部QQ群等方式与我们联系,获取"电子资源申请表"文档并认真准确填写后反馈给我们,我们的联系方式如下:

地址:湖北省武汉市东湖新技术开发区华工科技园华工园六路

邮编:430223

电话:027-81321911

传真:027-81321917

E-mail:lyzjjlb@163.com

旅游专家俱乐部QQ群号:758712998

旅游专家俱乐部QQ群二维码:

群名称:旅游专家俱乐部5群
群 号:758712998

电子资源申请表

填表时间：_____年___月___日

1. 以下内容请教师按实际情况填写，★为必填项。
2. 可以酌情调整相关内容提交。

★姓名		★性别	□男 □女	出生年月		★职务	
						★职称	□教授 □副教授 □讲师 □助教

★学校		★院/系	
★教研室		★专业	
★办公电话		家庭电话		★移动电话	
★E-mail				★QQ号/微信号	
★联系地址				★邮编	

★现在主授课程情况	学生人数	教材所属出版社	教材满意度
课程一			□满意 □一般 □不满意
课程二			□满意 □一般 □不满意
课程三			□满意 □一般 □不满意
其 他			□满意 □一般 □不满意

教材出版信息

方向一	□准备写 □写作中 □已成稿 □已出版待修订 □有讲义
方向二	□准备写 □写作中 □已成稿 □已出版待修订 □有讲义
方向三	□准备写 □写作中 □已成稿 □已出版待修订 □有讲义

请教师认真填写下列表格内容，提供申请教材配套课件的相关信息，我社根据每位教师填表信息的完整性、授课情况与申请课件的相关性，以及教材使用的情况赠送教材的配套课件及相关电子资源。

ISBN(书号)	书名	作者	申请课件简要说明	学生人数（如选作教材）
			□教学 □参考	
			□教学 □参考	

★您对与课件配套的纸质教材的意见和建议有哪些，希望我们提供哪些配套教学资源：